R로 시작하는 코딩과 데이터분석

김재희 지음

KYOWOO

책을 내며

데이터의 반복적 또는 고수준의 분석 및 시각화를 위해서는 컴퓨터 프로그래밍이 필요합니다. R은 간결하고 배우기 쉽고 무료여서 처음 코딩을 배우는 사람들에게 추천하는 프로그래밍 언어입니다. 또한 R은 통계 분석에 활용할 수 있는 함수도 많이 개발되어 있어 데이터에 대한 통계적 분석을 하고자 할 경우 통계적 이론에 대한 깊은 이해나 복잡한 프로그래밍 과정이 없이도 쉽게 활용할 수 있습니다.

이 책에서는 R 코딩이 어떻게 활용되는지를 보여주며 기초부터 설명합니다. R 코딩을 배우고자 하거나 통계 프로그래밍을 하고자 하는 사람들에게 도움이 되고자 합니다. R 프로그래밍 언어로서의 기능, 통계량 함수를 이용한 통계 분석 도구로서의 기능, 그래프 응용 기능 등을 쉽게 익힐 수 있도록 구성하였으며 인공신경망, 텍스트 마이닝, 네트워크 분석에 대해서도 간략하게 다루었습니다.

이 책이 출판되기까지 도움을 주신 많은 분들께 감사드립니다. 특히 데이터 정리와 코드 정리 작업을 도와준 김 주희 덕성여대 졸업생과 이 해지 대학원생에게 감사합니다. 이러한 졸고가 책으로 출판이 되도록 도와주신 교우사 출판사 편집부팀에게 감사합니다. 항상 함께 하는 사랑하는 가족, 그리고 항상 배우고자 열정 가득한 덕성여대 정보통계학과 학생들과 통계학전공 대학원생들에게 감사합니다. 부모님께는 더욱 깊이 감사드립니다.

2021년 8월

덕성여대 쌍문근화 캠퍼스

김 재희

(jaehee@duksung.ac.kr)

CONTENTS_ **목 차**

chapter 8 : 확률과 확률분포 _ 157

chapter 9 : 통계 기초 _ 191

chapter 10 : 사용자함수 만들기 _ 223

chapter 11 : 회귀분석 _ 239

chapter 12 : 의사결정나무 _ 275

chapter 13 : 인공신경망 _ 303

chapter 14 : 텍스트 마이닝 _ 329

chapter 15 ⁝ 네트워크 분석 _ 357

CHAPTER

1 R 시작하기

1.1 R 코딩 연습

지식기반사회를 기반으로 4차 산업혁명 시대에 인공지능 기반 기술이 눈부시게 발전하고 있으며 각 분야에서 인공지능 기법이 활용될 것이다. 인공지능이 될 수 있는 것은 축적된 데이터를 이용하여 학습하며 지식을 얻고 지능을 개발하는 것이다. 데이터 기반 지식을 얻기 위해서는 유용한 통계적 방법을 알수록 과학적이고 효율적인 학습이 가능하게 된다. 데이터가 많고 통계적 방법을 알더라도 대량의 데이터를 분석하기 위해서는 컴퓨터를 이용한 프로그래밍을 활용하는 것이 필수적이다. 컴퓨터 프로그래밍의 시작은 기본 코딩언어를 익히는 것이다. 그리고 코딩 함수를 배우며 코딩 연습을 통해 원하는 바를 코딩할 수 있어야 한다. 쉽게 시작할 수 있는 프로그래밍 소프트웨어 또는 프로그래밍 언어로 R을 추천하고자 한다. R 코딩을 시작으로 원하는 결과를 얻을 수 있도록 프로그래밍을 해보며 즐거운 프로그래밍 시간을 만들 수 있기를 바란다.

1.2 R 소프트웨어 설치

1. 인터넷에서 R 홈페이지(https://www.r-project.org)에 방문하여 다운로드(download) 하기 위해 CRAN mirror를 선택한다.

그림 1.1 (a) R 프로젝트 홈페이지

2. CRAN mirror를 정한 후 base R distribution 링크를 선택한다.

그림 1.1 (b) 설치할 때 사용할 CRAN 미러 모음

3. 각자가 사용하는 OS(operating system) 환경에 따라 R installer(인스톨러)를 내려 받는다.

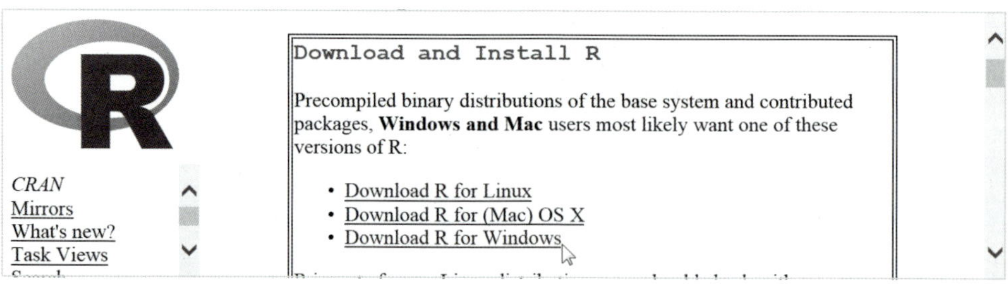

그림 1.1 (c) 설치할 때 OS 선택

4. 사용하는 OS 운영체제에 맞는 파일과 Core(코어) 파일을 설치한다.

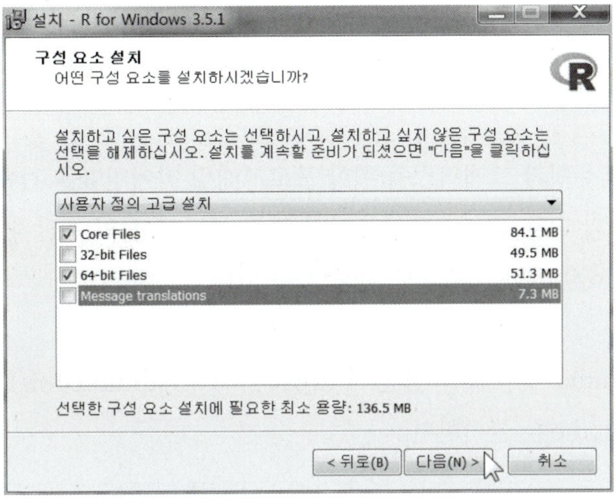

그림 1.1 (d) 설치할 때 Core 파일 선택

5. 설치 완료하면 R 콘솔(R Console) 창이 나온다.

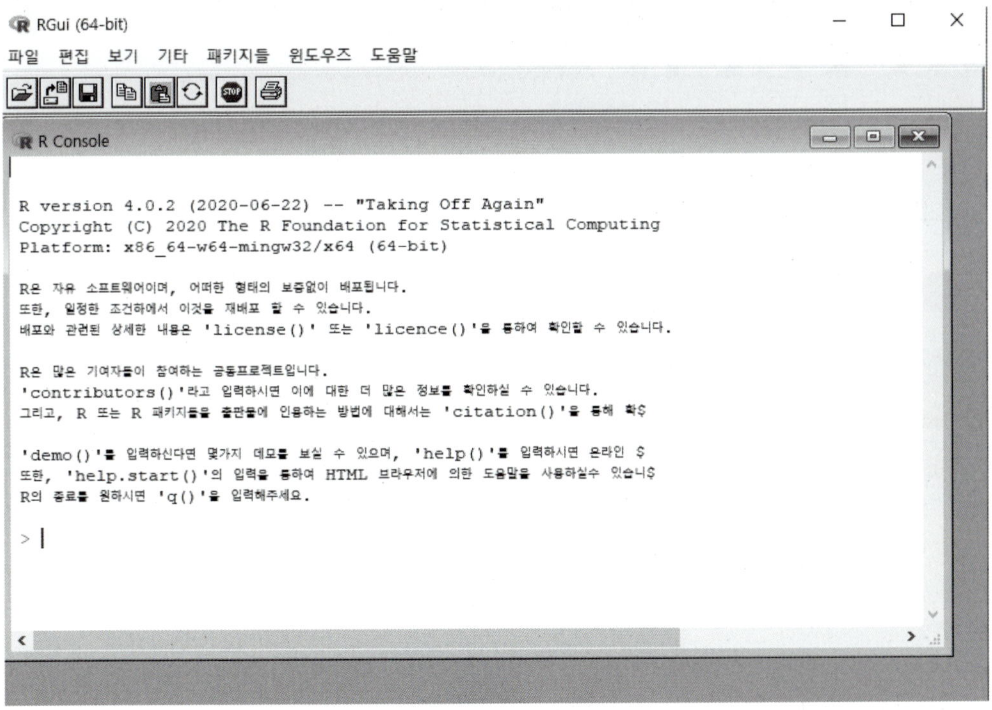

그림 1.2 R 콘솔 창

1.3 RStudio

1.3.1 RStudio 설치

RStudio는 통계 컴퓨팅과 그래픽스를 위한 프로그래밍 언어인 R을 위한 자유-공개 소스 통합 개발 환경(IDE)이다. RStudio는 프로그래밍 언어 콜드 퓨전의 개발자 Allaire가 만들었고 현재 데스크탑(desktop) 버전은 무료로 사용할 수 있다.

1. 인터넷에 RStudio 사이트 방문 (https://www.rstudio.com/) 후 화면 상단에 Download RStudio를 클릭한다.

그림 1.3 (a) R 스튜디오 홈페이지

2. 스크롤을 아래로 내려 인스톨러를 OS에 적절한 버전을 찾아 설치한다.

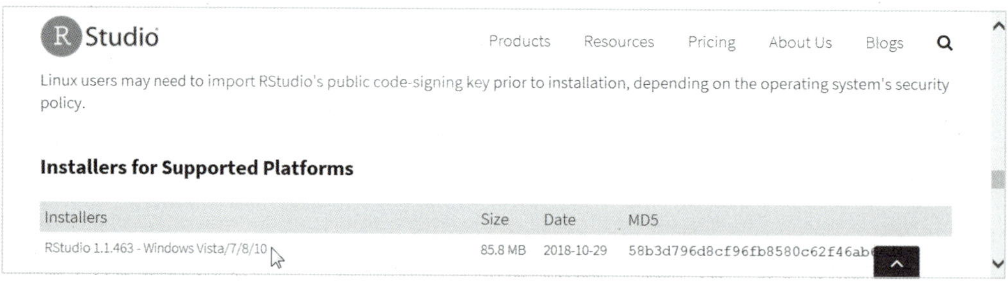

그림 1.3 (b) R 스튜디오 파일 설치

3. 다운로드가 완료되면 인스톨러를 실행시켜 RStudio Setup Wizard를 진행하여 RStudio 설치를 마친다.

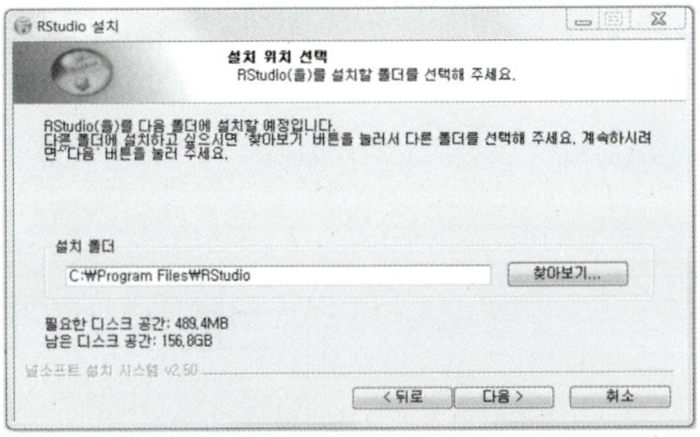

그림 1.3 (c) R 스튜디오 파일 설치1

4. RStudio 설치를 마치고 시작 창에서 모든 프로그램〉 RStudio〉 RStudio를 수행한다.

그림 1.3 (d) R 스튜디오 파일 설치2

5. 설치가 완료되면 다음과 같은 창이 뜬다.

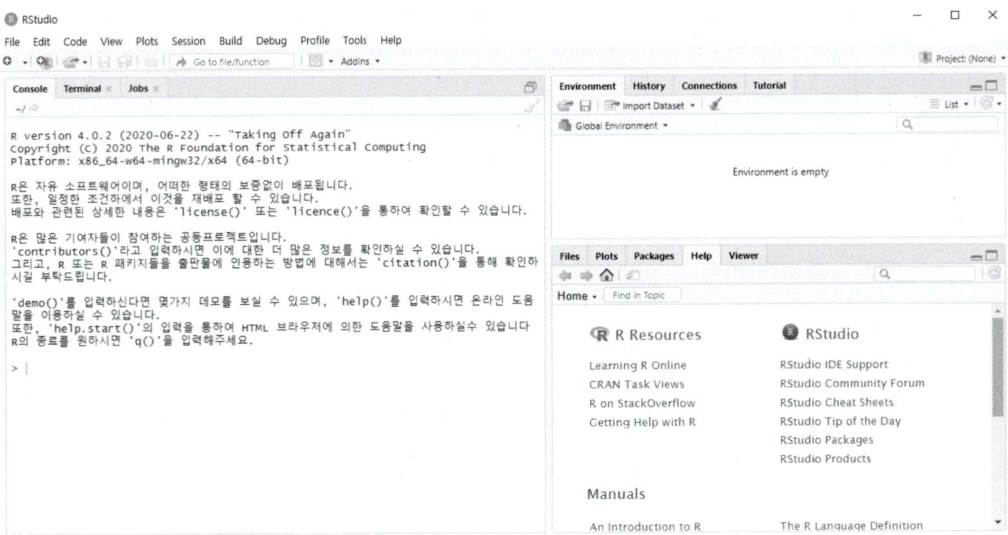

그림 1.4 R 스튜디오 콘솔 화면

1.3.2 RStudio 구성요소

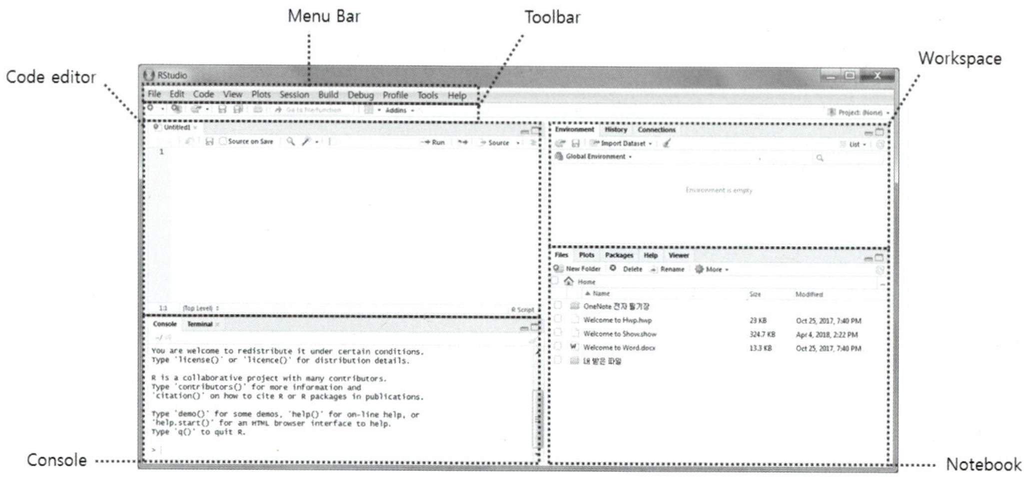

그림 1.5 R 스튜디오 콘솔 화면 설명

RStudio 화면의 구성요소는 다음과 같다:

코드 편집기(Code Editor pane)

R스크립트 창에서 코드를 쓰거나 수정할 수 있다. 해당 창에서는 스크립트 문법 검사가 가능하여 오탈자 확인 및 방지가 편하다.

콘솔(Console pane)

▶ Console tab

R코드를 입력하여 바로 수행할 수 있는 R인터프리터(명령어를 한 줄씩 수행하는 도구)이다.

▶ Terminal tab

OS(operating system) 터미널을 이용하여 시스템 명령을 수행할 수 있다.

워크스페이스(Workspace pane)

▶ Environment tab

사용 가능한 모든 객체(object)를 확인할 수 있다. (예) 변수, 데이터셋, 리스트

▶ History tab

이전에 콘솔 부분에서 수행했던 명령어 리스트를 확인할 수 있다.

▶ Connection tab

데이터베이스 안에 객체나 데이터를 탐색할 수 있도록 데이터베이스와 연결을 설정할 수 있다.

노트북(Notebook pane)

▶ Files tab

작업공간의 파일들을 탐색하도록 검색할 수 있다.

▶ Plots tab

Rscript를 통해 그린 그래프, 도표, 차트 결과물이 해당 탭에서 보여준다.

▶ Packages tab

RStudio의 기능을 확장 시켜주는 패키지의 리스트들을 보여준다.

▶ Help tab

R 언어나 RStudio에 대한 설명을 찾아볼 수 있는 탭이다.

▶ View tab

세션의 임시 디렉토리(directory)에서 쓰인 local HTML 파일을 볼 수 있는 탭이다.

1.3.3 RStudio 환경설정

RStudio는 사용자의 취향에 맞춰 설정을 변경하여 R 프로그래밍할 때 편안한 환경을 만들 수 있다.

1. 컴퓨터에 디렉토리를 만들어 해당 디렉토리에 R script를 저장할 수 있다.
   (예) C:\MyRscript

2. RStudio를 수행 후 Tool〉 Global Option을 선택한다.

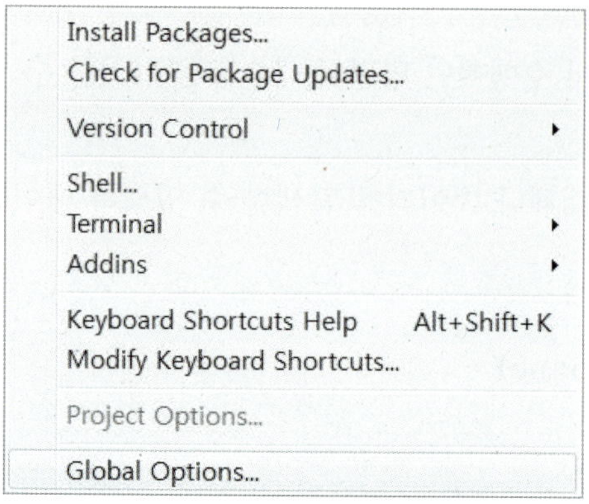

그림 1.6 (a) RStudio 옵션 설정 -Global Option

3. General을 선택 후 Default working directory에 스크립트를 저장할 경로를 적어놓는다.

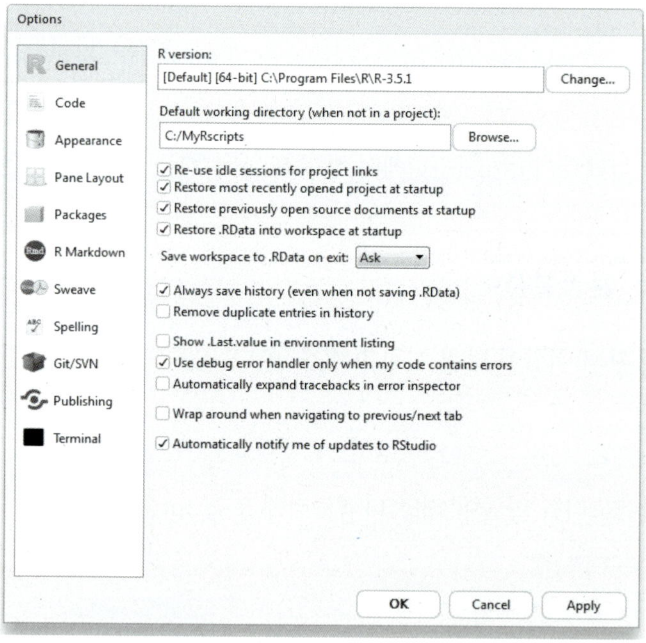

그림 1.6 (b) RStudio 옵션 설정 -Global Option

이후 왼쪽 패널에서 Appearance를 선택한 Editor theme 박스에서 자신이 원하는 테마를 선택하고 필요시에 폰트 사이즈와 폰트를 설정하고 Apply를 누른다.

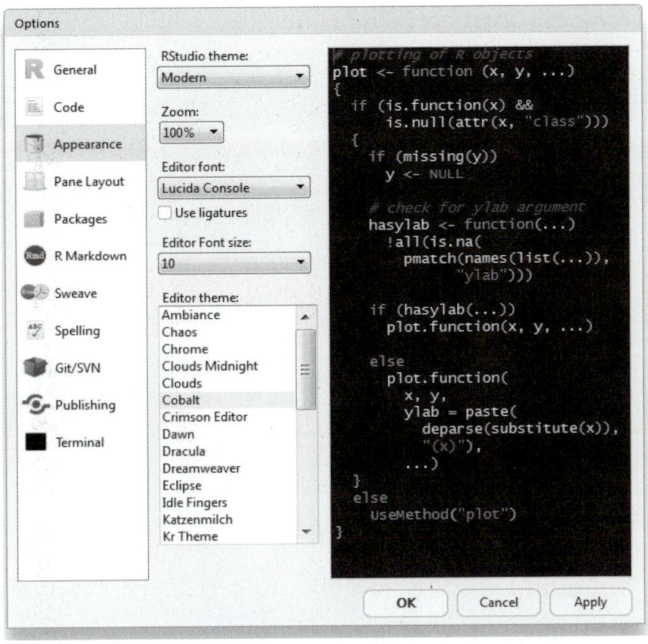

그림 1.7 RStudio 에디터 설정

5. 이후 [OK] 버튼을 눌러 창을 확인하면 해당 테마가 적용된 것을 확인할 수 있다.

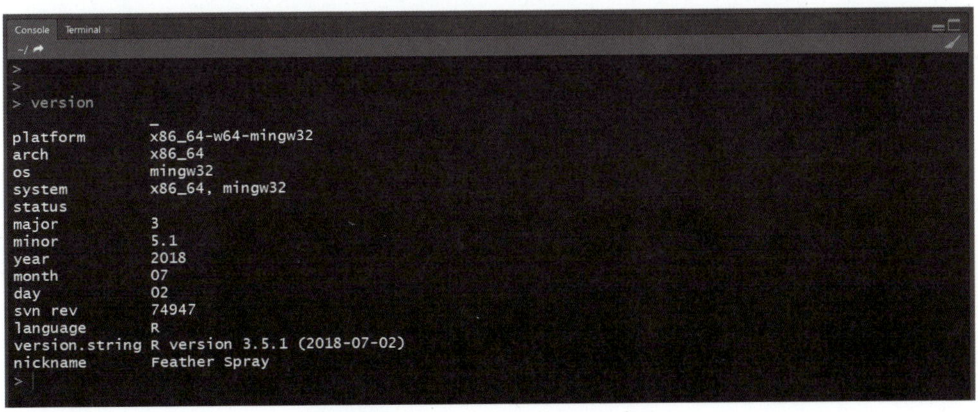

그림 1.8 RStudio 설정 변경 후 화면

1.3.4 RStudio에서 Rscript 작성하기

1. RStudio 메뉴에 [File〉 new file〉 R Script]를 선택

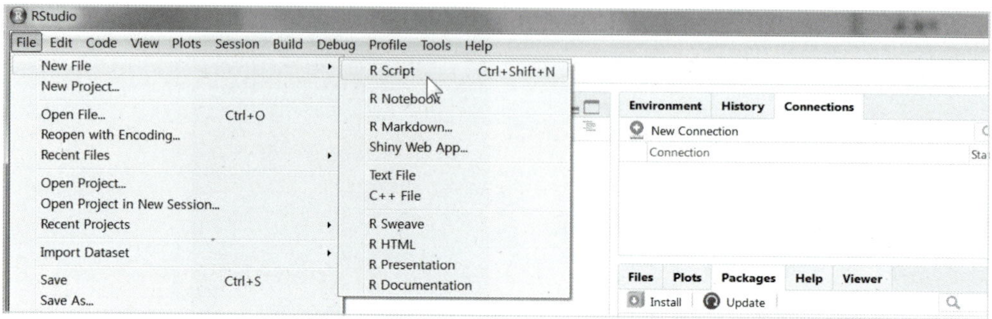

그림 1.9 R Script 열기

2. Code Editor에서 print() 명령어를 사용한다. 해당 괄호 안에 쌍따옴표와 함께 글자를 입력한다. 예를 들어, hello world를 출력하고자할 경우 다음과 같이 사용한다.

그림 1.10 코드 편집(Code Editor) 창

3. Run 을 클릭하여 해당 print 명령어를 수행하거나 Ctrl+Enter를 입력하여 해당 명령어를 수행한다. R인터프리터 창에서 코드와 결과물을 보여줄 것이다. 또한 인터프리터창에서 Crtl+l을 입력하면 수행돼서 나온 결과물이 지워지는 것을 확인할 수 있다.

그림 1.11 명령어 수행 결과

4. 을 클릭하거나 Crtl+s를 입력하여 코드 에디터의 코드를 저장할 수 있다.

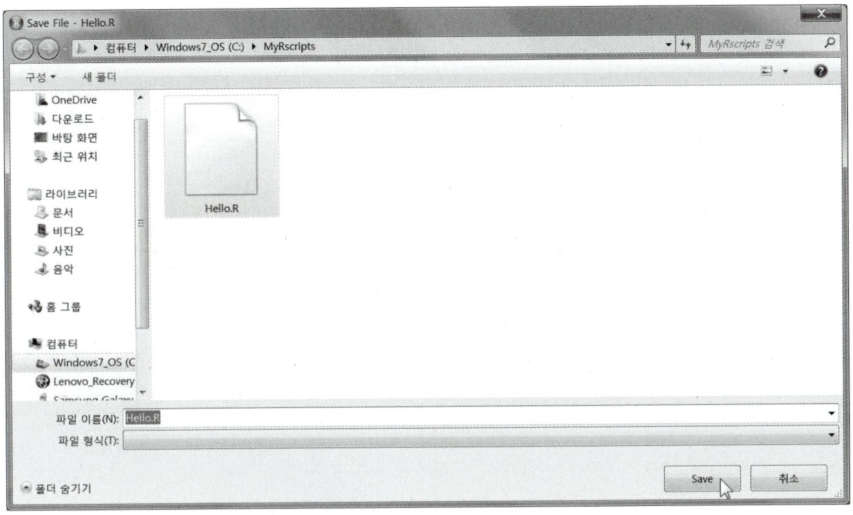

그림 1.12 R스크립트 파일 저장

1.3.5 R Notebook 기능

RStudio에서 결과를 실시간으로 확인할 수 있는 노트북 기능이 추가되었다. Shift+Ctrl+Enter을 입력하거나 file〉New File 〉 R Notebook을 선택하여 R notebook을 추가할 수 있다. R 노트북 파일은 기존 R스크립트와 다르게 실시간으로 데이터나 소스의 결과물을 보기 유리한 구조로 되어있다. 그림 1.14와 그림 1.15를 비교해 보면 R notebook과 R script 파일의 차이를 알 수 있다.

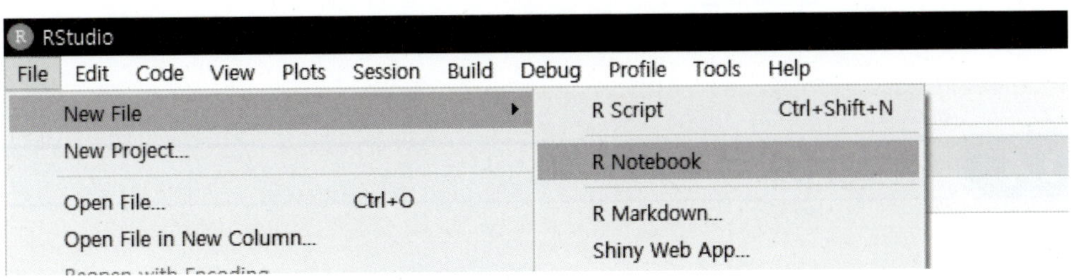

그림 1.13 R노트북 사용

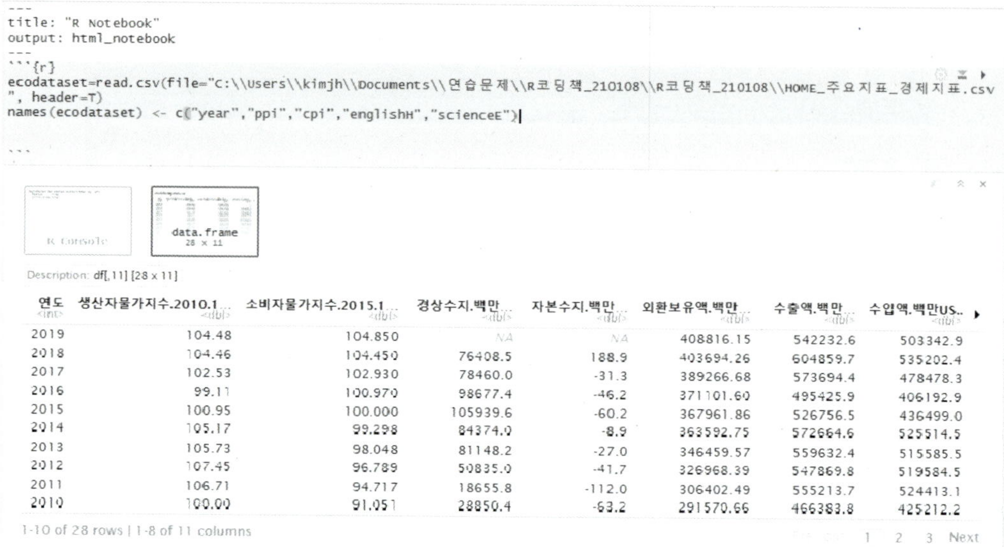

그림 1.14 R노트북으로 데이터를 조회할 경우

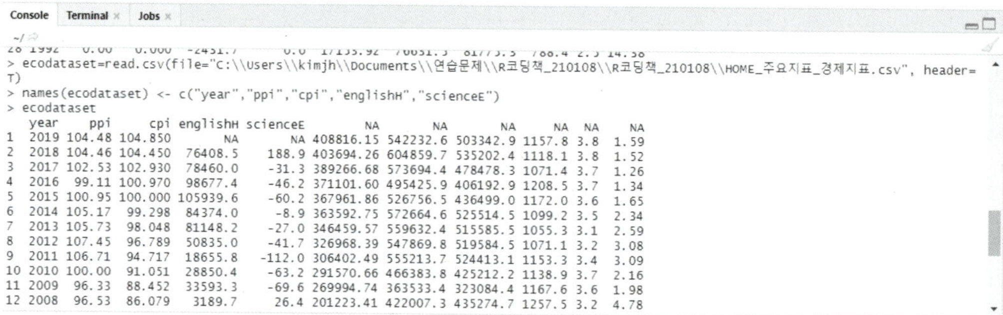

그림 1.15 R스크립트 파일로 데이터를 확인할 경우

1.4 R 패키지

R 활용성과 함께 유명해지는 이유는 사용자들이 제공하는 다양한 R 패키지(package)들 때문이기도 하다. 2017년 이미 1만 개 이상의 패키지들이 CRAN 사이트에서 내려받아 사용 가능하며 유용한 패키지가 계속 제공되고 있다. 각 패키지는 각 분석에 대한 사용 가능한 함수들을

포함한다. 예를 들어, survival 패키지는 생존분석(survival analysis) 기법을 구현할 수 있는 함수를 포함함 패키지이고 sp 패키지는 공간통계(spatial statistics) 분석을 하도록 한다.

사용하고자 하는 패키지를 인스톨하는 방법을 설명하고자 한다.

```
> install.packages("ggplot2")
```

CRAN mirror 선택 후 내려받아 설치된다.

```
> library(ggplot2)
```

ggplot2 패키지내 함수를 사용하기 위해서는 `library()` 함수를 사용하여 해당 패키지를 load한다.

R 패키지는 한번 설치되면 `library()` 또는 `require()` 명령어로 불러 사용하면 된다. 새로운 버전으로 다시 R 세션을 연다면 다시 R 패키지를 인스톨해야 한다.

설치한 패키지를 제거하려면 `detach()` 명령어를 쓴다.

```
> detach("package:ggplot2")
```

CHAPTER

2 데이터

데이터(data)란 "선물, 주어진 것"이라는 뜻을 가진 라틴어 datum의 복수형인 data에서 유래했다. 현대사회에서는 현상, 실험, 관측, 조사 등을 통해 얻은 사실이나 자료 혹은 컴퓨터상에서는 컴퓨터만 처리할 수 있는 '0'과 '1'로만 표기된 이진 파일의 형태를 데이터라 부른다.

현대사회에서 데이터는 우리 실생활에 밀접해 있다. 데이터는 단순한 자료로서 사람들이 어떠한 결론을 내리는 데 필요한 부분만 수집하거나 결론 또는 의미가 나오도록 작업을 해야지만 가치있는 정보(information)가 될 수 있다. 본 절에서는 다양한 분야의 데이터가 왜 필요하고 어떻게 준비해야 하는지에 대해 알아보고자 한다.

2.1 여론조사 데이터

사람들이 정치·사회·문화에 대해서, 또는 일상생활 속에서 관심이 있는 문제에 대해서 어떠한 생각을 하고 있으며, 어떤 관점을 취하고 있는가를 널리 조사하는 것, 즉 여론에 대한 조사가 '여론조사(public opinion poll)'이다. 선거라든지 특별한 정치적인 사건에 관한 여론조사와는 달리 평상시에 실시되고 있는 여론조사도 있다.

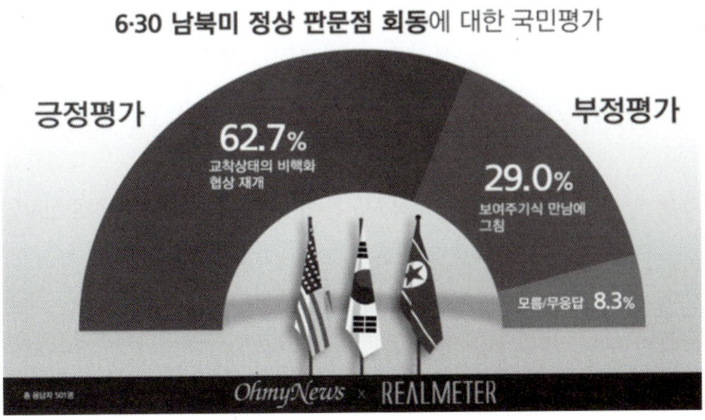

문재인 대통령이 판을 짜고, 트럼프 미국 대통령이 트위터로 제안, 김정은 북한 국무위원장이 깜짝 등장해 만들어낸 역사적인 6.30 남·북·미 정상 판문점 회동. 놀라움과 감동만큼 지지여론도 압도적으로 높은 것으로 나타났다.

<오마이뉴스>는 2일 여론조사 전문기관 리얼미터에 의뢰해 전국 19세 이상 성인 501명(응답률 4.7%)을 대상으로 6.30 남·북·미 정상의 판문점 회동에 대한 국민평가 여론조사를 실시했다. 질문 문항은 다음과 같다.

> Q. 며칠 전 남북미 정상이 판문점에서 회동한 가운데, 북미 정상은 가까운 시일 내에 비핵화 실무협상을 재개하기로 했습니다. 선생님께서는 이번 남북미 판문점 회동에 대하여 어떻게 평가하십니까? (선택지 1~2번 무작위 배열)
> 1번. 지지부진했던 비핵화 협상을 재개시켰으므로 잘했다고 본다.
> 2번. 보여주기식 만남에 그쳤으므로 잘못했다고 본다
> 3번. 잘 모르겠다.

그림 2.1 여론조사 기사 및 데이터

2019년 6월 30일 남북미 정상 판문점 회동에 대한 국민평가 여론조사 결과 그림 2.1에서 보여준다. 7월 2일 전국 만 19세 이상 남녀 501명(응답률 4.7%)을 대상으로 여론조사를 시행했다. 각 응답자에게 지역, 성별, 나이, 지지하는 정당, 국정 수행에 대한 평가, 이념 성향에 대해 질문하고 데이터를 수집한다.

2015년도 부산광역시에서 988가구를 설문 조사한 결과 중 일부이다. 해당 데이터는 부산시에서 우선으로 수행해야 할 건강사업에 대한 설문조사로 성별, 연령대 교육 수준 등 다양하게 구분하여 정리하여 표 2.1로 보여준다.

여론 조사한 데이터는 정부 기관, 지자체의 방향을 알려주는 표지판의 역할을 한다. 해당 조사를 참조하여 시에서 사람들이 필요로 하는 시설, 프로그램은 어떤 것이며, 신규 사업을 어떤 것으로 추진할 것인지, 대상 연령대를 정하고 추진 시기, 기간 등을 결정한다. 이를 통해 더 많은 사람에게 적절하고 요구 조건을 만족시킬 수 있는 혜택을 누릴 수 있도록 한다.

표 2.1 (a) 2016년 부산광역시 강서구 사회조사 데이터-우선 수행 건강증진사업(성별)

성별 항목	금연 · 절주 사업	결식예방 등 영양사업	건강증진 프로그램 활성화	각종 운동 프로그램 활성화
남	8.9	4.9	16	8.4
여	8	4.9	16.5	6.9

❙ 표 2.1 ❙ (b) 2016년 부산광역시 강서구 사회조사 데이터-우선 수행 건강증진사업(연령대)

연령별 항목	금연 · 절주 사업	결식예방 등 영양사업	건강증진 프로그램 활성화	각종 운동 프로그램 활성화
15–19세	15.4	3.9	7.7	18
20–29세	9.1	5.5	13.3	7.1
30–39세	5.1	2.4	13.9	9.4
40–49세	6.7	5.8	18.3	9.9
50–59세	9.8	5.8	17	6.2
60세 이상	10.4	5.9	20.2	3.5

2.2 국가통계 데이터

국가 중앙통계기관인 통계청은 이러한 문제들을 최소화하고 국가통계의 체계적인 발전을 위해 통계생산기관의 역할 뿐만 아니라 국가통계조정기관의 기능을 동시에 수행하고 있다. 통계 활동의 중복으로 인한 자원의 낭비와 국민의 응답 부담 가중, 관련 통계 상호간의 비교성 결여 등의 이유로 국가통계의 질적 수준 저하 등과 같은 문제가 발생할 가능성과 이용자의 불편사항을 최소화하도록 노력하며 국가 정책 등에 필요한 통계정보를 제공한다.

표 2.2는 통계청에서 파악한 기존연도 종목별 부품 소재 생산증가율이다. 해당 소재를 통해 2010년도를 기준으로 2011년도부터 2013년도까지 월별로 각 부품 소재가 생산량이 얼마큼 늘었는지 확인할 수 있다. 통계청은 다양한 분야에서 필요한 데이터를 수집하는데 이는 해당 산업의 종사자 및 관련 분야에 대한 정책을 구상 중인 정부 지자체에도 좋은 길라잡이가 된다. 표 2.2는 생산지수통계를 예로 보여준다.

❙ 표 2.2 ❙ 산업통상자원부 소재부품 생산지수통계 (2011.01 ~2013.12)

부품코드	코드명	생산 ('11.01)	생산 ('11.02)	생산 ('11.03)
10000	부품 · 소재산업	112.6	105.9	106.6
11000	섬유제품	108.9	100.9	99.9
11010	제사 및 방적	100.7	96.7	97
11020	직물직조	116.7	105.8	101

부품코드	코드명	생산 ('11.01)	생산 ('11.02)	생산 ('11.03)
11030	염색 직물 및 편조원단	113.6	103.3	100
11090	기타 섬유제품	99.4	93.2	95.7
12000	화합물 및 화학제품	115.8	108.1	112.5
12010	석유화학계 기초 유기화합물	120.3	93.7	98.5
12020	기타 기초 유기 유도체 및 화합물	107.2	112.8	117

2.3 환율 데이터

해외여행 갈 때 환전을 위해 환율이 제일 낮을 때를 기다려 환전한 경험이 있을 것이다. 환율은 해당 지폐를 사람들이 얼마만큼의 가치를 주고 사느냐에 대한 지표이다. 환율은 경제학에서도 매우 중요한 지표로 환율로 인해 우리나라의 많은 기업이 수출입할 시에 손해를 보기도 하고 이익을 보기도 한다. 그뿐만 아니라 환율의 변화로 인해 나라의 정세와 상황, 더 넓게 세계의 정세와 상황에 따라 유동적으로 변하기 때문에 세계 경제를 파악하기 위한 중요한 자료로 사용한다. 이러한 데이터는 시계열 분석 등으로 가까운 미래의 환율을 예측하고 경제 동향을 살피는데 정보로 활용된다. 표 2.3은 2016년 11월 매매기준율 기준, 미국 달러, 엔화 및 유로화 환율 데이터이다.

❙ 표 2.3 ❙ 2016년 11월 환율 데이터 (단위: 원)

일자	달러	엔	유로
1	1144.6	1091.71	1255.8
2	1141.8	1097.46	1262.37
3	1148.7	1111.36	1274.65
4	1140.6	1107.81	1266.58
7	1143.4	1099.58	1267.8
8	1141.6	1091.97	1261.07
9	1137.5	1081.48	1251.88
10	1145.8	1083.45	1250.81
11	1151	1077.11	1253.09
14	1164.4	1090.67	1262.03

일자	달러	엔	유로
15	1169.8	1080.5	1256.89
16	1168.8	1071.8	1253.6
17	1167.2	1072.6	1249.55
18	1174.4	1065.84	1247.86
21	1182.3	1065.28	1251.64
22	1183.6	1067.56	1257.93
23	1175.5	1057.68	1249.26
24	1174.9	1043.98	1239.11
25	1182.4	1044.02	1248.56
28	1178.9	1044.34	1249.52
29	1170.3	1046.64	1242.39
30	1168.5	1038.81	1244.34

2.4 기상 데이터

표 2.4 데이터는 2016년 1월부터 2017년 12월 31일까지 약 2년간 세계기상관측망(GTS)으로 전송되어 기상청에 입전된 지상기상관측 전문이다. 해당 데이터를 통해 뉴스에 나오는 기상 상황이나 특정 사이트에 기상 상황표시 등에 이용된다. 사용자는 이를 통해 추울 때는 두꺼운 옷을 입거나, 비나 눈이 오면 우산을 챙기는 행위 등의 기온과 날씨 상황에 따른 대비를 할 수 있다. 그림 2.2에서는 기상청 정보 사이트를 보여준다.

표 2.5와 그림 2.3은 2019년 1월 19일 미세먼지 농도를 나타낸 산점도이다. 빨간색에 가까울수록 미세먼지 농도가 높은 것으로 흔히들 이러한 정보를 파악하여 미세먼지 마스크 착용 여부를 결정한다.

표 2.4 2016~2017년 세계시장 기상관측 데이터

년/월/일/시/시간	지점번호	최저운고	시정	전운량	풍향	풍속(m/s)
2016-01-01 0:00	96471	4	78	6	13	4
2016-01-01 0:00	96749	5	50	6	16	4
2016-01-01 0:00	48455	5	58	4	0	0
2016-01-01 0:00	48650	2	58	7	5	4

년/월/일/시/시간	지점번호	최저운고	시정	전운량	풍향	풍속(m/s)
2016-01-01 0:00	48457	9	60	6	6	18
2016-01-01 0:00	96745	4	56	7	0	0
2016-01-01 0:00	48647	2	50	8	0	0
2016-01-01 0:00	48698	4	62	7	35	3
2016-01-01 0:00	98425	5	60	8	11	2
2016-01-01 0:00	96741	5	59	5	0	0
2016-01-01 0:00	48855	5	60	7	5	1
2016-01-01 3:00	48855	5	60	7	2	2
2016-01-01 3:00	96741	5	60	5	31	6
2016-01-01 3:00	98425	5	62	8	2	2
2016-01-01 3:00	48698	4	64	7	4	10
2016-01-01 3:00	48647	4	62	7	26	1
2016-01-01 3:00	96745	5	57	6	32	6
2016-01-01 3:00	48457	5	60	5	6	10
2016-01-01 3:00	48650	4	60	7	34	3
2016-01-01 3:00	48455	5	59	6	0	0

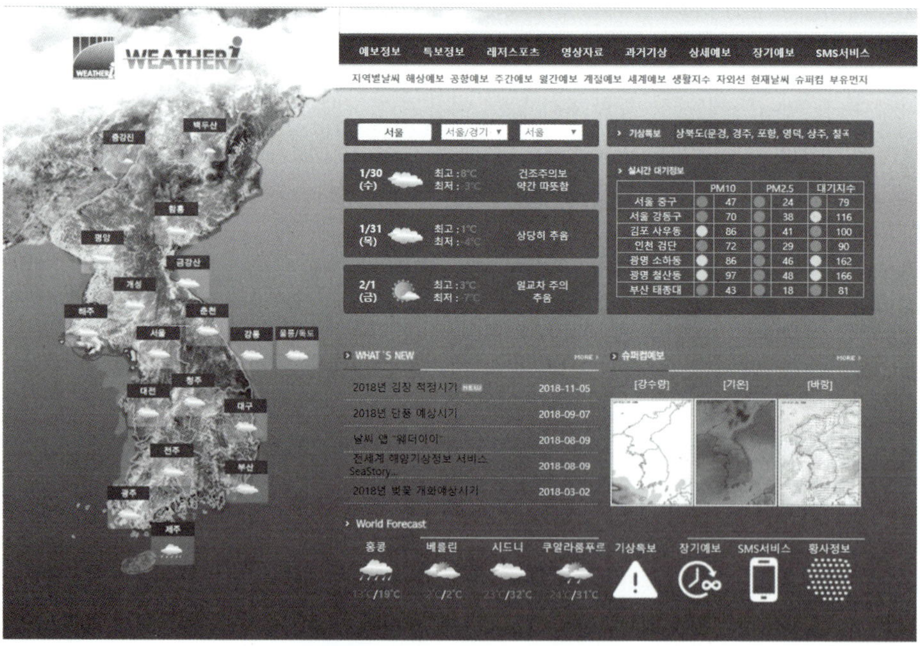

그림 2.2 한국 기상청 정보사이트

| 표 2.5 | 2019년 1월 19일 지역별 미세먼지 농도

시간자료(수치)

- 시,도명 클릭시 **상세 자료**를 보실 수 있습니다.
- 단위(μg/m³)

	서울	부산	대구	인천	광주	대전	울산	경기	강원	충북	충남	전북	전남	세종	경북	경남	제주
시간평균	68	42	48	64	55	54	42	77	39	76	66	65	40	74	50	34	20
일평균	69	41	51	62	54	55	41	77	37	73	66	65	41	72	50	33	19
최고값	84	63	76	80	65	73	50	153	76	103	105	109	67	80	82	52	25
최저값	47	24	37	48	40	38	30	44	14	32	29	27	10	61	28	20	12

※$PM_{2.5}$측정장비가 적은 일부지역의 경우 $PM_{2.5}$평균이 PM_{10}평균보다 높을수있음.

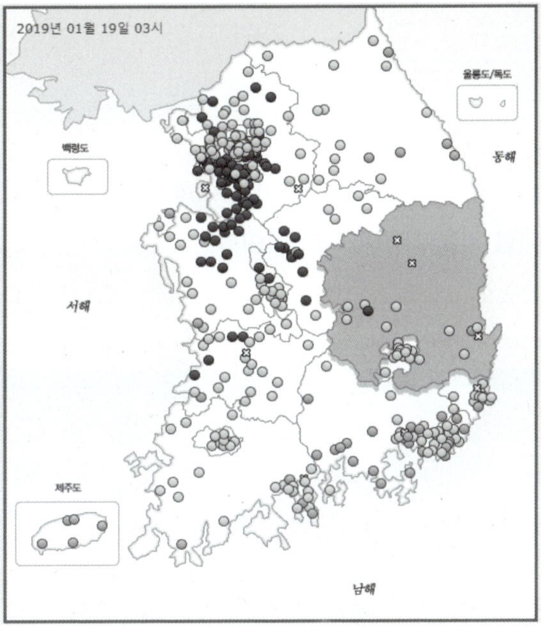

그림 2.3 2019년 1월 19일 미세먼지 농도

2.5 성적 데이터

표 2.6은 호주 퀸즐랜드에서 2014년부터 2017년까지 수집한 지역별, 성별 영어성적을 수집한 것이다. 해당 데이터에 대한 분석을 통하여 지역별, 성별로 교육 수준이 어느 정도인지 확인할 수 있다.

표 2.6 호주의 지역별 영어성적표

LearningArea	YearLevel	AchievementResult	Gender
ENGLISH	09	A	M
ENGLISH	09	B	F
ENGLISH	09	A	F
ENGLISH	09	A	F
ENGLISH	09	B	F
ENGLISH	09	A	F
ENGLISH	11	B	F
ENGLISH	11	B	M
ENGLISH	11	C	F
ENGLISH	07	C	M
⋮			

표 2.7은 2019년 대학수학능력시험에서 국어와 수학 영역의 등급별 인원수를 정리한 표이다. 수능 성적 분포에 대한 정보를 주는 데이터이다.

표 2.7 2019년 대학수학능력시험의 국어, 수학 영역의 등급별 인원수

등급	국어			수학					
				가형			나형		
	등급 구분 점수	인원 (명)	비율 (%)	등급 구분 점수	인원 (명)	비율 (%)	등급 구분 점수	인원 (명)	비율 (%)
1	132	24,723	4.68	126	10,675	6.33	130	20,368	5.98
2	125	33,767	6.39	123	11,154	6.62	127	17,421	5.11
3	117	67,465	12.76	117	18,197	10.80	119	49,889	14.64
4	107	92,314	17.46	110	29,353	17.42	108	52,334	15.36
5	95	100,939	19.10	99	32,479	19.27	92	65,321	19.17
6	84	88,271	16.70	84	28,886	17.14	80	57,723	16.94
7	73	64,967	12.29	69	19,815	11.76	74	40,653	11.93
8	63	39,701	7.51	60	12,006	7.12	71	25,221	7.40
9	63미만	16,448	3.11	60미만	5,947	3.53	71미만	11,803	3.46

2.6 의학 데이터

신장(kidney)의 특정 장애 치료에서 투석(dialysis)은 혈액에 있는 폐기물을 제거에 사용될 수 있다. 투석 받는 환자들에게 발생할 수 있는 한 가지 문제는 도뇨관(catheter)이 삽입되는 위치에 감염(infection) 발생이다. 감염의 발생을 조사하는 연구에서 신장 질환을 앓는 환자들에 대해 휴대용 도뇨관의 삽입으로부터 감염될 때까지의 시간이 기록되었다.

표 2.8 데이터는 신장염(nephritis) 감염환자에 대한 것(McGilchrist and Aisbett, 1991)으로 다음의 변수를 포함한다. 감염 이외의 다른 이유로 도뇨관이 제거되었다면 중도절단(censored)으로 처리한다.

- Patient : 환자 번호
- Time : 감염의 첫 번째 발생 후에 도뇨관의 삽입 후 감염 재발까지 일 수
- Status : 1=관측값인 경우, 0=중도절단된 값인 경우(감염된 상태)
- Age : 나이
- Gender : 성별 (1=남자, 2=여자)

표 2.8 신장염 데이터

Patient	Time	Status	Age	Gender
1	8	1	28	1
2	15	1	44	2
3	22	1	32	1
4	24	1	16	2
5	30	1	10	1
6	54	0	42	2
7	119	1	22	2
8	141	1	34	2
9	185	1	60	2
10	292	1	43	2
11	402	1	30	2
12	447	1	31	2
13	536	1	17	2

연습문제

1. 국가통계 관련 데이터를 찾아보고 해당 데이터로부터 얻을 수 있는 정보에 대해 생각해 보세요.

2. 기상 관련 데이터를 찾아보고 해당 데이터로부터 얻을 수 있는 정보에 대해 생각해 보세요.

3. 질병 관련 데이터를 찾아보고 해당 데이터로부터 얻을 수 있는 정보에 대해 생각해 보세요.

4. 중국 위안화 환율 데이터를 찾아보고 해당 데이터로부터 얻을 수 있는 정보에 대해 생각해 보세요.

5. 관심이 있는 기업의 주가 데이터를 찾아보고 해당 데이터로부터 얻을 수 있는 정보에 대해 생각해 보세요.

6. 여론조사 관련 데이터를 찾아보고 해당 데이터로부터 얻을 수 있는 정보에 대해 생각해 보세요.

7. 코로나 확진자 관련 데이터를 찾아보고 해당 데이터로부터 얻을 수 있는 정보에 대해 생각해 보세요.

8. 우리 집의 2년간 전기사용량 데이터를 찾아보고 해당 데이터로부터 얻을 수 있는 정보에 대해 생각해 보세요.

9. 수학능력시험 결과 관련 데이터를 찾아보고 해당 데이터로부터 얻을 수 있는 정보에 대해 생각해 보세요.

10. 현대사회에서 왜 데이터가 중요하다고 생각하는지 토론해 보세요.

11. 최근 COVID19에 대한 데이터분석이 많이 활성화되고 있다. 다음은 kaggle 사이트에 올라온 국가별 예방 접종 관련 데이터이고 구성데이터는 다음과 같다. 해당 데이터를 이용해 얻을 수 있는 통계정보를 생각해 보세요.

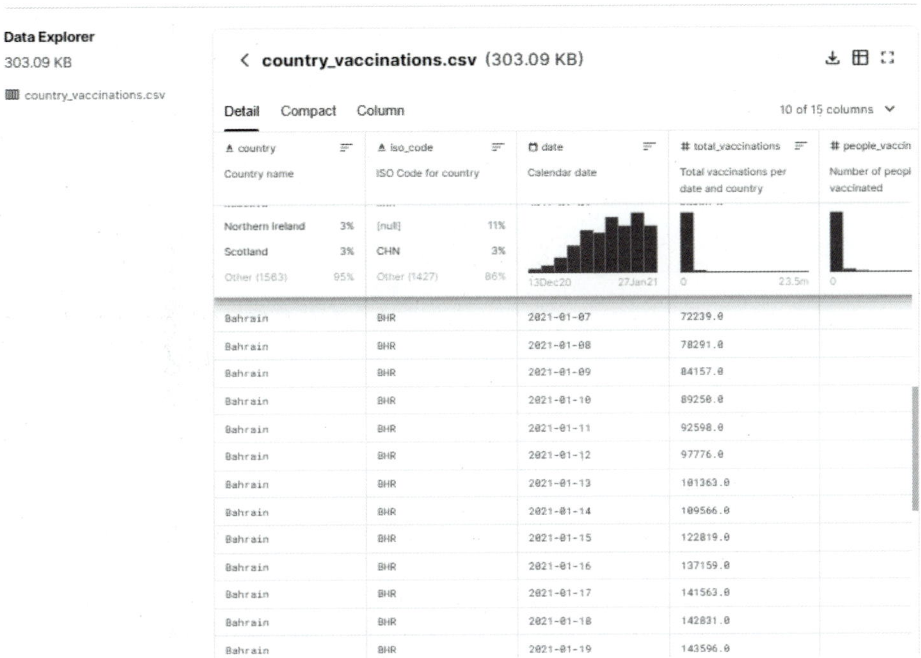

Data Explorer
303.09 KB
country_vaccinations.csv

country_vaccinations.csv (303.09 KB)

Detail Compact Column 10 of 15 columns

country Country name	iso_code ISO Code for country	date Calendar date	total_vaccinations Total vaccinations per date and country	people_vaccin Number of peopl vaccinated
Northern Ireland 3% Scotland 3% Other (1563) 95%	[null] 11% CHN 3% Other (1427) 86%	13Dec20 27Jan21	0 23.5m	0
Bahrain	BHR	2021-01-07	72239.0	
Bahrain	BHR	2021-01-08	78291.0	
Bahrain	BHR	2021-01-09	84157.0	
Bahrain	BHR	2021-01-10	89250.0	
Bahrain	BHR	2021-01-11	92598.0	
Bahrain	BHR	2021-01-12	97776.0	
Bahrain	BHR	2021-01-13	101363.0	
Bahrain	BHR	2021-01-14	109566.0	
Bahrain	BHR	2021-01-15	122819.0	
Bahrain	BHR	2021-01-16	137159.0	
Bahrain	BHR	2021-01-17	141563.0	
Bahrain	BHR	2021-01-18	142831.0	
Bahrain	BHR	2021-01-19	143596.0	

- 국가 코드
- 날짜
- 누적 접종수
- 총 예방 접종 횟수(국가의 총 예방 접종 횟수:중복 접종 포함)
- 예방 접종을 받은 총 사람 수
- 완전 예방 접종을 받은 총 사람 수 (모든 백신 투여)
- 일일 예방 접종
- 100명당 총 예방 접종 수
- 100명당 예방 접종을 받은 총 사람 수
- 100명당 완전 예방 접종을 받은 총 사람 수(모든 백신 투여)
- 하루 예방 접종의 수
- 백만 당 일일 예방 접종 -해당 국가의 현재 날짜에 대한 예방 접종 횟수와 총인구 간의 비율 (ppm)
- 국가에서 사용되는 백신 - 해당 국가에서 사용된 총 백신 수

12. 현재 구직활동 중인 A군은 N사이트에 청년실업 검색하다가 청년실업률을 보게 되었다. 청년실업율이 8.1%라는데 A군 체감상 주변에서 절반이상이 취업난에 허덕이고 있는 거로 느끼며 해당 통계량이 합리적인가에 대한 의문이 생겼다. 왜 A군에 체감하는 것에 비해 청년실업률은 작게 산정될까요?

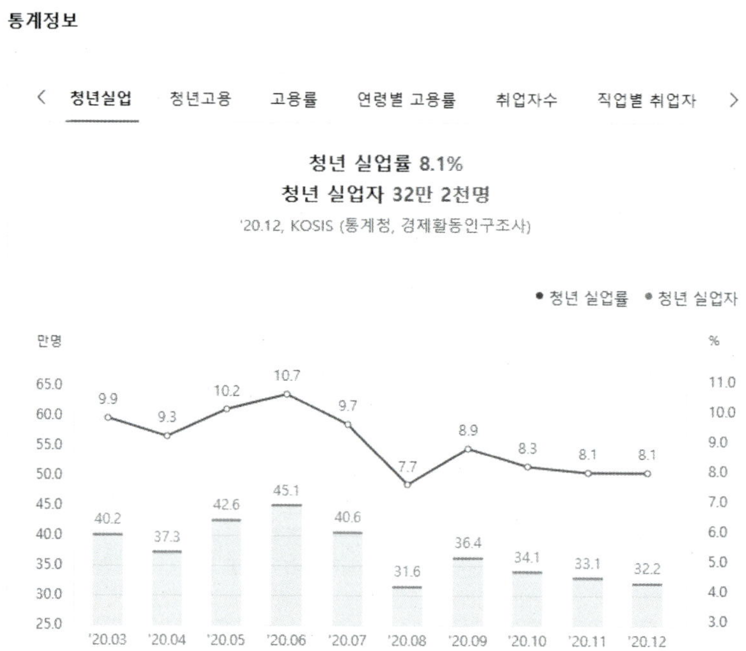

CHAPTER 3 R 객체

일반적으로 R이나 다른 프로그래밍 등으로 분석을 하여 원하는 결론을 도출하기 위해서는 그림 3.1과 같이 입력-저장-데이터 가공-분석-결과산출 과정을 거친다. 이 장에서는 데이터를 입력하여 저장하는 방법과 분석을 위해 데이터를 가공하는 방법에 대해서 다룬다.

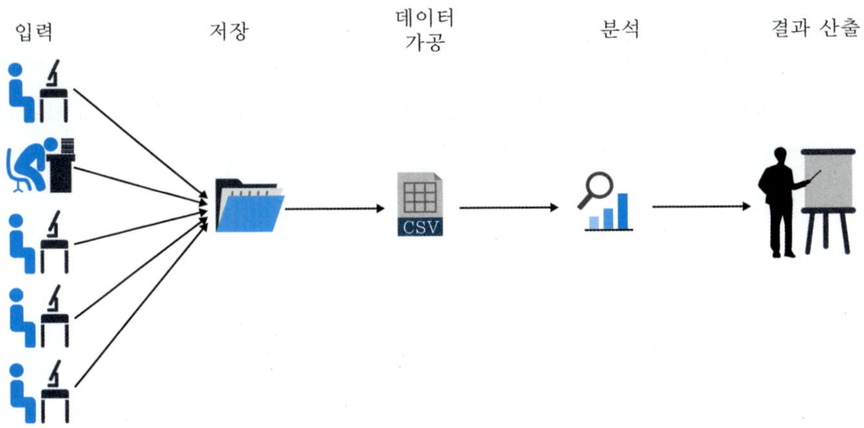

그림 3.1 데이터 분석 과정

3.1 주석

프로그래밍할 때 주석(코멘트, comment)를 남겨 해당 코딩 부분이 어떤 작업을 수행하는지 설명을 기록하는 것은 유용하다. 문장 앞에 '#'을 넣어 해당 행을 주석 처리한다. RStudio 스크립트 창에서는 Ctrl+Shift+C 키를 동시에 눌러 여러 행을 주석 처리 할 수 있다. 코멘트로 처리하고자 하는 문장에 Ctrl+Shift+C 키를 누르면 '#'이 자동적으로 추가된다.

일반적으로 스크립트 앞부분에 코멘트에는 다양한 정보를 담으면 편리하다(스크립트 명, 스크립트가 만들어진 날짜, 목적 등). 코멘트 문장은 프로그래밍 수행에 전혀 영향을 주지 않는다.

[예 3.1] **코드** 3.1 코멘트를 입력하고자 한다.

<코드 3.1> 코멘트 내용

```
#코멘트 남기기
#스크립트명: 코멘트 관련
#책의 주요내용: 쉽게 배울 수 있는 R프로그래밍
#이 빠진 상태에서 Ctrl+Shift를 누르면 코멘트로 바뀜
#name 사용자의 입력값이 들어가도록 명령어 입력
```

1. RStudio의 Code Editor에서 Rscript 창에 코드 3.1의 코멘트 내용을 입력한다.

2. 전체 글자를 코멘트 처리하고자 할 경우 Crtl+A 눌러 드래그(drag) 후에 Ctrl+Shift+C를 누르면 드래그한 모든 행에 코멘트 처리가 된다. 해당 라인만 코멘트 처리하고자 할 경우는 해당 행만 드래그(drag) 후에 Ctrl+Shift+C를 누른다. 또는 각 행에 '#' 입력 후 코멘트 문장을 쓴다.

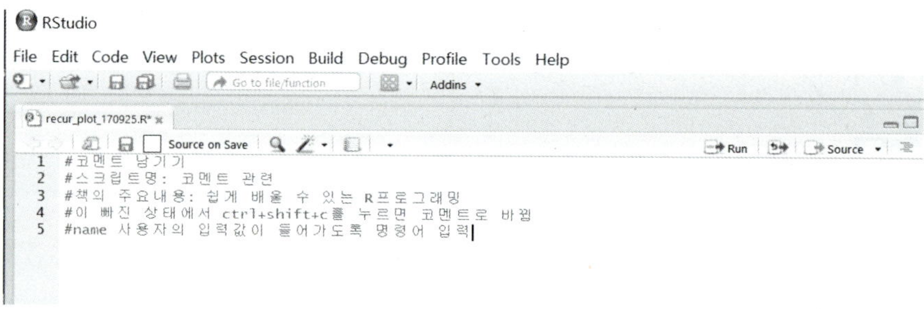

그림 3.2 코드 3.1 코멘트 수행 결과

3.2 벡터

3.2.1 벡터 만들기와 벡터 연산

벡터(vector)는 벡터를 구성하는 요소(element)들의 집합으로 같은 데이터 유형을 갖는다. R은 벡터를 기본으로 하는 프로그래밍 언어이다. 즉 벡터에 대한 연산은 자동으로 각 구성요소에 대한 연산이 된다. 이러한 점은 R시스템의 중요한 장점이다. `c()` 함수를 통해 열벡터(column vector)를 만든다.

```
> x<-c(1,2,3,4,5)
> x*3
[1]  3  6  9 12 15
> x+2
[1] 3 4 5 6 7
> length(x)
[1] 5
```

3.2.2 요인 백터

요인(factor)는 R에서 특히 모형 만드는데 중요한 개념이다. factor 유형으로 변환하기 위해서는 as.factor() 함수를 쓴다. factor 변수는 level로 표현되는 수준값을 갖는다.

R에서는 각 수준에 정수(integer)를 주며 as.numeric() 함수를 사용하면 할당된 숫자를 알 수 있는데 문자의 경우 알파벳 순이다.

```
> f<-c("hockey", "football", "baseball", "baseketball")
> f
[1] "hockey"      "football"     "baseball"     "baseketball"
> f2<-as.factor(f)
> f2
[1] hockey       football     baseball     baseketball
Levels: baseball baseketball football hockey
> as.numeric(f2)
[1] 4 3 1 2
```

3.3 데이터 유형

R에서는 다양한 데이터 유형(data type)이 있으며 데이터 유형은 class() 함수로 알 수 있다. R 프로그래밍 언어는 C와 Java 같은 다른 프로그래밍 언어와 달리 변수 만들시 변수 유형을 자동으로 결정한다. 생성된 변수에 대한 유형은 typeof() 함수를 이용하여 확인할 수 있다. 변수 유형은 기본적으로 double 타입으로 만들어진다. 대표적인 데이터 유형은 표 3.1에 정리되어 있다.

| 표 3.1 | 데이터 유형

변수 유형	설명	데이터 예
character	text 문자 혹은 string 타입	"가위", "R string"
double	십진수 기반의 실수형 숫자	3.14
integer	정수	5
boolean	논리값	TRUE/FALSE
Date	날짜	"2021-03-13"

R에서는 날짜를 다루는 방법을 포함한다. `as.Date()` 함수는 날짜 데이터로 인식한다.

```
> today <- Sys.Date()
> as.Date(today)
[1] "2021-03-13"
```

[예 3.2] 날짜 유형(type) 출력

```
> data1<-as.Date("2021-02-25")
> data1
[1] "2021-02-25"
> class(data1)
[1] "Date"
```

[예 3.3] 변수 유형(type) 출력

1. RStudio의 Code Editor를 열고 글자데이터를 포함한 변수를 만든다.

```
twice <- "사나없인 못사나 정말 못사나"
```

2. 객체 result에 string과 데이터 타입을 할당한다.

```
result <- paste("변수 twice의 타입", typeof(twice))
```

```
> result
[1] "변수 twice의 타입 character"
```

3. 이번에는 데이터 타입이 각각 double, integer로 할당된 변수를 생성한다.

```
Euler <- 2.71828182
das <- 12
d<-12L   # L을 liter 단위로 인식. d는 integer 데이터 타입
```

4. 각 변수의 데이터 유형을 출력하는 명령어를 입력한다.

```
print(paste("변수 Euler의 타입:", typeof(Euler)))
print(paste("변수 das의 타입:", typeof(das)))
```

5. 논리값 데이터를 갖는 변수를 설정하고 해당 변수의 유형이 결과값으로 나오도록 한다.

```
flag <- T     # 논리값 할당
print(paste("변수 flag는 논리값인가:", is.logical(flag)))
```

6. 명령문 전체를 실행하려면 Code Editor에서 수행버튼 Source 을 클릭하거나 Ctrl+Shift+S을 누르면 수행결과를 출력한다.

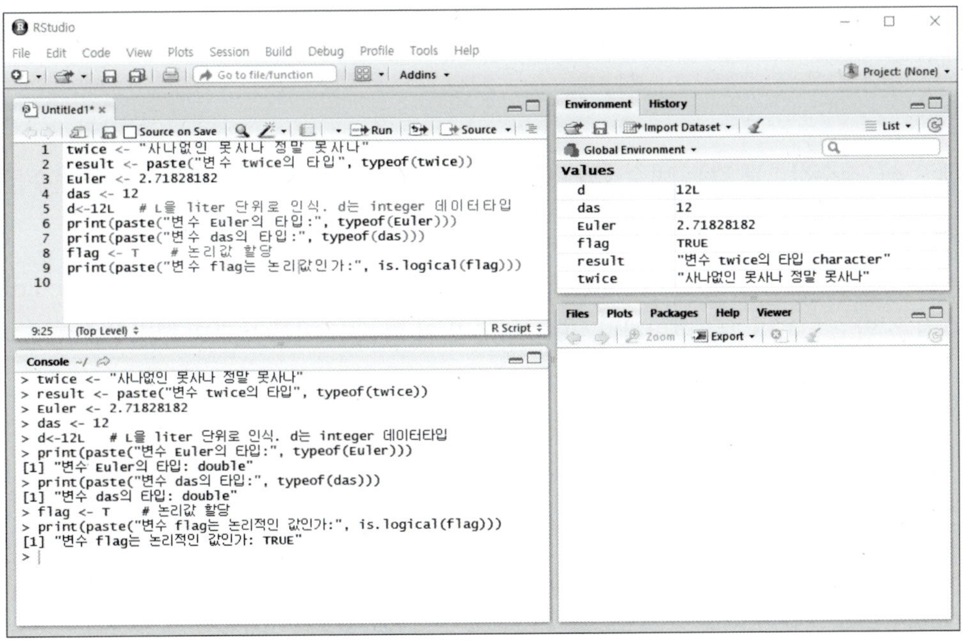

그림 3.3 예 3.3 코드 수행 결과

3.4 변수

3.4.1 변수값 저장

R 프로그램에서 변수는 값을 저장하는데 매우 유용한 저장 공간이다. 저장된 값은 R스크립트를 수행하면서 바뀔 수 있으므로 "변수"라 불린다. R에서는 변수값은 "<-" 또는 "="을 통해 지정한다. 변수명은 글자, 숫자, "_", "." 으로 구성되고 대소문자를 구분한다. 예를 들어, duksung과 Duksung은 서로 다른 변수이다.

변수명으로 다음 표의 예시 단어를 사용하는 것은 피해야 한다. 이러한 단어는 이미 R 프로그래밍에서 뜻과 역할을 지정해준 함수를 부르는 단어이다.

| 표 3.2 | 사용하지 못하는 변수명 예

break	else	FALSE	for
function	if	in	Inf
NA	NA_charater	NA_complex	NA_integer
NaN	Na_real	Next	NULL
repeat	return	TRUE	while

[예 3.4] 정수값 2를 갖는 변수 x와 'Simada hanzo'라는 문자값을 갖는 name 변수를 만들고자 한다.

1. RStudio를 열어 File > New file > R script 혹은 Ctrl+Shift_N을 입력하여 Code Editor 창을 열고 코드 3.2를 코딩한다. 또는 'Alt'키 와 함께 '-'키를 누르면 할당부호<-가 나타나므로 이후 변수값을 입력한다.

   <코드 3.2> 변수 할당

```
x <-2
  print(x)
name <-"Simada Hanzo"
  print(name)
```

2. 을 클릭하거나 Ctrl+Enter를 입력하면 변수와 변수값이 Environment tab에서

보인다.

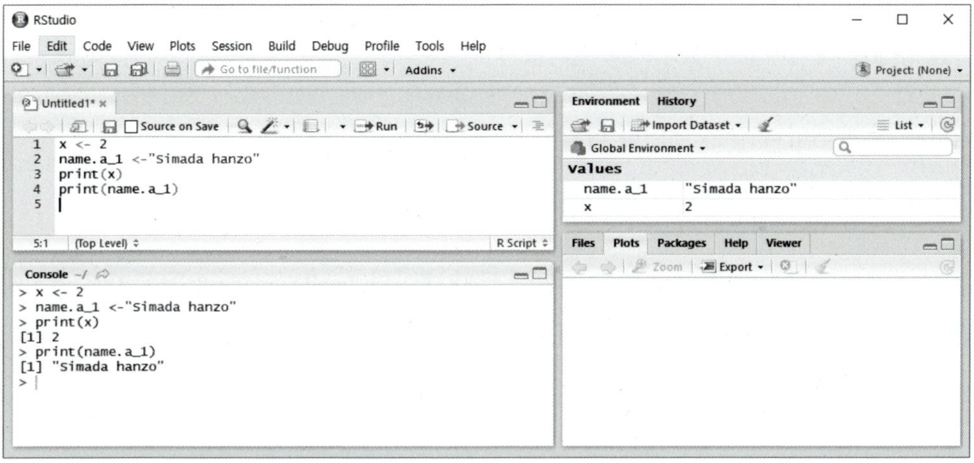

그림 3.4 예 3.4 코드 수행 결과

3.4.2 여러 개 값 저장하기

R 프로그래밍 언어는 데이터를 하나의 세트로 다루는 언어로, 변수값은 여러 개의 데이터로 이루어진 벡터(vector)로 할당이 가능하다. 여러 개의 데이터 값들은 `c()` 함수를 이용해 열벡터로 할당가능하다.

R에서 벡터는 1부터 시작하는 인덱스(index)가 존재하고 값이 할당되는 순서에 따라 인덱스 번호가 지정된다. 코드상에서 인덱스에 할당된 데이터는 변수명 뒤에 [] 사각 괄호에 번호로 확인할 수 있다.

다음과 같이 `c()` 함수로 벡터 객체를 만들어 본다.

```
> chicken <- c("교촌", "BHC", "네네")
> x<-c(1,3,5,9,10)
> chicken[1]
"교촌"
>length(chicken)
3
> x
[1]  1  3  5  9 10
```

예를 들어, chicken[1]은 변수명 chicken 안에 첫 번째 구성요소이다. 즉 chicken[1]의 값이 "교촌"이다. 벡터의 길이는 `length()` 함수를 이용한다. 예를 들어, `length(chicken)`을 수행하면 총 3개 데이터값이 있으므로 결과값 3이 나온다.

벡터는 각 벡터마다 같은 데이터 타입의 값만 담을 수 있다. 예를 들어

```
night_elf <- c("malfurion", 1 ,"Illidan" ,2 ,"Tyrande",3)
```

라는 벡터 객체를 만든다면 `night_elf` 안에 문자 데이터 `"malfurion"` 를 문자로 인식하여 뿐만 아니라 숫자 1도 문자 "1"로 인식된다.

[예 3.5] 변수값 출력

1. RStudio의 Code Editor를 열고 여러 개의 텍스트 문자를 포함한 변수를 만든다.

```
smile_gate <- c("lostark","epic7","soulwalker")
```

2. 해당 변수의 모든 구성요소를 출력한다.

```
print(smile_gate)
```

3. 해당 벡터의 특정한 위치에 있는 데이터를 출력한다.

```
print(paste("2번째 데이터:", smile_gate[2]))
```

4. 입력한 문구와 함께 벡터의 길이를 출력한다.

```
print(paste("벡터의 길이:", length(smile_gate)))
```

5. 벡터의 요소를 추가하고자 할 경우 새로운 값을 해당 벡터에 할당한다. 벡터의 길이를 출력하기 위해서는 `length()` 함수를 쓴다.

```
smile_gate[5] <- "Crossfire"
print(smile_gate)
print(paste("벡터의 길이:", length(smile_gate)))
```

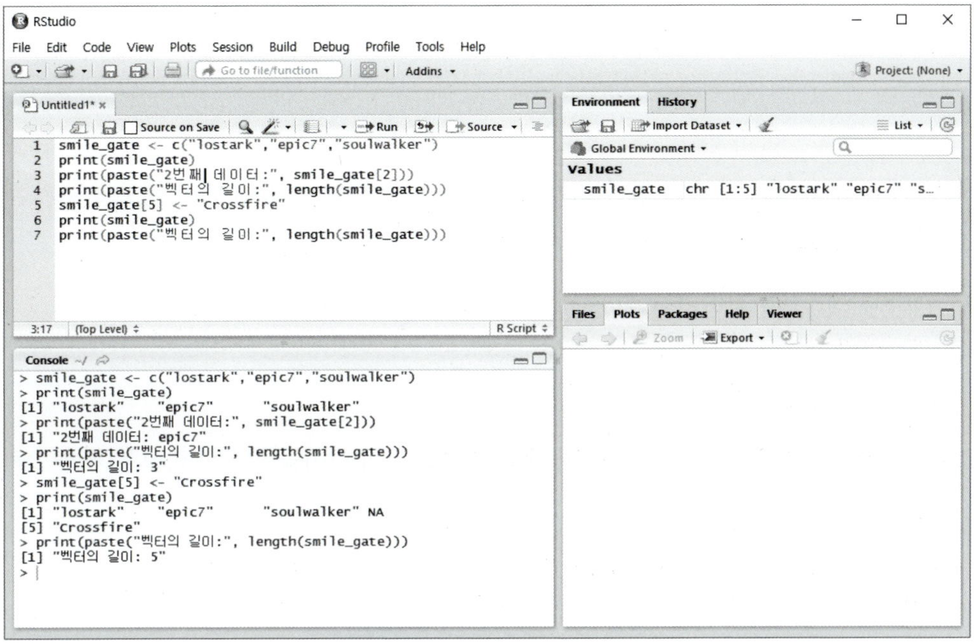

그림 3.5 예 3.5 코드 수행 결과

3.5 리스트 객체

3.5.1 여러 데이터 유형 저장하기

여러 개의 서로 다른 데이터 유형을 갖는 경우 한 개 백터에 할당될 수 없다. 대신 R에서는 'list' 구조를 사용하여 여러 데이터 유형을 포함할 수 있다.

```
> temp=list(x=c(1,2), y=c("a", "b"))
> temp
$x
[1] 1 2
$y
[1] "a" "b"

> temp[[1]]
```

```
[1] 1 2
> temp[[2]]
[1] "a" "b"
```

[예 3.6] 이름과 몸무게를 포함한 리스트 객체를 만들고 한 사람에 대한 정보를 추가한다. 그리고 몸무게의 합과 평균을 구하고자 한다.

1. RStudio의 Code Editor를 열고 데이터가 key=value 형식인 list를 만든다.

```
weight <- list(kim=44, Lee=56, Jang=73)
```

2. key=value 짝을 기존 리스트와 결합해 원래 리스트의 길이를 확장하고 모든 짝을 출력시킨다.

```
weight <- c(weight, list(park=51))
print(unlist(weight))
```

3. 리스트의 값들만 따로 벡터 변수에 할당한다.

```
everyone.weight <- unlist(weight, use.name=FALSE)
```

4. 리스트에 있는 값들의 평균을 계산하여 변수에 할당하고 해당 변수를 출력한다.

```
total.weight <-sum(everyone.weight)
print(paste("chd 몸무게:" , total.weight))
```

5. 리스트값에 평균을 계산하여 변수에 할당하고 해당 변수를 출력한다.

```
average.per.man <- mean(everyone.weight)
print(paste("1인당 평균몸무게:", average.per.man))
```

6. 리스트에 대한 데이터 유형을 검토해본다.

```
print(paste("weight는 리스트 형식입니까:", is.list(weight) ))
```

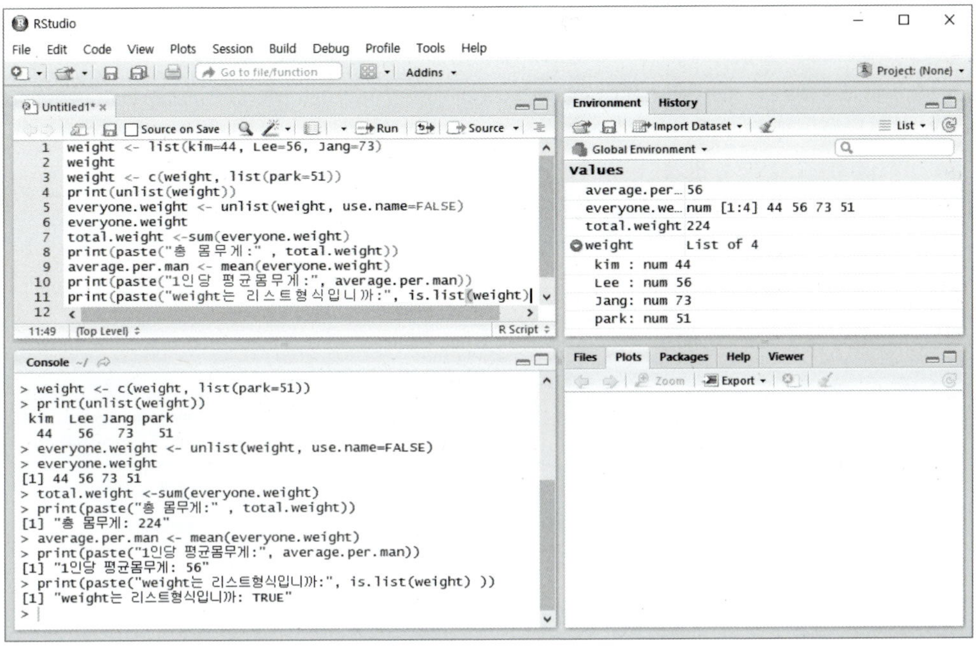

그림 3.6 예 3.6 코드 수행 결과

3.5.2 혼합된 데이터 유형을 가진 리스트 객체 만들기

리스트는 여러 데이터 유형을 한 개의 리스트 형식으로 된 변수에 넣을 수 있다. 리스트는 c()를 이용하여 리스트를 추가할 수 있다. 리스트 안에 있는 값들을 연산하기 위해서는 해당 값을 불러들인 후 적절한 데이터 유형으로 바꾼 후 연산 수행이 가능하다.

[예 3.7] 나이, 몸무게, 이름, 사용 여부를 포함한 리스트 객체를 합한 후 숫자형 변수에 대한 평균을 구한다. 코드 3.3를 참조하면 된다.

<코드 3.3> 리스트 객체 만들기

```
weight <- list(kim=44,Lee=56,Jang=73) #리스트 만들기
weight <- c(weight,list(park=51)) #리스트에 데이터 추가
print(unlist(weight)) # weight를 출력하기
everyone.weight <- unlist(weight, use.name=FALSE)
    #이름을 제외한 weight의 데이터를 everyone.weight에 할당
total.weight <-sum(everyone.weight)
```

```
    # everyone.weight의 총합계를 구하여 total에 할당
print(paste("총몸무게:" , total.weight)) #총 몸무게의 합
average.per.man <- mean(total.weight)
    #평균몸무게를 구하여 average.per.man에 할당
print(paste("1인당 평균 몸무게:", average.per.man)) #1인당 평균 몸무게
print(paste("weight는 list 형식입니까:", is.list(weight) ))
    #변수 weight의 형식확인
```

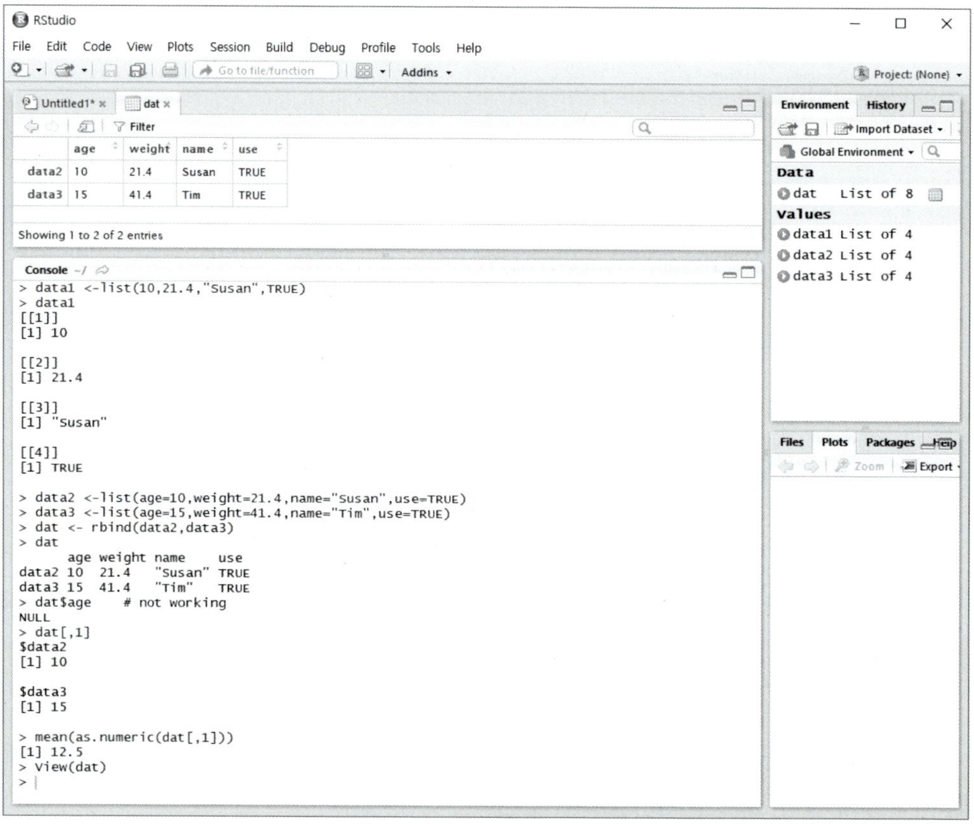

그림 3.7 예 3.7 코드 수행 결과

R에서 코딩한 경우, 만들어진 객체는 Environment tab에 표기된다. Workspace 창에서 객체에 대한 정보를 Grid view와 List view로 볼 수 있다. Grid view에서는 객체 이름이 나열되고, List view에서는 객체 앞에 붙은 ● 아이콘을 클릭하면 객체에 대한 자세한 속성 정보를 알 수 있다.

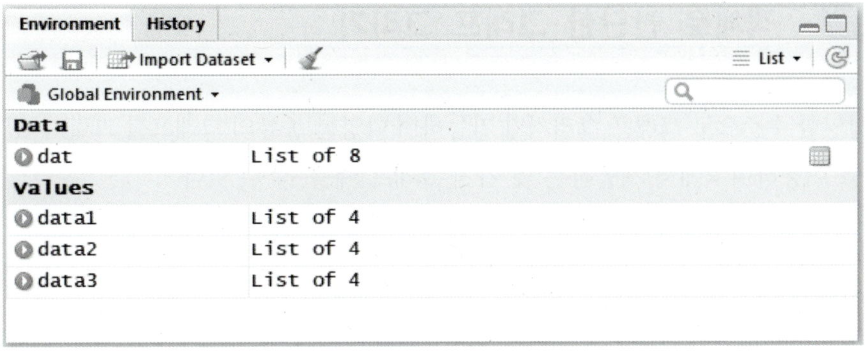

그림 3.8 Grid view 예

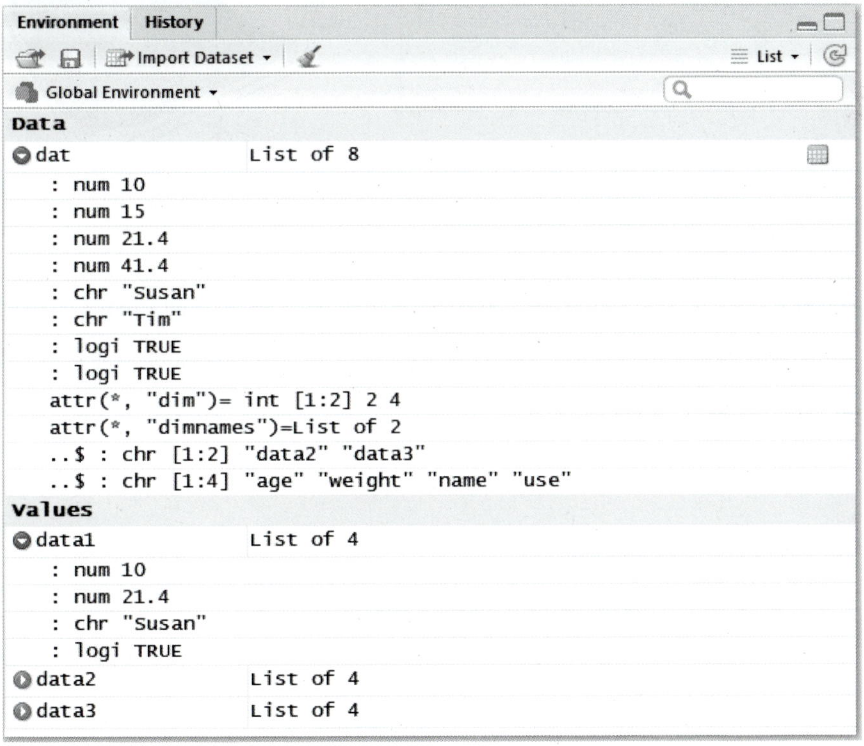

그림 3.9 List view 예

3.6 객체로 간단한 그래프 그리기

R은 상당한 수준으로 그래프 그리기가 가능하며 다양한 종류의 그래프를 그릴 수 있다. 다음의 함수를 이용하여 R에서 제공하는 몇 가지 그래프 예를 볼 수 있다.

```
demo(graphics)
demo(persp)
```

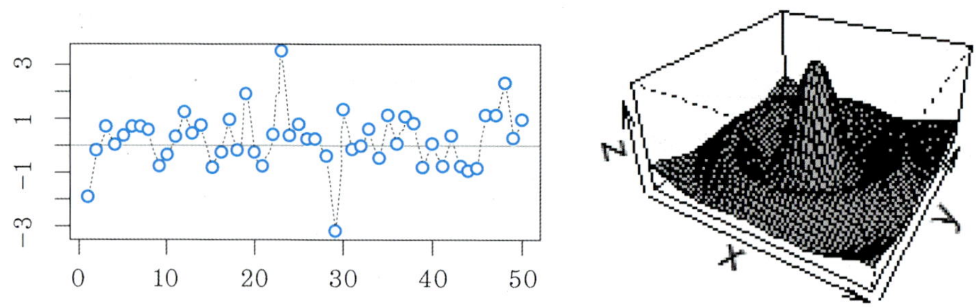

그림 3.10 R 그래픽 demo() 함수에서 제공하는 그래프 예

R에서는 고수준(high level)으로 대표적으로 `plot()` 함수를 이용해 다양한 그래프를 그릴 수 있다. 기본적인 명령문은 plot(x,y)로 같은 길이를 가진 x와 y에 대해 그래프를 그린다. 첫 번째로 쓴 x는 수평축(가로)에 두 번째로 쓴 y는 수직축(세로)을 이룬다. 또는 `plot(y~x)`로 쓴다.

[예 3.8] 간단한 산점도 그리기

1. RStudio Code Editor를 열고 다음 벡터를 만든다.

```
x <- c(2,3,4,5,7,8)
y <- c(1,3,2,6,7,2)
plot(x,y,type="l")  # x,y에 대한 그래프
```

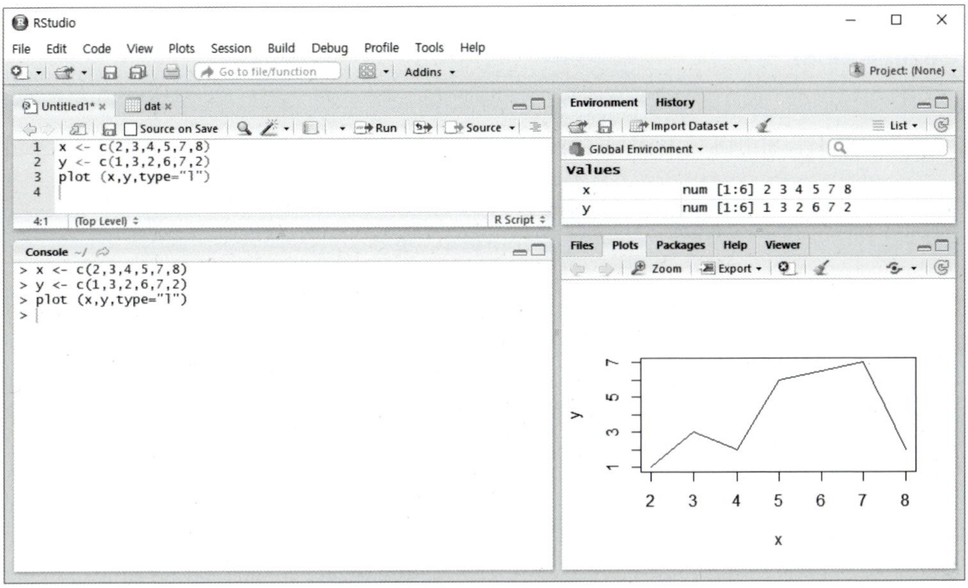

그림 3.11 예 3.8 코드 수행 결과

[예 3.9] 분기별 리스트 데이터를 합한 후 월별 온도에 관한 그래프 그리기

1. RStudio의 Code Editor에서 4개 list를 만든다.

```
qtr1 <- list(Jan =-15, Feb=-13, March =10)
qtr2 <- list(Apr=15, May=20, Jun=28)
qtr3 <- list(July =31, August=35, Sep=21)
qtr4 <- list(oct=10, nov=7, dec=-3)
```

2. 4개의 리스트를 하나의 벡터로 결합한다.

```
year <- unlist(c(qtr1,qtr2,qtr3,qtr4))
```

3. 벡터를 그래프로 만든다. 그래프 타입과 색깔 등을 지정한다.

```
plot(year,type="o", col="Blue", pch=15, ann=FALSE,
axes=FALSE)
```

ann은 annotation을 나타내는 옵션으로 x, y축의 라벨을 포함 여부를 선택한다. (디폴트 ann=TRUE) axes은 그래프 축을 포함 여부에 대한 옵션으로 x, y축을 포함 여부를 선택한다. (디폴트 axes=TRUE)

4. x축의 범위를 정한다. y축의 범위는 R 시스템에서 자동으로 정해주는 범위를 따른다.

```
axis(1, at=1:12,lab=c(names(year))) # 1=x축
axis(2)                              # 2=y축
```

5. 각 축에 라벨과 그래프의 명칭을 정하고 그래프를 감싸는 상자(box)를 그린다.

```
axis(1, at=1:12,lab=c(names(year)))
axis(2)
title(xlab="month",ylab="$",
      main="연간 온도", col.main="red")
box()
```

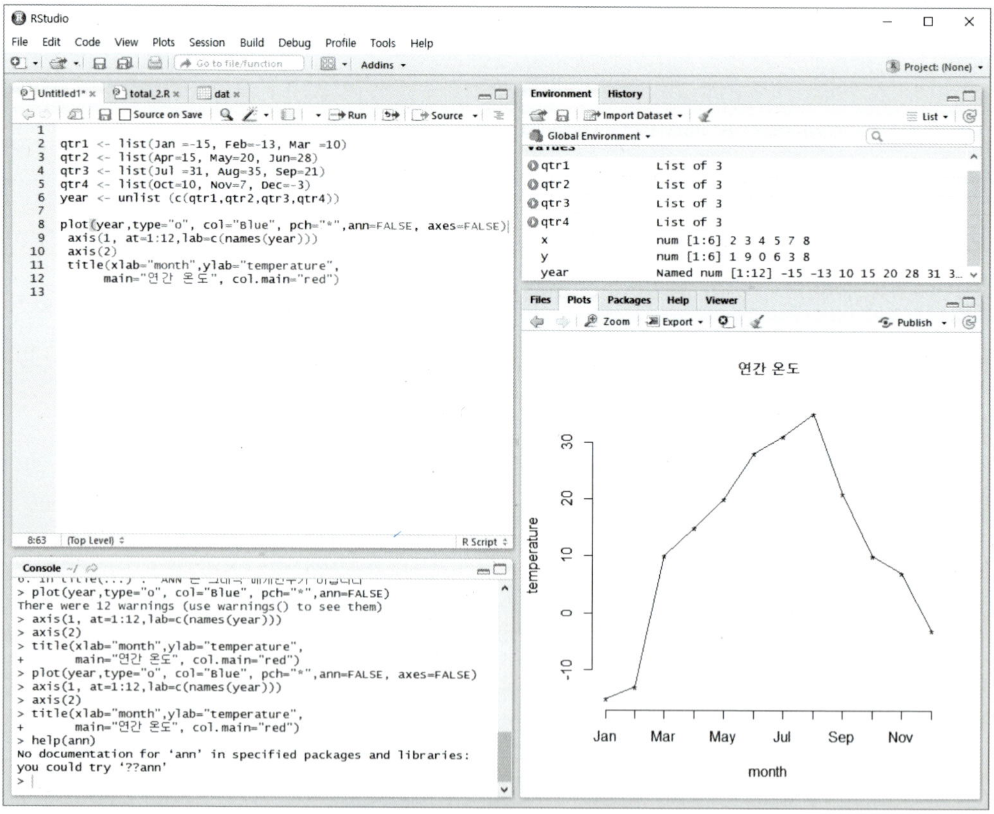

그림 3.12 예 3.9 코드 수행 결과

[예 3.10] 히스토그램(histogram) 그리기

1. 철수가 가입한 동호회의 사람들의 나이에 대한 histogram을 그린다.

```
x <-  c(9,13,21,8,36,22,12,41,31,33,19)
hist(x,xlab = "나이",main="동호회 연령대",col = "yellow",border = "blue")
```

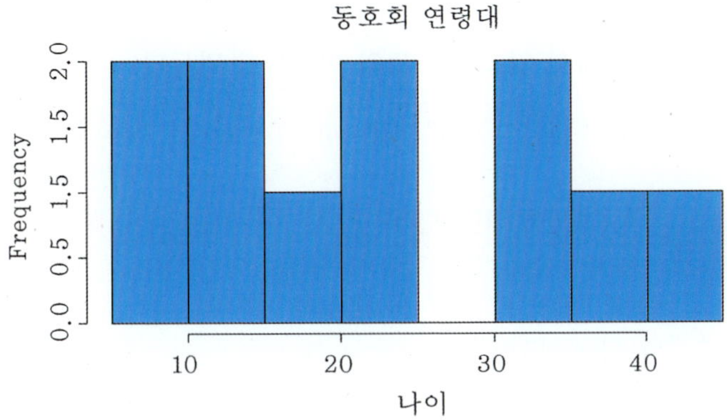

그림 3.13 사람들 나이에 따른 그래프

[예 3.11] 파이그림 그리기

5개 브랜드의 시장점유율을 파이그림 그림 3.14로 나타낸다.

```
x <- c(10, 20, 30, 25, 15)
name.x<- c("A", "B", "C", "D", "E")
pie(x, labels=name.x)

pct<- round(x/sum(x) * 100)
pie(x, labels=paste(name.x, pct, "%") )  # 퍼센트 표기
```

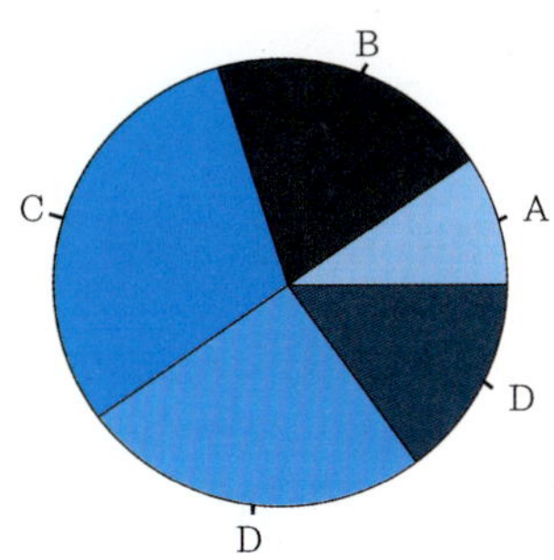

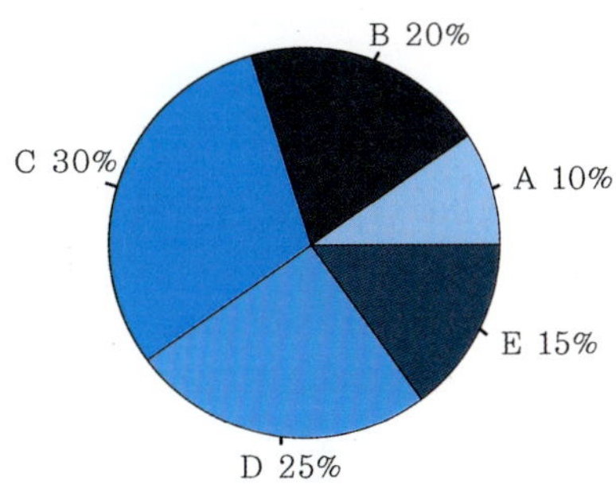

그림 3.14 (a) 범주만 표기한 파이그림 (b) 범주와 퍼센트를 표기한 파이그림

3.7 객체 관리

R에서는 객체 관리를 `ls()`를 이용해 객체 목록을 볼 수 있으며 Environment tab에서도 관리할 수 있다.

1. RStudio의 Code Editor를 열고 리스트와 변수들을 만든다.

```
game.champion <- list ( "taric" ="Mount Targon", "Garen" ="Demacia",
                        "Ashe"="Freljord", "Urgot"="Noxus")
                 # League of legends
game.number<-10
game.hero <- "James Raynor"   # Starcraft hero
game.moral <- "my character"
```

2. Crtl+A(전체선택)을 누르고 Crtl+Enter(수행) 눌러 코드를 수행하고 객체를 생성한다.

3. List view안에 Environment tab을 열고서 ◉ 을 클릭하면 리스트 객체는 key와 value를 확인할 수 있다. ◉ 을 다시 클릭하면 원상태로 복구시킨다.

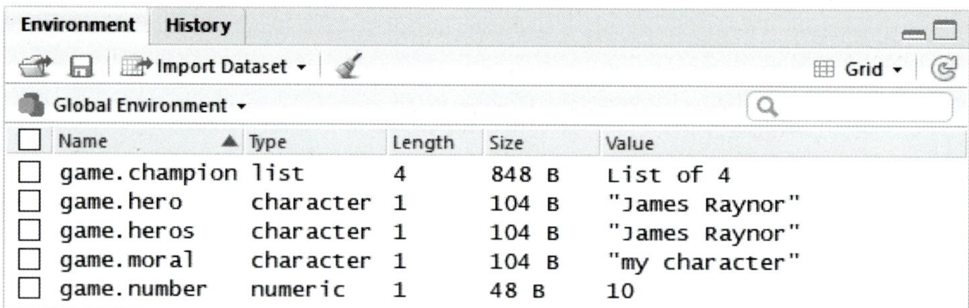

그림 3.15 연간온도 그래프 코드와 결과 그래프

4. Code Editor 창으로 돌아와서 `ls()` 코드를 입력하여 현재 할당된 객체를 확인한다.

```
ls()
```

5. 선택한 객체를 제거하고자 하면 `rm()`을 수행하여 제거하고 `ls()` 함수로 객체 목록을 확인하여 변수가 제거되었는지 확인한다.

```
rm (game.hero, game.moral)
ls()
```

6. 할당된 변수는 또한 Environment tab에 있는 으로도 할당해제가 가능하다.

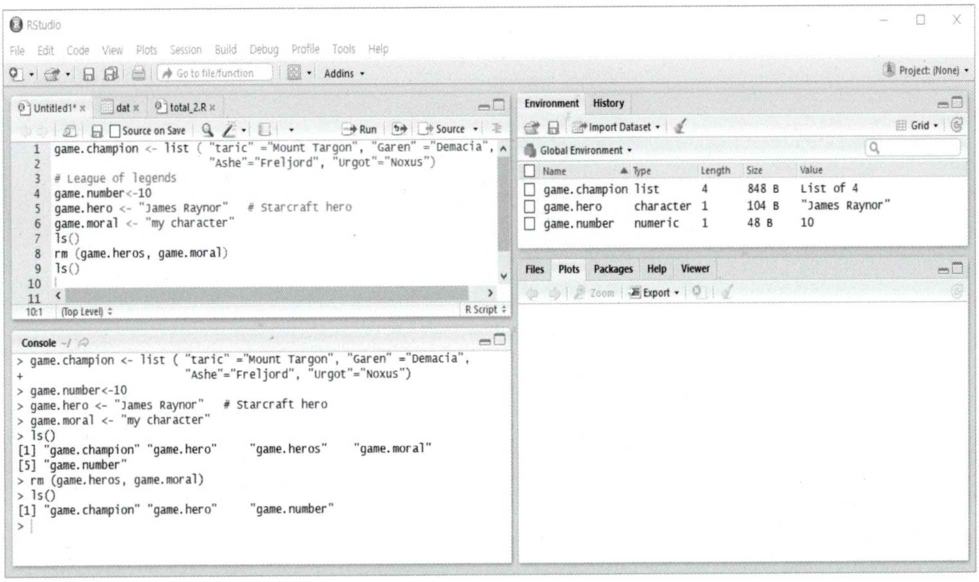

그림 3.16 코드 수행 결과창

3.8 help 이용하기

1. Help tab을 열어 검색창에 plot를 입력한다. `plot()` 함수에 대한 정보를 볼 수 있다.

2. Code Editor를 열고 help("plot")를 입력하면 help 내에 있는 plot 관련 정보들을 보여준다.

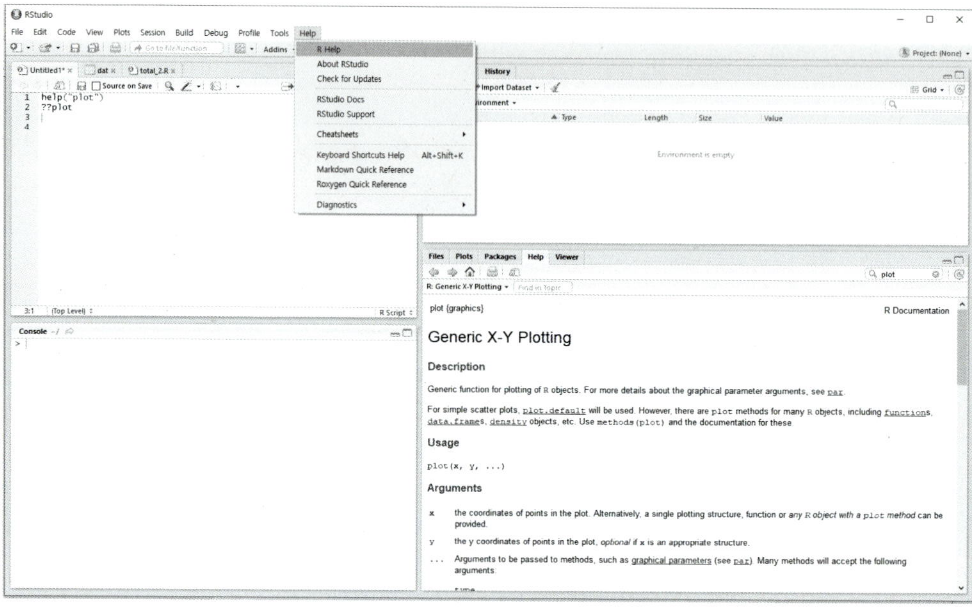

그림 3.17 help를 이용하는 방법

3. Code Editor 창에서 "plot"를 입력하고 필요한 옵션을 고르면 자동적으로 해당 함수에 관한 설명이 나온다.

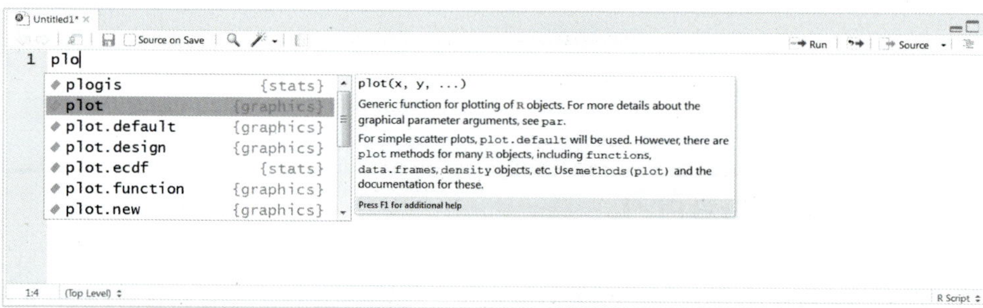

그림 3.18 RStudio의 자동완성 기능

연습문제

1. 세 명 학생의 키는 각각 180, 165, 170 이다. 다음을 수행하시오.
   (a) `c()`를 이용해 `height` 변수 객체를 만든다.
   (b) 세 명 키의 평균을 구한다.

2. 당신의 이름, 나이 성별이 담긴 데이터를 your_info 라는 변수에 저장한다. `print()`와 `paste()`를 이용하여 your_info 에 담긴 정보를 다음과 같은 형식으로 출력되도록 코드를 작성하시오.

   나의 이름은 ***이고 나이는 ** 세 성별은 *입니다.

3. 철수, 영희, 지수가 있다. 이들의 키는 각각 180, 165, 170이다. 다음을 수행하시오.
   (a) 해당 데이터를 key=value 형식인 list 객체로 만든다.
   (b) 세 명 키의 합과 평균을 구한다.

4. x는 1부터 10 까지 짝수가 포함된 변수이고 y는 1부터 10까지 홀수가 포함된 변수이다.
   (a) x와 y에 대한 그래프 (x,y) 를 점으로 표시하여 그려보시오.
   (b) x와 y에 대한 그래프 (x,y) 를 선으로 표시하여 그려보시오.

5. 고등학교 A반 학생의 몸무게를 조사하여 다음의 데이터를 얻었다.

```
weight<-c(68, 81, 64, 56, 78, 74, 61, 77, 66, 68,
          59, 71, 80, 59, 67, 81, 69, 73, 69, 74, 70, 65 )
```

   (a) 몸무게의 평균과 표준편차를 구하시오.
   (b) 히스토그램을 그려보시오.

6. 다음중 객체가 생성되는 것은?
   ① `3<-c(1,2)` ② `3x<-c(1,2)`
   ③ `x3<-c(1,2)` ④ `x!<-c(1,2)`

7. 다음의 x 에 대해 $y = x^2$ 를 생성하시오. 좌표평면에 점으로 산점도를 그리고자 한다면 어떤 코드를 선택해야하는가?

```
x <- c(1,2,3,4,5)
y <- x^2
```

① plot(x,y) ② scatterplot(x,y)
③ print(x,y) ④ graph(x,y)

8. 다음은 통계청에서 제공한 2016년부터 2019년까지 국내 신혼부부 관련 통계 표이다. 다음의 데이터를 이용하여 년도에 따른 점을 찍어 선그래프를 그려보고 알 수 있는 사실을 유추해보시오.

| 표 3.3 | 신혼부부 데이터

년도	신혼부부	맞벌이 부부수	주택소유 신혼부부 수
2015	1,471,647	595,850	640,709
2016	1,436,948	603,281	633,642
2017	1,379,766	585,957	616,621
2018	1,322,406	594,409	594,721
2019	1,260,117	582,985	557,592

통계표 출처 https://kosis.kr/statHtml/statHtml.do?orgId=101&tblId=DT_1NW1001&conn_path=I3

```
new_bubu <-c(1471647,1436948,1379766,1322406,1260117)
mat_bubu <-c(595850,603281,585957,594409,582985)
buza_bubu<-c(640709,633642,616621,594721,557592)
year<-c (2015,2016,2017,2018,2019)
a<-cbind(new_bubu ,mat_bubu ,buza_bubu,year)
a
```

9. 다음은 통계청에서 조사한 부부의 가사분담 실태이다.(대상: 아내측) 2008년도와 2020년도에 대해 각 응답에 대한 파이그림을 그린 후에 인식이 어떻게 변화했는지 논의해 보시오.

년도	아내가 전적으로 책임	아내가 주로 하지만 남편도 분담	부부가 공평하게 분담	남편이 주로 하지만 아내도 분담	남편이 전적으로 책임
2020	25.1	51.7	20.2	2.5	0.4
2008	35.7	53.8	9	1.2	0.3

10. 다음은 nct 그룹 구성원의 이름과 국적, 생년이다.

(a) 국적별로 인원이 몇 명인지 도수와 %가 함께 나타내도록 파이그림을 그리시오.

(b) 생년에 따른 도수로 막대그래프를 그리시오.

▍표 3.4 ▍ nct 그룹 구성원 데이터

이름	생년	국적
태일	1994	한국
쟈니	1994	미국
태용	1995	한국
유타	1995	일본
쿤	1996	중국
도영	1996	한국
텐	1996	태국
재현	1997	한국
윈윈	1997	중국
정우	1998	한국
루카스	1999	홍콩
마크	1999	캐나다
샤오쥔	1999	중국
헨드리	1999	마카오
런쥔	2000	중국
제노	2000	한국
해찬	2000	한국
재민	2000	한국
양양	2000	대만
쇼타로	2000	일본
성찬	2001	한국
천러	2001	중국
지성	2002	한국

CHAPTER

4 기본 연산

변수로 할당한 데이터들을 가공하는 방법에 관해 설명하고자 한다. 더하거나 빼거나 하는 기본 사칙 연산부터 변수들로부터 새로운 변수를 만드는 작업 등에 대해 알아본다.

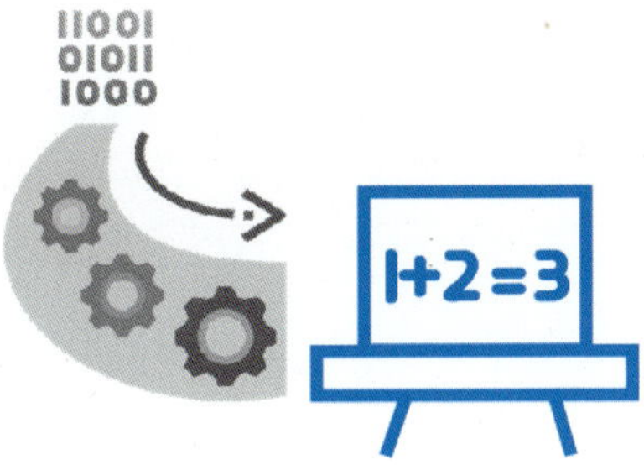

4.1 사칙 연산

R에서는 산술연산자인 +,-,*,/,^을 이용하여 덧셈, 뺄셈, 곱셈, 나눗셈 등 간단한 계산을 할 수 있다. 표 4.1에서 R에서의 산술연산자를 보여준다. ^n은 n번 거듭제곱한 결과값이 나온다. 만약 2^5를 코딩하면 $2\times2\times2\times2\times2=32$ 를 얻는다.

표 4.1 R 산술연산자

연산자	연산
+	덧셈
−	뺄셈
*	곱셈
/	나눗셈
%/%	몫
^	승수
%%	나눗셈 후 나머지

간단한 산술 연산을 해본다.

```
> 3+2
[1] 5
> 5-1
[1] 4
> 4*7
[1] 28
> 14/7
[1] 2
> 2^3
[1] 8
> 9%/%4
[1] 2
> 9%%4
[1] 1
> 1/6
[1] 0.1666667
```

[예 4.1] 간단한 연산 프로그램 연습

1. RStudio Code Editor를 열고 숫자값을 할당한다.

```
my_age <- 24
his_age <-21
```

2. 산술값에 대한 결과값이 간단한 코멘트와 함께 나오도록 다음과 같이 입력한다.

```
print( paste("더하기:", my_age + his_age))
print( paste("빼기:", my_age - his_age))
print( paste("곱셈:", my_age * his_age))
```

3. 다음과 같이 나눗셈에 대한 결과를 얻는다.

```
print( paste("나누기:", my_age/his_age))
print( paste("정수 나누기:", my_age%/%his_age))
```

4. 제곱에 대한 결과값도 나오도록 다음의 코드를 추가한다.

```
print( paste("승수:", my_age^his_age))
```

5. 마지막으로 나머지 값이 산출되도록 다음과 같이 입력한다.

```
print( paste("나머지:",my_age%%his_age))
```

<코드 4.1> 사칙 연산

```
#4.1 산수하기
my_age <- 24
his_age <-21
print( paste("더하기:", my_age + his_age))
print( paste("빼기:", my_age - his_age))
print( paste("곱셈:", my_age * his_age))
print( paste("나누기:", my_age/his_age))
print( paste("정수 나누기:", my_age%/%his_age))
print( paste("승수:", my_age^his_age))
print( paste("나머지:",my_age%%his_age))
```

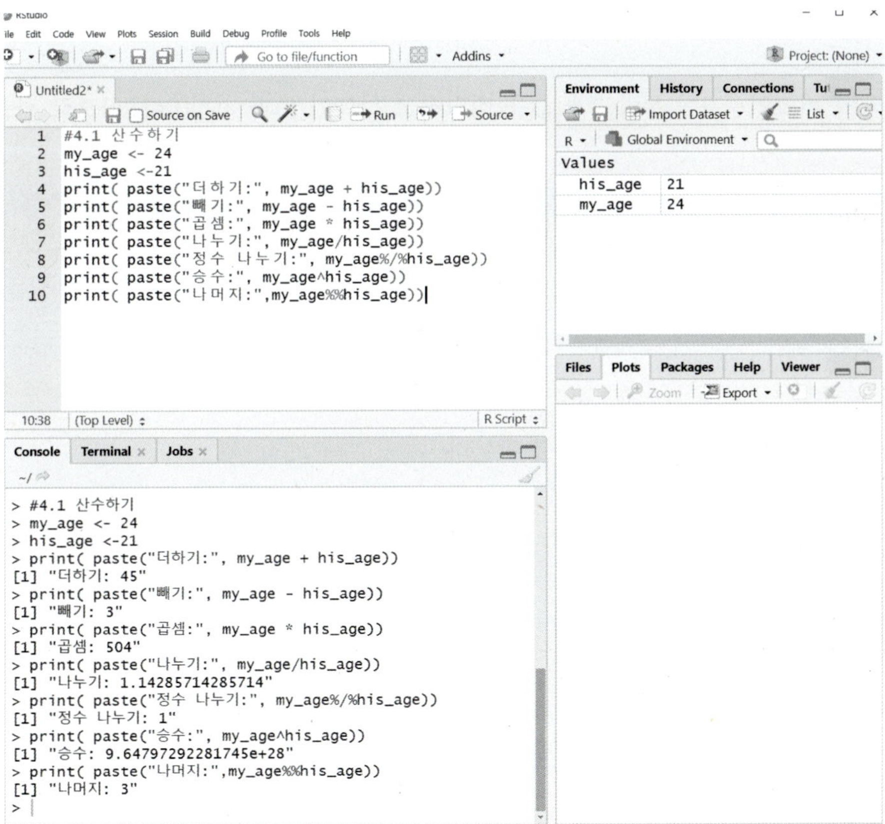

그림 4.1 코드 4.1 결과 출력

4.2 비교하기

단순 연산이 아닌 특정 두 개 이상의 변수값들을 연산자를 입력하여 서로 비교한 후 결과를 도출한다. 표 4.2는 R에서의 여러 가지 비교연산자를 보여준다.

표 4.2 R 비교연산자

연산자	설명
==	~와 같은
!=	!와 같지 않은
>	~보다 큰 (~ 초과)
>=	~와 같거나 큰 (~ 이상)
<	~보다 작은 (~ 미만)
<=	~와 같거나 작은 (~ 이하)

[예 4.2] 비교연산자를 통해 2개 값을 비교하고 참(TRUE)과 거짓(FALSE)으로 산출할 수 있다.

1. RStudio Code Editor를 열고 비교할 세 개 값을 각 변수에 할당한다.

```
num1 <- 1
num2 <- 1
num3 <- 9
```

2. 각 문자값이 할당된 두 개 변수를 만든다.

```
Cap <- "A"
low <- "a"
```

3. 두 정수가 서로 같은지와 두 문자가 같은지 비교한 결과가 나오는 구문을 입력한다.

```
print( paste("0 == 0 Equaility:", num1==num2))
print( paste("A == a Equaility:", Cap==low))
```

4. 두 값이 같지 않은지 확인하는 구문을 입력한다.

```
print( paste("0 != 1 inequaility:", num1 != num3))
```

5. 두 개의 정수에 대해 서로가 크고 작은지 비교하는 구문을 추가로 입력한다.

```
print( paste("0 > 1 Greater:", num1 > num3))
print( paste("0 < 1 less:", num1 <num3))
```

6. 마지막으로 같거나 큰지, 같거나 작은지를 비교하는 구문을 추가로 입력한다.

```
print( paste("0 >= 1 Equaility:", num1 >= num3))
print( paste("0 <= 1 Equaility:", num1 <= num3))
```

<코드 4.2> 비교 구문

```
#4.2 비교하기
num1 <- 1
num2 <- 1
num3 <- 9
Cap <- "A"
low <- "a"
print( paste("0 == 0 Equaility:", num1==num2))
print( paste("A == a Equaility:", Cap==low))
print( paste("0 != 1 inequaility:", num1 != num3))
print( paste("0 > 1 Greater:", num1 > num3))
print( paste("0 < 1 less:", num1 <num3))
print( paste("0 >= 1 Equaility:", num1 >= num3))
print( paste("0 <= 1 Equaility:", num1 <= num3))
```

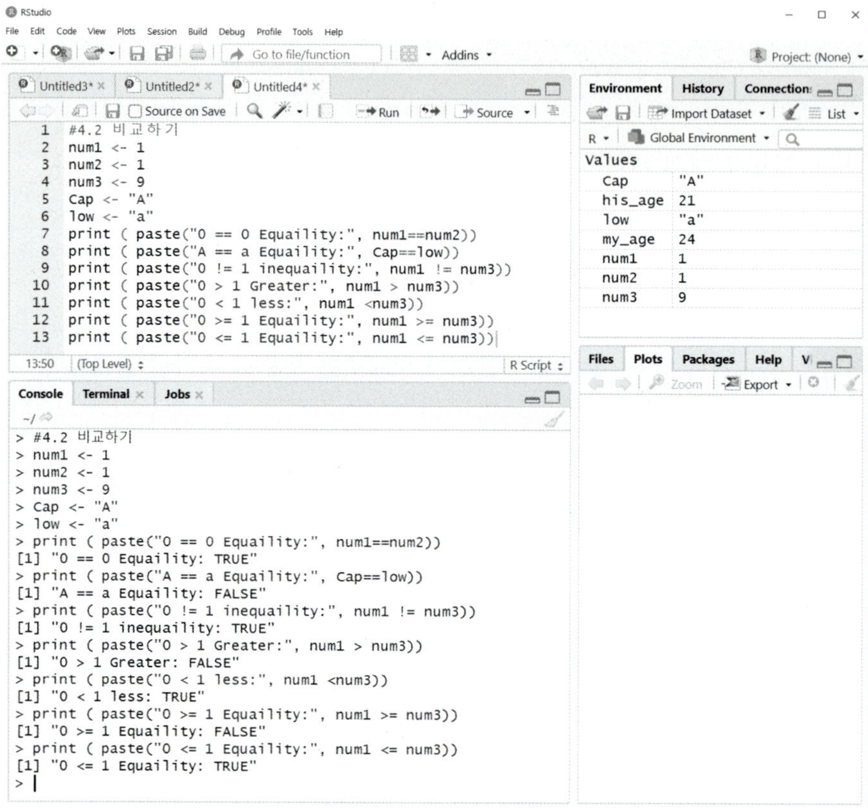

그림 4.2 코드 4.2 결과 출력

4.3 논리 증명

논리연산자는 여러 산출식과 사용이 가능하고 boolean(TRUE,FALSE) 값으로 출력한다.

| 표 4.3 | R 논리연산자

연산자	설명
!	NOT(아닌)
&&	논리 AND
&	요소별 논리 AND
||	OR(혹은)
|	요소별 논리 OR

<코드 4.3> 논리연산 예

```
a <- c(1, 2, 3, 4, 5, 6, 7) # 벡터

a>3 & a<6
sum(a>3 & a<6)

a<3 | a>6
sum(a<3 | a>6)
```

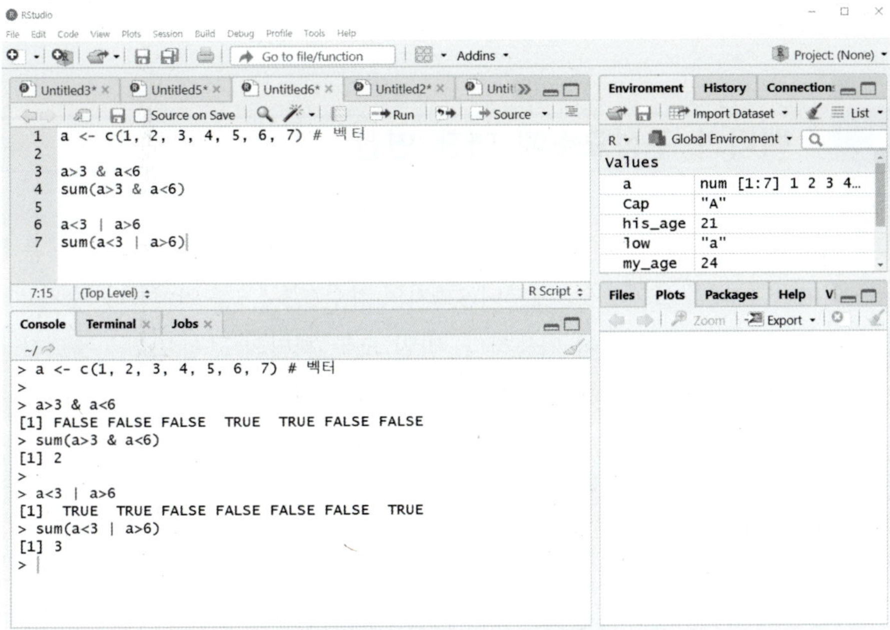

그림 4.3 코드 4.3 결과 출력

<코드 4.4> 논리연산 예제

```
x <- c(TRUE,FALSE,0,6)
y <- c(FALSE,TRUE,FALSE,TRUE)
z<- c(TRUE,FALSE,0,6)
!x
x&y
x&&y
x&&z
```

```
> !x
[1] FALSE  TRUE  TRUE FALSE
> x&y
[1] FALSE FALSE FALSE  TRUE
> x&&y
[1] FALSE
> x&&z
[1] TRUE
```

4.4 벡터의 구성요소에 대한 연산

데이터벡터 또는 숫자 시퀀스는 c() 함수를 이용해 칼럼 벡터를 만들 수 있다. ":"은 특정 범위 구간을 의미한다. 예를 들어 2:5 는 2부터 5까지의 정수 2,3,4,5를 의미한다. 숫자 시퀀스는 [] 대괄호를 이용하여 범위 지정이 가능하다. 만일 모든 벡터의 구성요소를 출력할 시에는 print() 함수와 paste() 함수를 이용하여 출력할 수 있다.

[예 4.3] 숫자 시퀀스 이용한 출력

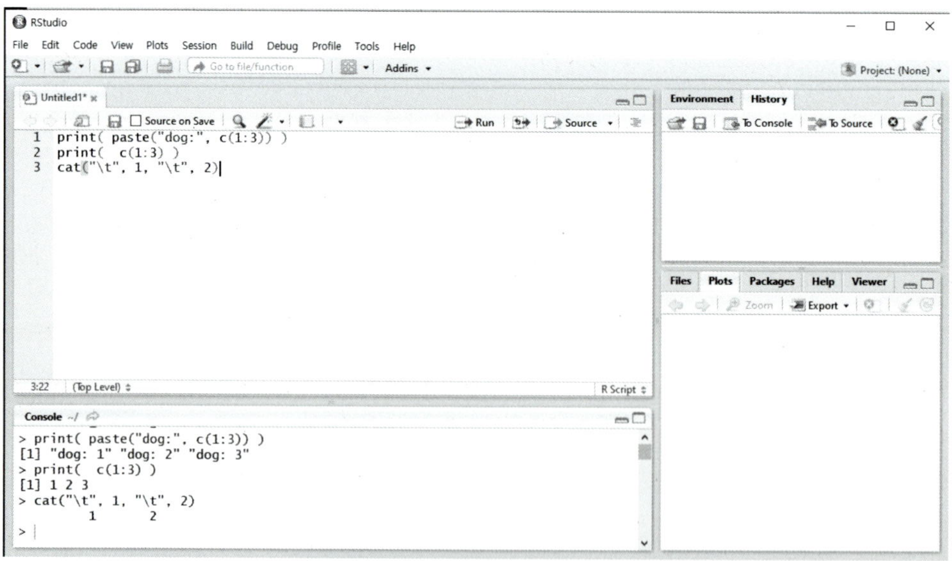

그림 4.4 숫자 시퀀스를 이용한 출력

R에서는 cat() 함수를 이용하여 글자와 벡터의 산출물을 연결하여 출력할 수 있다.

```
> cat("가문의 영광", c(1,2,3))
가문의 영광 1 2 3
```

[예 4.4] 숫자 시퀀스 이용한 문자와 숫자 출력

1. RStudio Code Editor를 수행하여 1부터 9까지 숫자 시퀀스가 담긴 변수를 생성한다.

```
episodes <- c(1:9)
```

2. 이후 텍스트 문자와 시퀀스, 새 줄을 출력하는 구문을 추가한다.

```
cat("스타워즈 에피소드:", episodes, "\n")
```

3. episodes 변수 일부만 담은 새로운 변수를 만들고 해당 변수를 출력하는 구문을 추가한다.

```
Early <- episodes[ 1:3 ]
cat("초반:", Early, "\n")
```

4. 두 가지 변수를 다 합한 요소들을 포함한 세 번째 변수를 만든다. 그리고 해당 변수를 산출하는 구문을 추가한다.

```
totals <- episodes + Early
cat("합계:", totals,"\n")
```

5. episodes 변수의 나머지 부분을 담은 새로운 변수를 만들고 해당 변수를 산출하는 구문을 추가한다.

```
Middle <- episodes [ 4:7 ]
cat("중반:", Middle, "\n")
```

6. 두 개의 변수를 통해 "+" 연산 결과를 확인해본다.

```
totals <- episodes + Middle
cat("새로 구한 합계:",totals,"\n")
```

<코드 4.5> 벡터 구성요소에 대한 출력

```
episodes <- c(1:9)
cat ("스타워즈 에피소드:", episodes, "\n")
Early <- episodes[ 1:3 ]
cat ("초반:", Early, "\n")
totals <- episodes + Early
cat("합계:", totals,"\n")
Middle <- episodes [ 4:7 ]
cat("중반:", Middle, "\n")
totals <- episodes + Middle
cat("새로 구한 합계:",totals,"\n")
```

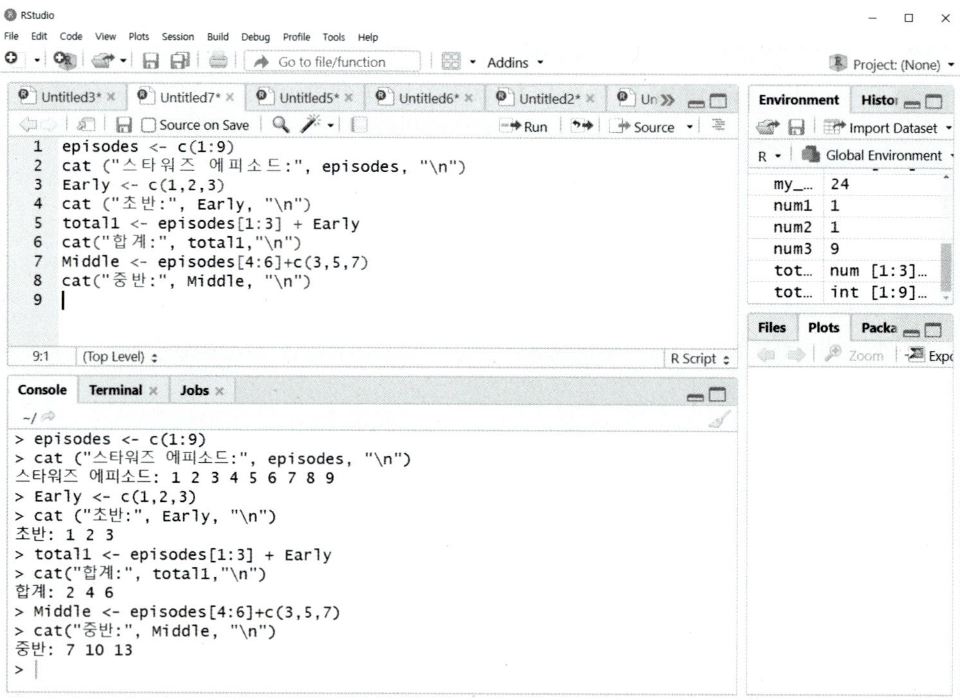

그림 4.5 코드 4.5 수행 결과

4.5 요소 비교

산수 연산자를 이용해 두 벡터를 비교할 수 있다. 벡터가 텍스트이든 숫자이든 가능하다. 예를 들어 동일 여부 비교시 결과값은 Boolean 값(TRUE, FALSE)으로 나타난다. 하지만 길이가 긴 벡터일수록 연산자를 이용한 비교가 힘들다. 그러므로 R 내부에 내장된 which 함수를 이용한다. 이 함수는 논리값으로 나오는 TRUE가 몇 번째 벡터인지 인덱스를 보여주는 함수이다. 또한 intersect() 함수를 이용하여 일치하는 구성요소를 보여줄 수 있다.

[예 4.5] 비교연산자 활용

1. RStudio Code Editor를 열고 숫자로 구성된 시퀀스 변수를 만든다.

```
one_to_seven <- c(1:7)
seven_to_one <- c(7:1)
```

2. 해당 변수들이 각각 한 줄씩 출력되도록 아래와 같이 입력한다.

```
cat("오름차순벡터", one_to_seven,"내림차순벡터",seven_to_one)
```

3. 이후 2가지 값을 비교하여 만족하는 요소들을 새로운 변수에 넣는다.

```
result <- one_to_seven > seven_to_one
```

4. 새 변수에 대한 결과값을 출력하도록 다음과 같이 입력한다.

```
cat("\n오름차순 벡터의 수가 더 큰가?:",result)
```

5. 지시번호(인덱스 넘버, index number)가 나오도록 which() 함수를 이용한다.

```
cat("\nAt Index No.:", which(result))
```

6. 문자값(text)을 포함한 2개 변수를 만든다.

```
nation <-c("England","USA","China","Egypt","Korea","France")
asia <- c("Japan","India", "China","Tailand","Korea","Taiwan")
```

7. 해당 변수들이 각 줄에 출력되도록 한다.

```
cat("\n\nVectors:\n",nation,"\n",asia)
```

8. 두 개 벡터의 문자값을 비교하여 일치하는 값만 저장하도록 한다.

```
result <- nation == asia
```

9. boolean값을 출력하도록 한다.

```
cat("\n 나라가 일치 하는가?:", result)
```

10. TRUE 값이 있는 인덱스 번호를 출력하는 구문을 입력한다.

```
cat("\nCommon:", intersect( nation, asia))
```

<코드 4.6> 요소 비교 예제

```
# 요소비교
one_to_seven <- c(1:7)
seven_to_one <- c(7:1)
cat("오름차순벡터", one_to_seven,"내림차순벡터",seven_to_one)
result <- one_to_seven > seven_to_one
cat("\n오름차순 벡터의 수가 더 큰가?:",result)
cat("\nAt Index No.:", which(result))
nation <-c("England","USA","China","Egypt","Korea","France")
asia <- c("Japan","India", "China","Tailand","Korea","Tiwan")
cat("\n\nVectors:\n",nation,"\n",asia)
result <- nation == asia
cat("\n 나라가 일치 하는가?:", result)
cat("\nAt 인덱스번호.:",which(result))
cat("\nCommon:",intersect( nation, asia))
```

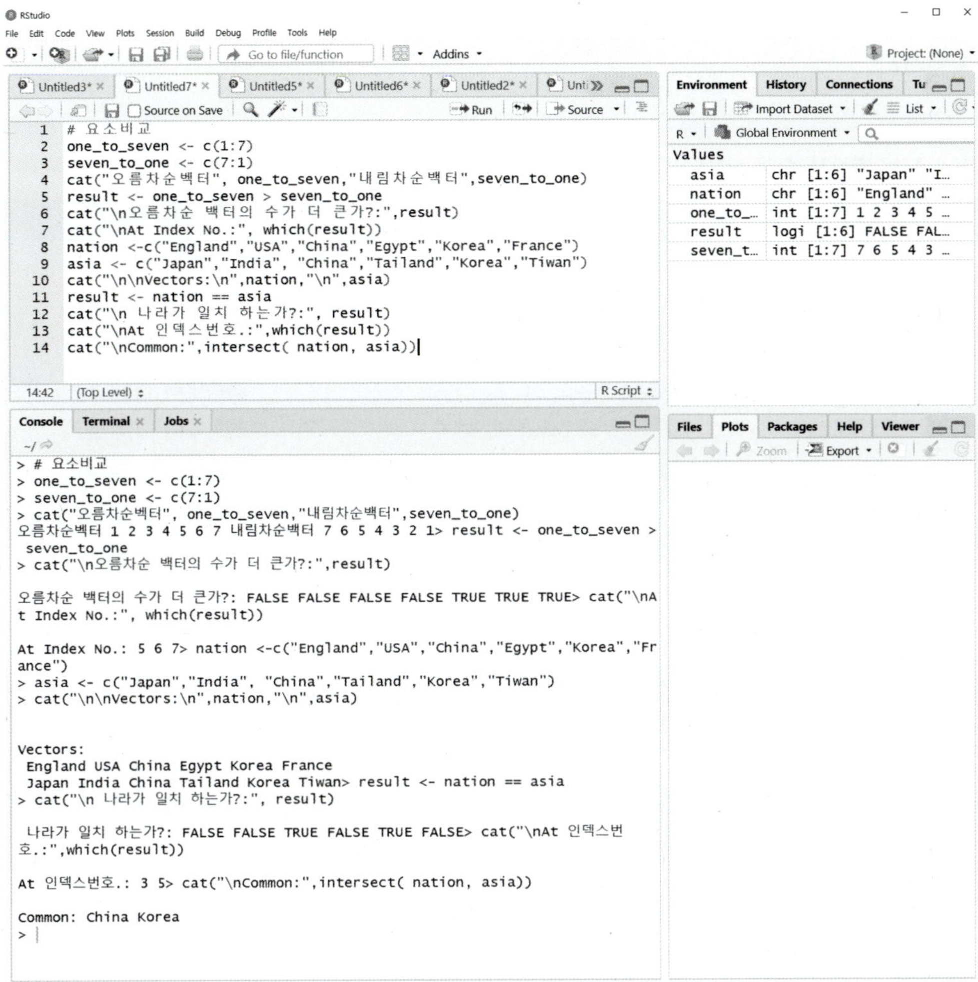

그림 4.6 코드 4.6 수행 결과

4.6 상위연산 인식하기

연산을 수행할 때 어떤 연산부터 수행할 것인가 어떤 수식들을 묶어 수행할 것인가는 "()"를 이용해 지정할 수 있다. 또한 연산자에 따른 연산 순서(좌측, 우측)가 있다. 예를 들어 식이 1+5*3이면 1+5를 더한 다음 곱하기 삼을 하는 것이 아닌 5*3을 먼저 곱하고 1을 더하기 때문에 18이 아닌 16이다. 표 4.4는 연산을 수행시 계산식이 어느 쪽부터 시작하는지 기록한 리스트이다. 같은 줄에 있는 연산자에 대해 내부에서는 어떤 연산을 먼저 수행할지 어떻게 묶어 연산할지 결정한다.

| 표 4.4 | 연산자 순서

범주	연산자	식 엮는 방향
부분집합	$	좌측부터 엮음(≫)
승수	^	우측부터 엮음(≪)
단항의 부호(음, 양)	+, -	좌측부터 엮음(≫)
시퀀스	:	좌측부터 엮음(≫)
모듈러스	%%(and %/%)	좌측부터 엮음(≫)
곱셈, 나눗셈	*/	좌측부터 엮음(≫)
덧셈, 뺄셈	+, -	좌측부터 엮음(≫)
비교구문	< <= > >= == !=	좌측부터 엮음(≫)
논리적 부정	!	좌측부터 엮음(≫)
논리적 and	&& &	좌측부터 엮음(≫)
논리적 or	|| |	좌측부터 엮음(≫)
할당	=	우측부터 엮음(≪)
할당	<-	우측부터 엮음(≪)
help	? ??	좌측부터 엮음(≫)

[예 4.6] 연산 활용

```
sum <- 1+2*3
print(paste("기본 연산순서::",sum))
```

1. 특정 연산에 대해 묶어 인위적으로 순서를 정한 연산 결과를 출력하는 구문을 입력한다.

```
sum <- (1+2)*3
print(paste("기본 연산순서::",sum))
```

2. 덧셈과 뺄셈 연산자를 사용하는 수식과 연신 결과를 출력한다.

```
sum <- 6-5+4
print(paste("기본 연산방향:",sum))
```

3. 특정 연산에 대해 묶어 인위적으로 순서를 정한 연산구문과 연산값을 출력하는 구문을 입력한다.

```
sum<- 6-(5+4)
print(paste("강제로 바꾼 연산방향:",sum))
```

<코드 4.7> 연산 방향 변경

```
sum <- 1+2*3
print(paste("기본 연산순서::",sum))
sum <- (1+2)*3
print (paste("강제로 바꾼 연산순서:",sum))
sum <- 6-5+4
print(paste("기본 연산방향:",sum))
sum<- 6-(5+4)
print(paste("강제로 바꾼 연산방향:",sum))
```

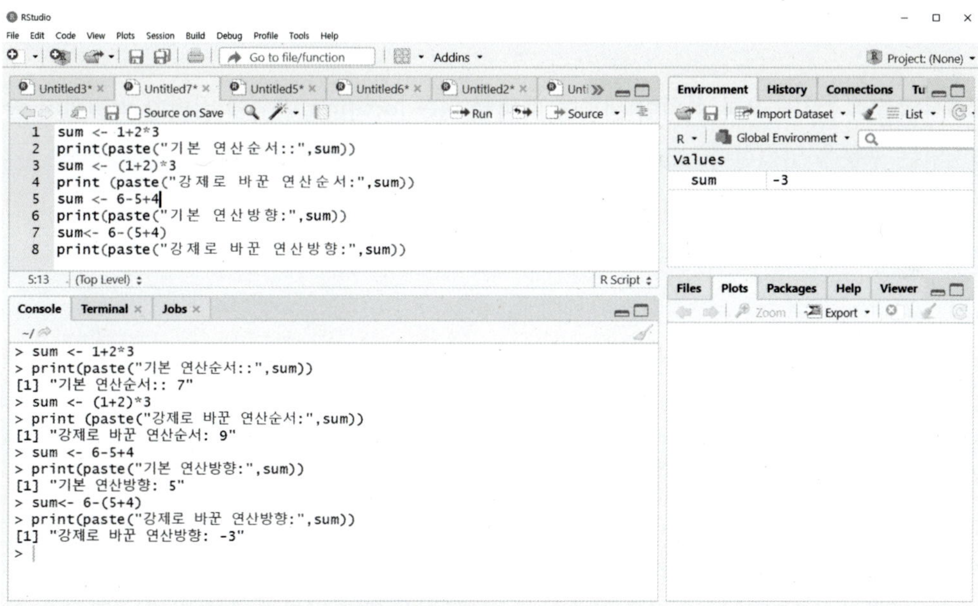

그림 4.7 코드 4.7 수행 결과

4.7 데이터 다루기

벡터로 저장된 데이터를 R에 내장된 함수를 이용하여 조정할 수 있다. 기본적으로 오름차순 내림차순 정리가 가능하다(`decreasing=TRUE` 옵션이용). 또한 R에서 공백값을 나타내는 NA를 계속 남길지 삭제할지에 대해서도 내부함수를 이용해 선택할 수 있다(`na.last =TRUE` 이용).

`rev()` 함수는 모든 벡터안에 모든 변수들을 역순으로 바꿔준다.

`unique()` 함수는 벡터내의 중복값을 제거해준다.

[예 4.7] 오름차순과 내림차순 정렬

1. RStudio Code Editor를 열어 3개 텍스트값이 저장된 변수를 만든다.

```
location <- c("Seoul","Busan","Jeju")
cat("우리나라 도시:",location,"\n")
```

2. 지역을 오름차순으로 정렬한 새로운 벡터를 기존 location 변수에 입력하고 결과가 출력되는 구문을 입력한다. sort() 함수의 디폴트는 오름차순 정렬이다.

```
location <- sort(location)
cat("우리나라 도시(가나다순):",location,"\n\n")
```

3. 숫자들과 결측값이 같이 할당된 벡터로 구성된 변수를 새로 만들고 해당 변수를 출력하는 구문을 입력한다.

```
num1 <- c(NA,2:5,NA,7:9,NA,10)
```

4. 해당 변수에 대해 오름차순으로 정렬하는 벡터를 새로 할당한다. 단 결측값을 없애지 않고 포함하여 정렬하는 옵션을 사용하여 할당한 후 해당 결과값이 출력되는 구문을 입력한다.

```
num1 <-sort(num1,na.last=TRUE)
cat("오름차순(빈값포함):",num1,"\n")
```

5. 해당 변수를 내림차순으로 정렬한 벡터를 변수에 새로 할당한다. 이후 해당 값들을 출력하는 구문을 입력한다.

```
num1 <- sort(num1,decreasing=TRUE)
cat("내림차순(빈값제외):",num1,"\n")
```

6. rev()를 이용하여 벡터를 역순으로 정렬시켜 변수에 재할당하고 해당 변수를 출력하는 구문을 입력한다.

```
num1 <-rev(num1)
cat("역순:",num1,"\n")
```

7. 중복값을 제거하는 unique() 함수를 이용한 벡터를 새로이 할당하고 해당 값을 출력하는 구문을 입력한다.

```
num1 <-unique(num1)
cat ("중복값제거:", num1, "\n")
```

<코드 4.8> 오름차순과 내림차순 정렬

```
location <- c("Seoul","Busan","Jeju")
  cat("우리나라 도시:",location,"\n")
location <- sort(location)
  cat("우리나라 도시(가나다순):",location,"\n\n")
num1 <- c(NA,2:5,NA,7:9,NA,10)
num1 <- sort(num1,decreasing=TRUE)
  cat("내림차순(빈값제외):",num1,"\n")
num1 <-rev(num1)
  cat("역순:",num1,"\n")
num1 <-unique(num1)
  cat ("중복값제거:", num1, "\n")
```

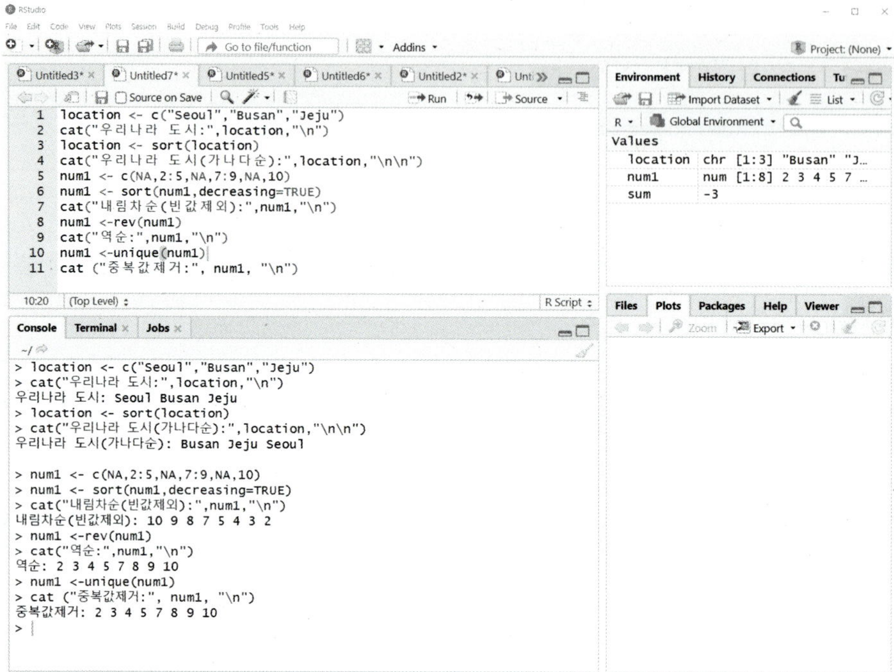

그림 4.8 코드 4.8 수행 결과

[예 4.8] 데이터값 바꾸기

다음은 A 과목 학생 시험성적이다.

Ⅰ 표 4.5 Ⅰ A과목 성적

학생번호	중간고사	학기말고사
1	74	77
2	87	80
3	65	68
4	59	53
5	90	85

1. RStudio Code Editor를 열어 3개 변수를 만든다.

```
id<-c(1,2,3,4,5)
mid.test<- c(74, 87, 65, 59, 90)
final.test<- c(77, 80, 68, 53, 85)
```

2. 1번 학생의 학기말고사 점수가 83점으로 수정되어야 한다. replace() 함수를 이용하고자 한다.

```
final<-replace(final.test, final.test==77, 83)
final
```

```
> final
[1] 83 80 68 53 85
```

3. 1번과 2번 학생의 학기말고사 점수를 잘못 기록하여 90, 95로 변경하고자 한다.

```
final<-replace(final.test, list=c(1,2), values=c(90,95) )
final
```

```
> final
[1] 90 95 68 53 85
```

4. 중간고사 40%, 기말고사 60% 비중으로 성적을 계산하고 1번과 2번 학생의 학기말고사 점수를 90, 95로 변경하고자 한다.

```
score<- 0.4*mid.test+ 0.6*final.test
a<- cbind(id, mid.test, final.test, score)
a.new <- a[order(a[,4], decreasing=TRUE),]
a.new
```

```
> a.new
     id mid.test final.test score
[1,]  5       90         85  87.0
[2,]  2       87         80  82.8
[3,]  1       74         77  75.8
[4,]  3       65         68  66.8
[5,]  4       59         53  55.4
```

[예 4.9] 두 벡터 a,b의 모든 원소에 대한 최대값과 최소값을 구하고자 한다. 또한 두 벡터의 위치별 최대값과 최소값을 구하고자 한다.

```
a <- c(1,-2,3,-4,5)
b <- c(-1,2,-3,4,-5)
max(a,b)
min(a,b)
pmax(a,b)
pmin(a,b)
```

```
> max(a,b)
[1] 5
> min(a,b)
[1] -5
> pmax(a,b)
[1] 1 2 3 4 5
> pmin(a,b)
[1] -1 -2 -3 -4 -5
```

4.8 조건문과 반복문

4.8.1 if 이용한 조건문

if 구문은 참거짓 조건을 통해 조건별로 작업 수행시 필요한 구문이다. 조건 제시후 조건에 만족하는 값만 해당 작업을 수행한다. 조건 분기시에는 else if와 else문을 통해 조건을 분기로 나눌 수 있다.

```
if( 조건1 구문)
{조건1이 참일 경우 작업}
else
{ 조건1에 속하지 않는 나머지 값들에 대한 작업}
```

[예 4.10] 시스템상의 날짜가 조건상의 날짜를 지났는지를 알아보고자 한다. Sys.Date() 함수를 이용하여 현재 날짜를 불러들여 if문을 이용한다.

1. RStudio Code Editor를 열어 다음과 같이 구문을 입력한다.

<코드 4.9> 날짜 점검

```
if (Sys.Date() > "2020-12-26" )
  {
    print("이미 날짜가 지났구만")
  }else
  {
    print("아직 날짜가 안지났네")
  }
```

해당 구문을 수행한 2020년 12월 26일에는 다음과 같은 결과가 나온다.

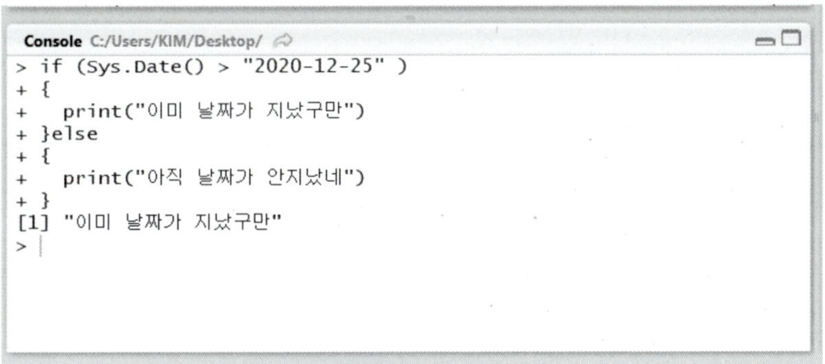

그림 4.9 코드 4.9 결과

[예 4.11] if, else if, else를 사용하여 다음의 작업을 수행하고자 한다.

나이가 12 미만일 경우는 형사 미성년자,

12 이상 18 미만인 경우는 소년법상 소년

18 이상인 경우는 성년

으로 분류하여 형사법상 청소년 분류 결과를 출력하고자한다.

1. RStudio Code Editor를 열어 만나이를 입력하라는 문구와 함께 사용자가 문구를 입력한 값을 변수에 넣을 수 있도록 scan() 함수를 입력한다.

2. scan() 함수 수행후 나이 변수값 = 15를 입력하고 나머지 명령문을 수행한다.

<코드 4.10> 분류

```
        print("만나이를 입력하고 엔터를 치세요")
        your_age <- scan()

if( your_age < 12)
{ print("형사미성년자" ) } else if( your_age < 18)
                              {  print("소년법상  소년")  }  else
                                                   { print("성년") }
```

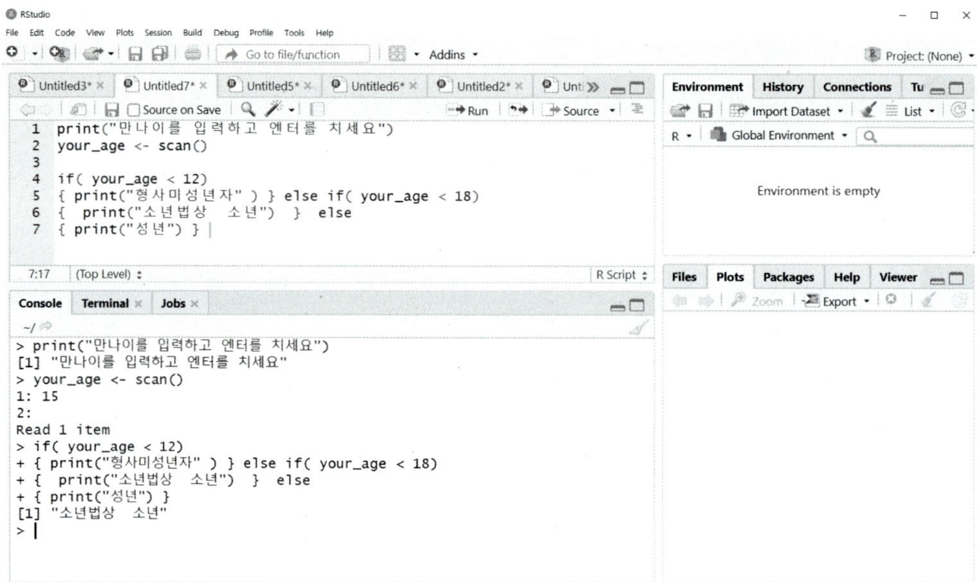

그림 4.10 코드 4.10 결과

조건이 너무 많을 경우 switch() 함수를 이용하여 조건문을 간결하게 표현할 수 있다. switch(값 혹은 값이 들어있는 변수, 집어넣은 값에 대한 조건문)

[예 4.12] [예 4.11] 의 문제에 대해 switch() 함수를 이용하고자한다.

<코드 4.11> switch 함수 사용

```
if(your_age<12)   age<-1
if((your_age >=12)& (your_age< 18))   age<-2
```

```
if(your_age>= 18)  age<-3
law_age<-"none"
switch( age,
        "1" = { law_age <- "형사미성년자" },
        "2" = { law_age <- "소년법상 소년" },
        "3" = { law_age <- "성년" })
```

```
> your_age <-13
> if(your_age<12)  age<-1
> if((your_age >=12)& (your_age< 18))  age<-2
> if(your_age>= 18)  age<-3
> law_age<-"none"
> switch( age,
+         "1" = { law_age <- "형사미성년자" },
+         "2" = { law_age <- "소년법상 소년" },
+         "3" = { law_age <- "성년" })
> cat(your_age, law_age)
13 소년법상 소년
```

[예 4.13] 학점에 관련하여 기준점을 통과하는지 여부를 확인하는 switch 함수를 만들고자 한다.

1. RStudio Code Editor를 열어 학점에 대한 변수에 대해 임의로 성적값을 입력하고 deadline 이란 변수에 none이라는 text 문자를 넣는다.

2. switch 함수로 학점이 C 이상이면 지원 가능한 조건문을 만든다.

<코드 4.12> 학점 기반 장학금 신청

```
hakjum <-"C"
deadline <- ""
switch( hakjum,
  "A"   =   { deadline <- "가능" },
  "B"   =   { deadline <- "가능" },
  "C"   =   { deadline <- "가능" },
  "D"   =   { deadline <- "불가능" },
```

```
  "E"    =   { deadline <- "불가능" },
  "F"    =   { deadline <- "불가능" })

print(paste("당신은 위 장학금을 지원 ",deadline, "합니다."))
```

```
> hakjum <-"C"
> deadline <- ""
> switch( hakjum,
+    "A"    =   { deadline <- "가능" },
+    "B"    =   { deadline <- "가능" },
+    "C"    =   { deadline <- "가능" },
+    "D"    =   { deadline <- "불가능" },
+    "E"    =   { deadline <- "불가능" },
+    "F"    =   { deadline <- "불가능" })
>
> print(paste("당신은 위 장학금을 지원 ",deadline, "합니다."))
[1] "당신은 위 장학금을 지원  가능 합니다."
```

4.8.2 while 이용한 반복문

반복문은 특정 구문을 일정 횟수로 반복하는 것을 말한다. 반복문을 이용할시 여러 가지 방법이 있는데 우선으로 while 문으로 반복문을 수행하는 방법이 있다. 해당 조건에 대해서 참인지 거짓인지 구분하여 같은 작업을 수행할지를 결정한다.

```
while(while 문에서 조건문)
{
조건만족전까지 수행할 작업
}
```

[예 4.14] $(2^0 + 2^1 + 2^2 + \cdots + 2^6)$ 합을 구하고자 한다.

<코드 4.13> while 문 이용한 승수 합

```
v1 <-0  #승수
v2 <-0  # 합
while(v1 < 6)
```

```
{
  v2 <- v2+ 2^v1
  v1 <- v1 + 1
  print( paste(v1,"번째 루프"))
}
cat("sum:",v2)
```

```
> v1 <-0   #승수
> v2 <-0   # 합
> while(v1 <= 6)
+ {
+   v2 <- v2+ 2^v1
+   v1 <- v1 + 1
+   print( paste(v1,"번째 루프"))
+ }
[1] "1 번째 루프"
[1] "2 번째 루프"
[1] "3 번째 루프"
[1] "4 번째 루프"
[1] "5 번째 루프"
[1] "6 번째 루프"
[1] "7 번째 루프"
> cat("sum:",v2)
sum: 127
```

4.8.3 for 이용한 반복문

while문은 조건문에 대해 만족에 따라 코드 구문 수행 여부를 결정한다면 for문은 조건 뿐만 아니라 시퀀스안에 있는 내용에 대한 명령 구문을 수행하도록 한다. `for()` 관한 문장은 다음과 같다.

```
for (변수 in 변수들이 담긴 sequence 혹은 조건문)
{
        수행할 문장
}
```

[예 4.15] for() 문을 이용해 $(2^0+2^1+2^2+\cdots+2^6)$ 을 구하고자 한다.

<코드 4.14> for 문 이용한 승수 합

```
s<-0
for(i in 0:6){
  s<-s+2^i
}
print(s)
```

```
> s<-0
> for(i in 0:6){
+   s<-s+2^i
+ }
> print(s)
[1] 127
```

[예 4.16] for() 문을 이용해 $(2^1+2^3+2^6+2^{10})$ 을 구하고자 한다.

<코드 4.15> for 문 이용한 $2^1+2^3+2^6+2^{10}$ 계산

```
ser <-c(1,3,6,10)
s<-0
for (i in 1:4){
  s <- s +2^ser[i]
cat(i,s,"\n")
  }
```

```
> ser <-c(1,3,6,10)
> s<-0
> for (i in 1:4){
+   s =s +2^ser[i]
+ cat(i,s,"\n")
+   }
1 2
2 10
3 74
4 1098
```

4.8.4 break 이용한 반복문

break문을 이용하여 루프(loop) 실행도중 중단시키고 다음 단계의 루프로 넘어갈 수 있다.

[예 4.17] break 문을 이용해 작업을 수행하고자 한다.

1. 조건 또는 계산이 필요한 for loop 문부터 작성한다. j 변수를 1:3 까지 범위를 주고 특정 조건(i=2, j=1일시 break 발생)을 조정한다. 일반 if 조건과 다른점을 표현하기 위해 일반 조건(i=1, j=1 일시 동일함 표시)도 함께 만든다.

2. i와 j 변수를 이용한 중첩루프(nested loop)인데 break 걸 조건을 만족하면 루프에 break 가 걸리고 다음 문장으로 넘어간다.

<코드 4.16> break 문 이용

```
for (i in 1:3) {
  for (j in 1:3)  {
      if ( i == 2 && j == 1)
      { cat("i 가 2이고 j 가 1 일때 break발생","\n")
        break  }
      if ( i == 1 && j == 1 )
      {  cat(i,"와",j,"값이 동일함","\n") }
      cat ("i는 ", I,  "j는 ", j,"\n")
  }  #j
}   #i
```

```
>1 와 1 값이 동일함
>i는  1 j는  1
>i는  1 j는  2
>i는  1 j는  3
>i 가 2이고 j 가 1 일때 break발생
>i는  3 j는  1
>i는  3 j는  2
>i는  3 j는  3
```

연습문제

1. 다음은 우리나라 아이스크림 명칭을 모아놓은 데이터이다. 해당 데이터를 abc 역순으로 출력하시오.

```
"Babamba","Bibibic","Wa","melona","Bapiko","tankboy","hodumaru"
```

2. 다음의 두 변수 값을 출력하고 두 변수의 차이 do1-do2 를 구하시오.

```
do1 <- 3+4-5*6/3*0.7-4+27/3+3-2*6
do2 <- 3+(4-(5*6/(3*0.7-4)+27))/3+(3-2*6)
```

3. 〈우아한 커피숍〉에서 다음의 메뉴판을 참조하여 문제를 풀어본다.

에스프레소	1000원
아메리카노	1800원(ice +500원)
카페라떼	2000원(ice +500원)
카페모카	2300원(ice +500원)
녹차라떼	3000원(ice +500원)
허브티	2300원(ice +500원)
대만밀크티	4200원(ice +500원)

(a) 영희는 가위바위보에 패배하여 반 친구 20명에게 음료를 사게 되었다. 현재 영희 계좌에 9만원이 들어 있다면 영희가 살 수 있는 제일 비싼 메뉴는 무엇일까? R 프로그래밍을 이용하여 계산해보시오. (단, 공평함을 위해 모두 동일한 메뉴를 산다고 가정한다.)

(b) 영희의 친구들 중에는 남자 10명, 여자 10명인데 남자들은 차가운 음료를 여자들은 따뜻한 음료를 먹고 싶어한다. 이 사항을 고려했을 때 살 수 있는 가장 비싼 음료를 R 프로그래밍을 이용하여 계산해보시오.

4. 다음은 프로듀스 101에 참여했던 참가자 목록이다(produce_101.csv)

(a) 참가자들의 이름은 가나다 순으로 출력하시오.

(b) 참가자들의 이름은 가나다 역순으로 출력하시오.

표 4.6 참가자 이름

이름
강미나
김도연
김세정
김소혜
김청하
유연정
임나영
전소미
정채연
주결경
최유정
강시라
기희현
김나영
김소희
박소연
윤채경
이수현
이해인
전소연
정은우

5. 주택청약의 조건은 다음과 같다.

청년	입주자 모집공고원 현재 무주택자로서 아래의 요건(청년은 1-가와 2~5를, 사회초년생의 경우 1-나와 2~5)을 모두 갖춘 사람 1-가. (청년) 만 19세 이상 만 39세 이하인 자 1-나. (사회초년생) : 아래 1), 2), 3) 중 하나에 해당하는 자로서, 소득이 있는 업무에 종사한 기간이 총 5년(1,825일) 이내인 자 – 1) 소득이 있는 업무에 종사중인 자 – 2) (재취업준비생) 퇴직한 후 1년 이내의 자 중 「고용보험법」 제43조에 따라 구직급여 수급자격을 인정받은 자 – 3) (예술인) 「예술인 복지법」 제2조 제2호에 따른 예술인 2. 혼인 중이 아닐 것 3. 해당 세대의 월평균소득(주택공급신청자가 세대원인 경우 주택공급신청자의 월평균소득을 말한다)이 전년도 도시근로자 가구원수별 가구당 월평균소득의 100퍼센트 이하일 것 4. 해당세대가 보유하고 있는 총 자산가액 합산기준 237,000,000원 이하이고 자동차 가액이 24,680,000원 이하일 것 5. 본인 입주 전까지 주택청약종합저축(청약저축 포함) 가입사실을 증명할 수 있을 것

(a) 해당 조건을 토대로 if 문을 만들어 보아라. 단 상세 조건은 무시한다.(1-나) 조건무시) (x=나이, y=소득, z=근무일수, m=혼인여부, p=본인세대 자산가액, C=청약가입여부, a=자동차 가액)

(b) 갑돌이는 1987년 5월 3일 생이고 연봉 3000만원이며 A회사에 다닌지 2년 됐다. 현재 혼인은 하지않았고 청약은 가입하였다. 현재 혼자 살고 있고 300만원짜리 중고차를 가지고 있는데 해당 조건을 입력하여 if 문에서 갑돌이가 주택청약 조건이 되는지 여부를 확인하시오.(전년도 도시 근로자 가구원수별 가구당 월평균소득은 300만원이며 총 자산가액은 2350만원이고, 자동차 가액은 2000만원이다.)

CHAPTER

5 데이터 구조

R에서는 단순 벡터 이외에 여러 가지 데이터구조를 사용한다. data. frame, matrix, list, array 등이 있다.

5.1 행렬

숫자 및 객체를 2차원(가로, 세로)으로 나열한 것을 행렬(matrix)이라 한다. 이 행렬구조는 데이터를 다루는 R 프로그램에서 많이 사용된다. R에서는 `matrix()` 함수를 이용하여 행렬에 대해 이름을 지정하여 만들 수 있다. 행렬 만드는 형식은 다음과 같다.

```
행렬명 <- matrix( 행렬에 넣을 값 또는 변수, nrow= 행의 수, ncol=열의 수)
행렬명[행, 열] <-  값  # 행렬에 값 삽입
```

[예 5.1](a) 1부터 12까지 숫자 순서대로 행을 이루는 3×4 행렬을 만들고자 한다.

```
vector1 <-seq(1:12)
matrix_sample1 <- matrix(vector1, nrow=3, ncol=4)
matrix_sample1
```

3×4 행렬 matrix_sample1을 만든다. 행과 열의 개수를 nrow, ncol 옵션으로 지정하고 `matrix()` 함수에 vector1을 넣은 후 출력한다.

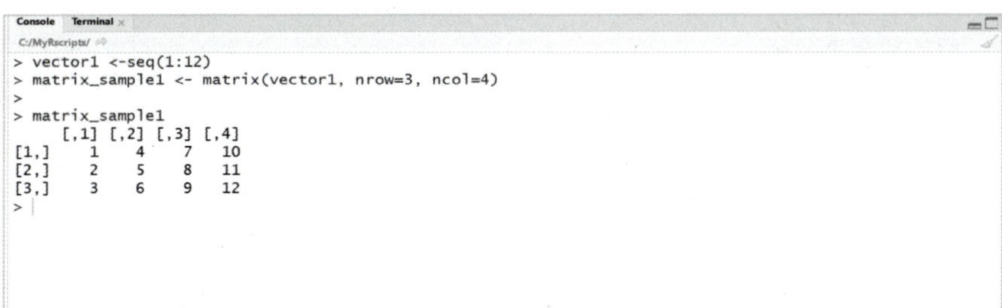

그림 5.1 행렬 만드는 프로그램 결과 출력물

[예 5.1](b) 행렬 martix_sample1의 3행 3열의 값을 99로 바꾸고자 한다.

```
matrix_sample1[3,3]<- 99
matrix_sample1
```

```
Console   Terminal ×
C:/MyRscripts/
> vector1 <-seq(1:12)
> matrix_sample1 <- matrix(vector1, nrow=3, ncol=4)
> matrix_sample1
     [,1] [,2] [,3] [,4]
[1,]    1    4    7   10
[2,]    2    5    8   11
[3,]    3    6    9   12
> matrix_sample1[3,3]<- 99
> matrix_sample1
     [,1] [,2] [,3] [,4]
[1,]    1    4    7   10
[2,]    2    5    8   11
[3,]    3    6   99   12
> 
```

그림 5.2 행렬값 변경 후 결과 출력물

[예 5.1](c) 행렬에 대하여 행을 추가하고자 한다. rbind() 함수를 이용하여 행을 추가할 수 있다.

기존 행렬에서 새로 추가할 열에 대해 변수를 새로 만든다.

```
mini_vec <- c(2,4,6,8)
matrix_sample1 <-rbind(matrix_sample1,mini_vec)
matrix_sample1
```

```
Console   Terminal ×
C:/MyRscripts/
     [,1] [,2] [,3] [,4]
[1,]    1    4    7   10
[2,]    2    5    8   11
[3,]    3    6   99   12
> #행렬에서 행과 열 늘리기
> mini_vec <- c(2,4,6,8)
> matrix_sample1 <-rbind(matrix_sample1,mini_vec)
> matrix_sample1
         [,1] [,2] [,3] [,4]
            1    4    7   10
            2    5    8   11
            3    6   99   12
mini_vec    2    4    6    8
> 
```

그림 5.3 행렬 행 추가 후 결과

[예 5.1](d) 행렬에서 행을 추가하고자 한다. cbind() 함수를 이용한다.

```
mini_vec2 <- c(1,3,5,7)
matrix_sample1 <- cbind(matrix_sample1, mini_vec2)
matrix_sample1
```

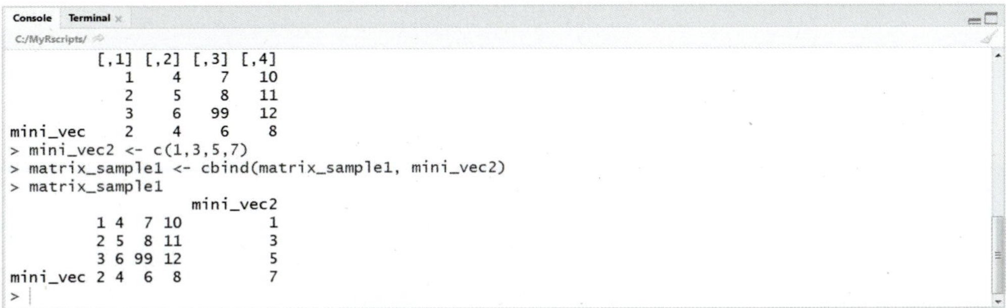

그림 5.4 행렬에 열 추가 후 결과

[예 5.2] 행렬에서 열과 행의 이름을 추가하고자 한다. rownames() 함수와 colnames() 함수를 이용하여 할당할 수 있다.

```
rownames(matrix_sample1)<- c("첫줄","두번째줄","세번째줄","네번째줄")
colnames(matrix_sample1)<-c("첫번째열","두번째열","세번째열","네번째열",
                            "다섯번째열")
```

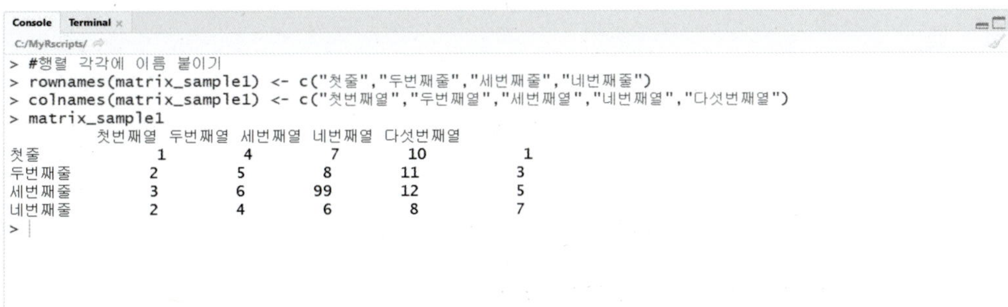

그림 5.5 행과 열 이름을 추가한 후 결과

[예 5.3] 행렬 $A = \begin{pmatrix} 1 & 2 & 3 \\ 2 & 5 & 6 \\ 3 & 4 & 9 \end{pmatrix}$를 생성하고자 한다.

```
matrix_a <- matrix(c(1,2,3,  2,5,4,  3,6,9), ncol=3)
```

```
> matrix_a <- matrix(c(1,2,3,  2,5,4,  3,6,9), ncol=3)
> matrix_a
     [,1] [,2] [,3]
[1,]    1    2    3
[2,]    2    5    6
[3,]    3    4    9
```

5.2 데이터프레임

R의 유용한 특징으로 R을 쉽게 사용할 수 있는 이유 중 하나가 data.frame 이라 할 수 있다. 우선 예로 행과 열로 구성된 엑셀 스프레드시트(Excel spreadsheet)를 읽어들였을 때 data.frame이 된다. 통계적 용어를 사용한다면, 각 열은 변수(variable)이고 각 행은 관측개체(observation)이다. 마찬가지로 R에서의 data.frame은 각 열은 같은 길이를 가진 벡터로 구성된다.

데이터프레임(data frame)은 2차원 이상에 데이터셋을 표현할 수 있으며 각 행렬이 서로 다른 데이터 형식을 가질 수 있다는 것이 특징이다. 여러 가지 데이터 형식을 포함한 데이터셋에 대한 통계 분석을 할 때 유용하게 많이 쓰이며 data.frame() 함수를 이용하여 구축된다. 행렬마다 데이터 특성을 구분하기 위해 rownames(), colnames() 을 사용해 이름을 정할 수 있다.

데이터프레임을 스크린에 출력하기에 너무 많은 경우 또는 데이터프레임의 앞 부분을 보고자 하면 head(), 마지막 부분을 보고자 하면 tail()을 사용한다.

[예 5.4] 특정 B 게임에 대한 사용자(user) 정보를 데이터프레임으로 구성하고자 한다.

1. 필요한 정보에 대한 벡터값을 변수에 할당한다.

```
id <- 1:4
heros <- c( "genji","tracer","widowmaker","hanjo")
k_da <-c(1.1, 2.3, 0.08, 0.9)
play_hour <- c(100,10,500,300)
team_ow <-c(TRUE,TRUE,FALSE,FALSE)
```

2. 벡터를 묶는 데이터프레임을 만든다.

```
frame_ow<- data.frame(id, heros, k_da, play_hour, team_ow)
```

3. 해당 벡터에 대한 이름을 지정해준다.

```
rownames(frame_ow)<- c("lightgreen","orange","puple","gray")
colnames(frame_ow)<- c("id",
               "heros_name","kill_per_death","play_time","overwatch")
print(frame_ow)
nrow(frame_ow)    # 행의 개수
ncol(frame_ow)    # 열의 개수
dim(frame_ow)     # 차원 (행, 열)
head(frame_ow, n=2)
tail(frame_ow, n=2)
frame_ow[2,3]    # 2행 3열의 원소
frame_ow[2, ]    # 2행 전체
frame_ow[,3]     # 3열 전체
frame_ow[ ,c("heros_name", "overwatch") ]
frame_ow[ , "overwatch", drop=FALSE ]
```

4. 게임데이터에 대한 데이터프레임 출력

```
> print(frame_ow)
           id heros_name kill_per_death play_time overwatch
lightgreen  1      genji           1.10       100      TRUE
orange      2     tracer           2.30        10      TRUE
puple       3  widowmaer           0.08       500     FALSE
gray        4      hanjo           0.90       300     FALSE
```

5. 데이터프레임 특성 알아보기

```
> nrow(frame_ow)
[1] 4
> ncol(frame_ow)
[1] 5
> dim(frame_ow)
[1] 4 5
```

```
> head(frame_ow, n=2)
           id heros_name kill_per_death play_time overwatch
lightgreen  1      genji            1.1       100      TRUE
orange      2     tracer            2.3        10      TRUE

> tail(frame_ow, n=2)
       id heros_name kill_per_death play_time overwatch
puple   3  widowmaer           0.08       500     FALSE
gray    4      hanjo           0.90       300     FALSE

> frame_ow[2,3]
[1] 2.3
> frame_ow[2, ]
       id heros_name kill_per_death play_time overwatch
orange  2     tracer            2.3        10      TRUE

> frame_ow[,3]
[1] 1.10 2.30 0.08 0.90

> frame_ow[ ,c("heros_name", "overwatch") ]
           heros_name overwatch
lightgreen      genji      TRUE
orange         tracer      TRUE
puple       widowmaer     FALSE
gray            hanjo     FALSE
```

5.3 리스트

R에서는 리스트(list)에 여러 종류의 데이터 유형을 담을 수 있다. `list`를 만들어 객체로 저장한 후 `[[ ]]`로 해당 순서 객체를 선택할 수 있다. 또는 `list` 구성 객체에 이름을 부여했다면 `$이름` 과 같은 방식으로 사용할 수 있다.

[예 5.5] 리스트를 데이터프레임과 벡터로 구성하고자 한다.

```
list(frame_ow)
list( frame_ow,  c(11,12,13), c("A", "B") )

b<-list( frame_ow,  c(11,12,13), c("A", "B") )
  b[[2]]
names(b) =c("data.frame", "n.vector", "char.vector")
  b$n.vector
b$n.vector[1]
```

frame_ow에 대한 list는 data.frame 한 개이다. 두 개 열벡터를 추가한 후 list는 한 개 data.frame과 두 개 벡터로 구성된다.

```
> list(frame_ow)
[[1]]
           id heros_name kill_per_death play_time overwatch
lightgreen  1      genji           1.10       100      TRUE
orange      2     tracer           2.30        10      TRUE
puple       3  widowmaer           0.08       500     FALSE
gray        4      hanjo           0.90       300     FALSE

> list( frame_ow,  c(11,12,13), c("A", "B") )
[[1]]
           id heros_name kill_per_death play_time overwatch
lightgreen  1      genji           1.10       100      TRUE
orange      2     tracer           2.30        10      TRUE
puple       3  widowmaer           0.08       500     FALSE
gray        4      hanjo           0.90       300     FALSE
[[2]]
[1] 11 12 13
[[3]]
[1] "A" "B"
> b<-list( frame_ow,  c(11,12,13), c("A", "B") )
> b[[2]]
[1] 11 12 13
> b$n.vector
[1] 11 12 13
> b$n.vector[1]
[1] 11
```

```
> b$n.vector[[1]]
[1] 11
```

5.4 배열

배열(array)은 다차원 벡터로 같은 데이터 타입으로 구성된다. matrix는 2차원 배열을 의미하지만 array는 차원의 제한이 없다.

[예 5.6] $2\times3\times2$ array를 구성하고자 한다.

```
thearr<- array(1:12, dim=c(2,3,2))
thearr
thearr[1, ,]
thearr[1,1,1]
thearr[ ,2 ,]
thearr[1,2,]
```

```
> thearr
, , 1
     [,1] [,2] [,3]
[1,]    1    3    5
[2,]    2    4    6
, , 2
     [,1] [,2] [,3]
[1,]    7    9   11
[2,]    8   10   12

> thearr[1, ,]
     [,1] [,2]
[1,]    1    7
[2,]    3    9
[3,]    5   11
> thearr[1,1,1]
[1] 1
> thearr[ ,2 ,]
```

```
      [,1] [,2]
[1,]     3    9
[2,]     4   10
> thearr[1,2,]
[1] 3 9
```

5.5 데이터를 읽어들이기

R에서는 여러 종류의 데이터파일을 읽어들이는 여러 가지 방법이 있다.

5.5.1 csv 파일

csv 파일을 읽는 방법은 `read.table()` 또는 `read.csv()`를 사용한다. `header`는 파일의 첫째 행을 의미한다. `header=TRUE` 옵션은 첫 번째 행의 각 열에 변수 이름이 있는 경우이며 `header=FALSE` 옵션은 그렇지않은 경우이다. sep는 데이터 셀(cell) 간의 분리자를 나타내며 csv 파일은 분리자가 "," 이다. csv 파일을 읽어들여 데이터프레임으로 할당하는 방법은 다음과 같다.

```
데이터프레임명 <- read.csv("파일 경로", header=TRUE or FALSE)
```

[예 5.7] 초등학생의 운동 데이터셋의 변수 목록은 표 5.1에서 보여주며 표 5.2는 데이터이다.

| 표 5.1 | 초등학생의 운동 데이터셋의 변수 목록

gender	height	weight	run50	situp	longjump	situp2	longrun
성별	키	몸무게	50m 달리기	윗몸 일으키기(회)	제자리 멀리뛰기(cm)	앉아윗몸 일으키기(cm)	오래달리기 –걷기 (초)

| 표 5.2 | 초등학생의 운동 데이터.csv 파일

gender	height	weight	run50	situp	longjump	situp2	longrun
1	147.8	52.1	10.8	28	163	14.5	350
1	141.8	45.3	10.9	32	151	12	352
1	152.2	39.2	10.4	37	166	11.5	323

1	139.1	32.2	10.2	33	189	12	298
1	150.7	52.9	10	48	150	8.5	365
1	134.3	36.3	10.1	28	155	8	312
1	135.1	29.6	13	40	138	7	362
1	130.5	29.2	10.5	52	162	15.3	268
1	147.9	43.8	10.3	16	143	9.8	278
1	132	27.6	10.3	21	155	16.5	354
1	133.3	27.1	10.2	39	181	20	312
1	136.5	31.1	10	50	176	18.5	349
1	127.5	24.9	10.8	23	154	7.2	381
1	147.5	43.5	10.7	34	143	14.5	325
1	152.1	41.3	9.5	34	198	17	276
1	148.7	37.1	10.2	40	194	15	293
1	145.1	36.6	9.4	39	201	16	267
2	157.9	57.6	10.7	32	160	22	352
2	142.5	37.5	12.9	19	118	9.3	395
2	138.3	26.7	11.4	4	155	10.3	351
2	135.4	26.1	10.1	29	163	12	355
2	140.9	34.5	11.6	7	158	20	339
2	141.2	36.1	10.8	22	166	11.5	321
2	142.1	39.5	10	23	171	23	315
2	138.1	28.7	11.5	18	138	16	380
2	148.2	34	11.7	12	137	10	366
2	134.6	30.6	10.5	26	157	13.7	358
2	145.5	37.5	11	36	144	15.6	394
2	150.1	42.7	11	25	148	20.5	354
2	144.4	30.9	10.5	23	159	7	296
2	135.8	33.6	10.5	14	154	13	365
2	130.5	25.9	11.2	20	143	10.2	327

```
data.c<-read.csv(file="C:/R_dataset/초등운동.csv", header=TRUE)    #read
# or
dat<-read.table(file="C:/R_dataset/초등운동.csv", header=TRUE, sep=",")
#read
head(dat)

m.h <-mean(dat$height)
m.w <-mean(dat$weight)
sd.h <-sd(dat$height)
sd.w <-sd(dat$weight)
temp<-cbind( c(m.h, m.w), c(sd.h, sd.w) )
```

```
write.csv(file="C:/Rdata/초등운동정리.csv",  temp, row.names=F)  #write

colnames(temp)=c("mean", "sd")
write.csv(file="C:/Rdata/초등운동정리2.csv",  temp, row.names=F)
write.csv(file="C:/Rdata/초등운동정리3.csv",  temp)
```

```
> head(dat)
  gender height weight run50 situp longjump situp2 longrun
1      1  147.8   52.1  10.8    28      163   14.5     350
2      1  141.8   45.3  10.9    32      151   12.0     352
3      1  152.2   39.2  10.4    37      166   11.5     323
```

코드수행 결과 생성된 파일 초등운동정리.csv 가 생성된다. V로 시작되는 열변수명이 자동으로 생성된다. 원하는 정보가 담기도록 코드를 작성하면 출력결과 읽기가 편리하다.

V1	V2
141.4875	7.54602
35.99063	8.273953

colnames(temp)=c("mean", "sd") 와 같이 열의 이름을 주고 수행하면 초등운동정리2.csv 파일은 다음과 같다.

mean	sd
141.4875	7.54602
35.99063	8.273953

초등운동정리3.csv 파일은 다음과 같다.

	mean	sd
1	141.4875	7.54602
2	35.99063	8.273953

5.5.2 txt 파일

[예 5.8] txt 파일을 읽어들이고자 할 경우 read.table() 함수를 사용한다.

| 표 5.3 | 성적 데이터: txt 파일

```
id korean english math
1   90       80       80
2  75       85       75
3  80       70       90
4  80       80       80
```

txt 파일을 읽어들이기위해 read.txt()를 이용한다.

```
dac<-read.table(file="C:/Rdata/midterm.txt", header=TRUE, sep="")
head(dac)
attach(dac)
```

5.5.3 R 시스템에 포함된 데이터

내장된 데이터셋을 알기 위해 data()를 사용한다. 각 패키지에는 다양한 데이터셋이 내장되어있으므로 연습에 활용하면 된다.

[예 5.9] ggplot2 패키지에 내장된 diamonds 데이터를 불러오고자 한다.

```
data(diamonds, package="ggplot2")
head(diamonds)
```

```
> data(diamonds, package="ggplot2")
> head(diamonds)
  carat       cut color clarity depth table price    x    y    z
1  0.23     Ideal     E     SI2  61.5    55   326 3.95 3.98 2.43
2  0.21   Premium     E     SI1  59.8    61   326 3.89 3.84 2.31
3  0.23      Good     E     VS1  56.9    65   327 4.05 4.07 2.31
4  0.29   Premium     I     VS2  62.4    58   334 4.20 4.23 2.63
5  0.31      Good     J     SI2  63.3    58   335 4.34 4.35 2.75
6  0.24 Very Good     J    VVS2  62.8    57   336 3.94 3.96 2.48
```

5.6 저장된 외부 데이터 불러오기

특히 외부 파일을 받을 경우 해당 파일에서 데이터를 불러들여 행렬 또는 데이터프레임에 넣거나 행렬을 txt, csv 등 다양한 파일로 저장할 수 있다.

[예 5.10] 공공데이터 포털에서 교통사고 데이터를 불러들이고자 한다.

1. 우선 데이터를 불러오기위한 사이트를 찾아본다.
   공공데이터 포털(https://www.data.go.kr/)에서 정부가 공식적으로 제공하는 데이터셋을 검색하고 확인할 수 있다.

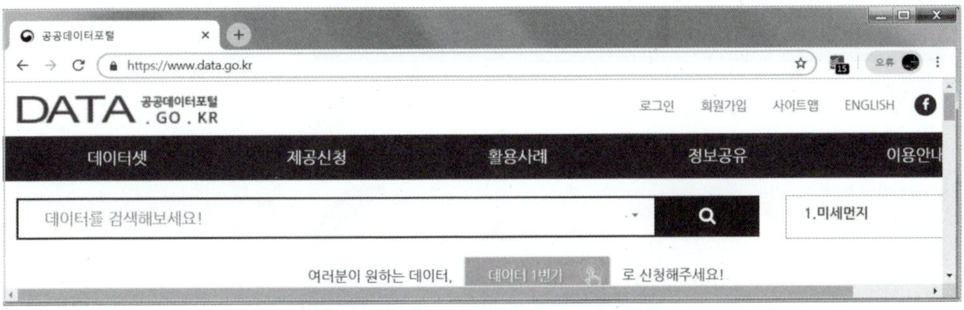

그림 5.6 (a) 공공 데이터 포털 검색창

2. 데이터셋 버튼을 누르면 데이터 카테고리가 분류되어 있어 원하는 데이터를 찾기 편하다.

그림 5.6 (b) 공공데이터포털 분류창

3. 데이터파일을 내려받기 위해 화면 상단의 데이터셋을 선택 후 파일 데이터를 클릭한다.

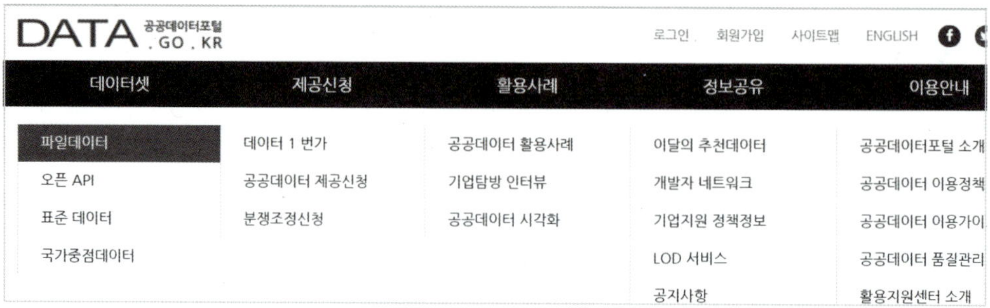

그림 5.6 (c) 공공데이터 포털 상단

4. 교통사고 관련 통계로 해당 통계를 클릭한다.

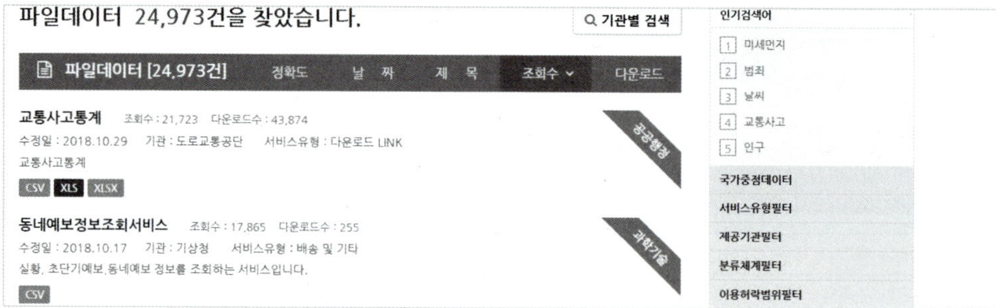

그림 5.6 (d) 교통사고 통계 데이터

5. 해당 글을 클릭하여 [1당사자 법규위반 주야별 교통사고] 다운로드를 클릭하면 csv파일로 다운로드가 가능하다.

그림 5.6 (e) 교통사고 통계 데이터 다운로드 방법

6. 해당 파일을 내려받은 후 다음과 같이 엑셀로 확인할 수 있다.

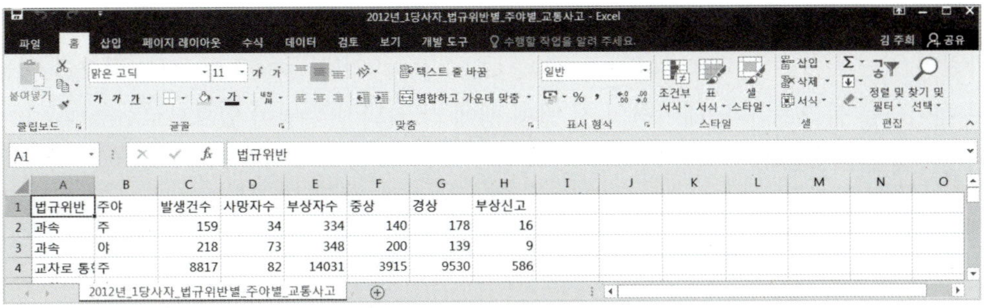

그림 5.7 교통사고 통계 엑셀 파일

7. 내려받은 데이터셋을 R스튜디오에서 로드하여 작업한다. 이때 반드시 숙지할 것은 데이터파일을 다운로드받은 경로이다. 일단 편의를 위해 C드라이브에서 임의의 폴더로 R_dataset 폴더를 만들고 해당 경로에 데이터셋을 저장한다.

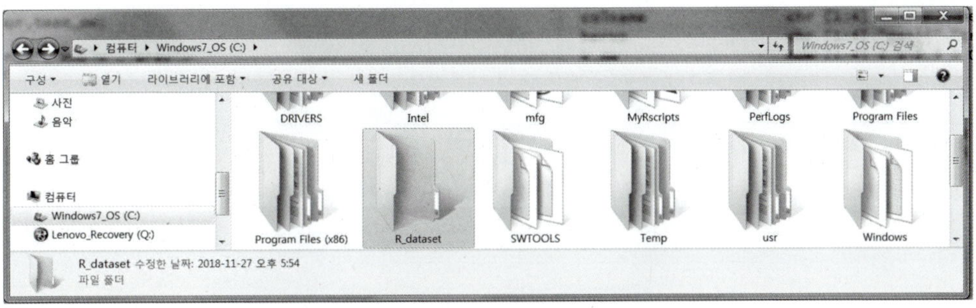

그림 5.8 (a) 교통사고 통계 엑셀 파일 저장경로설정 -1

한글명 데이터를 불러들일 때 오류가 나는 경우가 있으므로 파일명을 한글->영어로 변경할 수 있다. (2012년_1당사자_법규위반별_주야별_교통사고 ->traffic)

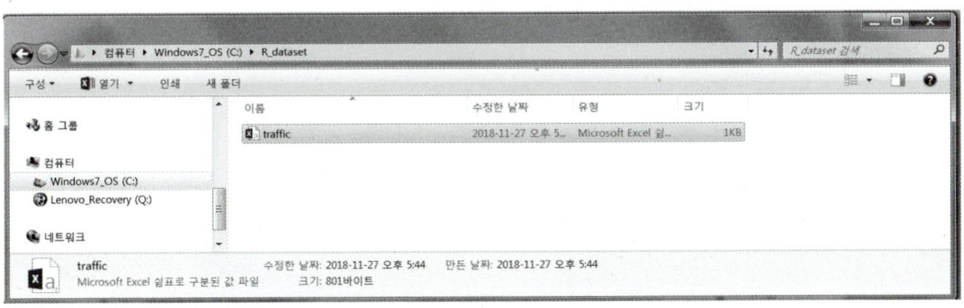

그림 5.8 (b) 교통사고 통계 엑셀 파일 저장경로설정 -2

`read.csv()` 함수를 이용하여 csv 파일 불러들인다.

[예 5.11] 교통사고 통계 분석

파일이 있는 위치는 'C:\R_dataset\traffic.csv'이다. read.csv() 함수를 이용하여 데이터를 불러들인다. 데이터의 첫 번째 행에 각 열의 변수명이 있으므로 header=T 로 설정하여 불러들인다.

```
traffic_frame <-read.csv("C:\\R_dataset\\traffic.csv", header=T)
print(traffic_frame)
```

해당 경로에 대해서는 다른 방식으로도 표기 할수 있다. \\ 대신 /(슬래시)로 다음과 같이 쓸 수 있다.

```
traffic_frame <-read.csv("C:/R_dataset/traffic.csv",header=T)
```

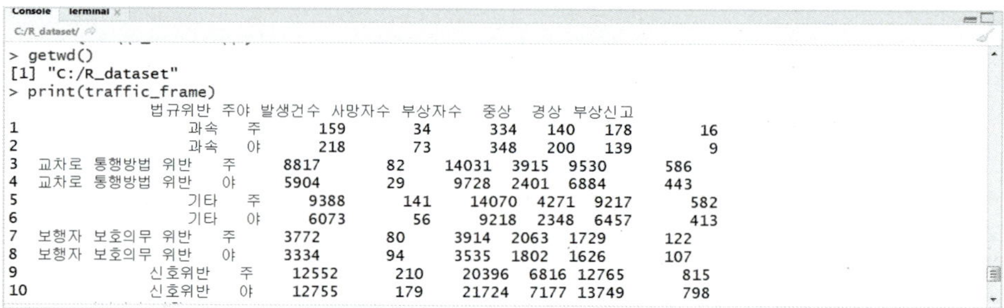

```
> getwd()
[1] "C:/R_dataset"
> print(traffic_frame)
              법규위반 주야 발생건수 사망자수 부상자수  중상  경상 부상신고
1                 과속   주      159       34      334   140   178       16
2                 과속   야      218       73      348   200   139        9
3  교차로 통행방법 위반   주     8817       82    14031  3915  9530      586
4  교차로 통행방법 위반   야     5904       29     9728  2401  6884      443
5                 기타   주     9388      141    14070  4271  9217      582
6                 기타   야     6073       56     9218  2348  6457      413
7  보행자 보호의무 위반   주     3772       80     3914  2063  1729      122
8  보행자 보호의무 위반   야     3334       94     3535  1802  1626      107
9             신호위반   주    12552      210    20396  6816 12765      815
10            신호위반   야    12755      179    21724  7177 13749      798
```

그림 5.9 교통사고 통계 결과물

(a) 각 법규위반 종류별 사망자 수와 부상자 수를 확인할 수 있는 그래프를 그리고자 한다.

```
install.packages("ggplot2")
library(ggplot2)
ggplot(data=traffic_frame, aes(x=법규위반, y=사망자수)) +
            geom_point(aes(size=발생건수, color=부상자수))
```

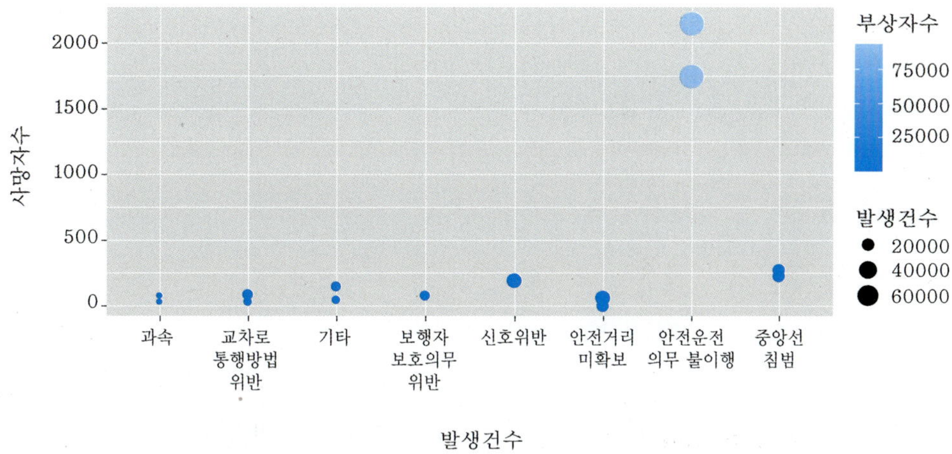

그림 5.10 법규위반 종류별 사망자 수와 부상자 수 그래프

(b) 교통사고 데이터로 사망률을 계산하여 새로운 엑셀 데이터셋을 만든 후 출력하고자 한다.

1. 필요한 항목을 데이터프레임에서 따로 추출한다. 법규위반, 주야, 사망자수, 발생건수 열만 추출한다. drop=FALSE 옵션을 주어 데이터를 추출하더라도 해당 데이터가 있던 traffic_frame에서 지워지지 않도록 한다.

```
low_name <-traffic_frame[,1,drop=FALSE]
daily <-traffic_frame[,2,drop=FALSE]
```

2. $\text{사망률} = \frac{\text{사망자수}}{\text{발생건수}} \times 100$ 를 계산하여 rate 변수에 저장한다.

```
rate <-traffic_frame[,4,drop=FALSE]/traffic_frame[,3,drop=FALSE]*100
```

3. 추출한 각 변수를 cbind() 함수를 이용하여 묶어 새로운 death_rate라는 데이터프레임을 만든다. 사망률에 반올림함수 round()를 이용해 소수점 이하 두 자리까지만 출력한다.

```
death_rate<-cbind(low_name,daily,round(rate,2))
colnames(death_rate) <-c("법규위반", "주야", "사망률(%)")
print(death_rate)
```

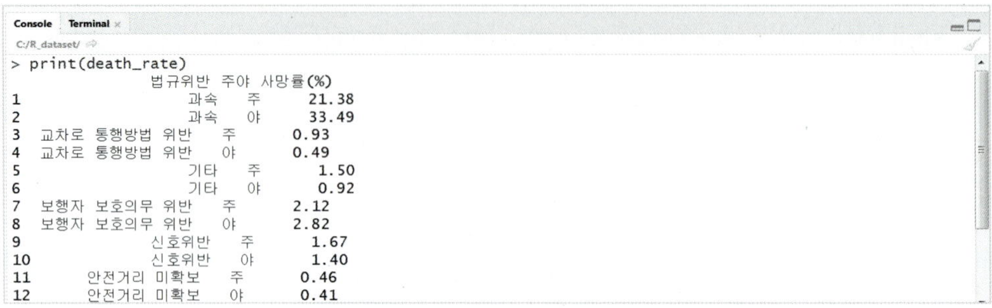

그림 5.11 교통사고 사망률 데이터 출력

4. 데이터프레임 death_rate를 `write.csv()`를 이용하여 csv파일로 저장한다. 컬럼명까지 저장하기위해 col.names 옵션을 사용한다.

```
write.csv(데이터 변수명,file="경로",col.names = TRUE or FALSE)
```

5. `write.csv()` 함수에 경로와 데이터명을 입력해주고 작업을 수행한다.

```
write.csv(death_rate,file="C:\\R_dataset\\death_rate.csv",col.names = T)
```

6. 해당 작업을 수행 후 실제 저장되어있는 데이터를 확인한다.

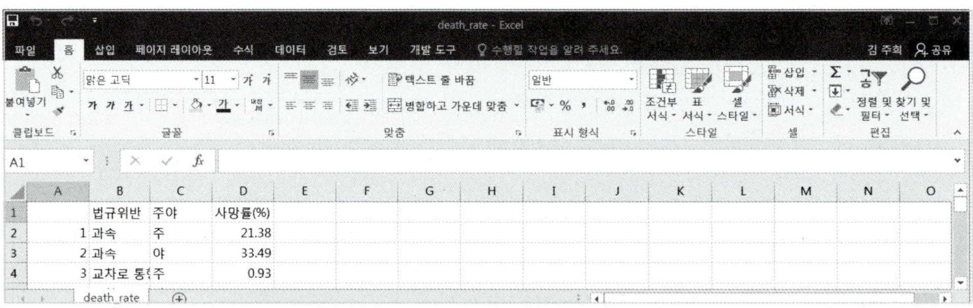

그림 5.12 교통사고 사망률 데이터 엑셀 파일 확인

연습문제

1. 1부터 15까지 값이 순서대로 행을 이루는 3×5 행렬을 만드시오.

2. 1부터 15까지 값이 순서대로 열을 이루는 3×5 행렬을 만드시오.

3. 다음과 같은 3×3 행렬을 얻을 수 있도록 코드를 만드시오.

```
     [,1] [,2] [,3]
[1,]    1    2    3
[2,]    4    5    6
[3,]    7    8    9
```

4. 다음의 코드를 수행하고 답하시오.

```
> A<-array(1:27, dim = c(3,3,3))
```

(a) A[1,2,3] 위치의 값은?
(b) A[1,2,] 위치에 있는 벡터는?
(c) A[1, ,] 위치에 있는 행렬는?
(d) A[1, ,3] 위치에 있는 벡터는?
(e) dim(A)를 구하시오.

5. A반 학생의 영어시험성적은 70, 80, 95 이다.
(a) 영어시험성적을 포함한 열벡터를 만드시오.
(b) 해당 성적을 받은 학생의 이름이 sunhee, meehee, youngmee 이다. 열벡터에 이름을 준 후 이름과 성적이 같이 나오도록 출력하시오.

6. 20년도 야구선수 기록 데이터에 대해 답하시오.
(a) 엑셀 데이터셋을 만들고 csv 파일로 저장하시오.
(b) 홈런수에 대해 오름차순으로 선수들을 정렬하고 이름과 홈런수를 같이 출력하시오.
(c) 홈런수에 대해 내림차순으로 선수들을 정렬하고 이름과 홈런수를 같이 출력하시오.

(d) 타자의 능력을 확인하기 위한 지표로 볼넷-삼진 비율 차이(BB%-K%) 지표가 있다. 계산식은 다음과 같다.

볼넷/삼진 스코어 BSS = 0.4 x 볼넷 - 0.3 x 삼진

각 선수의 BSS를 구하고 출력하시오.

(e) KT 팀 선수만 선택하여 데이터 객체를 만드시오.

(f) KT 팀 선수들의 평균 홈런수를 구하시오.

(g) 팀별 선수 명수를 구하시오.(table)

(h) 팀별 홈런 총합을 구하시오.

(i) 팀별 평균 홈런수를 구하시오.

| 표 5.4 | 20년도 야구선수 기록 데이터

번호	선수명	팀명	경기	타석	타수	안타	홈런	득점	타점	볼넷	삼진	도루
1	로하스	KT	142	628	550	192	47	116	135	65	132	0
2	양의지	NC	130	528	461	151	33	86	124	46	47	5
3	김하성	Hero	138	622	533	163	30	111	109	75	68	23
4	최형우	KIA	140	600	522	185	28	93	115	70	101	0
5	터커	KIA	142	631	542	166	32	100	113	76	67	0
6	나성범	NC	130	583	525	170	34	115	112	48	148	3
7	최정	SK	133	553	452	122	33	90	96	75	98	8
8	이정후	Hero	140	617	544	181	15	85	101	59	47	12
9	손아섭	롯데	141	611	540	190	11	98	85	61	56	5
10	강백호	KT	129	574	500	165	23	95	89	66	93	7
11	황재균	KT	134	600	541	169	21	108	97	47	98	11
12	로맥	SK	139	586	485	137	32	85	91	91	116	4
13	김현수	LG	142	619	547	181	22	98	119	63	53	0
14	박석민	NC	123	448	356	109	14	58	63	75	62	0
15	박민우	NC	126	530	467	161	8	82	63	36	48	13
16	페르난데스	두산	144	668	586	199	21	104	105	58	42	0
17	알테어	NC	136	546	482	134	31	90	108	46	149	22
18	오지환	LG	141	591	527	158	10	95	71	45	116	20
19	김재환	두산	140	614	516	137	30	82	113	91	154	6
20	홍창기	LG	135	507	408	114	5	87	39	83	87	11

CHAPTER

6 통계 그래픽스

R 홈페이지에 바로 들어가면 보이는 설명이 “R is a free software environment for statistical computing and graphics” 으로 R은 통계 계산 및 그래픽을 위한 소프트웨어임을 언급하고 있다. 그만큼 다양하고 강력한 그래픽 툴(graphic tool)을 가지고 있다. 단순 선으로 만든 그래프부터 표정을 이용한 그래프, 5각형 그래프, 3차원 그림, 이미지 그림 등 다양한 형태가 있다. 그래프를 그리기 위해서는 데이터를 입력하거나 불러들인 뒤 그래프를 그리기 편한 데이터 형식으로 만들어야 하고 어떤 목적의 그래프를 그리고자 하는지 정하고 그에 맞는 적절한 그래프 유형을 선택하여 프로그래밍하는 것이 중요하다.

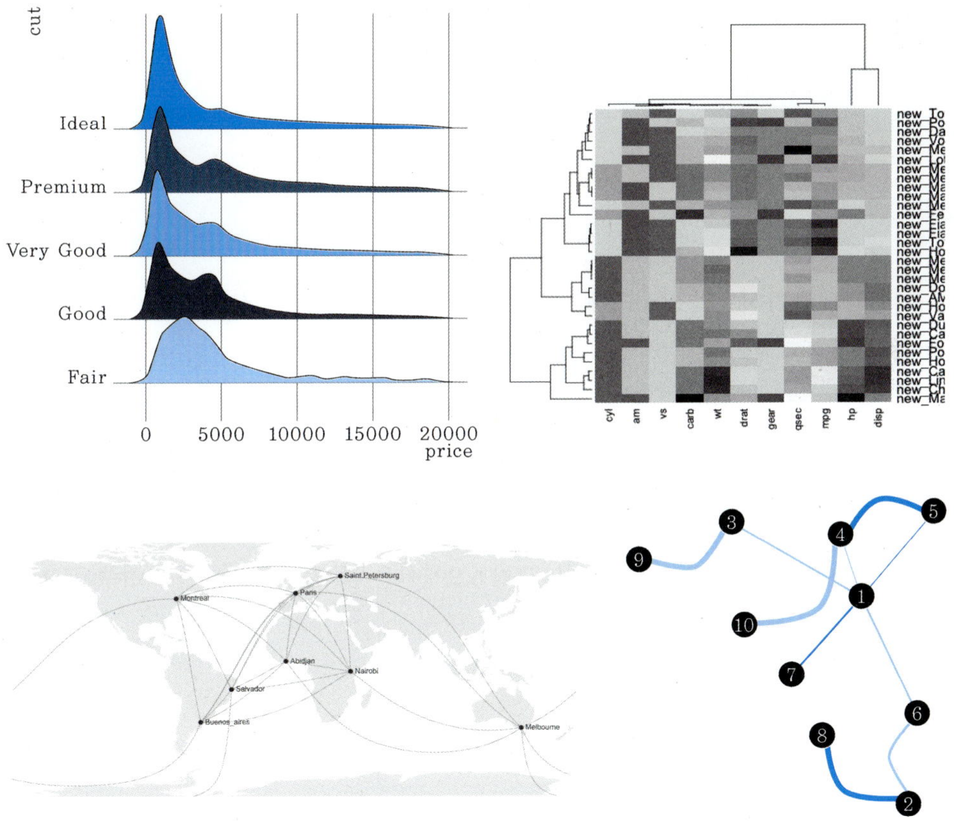

그림 6.1 R의 다양한 그래프 예

6.1 R 그래프

R에서는 다양한 그래프가 구현 가능하다. demo() 함수로 R에서 제공하는 그래프 예를 볼 수 있다.

```
> demo(graphics)
```

또는

```
> demo(persp)
```

R에는 여러 가지 저수준(low level) 그래픽 함수들과 저수준 그래픽 함수의 기능을 모아 하나의 완성된 그래프를 그릴 수 있는 고수준(high level) 그래픽 함수가 있다. 고수준 그래픽 함수로 기본적이고 대표적인 plot() 함수를 이용해 다양한 그림을 그릴 수 있다. 기본적인 명령문은

```
> plot(x,y)
```

으로 같은 길이를 가진 x와 y에 대해 그래프를 그린다. 첫 번째로 쓴 x는 수평축(horizontal axis)에, 두 번째로 쓴 y는 수직축(vertical axis)을 이룬다. 또는 "~"를 이용해 다음과 같이 쓴다.

```
> plot(y~x)
```

plot() 함수의 옵션은 표 6.1와 같다. 그림 6.9에서는 점 모양과 번호를 보여주고 그림 6.10에서는 선 모양과 번호를 알려준다.

[예 6.1] 점 (1, 2) 을 좌표평면에 나타내 보자.

<코드 6.1> 좌표 찍기

```
x=1 ; y=2
plot(x,y)     # 그림 6.2
```

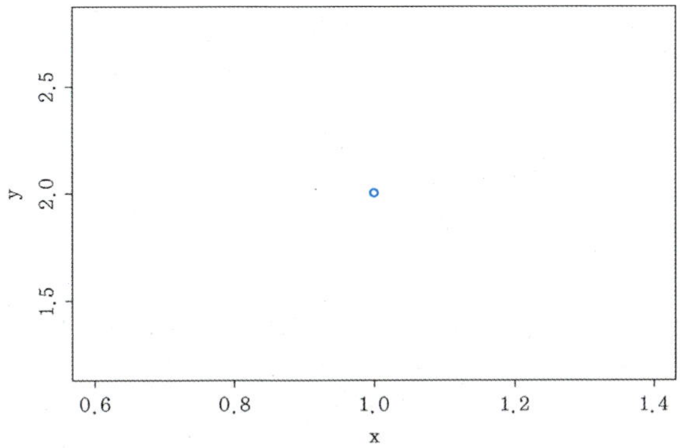

그림 6.2 점 (1,2)

[예 6.2] [0,1]에서 $y=x$ 그래프를 그리고자 한다.

<코드 6.2> [0,1] 구간에서 $y=x$ 그래프

```
x<-seq(0,1, length=10)
 y<-x
plot(x,y, type="l")  #그림 6.3
```

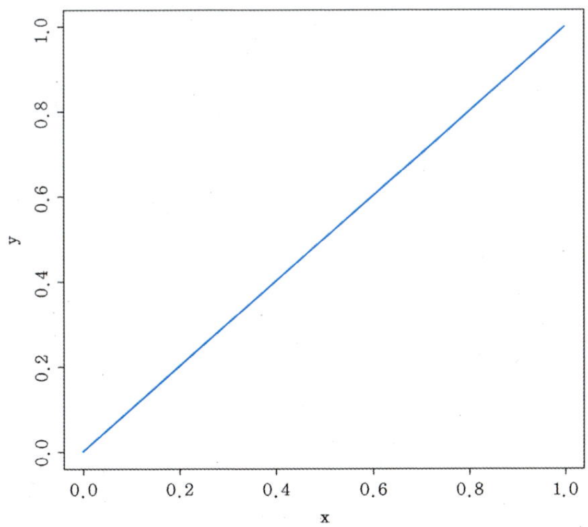

그림 6.3 $y=x$ 그래프

[예 6.3] sin 함수와 cos 함수 그래프를 그려 보자.

<코드 6.3> sin 함수와 cos 함수 그래프

```
x<-(0:20)*pi/10
y<-cos(x)
plot(x,y)       # 그림 6.4

ysin<-sin(x)
plot(x,ysin)    # 그림 6.5
```

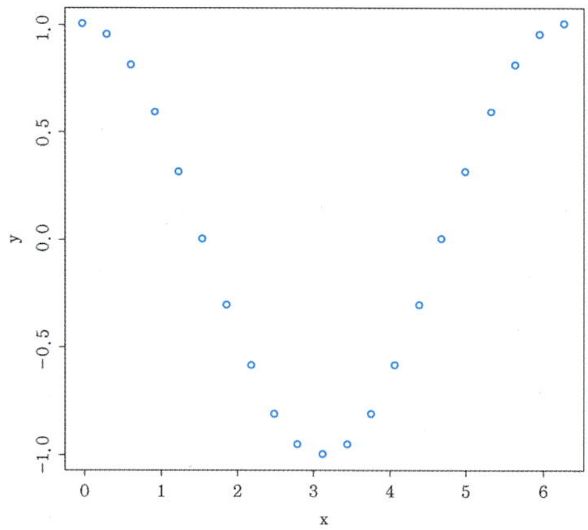

그림 6.4 cosine 그래프

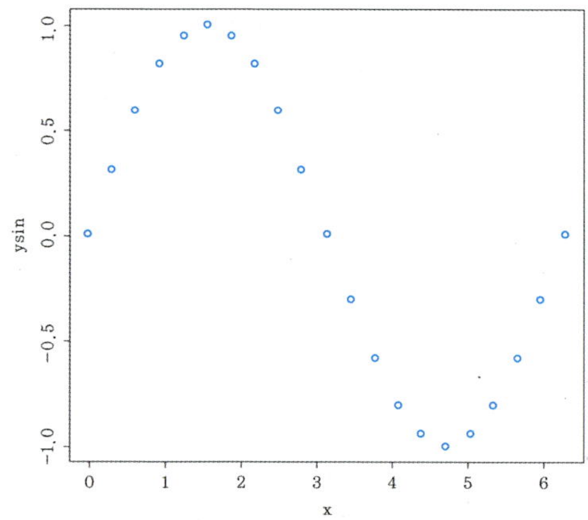

그림 6.5 sine 그래프

[예 6.4] sin 함수와 cos 함수 그래프를 그리고 배열하고자 한다.

두 개 이상의 그래프를 한 화면에 그리고 동시에 비교하고자 할 때는 par() 함수를 사용한다. text() 함수로 그래프 내부의 위치를 지정하고 필요한 것을 쓴다.

<코드 6.4> sin 함수와 cos 함수 그래프 배열

```
par(mfrow=c(2,1))    #  그림 6.6
 x<-(0:20)*pi/10
 y<-cos(x)
 ysin<-sin(x)
 plot(x,y)     ;  text(3,0, "cos(x)")
 plot(x,ysin)  ;  text(5,0.5, "sin(x)")
```

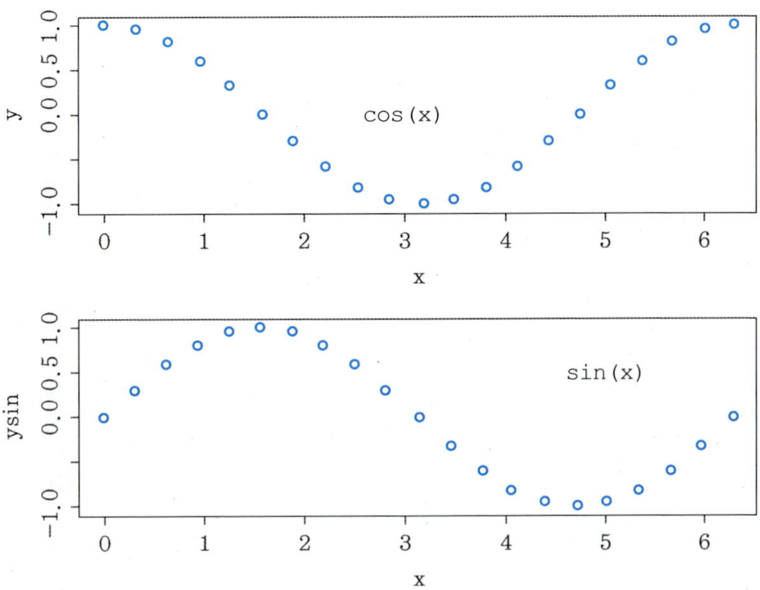

그림 6.6 한 화면에 그린 cos 그래프와 sin 그래프

여러 개 그래프를 같은 좌표평면에 그려 비교해보고자 한다. matplot() 또는 lines()를 이용하여 몇 개의 그래프를 같은 좌표평면에 그릴 수 있다.

[예 6.5] $y = x$, $y = x^2$, $y = x^3$ 그래프를 같은 좌표평면에 그리고자 한다.

그림 6.7의 왼쪽 그림은 matplot()을 이용해 그린 것이고 오른쪽 그림은 plot()과 lines()를 이용한 것이다.

<코드 6.5> $y = x$, $y = x^2$, $y = x^3$ 그래프를 같은 좌표평면에 그리기

```
x<-(0:20)/10
 y<-x ;  y2<-x^2 ;  y3<-x^3

 par(mfrow=c(1,2))                         # 그림 6.7
   yy=cbind(y,y2,y3)
   matplot(x, yy, type="pll", pch="*")     # use matplot()
   plot(x,y)
     lines(x,y2,type="p", pch="*")       # use lines()
     lines(x,y3)
```

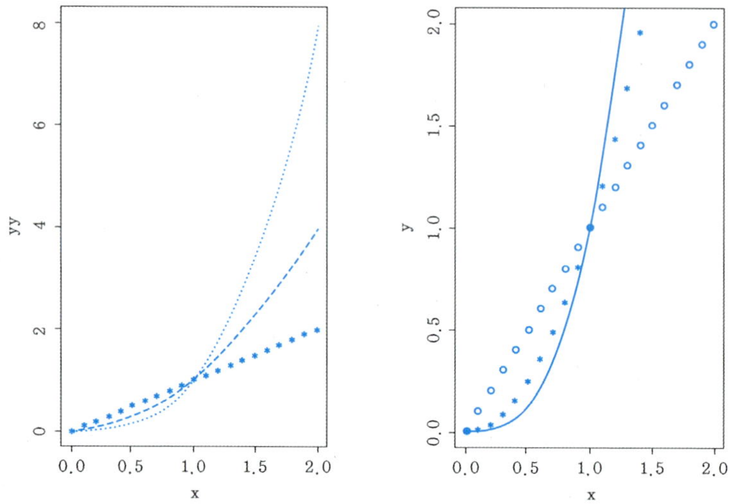

그림 6.7 한 좌표평면에 그린 $y=x$, $y=x^2$, $y=x^3$ 그래프

[예 6.6] sin 함수와 cos 함수 그래프를 같은 좌표평면에 그리고자 한다. 이번에는 par(new=T)를 이용한다.

<코드 6.6> sin 함수와 cos 함수 그래프를 같은 좌표평면 그리기

```
x<-(0:20)*pi/10
y<-cos(x)
ysin<-sin(x)
plot(x,y)

par(new=T)
plot(x,ysin, type="l", ylab="y")
```

6.2 그래프 조절

같은 그래프를 점 또는 선으로 다양한 형태로 한 화면에 그려보기로 한다.

[예 6.7] cos 함수 그래프를 여러 가지 형태로 그리고자 한다.

<코드 6.7> cos 함수 그래프를 여러 가지 형태로 그리기

```
x<-(0:20)*pi/10
 y<-cos(x)

par(mfrow=c(2,2))          # 그림  6.8
plot(x,y, type="p")        # point
plot(x,y, type="l")        # line
plot(x,y, type="b")        # both of point and line
plot(x,y, type="p", pch=19, col="pink" )      # point characteristic
```

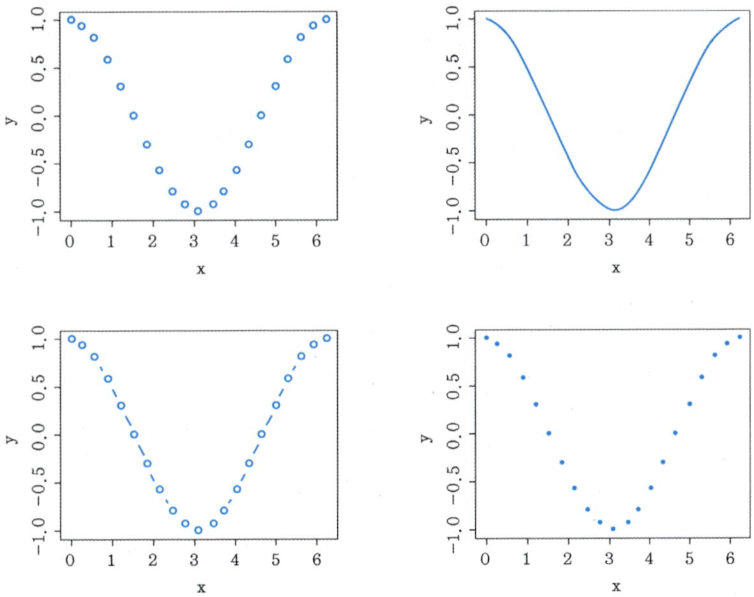

그림 6.8 한 화면에 그린 4개 그래프

plot(x,y) 함수에 다음의 여러 가지 옵션을 넣어 다양한 형태의 그래프를 그릴 수 있다.

| 표 6.1 | plot 함수의 옵션

parameter	옵션과 설명
type	그래프 그릴 때의 형태를 정한다. type= "p" 점(point)으로 그래프를 그린다. type= "l" 선(line)으로 그래프를 그린다. type= "b" 점과 선으로 이어 그래프를 그린다. type= "o" 선이 점위에 겹쳐진 형태

parameter	옵션과 설명
	type= "h" 각 점에서 x축 가지의 수직선 그래프 type= "s" 계단형 그래프를 만든다(S–〉 왼쪽값 기준, s–〉오른쪽값 기준) type= "n" 축만 생성되고 아무런 그래프를 그리지 않는다.
lty	lty=0 or lty= "blank" 투명선 lty=1 or lty= "solid" 실선 lty=2 or lty= "dashed" 파선(대쉬선) lty=3 or lty= "dotted" 점선 lty=4 or lty= "dotdash" 점선과 파선이 함께 lty=5 or lty= "longdash" 긴 파선 lty=6 or lty= "twodash" 두 개의 파선
col	색깔을 정한다. "red", "green", "blue" 단어나 0,1,2 ··· 와 같은 숫자로 색상 지정이 가능하다.
xlim ylim	x축과 y축의 상한 하한을 준다. (예) xlim=c(0,10) : x의 범위 1부터 10
xlab ylab	x축과 y축에 축이름을 붙인다. (예) xlab= "time", ylab= "response"
main	그림 윗부분에 제목을 붙인다. (예) main= "maintitile"
sub	그림 아래부분에 소제목을 붙인다. (예)sub= "subtitile"
pch	점표시 기호를 정한다. (예) pch=8 또는 pch= "*"
cex	기호의 크기를 조절 (예) cex=1 (디폴트), cex=2 (2배 크게)
lwd	선두께 1:기본, 2: 2배 진하게
axes	T=기본, 축이 그려짐, F= 축 없게
bty	그래프 그릴 상자모양을 선택한다. "o", "l", "7", "c", "u"
las	축의 눈금값을 쓰는 방향을 정한다. las=0 디폴트이며 축과 평행한 방향, las=1 수평 방향
fg	축의 색깔을 지정한다. (예) fg= "blue"

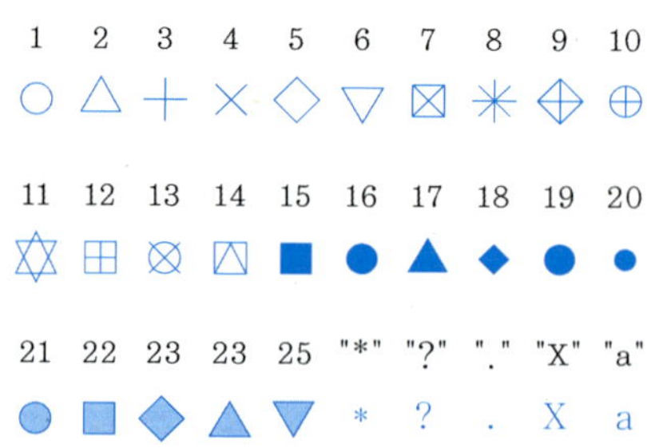

그림 6.9 점 번호와 모양

그림 6.10 선 번호와 모양

다음 명령어로 여러 가지 색깔의 번호와 이름을 볼 수 있다.

```
> colors()
> colors()[1:10]
 [1] "white"          "aliceblue"      "antiquewhite"   "antiquewhite1" "antiquewhite2"
 [6] "antiquewhite3" "antiquewhite4" "aquamarine"     "aquamarine1"   "aquamarine2"
```

그래프 형태 옵션 type= 을 사용하여 여러 가지 그래프를 그려보자.

[예 6.8] sin 함수 그래프를 여러 가지 형태로 그리고자 한다.

<코드 6.8> sin 함수 그래프를 여러 가지 형태로 그리기

```
x<-seq( -2*pi, 2*pi, length=50)
y<-sin(x)
op= par(mfrow=c(2,2))       # <그림 6.11>
 plot(x,y, type="b", main=" sine graph", sub="type=b")      # point
 plot(x,y, type="o", las=1, bty="u", sub="type=o")            # line
 plot(x,y, type="h", bty="7", sub="type=h")     # both of point and line
 plot(x,y, type="s", bty="n",sub="type=s")      # step line
par(op)                  ## At end of plotting, reset to previous settings
```

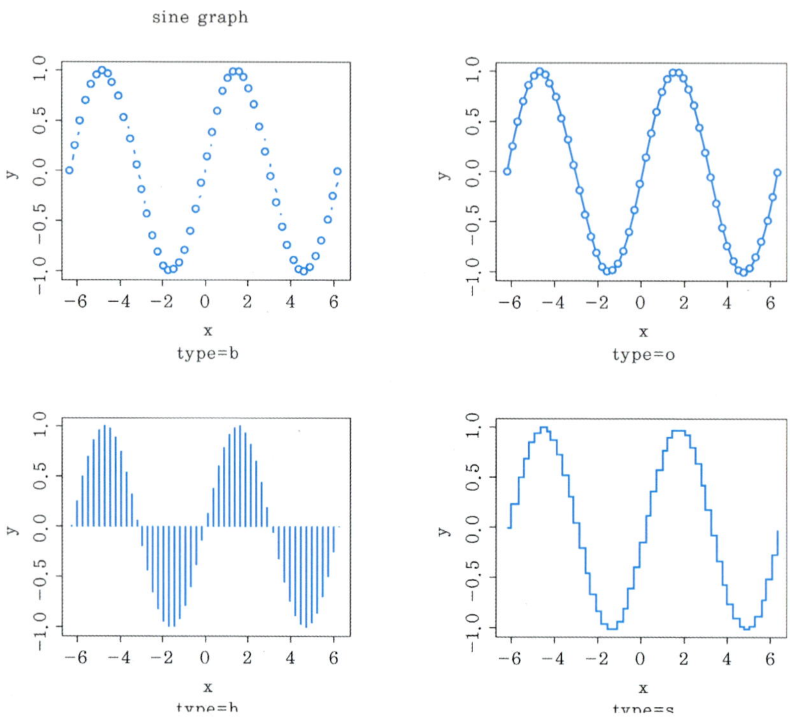

그림 6.11 여러 가지 형태의 그래프

plot(x,y)으로 그린 (x,y) 산점도에 abline()을 추가하여 회귀직선, $x = a_0$, $y = b_0$ 선을 그을 수 있다.

```
plot(x,y)
 abline(a0,b0)          # draws a line of intercept a and slope b
 abline(h=b0)          # draws a horizontal line at ordinate y
 abline(v=a0)          # draws a vertical line at abcissa x
```

[예 6.9] R 시스템에 내장된 **cars** 데이터를 이용하여 **(speed, dist)** 산점도에 각 변수의 평균인 $x = 15.4$, $y = 42.98$와 추정된 직선 $y = -17 + 4x$ 를 그려보자. **plot(speed, dist)**에 abline()으로 직선을 추가하여 결과를 얻는다.

<코드 6.9> cars 데이터를 이용한 그래프

```
data(cars)
```

```
attach(cars)
mean(speed)
mean(dist)
par(mfrow=c(2,2))        # 그림 6.12
 plot(speed, dist, pch=1)
   abline(v=15.4)
 plot(speed, dist, pch=2)
   abline(h=42.98)
 plot(speed, dist, pch=3)
   abline(-17, 4)
 plot(speed, dist,  pch=8)
   abline(v=15.4)
   abline(h=42.98)
```

```
> data(cars)
> attach(cars)
> mean(speed)
[1] 15.4
> mean(dist)
[1] 42.98
```

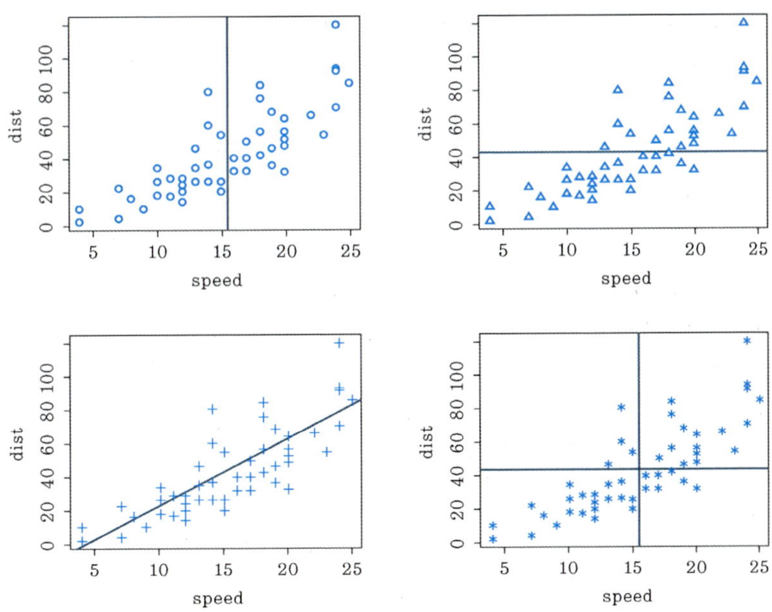

그림 6.12 cars 데이터에서 수직선, 수평선, 함수적합 직선을 추가한 산점도

[예 6.10] mammals 데이터는 동물의 몸무게와 뇌 무게를 조사한 데이터이다. mammals 데이터셋에서 몸무게가 100~1000 사이인 경우만 선택하여 데이터셋 dat를 만들었다. dat 데이터에 대해 옵션을 사용하여 다양한 그래프를 그려보고자 한다. **brain>=500**와 **brain<500** 경우에 따라 점 표시를 다르게 하고 legend()를 이용해 범례를 붙인다.

<코드 6.10> mammals 데이터에 대한 그래프

```
data(mammals)
head(mammals)
mean(mammals$body)    # 몸무게 평균
mean(mammals$brain)   # 뇌무게 평균

dat<-mammals[(mammals$body<1000 & mammals$body>100), ]
dat
attach(dat)
plot(x=body,y=brain, pch="*", xlab="Bodyweight",
 ylab="Brain weight",sub="land animals(100<body<1000)")  #그림 6.13

par(mfrow=c(1,2)) # 범례 위치
plot(x=body,y=brain,type="n",xlab="Bodyweight",
                           ylab="Brain weight")
  points(body[brain>=500],brain[brain>=500], pch=3) #그림 6.14
  points(body[brain<500],brain[brain<500], pch=1)
  legend(200, 600, c("brain weight>=500", "brain weight<500"),pch=c(3,1))

plot(x=body,y=brain,type="n",xlab="Bodyweight",
                              ylab="Brain weight")
  points(body[brain>=500],brain[brain>=500], pch=3) #그림 6.14
  points(body[brain<500],brain[brain<500], pch=1)
  legend('topleft', c("brain weight>=500", "brain weight<500"),pch=c(3,1))

 par(mfrow=c(1,2))  # id 위치
 plot(body, brain, xlim=c(0,300))            #그림 6.15
  text(x=body, y=brain, labels=rownames(dat) )
 plot(body, brain, xlim=c(0,300))            #그림 6.15
  text(x=body, y=brain, labels=rownames(dat), adj=0)
                           # adj=0 : left-justified text
```

```
> mean(mammals$body)     # 몸무게 평균
[1] 198.79
> mean(mammals$brain)    # 뇌무게 평균
[1] 283.1342
> dat<-mammals[(mammals$body<1000 & mammals$body>100), ]
> dat
                 body brain
Cow             465.0   423
Donkey          187.1   419
Horse           521.0   655
Giraffe         529.0   680
Gorilla         207.0   406
Okapi           250.0   490
Pig             192.0   180
Brazilian tapir 160.0   169
```

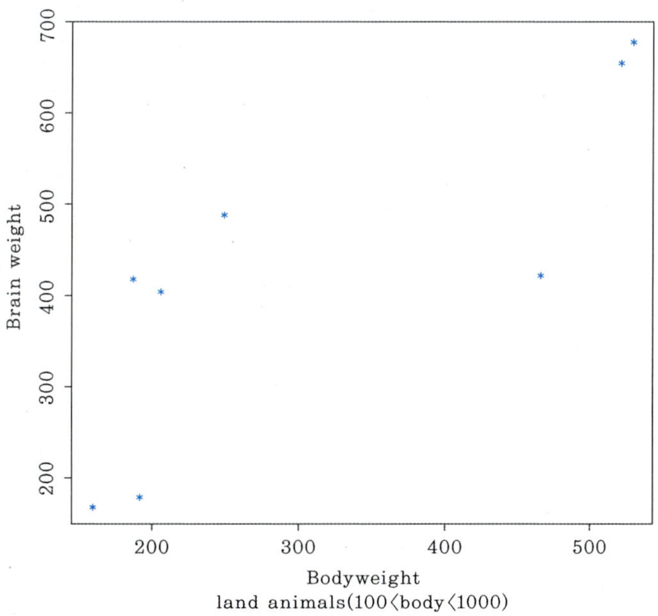

그림 6.13 mammals 데이터에 대한 산점도

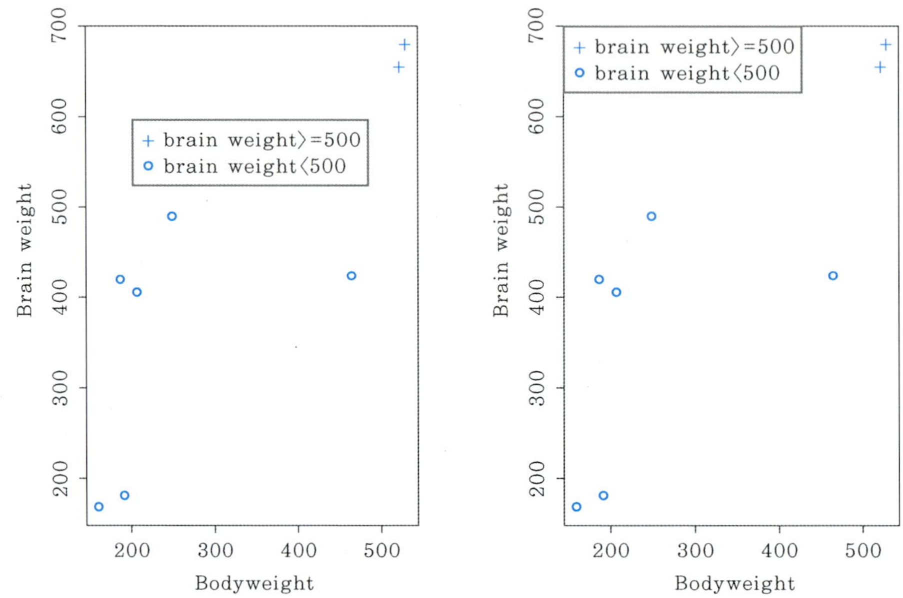

그림 6.14 범례 위치가 다른 mammals 데이터에 대한 산점도

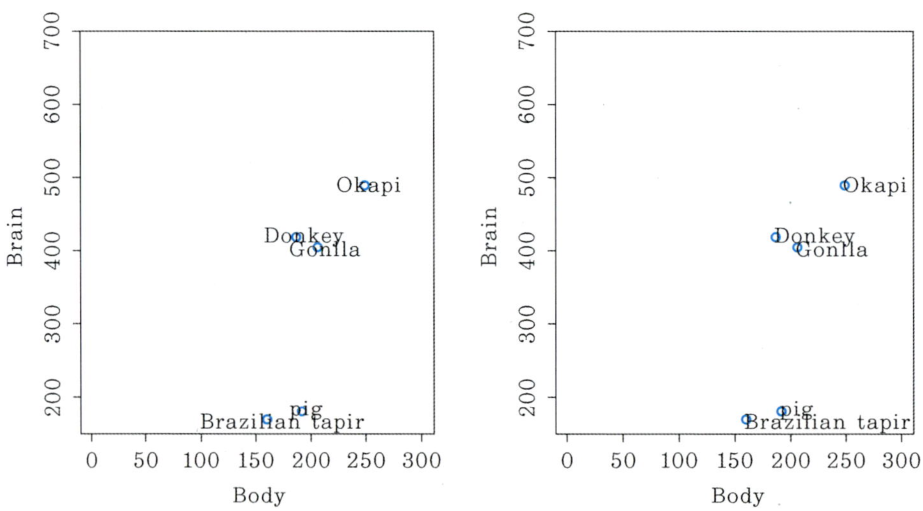

그림 6.15 동물이름(id) 위치가 다른 mammals데이터에 대한 산점도

[예 6.11] y 축에 $\sqrt{p(1-p)}$, p^2 와 같이 함수식이 출력되도록 하기 위해서는 **ylab=expression()**을 이용한다.

<코드 6.11> 좌표축에 함수식을 표현한 그래프

```
p<- (1:100)/100

par(mfrow=c(1,2))
 plot(p,sqrt(p*(1-p)), ylab=expression(sqrt(p(1-p))),type="p", pch=19)
    title("Standard deviation of binnomial")   # 그림 6.16
 plot(p, p*p, ylab=expression(p^2), type="l",  las=1)  # 그림 6.17
```

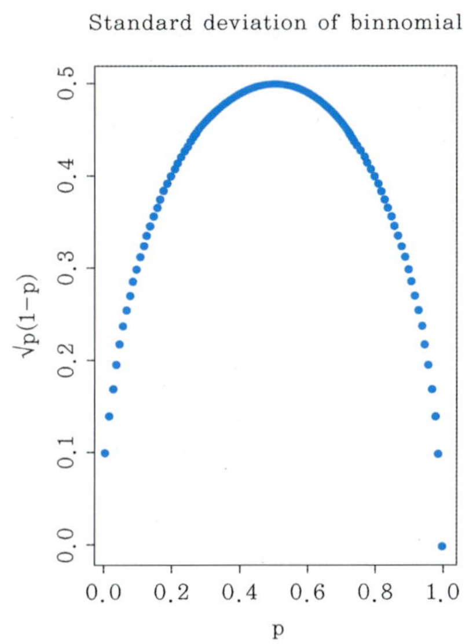

그림 6.16 $\sqrt{p(1-p)}$ 그래프

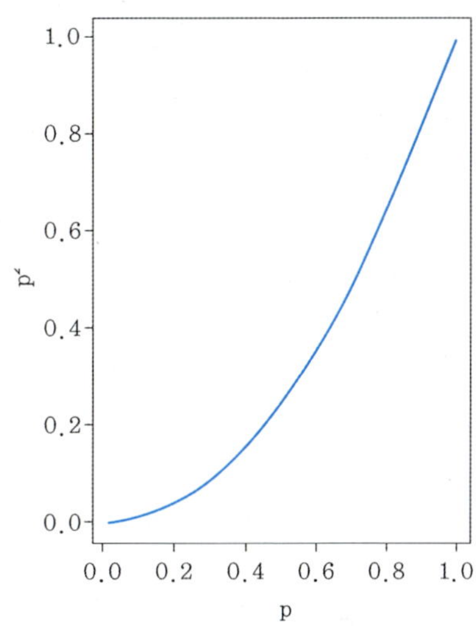

그림 6.17 p^2 그래프

[예 6.12] 폐병으로 인한 영국인 사망자수 그래프 출력

1. 데이터를 사용하기 위한 MASS 패키지를 설치한다. 패키지 설치 완료 후 `library()` 함수를 이용하여 해당 패키지의 데이터를 불러들인다.

```
install.packages("MASS")
library("MASS")
```

2. 패키지 설치가 완료된 후 MASS 패키지에 있는 데이터를 보고자 할 경우 ls()로 확인한다. deaths 데이터셋은 월별로 영국에서 폐병으로 죽은 사망자수를 기록한 데이터셋이다.

```
ls("package:MASS")
```

```
> ls("package:MASS")
  [1] "abbey"          "accdeaths"          "addterm"         "Aids2"       "Animals"            "anorexia"     "area"
  [8] "as.fractions"   "bacteria"           "bandwidth.nrd"   "bcv"         "beav1"              "beav2"        "biopsy"
 [15] "birthwt"        "Boston"             "boxcox"          "cabbages"    "caith"              "Cars93"       "cats"
 [22] "cement"         "chem"               "con2tr"          "contr.sdif"  "coop"               "corresp"      "cov.mcd"
 [29] "cov.mve"        "cov.rob"            "cov.trob"        "cpus"        "crabs"              "Cushings"     "DDT"
 [36] "deaths"         "denumerate"         "dose.p"          "drivers"     "dropterm"           "eagles"       "enlist"
 [43] "epil"           "eqscplot"           "farms"           "fbeta"       "fgl"                "fitdistr"     "forbes"
 [50] "fractions"      "frequency.polygon" "GAGurine"         "galaxies"    "gamma.dispersion"   "gamma.shape"  "gehan"
 [57] "genotype"       "geyser"             "gilgais"         "ginv"        "glm.convert"        "glm.nb"       "glmmPQL"
 [64] "hills"          "hist.FD"            "hist.scott"      "housing"     "huber"              "hubers"       "immer"
 [71] "Insurance"      "is.fractions"       "isoMDS"          "kde2d"       "lda"                "ldahist"      "leuk"
 [78] "lm.gls"         "lm.ridge"           "lmsreg"          "lmwork"      "loglm"              "loglm1"       "logtrans"
 [85] "lqs"            "lqs.formula"        "ltsreg"          "mammals"     "mca"                "mcycle"       "Melanoma"
 [92] "menarche"       "michelson"          "minn38"          "motors"      "muscle"             "mvrnorm"      "nclass.freq"
 [99] "neg.bin"        "negative.binomial" "negexp.SSival"    "newcomb"     "nlschools"          "npk"          "npr1"
[106] "Null"           "oats"               "OME"             "painters"    "parcoord"           "petrol"       "phones"
[113] "Pima.te"        "Pima.tr"            "Pima.tr2"        "polr"        "psi.bisquare"       "psi.hampel"   "psi.huber"
[120] "qda"            "quine"              "Rabbit"          "rational"    "renumerate"         "rlm"          "rms.curv"
[127] "rnegbin"        "road"               "rotifer"         "Rubber"      "sammon"             "select"       "Shepard"
[134] "ships"          "shoes"              "shrimp"          "shuttle"     "Sitka"              "Sitka89"      "Skye"
[141] "snails"         "SP500"              "stdres"          "steam"       "stepAIC"            "stormer"      "studres"
[148] "survey"         "synth.te"           "synth.tr"        "theta.md"    "theta.ml"           "theta.mm"     "topo"
[155] "Traffic"        "truehist"           "ucv"             "UScereal"    "UScrime"            "VA"           "waders"
[162] "whiteside"      "width.SJ"           "write.matrix"    "wtloss"
```

그림 6.18 패키지 리스트 확인

3. MASS 패키지에 내장된 deaths 데이터셋의 구조를 보면 시계열(time series)임을 알 수 있다. ts.plot() 함수로 그래프를 그릴 수 있다.

```
library(MASS)
data(deaths)
head(deaths)
 str(deaths)
ts.plot(deaths)
```

```
> str(deaths)
Time-Series [1:72] from 1974 to 1980: 3035 2552 2704 2554 2014 ...
```

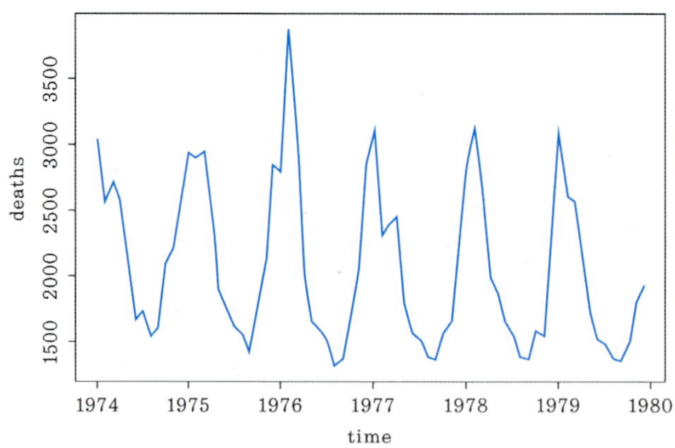

그림 6.19 death 데이터

4. 연도에 따른 월별 사망자수에 대한 그래프를 만든다. 점과 선이 연결된 그래프로 선은 실선으로 색깔은 파란색으로 한다. 제목과 x축, y축도 지정하기 위해 다음과 같이 코드를 작성한다.

```
plot(deaths,type="b",lty=2,col=4,xlab="년도",ylab="사망자수",
    main="폐병으로 인한 영국 사망자수(1974-1979)")
```

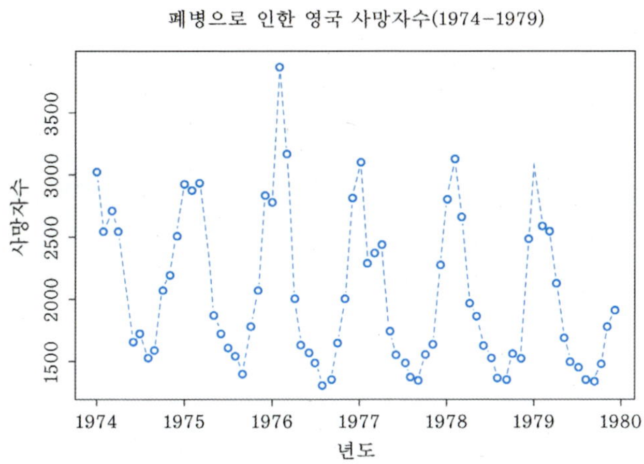

그림 6.20 death 데이터셋 그래프

[예 6.13] 월별 외국인 출입자 수 파악용 그래프 그리기

ggplot2 패키지를 이용하여 좀 더 가시적인 데이터 그래프를 그려보고자 한다. 사용할 데이터는 2016년도 법무부가 조사한 외국인 인구수이다. 이 데이터를 내려받기 위해서 공공데이터 포털 (https://www.data.go.kr/)로 들어가 데이터 법무부_외국인 국적 및 월별 입국자 현황에 들어가 내려받는다. 다운받은 파일은 'C:\R_dataset' 디렉토리에 저장한다.

그림 6.21 공공데이터 포털 - 외국인 입국자 현황 데이터

(a) 막대그래프 그리기

1. 내려받은 데이터를 살펴보면 1~12월까지 입국자 숫자가 ','를 포함하는 숫자는 문자로 인식하므로 csv 파일에서 셀타입을 숫자로 우선 바꾼다. 이후 csv 파일을 불러들인다.

```
aboard <-read.csv(file="C:\\R_dataset\\법무부_외국인_국적_및_월별_입국자_현황
_20171231.csv",header=T)
str(aboard)
```

```
> str(aboard)
'data.frame':	412 obs. of  14 variables:
 $ 국..적: chr  "중      국" "중      국" "일      본" "일      본" ...
 $ 성별  : chr  "남" "여" "남" "여" ...
 $ X1.월 : num  222921 340899 65236 93085 27679 ...
 $ X2.월 : num  233612 348417 70926 116083 26527 ...
 $ X3.월 : num  158830 191468 96408 179815 25779 ...
 $ X4.월 : num  107309 111599 75001 92473 26115 ...
 $ X5.월 : num  119569 126500 74589 86815 25100 ...
 $ X6.월 : num  115194 132771 73791 95714 25671 ...
 $ X7.월 : num  113796 135624 77123 95584 31388 ...
 $ X8.월 : num  115685 154999 92908 137611 30289 ...
 $ X9.월 : num  99171 140287 88475 133258 25839 ...
 $ X10.월: num  112200 152974 77377 104706 27528 ...
 $ X11.월: num  98671 137397 88550 126624 25609 ...
 $ X12.월: num  107575 167243 78701 116735 25039 ...
```

2. 성별로 1월에 입국자의 합을 구한 후 색깔을 다르게 하며 막대그래프를 그린다.

```
aboard_1 <-tapply(aboard$X1.월,aboard$성별, sum)
barplot(aboard_1,col=c("skyblue","pink"), las=1 )
```

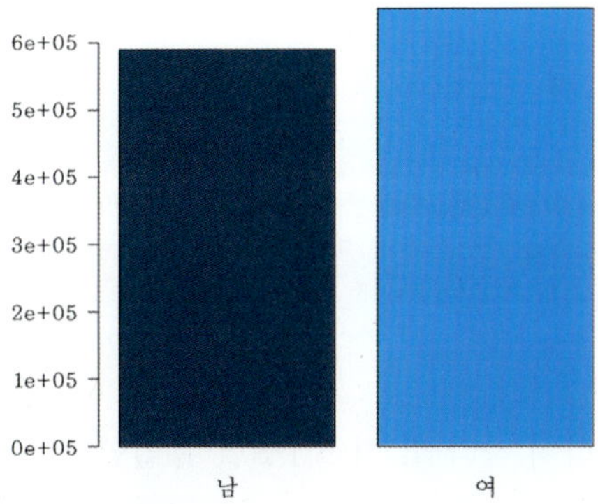

그림 6.22 성별 1월 입국자수 barplot

3. 월별 입국자수 합을 구한 후 막대그래프를 그린다.

```
aboard_2 <-colMeans(aboard[,3:14])
barplot(aboard_2, las=1 , col="green")
```

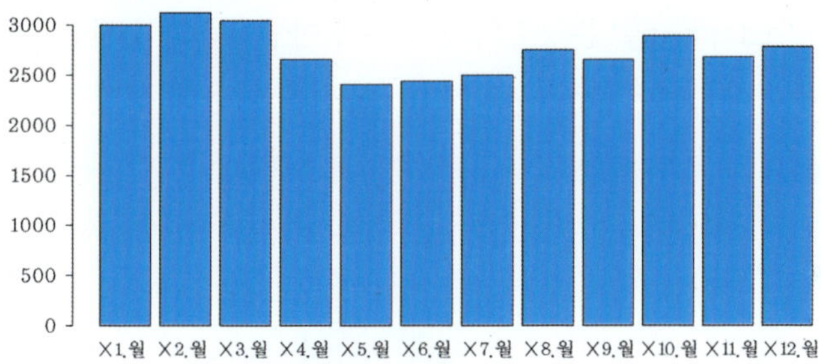

그림 6.23 월별 입국자수 barplot

(b) ggplot2 패키지를 활용한 그래프 그리기

1. ggplot2 패키지를 활용하고자한다. ggplot패키지를 설치하고 열어준다.

```
install.packages("ggplot2")
library("ggplot2")
```

2. 가시성을 위해 불러들인 데이터프레임을 일부만 따로 분리하여 새로운 데이터프레임을 만든다.(타이완,홍콩,일본,중국 만 불러들임)

```
aboard_mini<-aboard[1:8, , drop=F]
```

```
> head(aboard_mini)
        국..적 성별  X1.월  X2.월  X3.월  X4.월  X5.월  X6.월  X7.월  X8.월  X9.월 X10.월 X11.월 X12.월
1 중      국  남 222921 233612 158830 107309 119569 115194 113796 115685  99171 112200  98671 107575
2 중      국  여 340899 348417 191468 111599 126500 132771 135624 154999 140287 152974 137397 167243
3 일      본  남  65236  70926  96408  75001  74589  73791  77123  92908  88475  77377  88550  78701
4 일      본  여  93085 116083 179815  92473  86815  95714  95584 137611 133258 104706 126624 116735
5 (타  이  완)  남  27679  26527  25779  26115  25100  25671  31388  30289  25839  27528  25609  25039
6 (타  이  완)  여  44907  51451  51530  55695  51195  55106  56358  54504  51158  56931  53427  53011
```

3. ggplot 패키지를 이용하여 나라별, 성별 1월달 유입인구수를 표시한다.

```
ggplot(aboard_mini,aes(aboard_mini$국..적,aboard_mini$X1.월,
       fill=aboard_mini$성별)) + geom_bar(stat='identity')
```

여기서 aes는 지정된 데이터에 대해 그래프에 표기할 x, y값을 지정할 때 사용된다. 일반적으로 변수명을 쓰면된다. 이 데이터의 변수명은 한글로 표기되어 한글을 제대로 인식하지 못하는 문제가 발생할 수 있다. 이에 대비하여 '데이터명$컬럼명'으로 해당 컬럼의 데이터를 제대로 표기하기로 한다. 또한 `geom_bar()` 함수를 이용하여 막대그래프를 그리는데 `stat='identity'`는 x축의 빈도수가 아닌 y축의 숫자를 기반으로 막대그래프를 그린다는 뜻이다. 또한 `ggplot=fill` 옵션을 이용해 성별을 구분하여 표시하기로 한다.

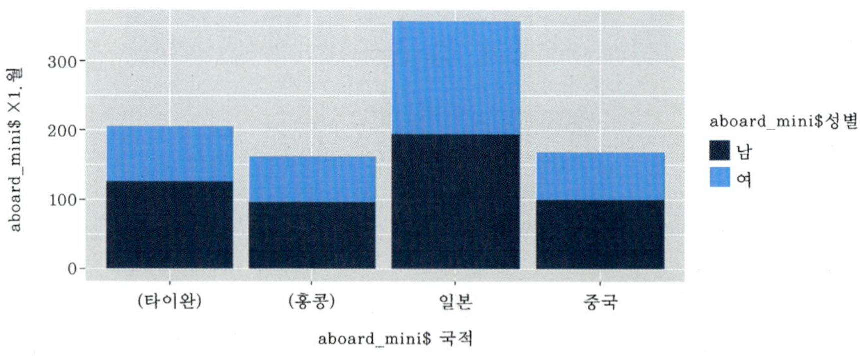

그림 6.24 국가별 성별 누적막대그래프

[예제 6.14] 달팽이 데이터를 이용한 산점도 그리기

MASS 패키지에 내장된 snail 데이터셋을 이용하고자한다. snail 데이터셋은 달팽이를 4주 동안 관찰하면서 특정 온도와 습도와 사망개체수 데이터이다.

(a) 달팽이 노출시간에 따른 수명에 대한 산점도를 그리고자 한다.

1. 우선 MASS 와 ggplot2 패키지를 `library()` 함수로 불러들인후 snail 데이터를 출력해 본다.

```
library("MASS")
library("ggplot2")
print(snails)
head(snails)
```

```
> head(snails)
  Species Exposure Rel.Hum Temp Deaths  N
1       A        1    60.0   10      0 20
2       A        1    60.0   15      0 20
3       A        1    60.0   20      0 20
4       A        1    65.8   10      0 20
5       A        1    65.8   15      0 20
6       A        1    65.8   20      0 20
```

2. `attach()`를 snail에 적용시킨 후 plot 노출시간(Exposure) 대비 달팽이의 죽음의 수(Death)에 관한 그래프를 그린다.

```
attach(snails)
plot(Exposure,Deaths,pch="★",col="purple")
```

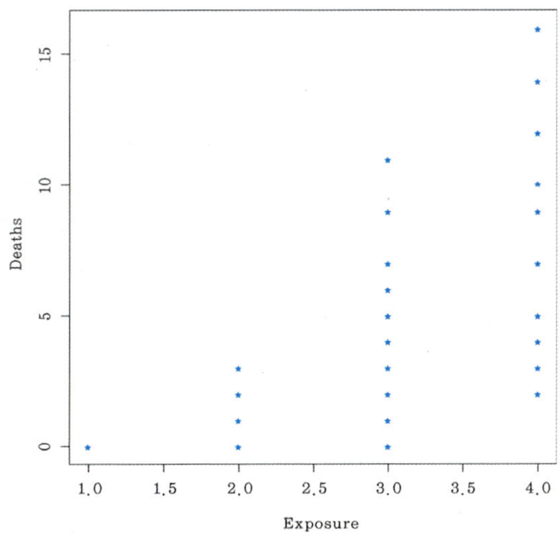

그림 6.25 달팽이 노출 시간대별 죽음 횟수를 그래프로 표현

(b) ggplot2 패키지와 함수를 사용하여 산점도를 그리고자 한다.

1. ggplot2을 불러온 후 x, y를 각각 노출시간(Exposure), 달팽이의 죽음의 수(Death)로 정한 후 산점도를 그리기 위해 geom_point()을 사용한다.

```
ggplot(snails,aes(x=Exposure,y=Deaths))+ geom_point()
```

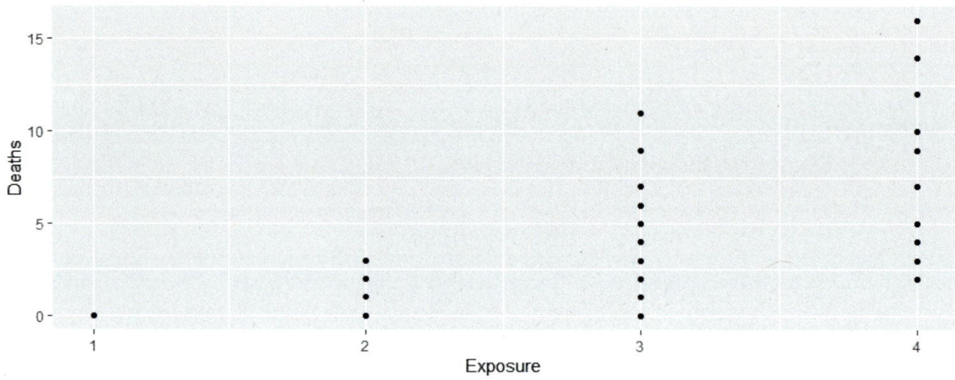

그림 6.26 달팽이 노출시간에 따른 수명에 대한 산점도

(c) 주차가 지날수록 달팽이 죽는 횟수뿐만 아니라 죽을 때 온도를 확인하고자 한다. temp 변수의 값을 점의 색깔 표시로 정보를 추가로 나타내며 geom_jitter() 함수를 이용하여 산점도를 그린다. aes 함수를 이용하여 사용한 색깔에 대한 정보를 보여준다.

```
ggplot(snails,aes(x=Exposure,y=Deaths))+geom_jitter(aes(color=Temp))
```

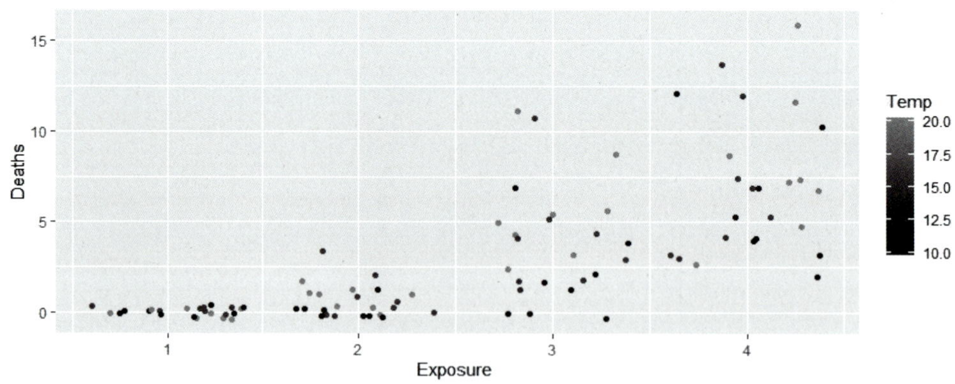

그림 6.27 달팽이 노출된 온도와 시간에 따른 수명에 대한 산점도

[예 6.15] 상호작용이 가능한 iris 차트

1. 필요한 라이브러리를 설치하고 활성화한다.

```
install.packages("tidyverse")
install.packages("plotly")
library(tidyverse)
library(plotly)
library(ggplot2)
```

2. iris 데이터를 이용하여 그래프를 그린다. 이때 그래프 그린 것을 그대로 출력하는 것이 아닌 p 객체에 넣는다.

```
p=ggplot(iris,    aes(x=Sepal.Length,    y=Sepal.Width,    color=Species,
shape=Species))    + geom_point(size=6, alpha=0.6)        # 그림 6.28
p
```

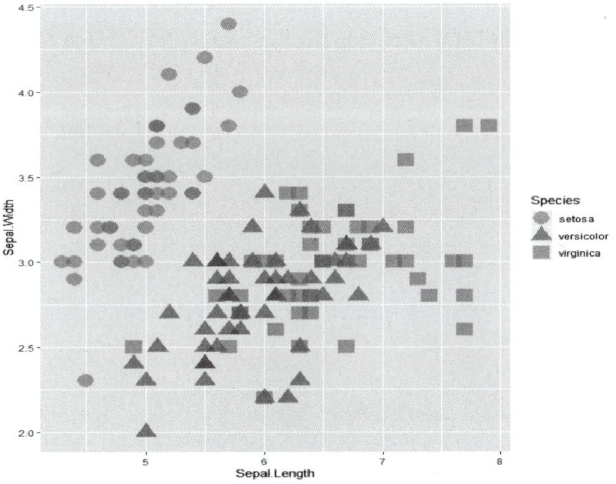

그림 6.28 iris 데이터

3. 플롯 객체로 변환시키는 `ggplotly()`를 이용한다.

`ggplotly()` 함수는 플롯객체에 대해 커서를 움직이면서 각 점의 상황을 알 수 있고 데이터의 일부분을 추출하거나 x 축 범위를 움직이며 변하는 데이터를 볼 수 있다.

```
ggplotly(p)     # interactive work 가능     # 그림 6.29 (a) (b)

ggplotly(p, dynamicTicks = TRUE)    %>%
rangeslider() %>%
layout(hovermode = "x")       # range에서 sliding 가능  # 그림 6.29 (c)
```

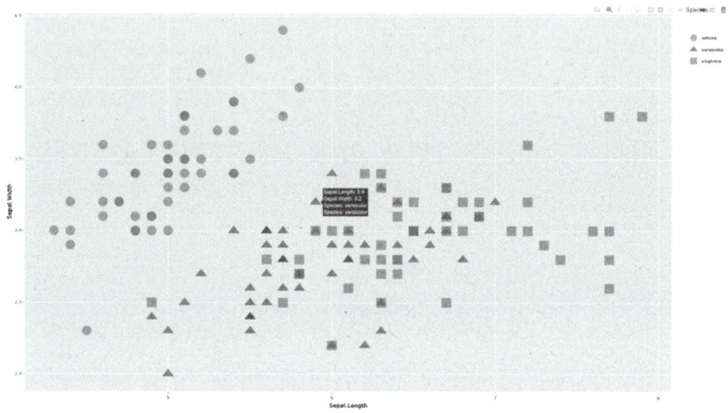

그림 6.29 (a) iris 데이터에 대해 ggplotly()로 각 점의 상황을 알 수 있는 그림

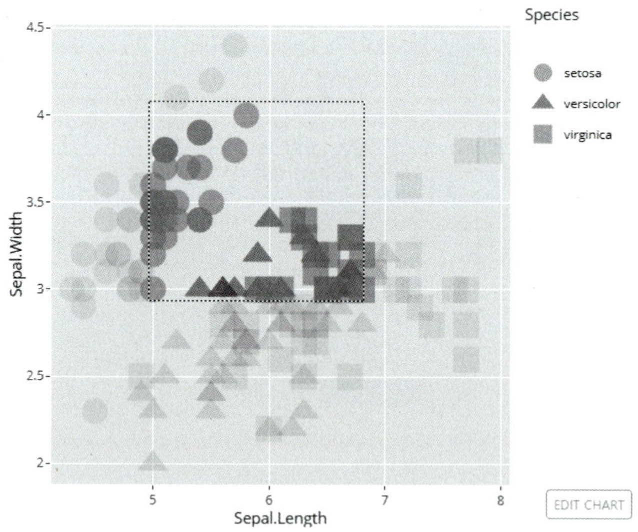

그림 6.29 (b) iris 데이터에 대해 ggplotly()로 데이터 일부분을 부각시킨 그림

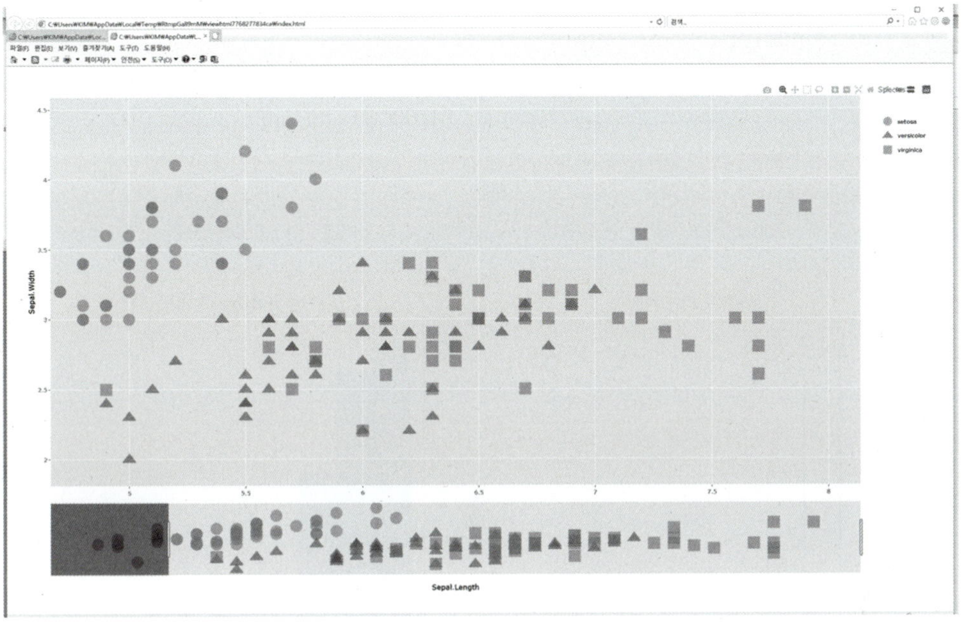

그림 6.29 (c) iris 데이터에 대해 `ggplotly()`로 range sliding 그림

정보를 주는 그림은 확인한 결과를 보여주는 가장 좋은 방법이나 데이터 분석 결과를 그래프로 보여주는 작업은 쉽지 않다. R에서 lattice와 ggplot2 패키지는 매우 우수한 그래프 표현능력을 보여준다. ggplot2의 syntex는 base graphics와 다르다.

ggplot2의 기본 구조는 ggplot 함수로 시작한다. 그 다음에 geom_point, geom_line, geom_histogram 등의 함수가 추가될 수 있다. 각 축의 요소는 aes를 사용한다.

[예 6.16] 다이아몬드 데이터를 이용한 산점도 그리기

ggplot2 패키지와 `ggplot()` 함수를 이용하여 여러 가지 그래프를 그려보고자 한다.

<코드 6.12> diamonds 데이터에 대한 히스토그램

```
data(diamonds, package="ggplot2")
head(diamonds)

hist(diamonds$carat, main="Carat Histogram", xlab="carat")  # 그림 6.30(a)
hist(diamonds$carat, prob=T, main="Carat  Histogram (relative freq)",
                xlab="carat", col="pink")     # 그림 6.30(b)
```

```
> data(diamonds, package="ggplot2")
> head(diamonds)
  carat       cut color clarity depth table price    x    y    z
1  0.23     Ideal     E     SI2  61.5    55   326 3.95 3.98 2.43
2  0.21   Premium     E     SI1  59.8    61   326 3.89 3.84 2.31
3  0.23      Good     E     VS1  56.9    65   327 4.05 4.07 2.31
```

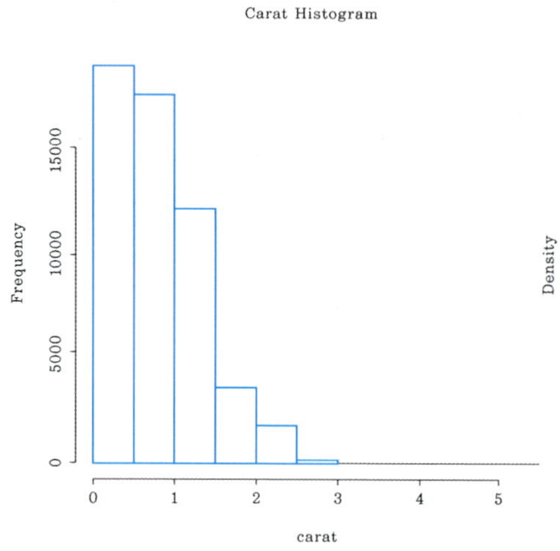

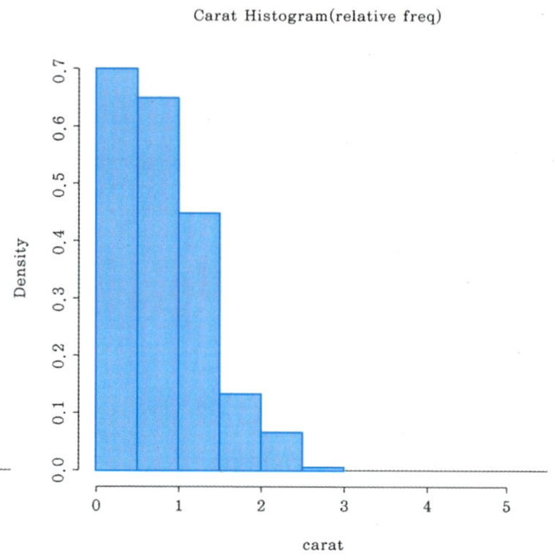

그림 6.30 (a) carat에 대한 히스토그램　　(b) 상대도수 히스토그램

```
plot(price~ carat, data=diamonds, col="green")    # 그림 6.31
boxplot(diamonds$carat, ylab="carat")             # 그림 6.32
```

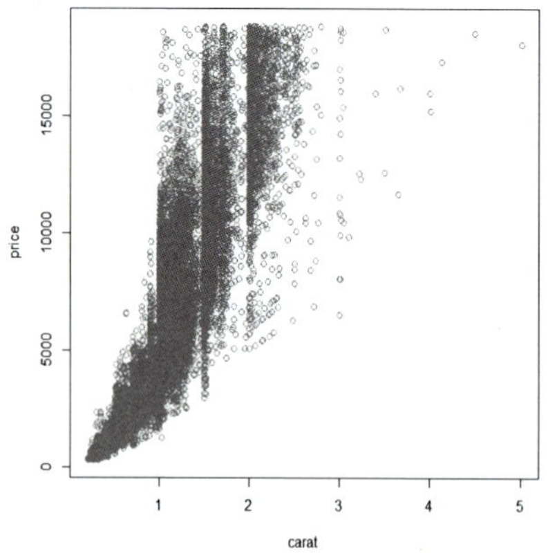

그림 6.31 carat과 price에 대한 산점도

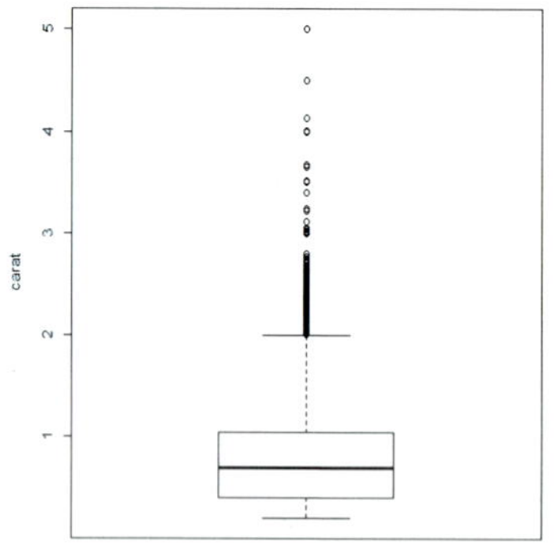

그림 6.32 carat에 대한 상자그림

<코드 6.13> diamonds 데이터에 대한 ggplot 이용한 히스토그램과 확률밀도함수 그림

```
library(ggplot2)
data(diamonds, package="ggplot2")
head(diamonds)

ggplot(data=diamonds) + geom_histogram(aes(x=carat), col="gray") # 그림 6.33
ggplot(data=diamonds) + geom_density(aes(x=carat), col="blue")   # 그림 6.34
```

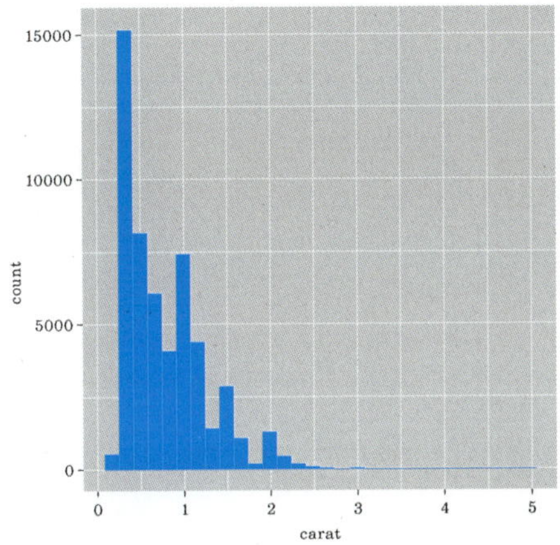

그림 6.33 carat에 대한 히스토그램

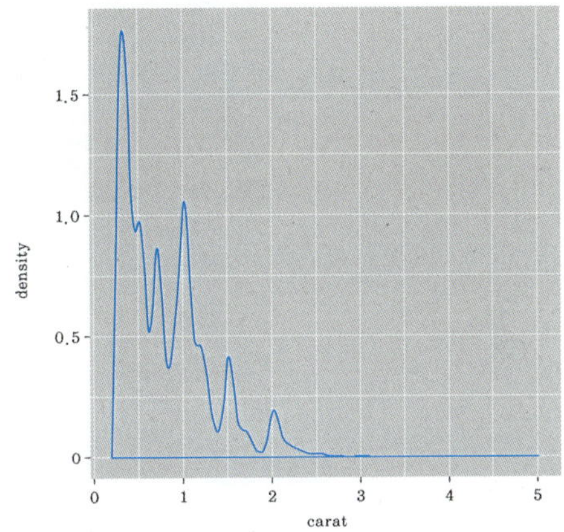

그림 6.34 carat에 대한 확률밀도함수

```
ggplot(data=diamonds, aes(x=carat, y=price)) + geom_point(aes(color=color))
                                                       # 그림 6.35
```

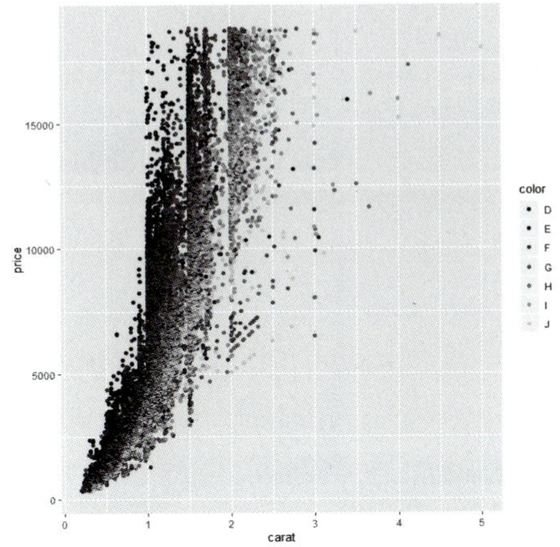

그림 6.35 carat에 대한 price 산점도 (점 색깔 구분은 다이아몬드 color)

```
g<-ggplot(data=diamonds, aes(x=carat, y=price))
g+  geom_point(aes(color=color))+facet_wrap(~color)   # 그림 6.36
```

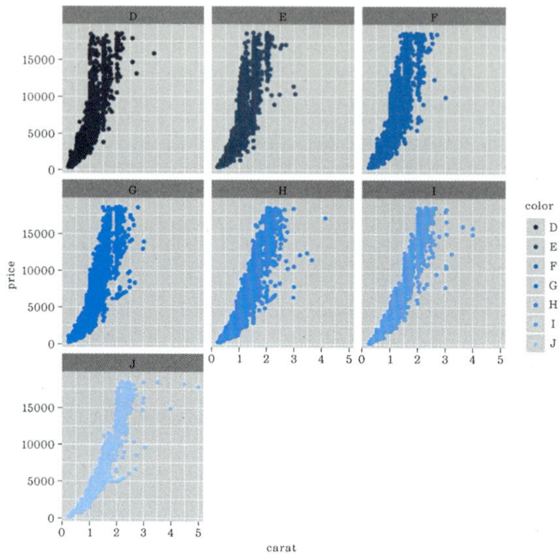

그림 6.36 다이아몬드 color 별 carat과 price 산점도

```
g2<-ggplot(data=diamonds, aes(x=price))
g2+  geom_histogram(aes(x=price))+facet_wrap(~cut)     # 그림 6.37
```

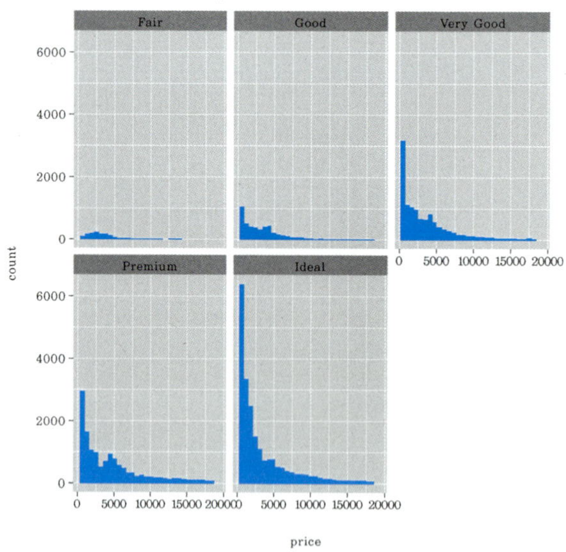

그림 6.37 다이아몬드 cut 별 price에 대한 히스토그램

<코드 6.14> diamonds 데이터에 대한 ggplot 이용한 상자그림

```
ggplot(data=diamonds, aes(x=1, y=carat)) + geom_boxplot()    # 그림 6.38
ggplot(data=diamonds, aes(x=cut, y=price)) + geom_boxplot()  # 그림 6.39
ggplot(data=diamonds, aes(x=cut, y=price)) + geom_violin()   # 그림 6.40
```

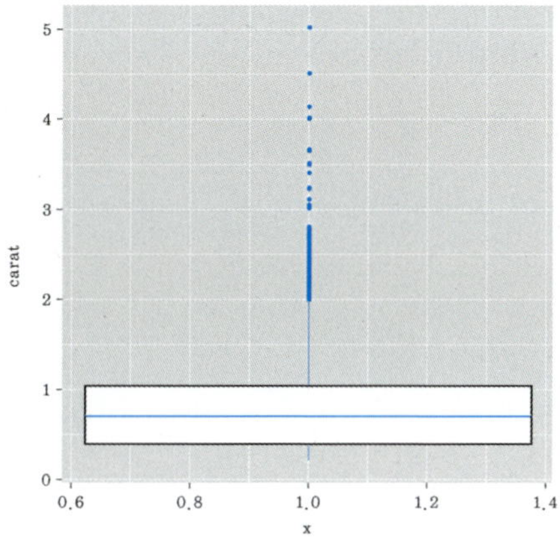

그림 6.38 다이아몬드 carat 상자그림

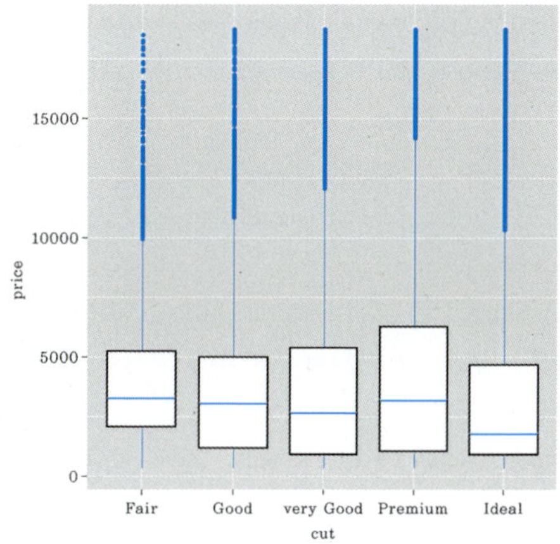

그림 6.39 다이아몬드 cut별 상자그림

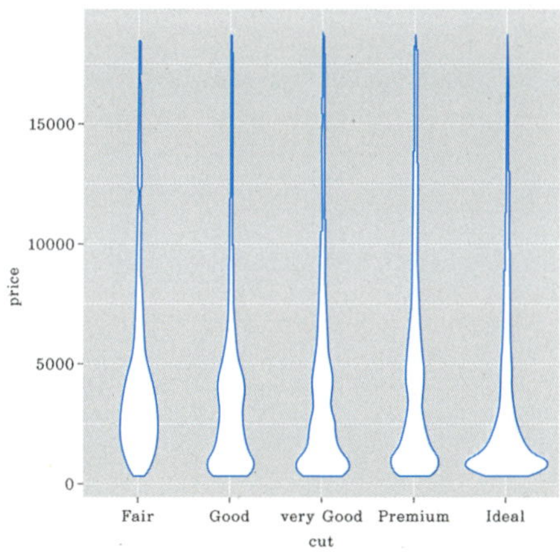

그림 6.40 다이아몬드 cut별 바이올린그림

<코드 6.15> diamonds 데이터에 대한 ggplot 이용한 여러 가지 그림

```
library(ggplot2)
data(diamonds, package="ggplot2")
head(diamonds)
```

```
ggplot(data=diamonds) + geom_histogram(aes(x=carat), col="gray")
ggplot(data=diamonds) + geom_density(aes(x=carat), col="blue")

ggplot(data=diamonds, aes(x=carat, y=price)) + geom_point(aes(color=color))

g<-ggplot(data=diamonds, aes(x=carat, y=price))
g+  geom_point(aes(color=color))+facet_wrap(~color)

g1<-ggplot(data=diamonds)
g1+  geom_point(aes(x=carat, y=price, color=color))+facet_wrap(~color)

g2<-ggplot(data=diamonds, aes(x=price))
g2+  geom_histogram(aes(x=price))+facet_wrap(~cut)

ggplot(data=diamonds, aes(x=1, y=carat)) + geom_boxplot()
ggplot(data=diamonds, aes(x=cut, y=price)) + geom_boxplot()
ggplot(data=diamonds, aes(x=cut, y=price)) + geom_violin()
```

연습문제

1. 행렬 $\begin{pmatrix} 2 & 3 & 5 \\ 4 & 6 & 8 \\ 6 & 9 & 15 \\ 8 & 12 & 20 \end{pmatrix}$을 만들어 본다.

2. 행렬 $\begin{pmatrix} 2 & 3 & 5 \\ 4 & 6 & 8 \\ 6 & 9 & 15 \\ 8 & 12 & 20 \end{pmatrix}$에서 열을 추가하여 $\begin{pmatrix} 2 & 3 & 5 & 7 \\ 4 & 6 & 8 & 14 \\ 6 & 9 & 15 & 21 \\ 8 & 12 & 20 & 28 \end{pmatrix}$로 만들어 본다.

3. 행렬 $\begin{pmatrix} 2 & 3 & 5 & 7 \\ 4 & 6 & 8 & 14 \\ 6 & 9 & 15 & 21 \\ 8 & 12 & 20 & 28 \end{pmatrix}$에서 행을 추가하여 $\begin{pmatrix} 2 & 3 & 5 & 7 \\ 4 & 6 & 8 & 14 \\ 6 & 9 & 15 & 21 \\ 8 & 12 & 20 & 28 \\ 10 & 15 & 25 & 35 \end{pmatrix}$로 만든다. 그런 후 각각 열에는 a,b,c,d를 이름으로 행에는 가,나,다,라,마를 이름으로 준다.

4. 다음은 학생별 국영수성적표이다.
   (a) 다음 표를 참고하여 csv 파일을 만드시오.
   (b) (국어, 수학) 산점도를 그리시오.
   (c) 반별로 국어에 대한 산점도를 그리시오.
   (d) 반별로 국어에 대한 수학 점수 산점도를 그리시오.

표 6.2 국영수성적

이름	반	국어	수학	영어
똘이	1	90	90	90
떵이	1	50	60	30
호치	1	96	93	98
새초미	1	50	30	70
드라고	1	95	90	95
요롱이	2	80	90	85
마초	2	10	10	60
미미	2	80	83	87
몽치	2	100	80	45
키키	2	70	86	68
강다리	2	75	52	53
찡찡이	2	40	36	58

5. 다음은 해양수산부에서 제공한 수협창고 재고정보로 수협이 보유하고 있는 창고(이용가공)에 대한 기본정보 및 해당 창고에 입출고되는 품목에 대한 정보 및 품목별 재고정보, 그리고 해당 창고를 이용하는 매출처에 대한 기본적인 정보를 제공하는 목록이다. (해당 사이트에서 데이터셋을 다운로드 받으세요.)
   (a) 조합코드별 수량합을 표기하는 막대그래프를 그리도록 코드를 만들고 수행하시오.
   (b) 창고명별 수량합을 표기하는 막대그래프를 그리도록 코드를 만들고 수행하시오.
   (c) 표준어종코드는 몇 가지가 있는지 알기위해 코드를 만들고 수행하시오.

해양수산부_수산물 수협창고 재고정보_20210131.csv 일부

조합 코드	창고코드	표준어종 코드	기준일자	조합명	창고명	표준어종명	수량
300	3000002	730399	2021-01-01	경인북부수산업협동조합	판매사업과(이용)	기타민물새우류	797
300	3000002	618600	2021-01-01	경인북부수산업협동조합	판매사업과(이용)	양태류	42
300	3000002	933402	2021-01-01	경인북부수산업협동조합	판매사업과(이용)	멸치액젓	185
300	3000002	730299	2021-01-01	경인북부수산업협동조합	판매사업과(이용)	기타민물게류	150
300	3000002	612601	2021-01-01	경인북부수산업협동조합	판매사업과(이용)	농어	38
300	3000002	810300	2021-01-01	경인북부수산업협동조합	판매사업과(이용)	김류	1033
300	3000002	616808	2021-01-01	경인북부수산업협동조합	판매사업과(이용)	삼치	1014
300	3000002	933136	2021-01-01	경인북부수산업협동조합	판매사업과(이용)	새우젓	1712
300	3000002	933199	2021-01-01	경인북부수산업협동조합	판매사업과(이용)	기타젓갈(일반)류	76
300	3000002	614401	2021-01-01	경인북부수산업협동조합	판매사업과(이용)	멸치	9673
300	3000002	630402	2021-01-01	경인북부수산업협동조합	판매사업과(이용)	대하	327
300	3000002	630201	2021-01-01	경인북부수산업협동조합	판매사업과(이용)	꽃게	2489
300	3000002	933119	2021-01-01	경인북부수산업협동조합	판매사업과(이용)	새우육젓	3
300	3000002	640601	2021-01-01	경인북부수산업협동조합	판매사업과(이용)	주꾸미	4920
300	3000002	619601	2021-01-01	경인북부수산업협동조합	판매사업과(이용)	참조기	983
300	3000002	61A401	2021-01-01	경인북부수산업협동조합	판매사업과(이용)	밴댕이	475
300	3000002	933131	2021-01-01	경인북부수산업협동조합	판매사업과(이용)	조개젓	251
300	3000002	640599	2021-01-01	경인북부수산업협동조합	판매사업과(이용)	기타오징어류	761
300	3000002	630400	2021-01-01	경인북부수산업협동조합	판매사업과(이용)	새우류	772
300	3000002	610802	2021-01-01	경인북부수산업협동조합	판매사업과(이용)	고등어	2796
302	3020002	810300	2021-01-01	영흥수산업협동조합	영흥수협(이용 보관 창고)	김류	840
303	3030002	730299	2021-01-01	인천수산업협동조합	이용가공팀(이용)	기타민물게류	306
303	3030002	640699	2021-01-01	인천수산업협동조합	이용가공팀(이용)	기타주꾸미류	171
303	3030002	610199	2021-01-01	인천수산업협동조합	이용가공팀(이용)	기타가오리류	9
303	3030002	640601	2021-01-01	인천수산업협동조합	이용가공팀(이용)	주꾸미	2587
303	3030002	615000	2021-01-01	인천수산업협동조합	이용가공팀(이용)	민어류	177
303	3030002	640301	2021-01-01	인천수산업협동조합	이용가공팀(이용)	낙지	1263

CHAPTER

7 데이터 정리

실제 데이터 분석에서 데이터를 정리하고 나누고 선택하고 합치는 등의 데이터를 다루는 작업이 노력의 80% 이상이 되는 경우가 많다. 크기가 큰 데이터를 R 콘솔에서 출력할 때 출력하는 시간이 오래 걸리며 콘솔이 데이터로 넘쳐나는 현상이 벌어지므로 비교적 간단한 형태로 보여주는 함수가 필요하다. 특히 plyr 패키지와 데이터 다루는데 편리한 dplyr 패키지를 이용하는 방법에 관해 설명하고자 한다. 그 외에도 리스트와 벡터를 다루기 좋은 purr 패키지를 사용해보기 바란다.

7.1 apply 함수

[예 7.1] 행별 또는 열별로 반복된 계산을 하고자 하면 유용한 apply() 함수를 활용할 수 있다. 다음의 예를 보고 적용되는 방식을 이해하면 된다.

<코드 7.1> 행별 또는 열별로 반복된 계산

```
M<- matrix(1:9, nrow=3)  ;  M
apply(M, 1, sum)  #1: row-wise
apply(M, 2, mean)  #2: column-wise

A<-cbind( c(1,2,3), c(4, NA, 6), c(7, 8, 9)) ; A
apply(A, 1, sum)
apply(A, 2, mean)

apply(A, 1, sum, na.rm=TRUE)
apply(A, 2, mean, na.rm=TRUE)

L<-list(A=matrix(1:9,nrow=3),B=c(1,2,3,4,5),C=rbind(c(1,2,3),c(-3,-2,-1
)),D=2)
L
lapply(L, sum)  # list-wise
```

```
> # data handling
> M<- matrix(1:9, nrow=3)
> M
     [,1] [,2] [,3]
[1,]    1    4    7
[2,]    2    5    8
[3,]    3    6    9
```

행렬 M에 대해 행별로 합을 구한다.

```
> apply(M, 1, sum)  #1: row-wise
[1] 12 15 18
```

행렬 M에 대해 열별로 평균을 구한다.

```
> apply(M, 2, mean)  #2: column-wise
[1] 2 5 8
```

행렬 A에 결측값이 있는 경우를 다루어본다.

```
> A<-cbind( c(1,2,3), c(4, NA, 6), c(7, 8, 9))
> A
     [,1] [,2] [,3]
[1,]    1    4    7
[2,]    2   NA    8
[3,]    3    6    9
```

행렬 A에 대해 행별로 합을 구한다. 그러나 결측값 NA 가 있는 경우는 NA를 출력한다.

```
> apply(A, 1, sum)
[1] 12 NA 18
```

행렬 A에 대해 열별로 평균을 구한다. 그러나 결측값 NA 가 있는 경우는 NA를 출력한다.

```
> apply(A, 2, mean)
[1]  2 NA  8
```

결측값 NA을 제외하고(na.rm=TRUE) 행렬 A에 대해 행별로 합을 구한다.

```
> apply(A, 1, sum, na.rm=TRUE)
[1] 12 10 18
```

결측값 NA을 제외하고 행렬 A에 대해 열별로 평균을 구한다.

```
> apply(A, 2, mean, na.rm=TRUE)
[1] 2 5 8
```

리스트 L에 대해 다루어본다.

```
> L<-list(A=matrix(1:9, nrow=3), B=c(1,2,3,4,5), C=rbind(c(1,2,3),c(-3,-2,-1)), D=2)
> L
$A
     [,1] [,2] [,3]
[1,]    1    4    7
[2,]    2    5    8
[3,]    3    6    9
$B
[1] 1 2 3 4 5
$C
     [,1] [,2] [,3]
[1,]    1    2    3
[2,]   -3   -2   -1
$D
[1] 2
```

리스트 객체별로 합을 구한다.

```
> lapply(L, sum)   # list-wise
$A
[1] 45
$B
[1] 15
$C
[1] 0
$D
[1] 2
```

7.2 aggregate 함수

그룹별로 작업을 하고자 할 경우 aggregate() 함수를 활용할 수 있으며 다음의 예로 이해할 수 있다. ggplot2 패키지에 내장된 diamonds 데이터셋에 대한 작업을 하고자 한다.

[예 7.2] diamonds 데이터셋은 다이아몬드 관련 데이터를 포함한다. 이번에는 cut별, color별, cut×color 조합별 가격을 구하고자 한다.

<코드 7.2> 다이아몬드 데이터에 대해 그룹별 가격

```
library(ggplot2)
data(diamonds)
head(diamonds)

aggregate(price~cut, data=diamonds, mean)
aggregate(price~cut+color, data=diamonds, mean)
aggregate( cbind(price,carat)~cut, data=diamonds, mean)
aggregate( cbind(price,carat)~cut+color, data=diamonds, mean)
```

```
> data(diamonds)
> head(diamonds)
# A tibble: 6 x 10
  carat cut       color clarity depth table price     x     y     z
  <dbl> <ord>     <ord> <ord>   <dbl> <dbl> <int> <dbl> <dbl> <dbl>
1 0.23  Ideal     E     SI2      61.5    55   326 3.95  3.98  2.43
2 0.21  Premium   E     SI1      59.8    61   326 3.89  3.84  2.31
3 0.23  Good      E     VS1      56.9    65   327 4.05  4.07  2.31
4 0.290 Premium   I     VS2      62.4    58   334 4.2   4.23  2.63
5 0.31  Good      J     SI2      63.3    58   335 4.34  4.35  2.75
6 0.24  Very Good J     VVS2     62.8    57   336 3.94  3.96  2.48
```

cut 별로 가격 평균을 계산한다.

```
> aggregate(price~cut, data=diamonds, mean)
        cut    price
1      Fair 4358.758
```

```
2       Good 3928.864
3 Very Good 3981.760
4   Premium 4584.258
5     Ideal 3457.542
```

cut과 color 조합별로 가격 평균을 계산한다.

```
> aggregate(price~cut+color, data=diamonds, mean)
         cut color    price
1       Fair     D 4291.061
2       Good     D 3405.382
3  Very Good     D 3470.467
4    Premium     D 3631.293
⋮
33 Very Good     J 5103.513
34   Premium     J 6294.592
35     Ideal     J 4918.186
```

cut과 color 조합별로 가격과 캐럿의 평균을 계산한다.

```
> aggregate( cbind(price,carat)~cut+color, data=diamonds, mean)
         cut color    price     carat
1       Fair     D 4291.061 0.9201227
2       Good     D 3405.382 0.7445166
3  Very Good     D 3470.467 0.6964243
4    Premium     D 3631.293 0.7215471
⋮
32      Good     J 4574.173 1.0995440
33 Very Good     J 5103.513 1.1332153
```

cut별로 가격과 캐럿의 평균을 계산한다.

```
> aggregate( cbind(price,carat)~cut, data=diamonds, mean)
        cut    price     carat
1      Fair 4358.758 1.0461366
2      Good 3928.864 0.8491847
3 Very Good 3981.760 0.8063814
4   Premium 4584.258 0.8919549
5     Ideal 3457.542 0.7028370
```

7.3 plyr 패키지

데이터를 다루는 데 기본이 되는 5가지 함수(filter, select, arrange, mutate, summarise)를 적절히 조합해 사용하면 원하는 형태로 데이터를 변환하고 정리할 수 있다. 또한 이런 과정들을 연결하여 코딩할 수 있다. 그러므로 중간에 임시 변수를 만들지 않고도 작업할 수 있다.

함수 `chain()` 혹은 간단히 `%>%`를 이용함으로써 각 조작을 연결해서 한 번에 수행할 수 있다. 즉, 최종 결과를 얻기 위해 임시로 데이터프레임을 만들지 않아도 되는 편리한 기능이다.

plyr 패키지가 split-apply-combine 논리로 만들어져 있는데, plyr 패키지를 사용하면 데이터셋에 대해 나누고 적용하고 결합(split-apply-combine)하는 작업을 수행하기 편리하다. dplyr 패키지에서는 이런 과정을 이해하기 쉽고 투명하게 진행할 수 있어서 매우 편리하다.

[예 7.3] plyr 패키지에 내장된 baseball 데이터에 대해 ddply 함수 사용을 설명하고자 한다.

야구에서 각 선수에 대해 사용하는 On Base Percentage(OBP:출루율) 통계량은 다음과 같다.

$$OBP = \frac{h + bb + hbp}{ab + bb + hbp + sf}$$

여기서 h= hits (안타)
bb= bases on balls (walks: 볼넷)
hbp= times hit by pitch (몸에 맞은 공 회수)
ab= at bats (타수)
sf= sacrifice flies (희생 플라이)

1) hbp 값이 결측값(NA)인 경우는 0 으로 대체한다.
2) ab 값이 50 이상인 경우만 선택하여 base 객체에 저장한다.
3) base 데이터프레임에 대해서만 OBP를 계산한다.
4) OBP값을 기준으로 내림차순으로 정렬한 후 출력한다.

<코드 7.3> baseball 데이터에 대한 obp 변수 생성

```
install.packages('plyr')
library(plyr)
data(baseball)
head(baseball)
#1)
baseball$hbp[is.na(baseball$hbp)]<- 0
#2)
base<-baseball[(baseball$ab >=50) , ]
#3)
obp.cal<-function(data){
      c(obp= with(data, sum(h+bb+hbp)/sum(ab+bb+hbp+sf) ) )
}

carr<- ddply(base, .variables="id", .fun=obp.cal )
head(carr)
#4)
carr1<-carr[order(carr$obp, decreasing=TRUE), ]
head(carr1)
```

```
> head(baseball)
           id year stint team lg  g  ab  r  h X2b X3b hr rbi sb cs bb so ibb hbp sh sf gidp
4   ansonca01 1871     1  RC1    25 120 29 39  11   3  0  16  6  2  2  1  NA  NA NA NA   NA
44  forceda01 1871     1  WS3    32 162 45 45   9   4  0  29  8  0  4  0  NA  NA NA NA   NA
68  mathebo01 1871     1  FW1    19  89 15 24   3   1  0  10  2  1  2  0  NA  NA NA NA   NA
99  startjo01 1871     1  NY2    33 161 35 58   5   1  1  34  4  2  3  0  NA  NA NA NA   NA

> head(carr)
         id       obp
1 aaronha01 0.3739493
2 adairje01 0.2922746
3 adamsba01        NA
4 adamsbo03        NA
5 adcocjo01        NA
6 aguilri01 0.2037037

> carr1<-carr[order(carr$obp, decreasing=TRUE), ]
> head(carr1)
```

```
           id        obp
85   bondsba01 0.4444622
1001 thomafr04 0.4211548
626  martied01 0.4181140
84   boggswa01 0.4149939
828  ramirma02 0.4094611
1005 thomeji01 0.4089722
```

7.4 dplyr 패키지

데이터를 다루기에 빠르고 편리하여 '데이터에 대한 문법'으로 불리는 dplyr 패키지 활용에 관해 설명한다. 각 단계는 단어라 불리는 함수에 의해 수행된다. 이러한 기능은 SQL 사용자에게는 익숙한 문법이다. select() 함수로 해당 열을 선택하고 filter() 함수로 필요한 행을 추출하며 group_by 함수로 데이터를 그룹화하고 mutate 함수로 행을 바꾸거나 추가한다.

이중 콜론 연산자(double colon operator) :: 를 사용하여 패키지와 그 패키지에 내장함수를 명시하기도 한다. 예를 들어 plyr::summarize, dplyr::summarize 로 쓴다.

%>%로 연결하면 가장 먼저 데이터프레임을 지정한후 그다음부터는 인수를 생략할 수 있을 뿐 아니라 앞선 함수의 결과(데이터프레임)를 뒤에 오는 함수의 입력값으로 사용한다.

7.4.1 tbl

데이터프레임을 tibble 형태로 변형하여 작업하고자 한다. 관측값이 많으면 tbl_df 형태로 변환하여 사용하는 것을 추천한다. 이렇게 하면 모든 데이터를 화면에 출력하는 실수를 방지할 수 있다.

[예 7.4] 다이아몬드 데이터에 대해 tibble 객체 만들고 함수를 적용해보고자 한다.

<코드 7.4> 다이아몬드 데이터에 대해 tbl

```
install.packages('dplyr')
library(dplyr)
```

```
library(ggplot2)
 data(diamonds)
head(diamonds)
class(diamonds)
diamonds

str(diamonds) #structure

diamonds_df = as_tibble(diamonds)  # tbl 객체
filter(diamonds_df, cut=="Ideal")  # cut=="Ideal" 경우만 선택
arrange(diamonds_df, cut)   #  cut 종류별로 정렬
mutate(diamonds_df, total=(x+y+z)) # total  변수 추가하여 diamonds_df변형

diamonds_df %>%
   group_by(cut) %>%
   filter(cut=="Ideal")  %>%
   mutate(total=(x+y+z) )
```

tbl 객체는 스크린에 프린트될 경우 일부분만 보여준다.

```
> class(diamonds)
[1] "tbl_df"     "tbl"        "data.frame"

> diamonds
# A tibble: 53,940 x 10
  carat cut       color clarity depth table price     x     y     z
  <dbl> <ord>     <ord> <ord>   <dbl> <dbl> <int> <dbl> <dbl> <dbl>
 1 0.23  Ideal     E     SI2      61.5    55   326  3.95  3.98  2.43
 2 0.21  Premium   E     SI1      59.8    61   326  3.89  3.84  2.31
 3 0.23  Good      E     VS1      56.9    65   327  4.05  4.07  2.31
 4 0.290 Premium   I     VS2      62.4    58   334  4.2   4.23  2.63
 5 0.31  Good      J     SI2      63.3    58   335  4.34  4.35  2.75
 6 0.24  Very Good J     VVS2     62.8    57   336  3.94  3.96  2.48
 7 0.24  Very Good I     VVS1     62.3    57   336  3.95  3.98  2.47
 8 0.26  Very Good H     SI1      61.9    55   337  4.07  4.11  2.53
 9 0.22  Fair      E     VS2      65.1    61   337  3.87  3.78  2.49
10 0.23  Very Good H     VS1      59.4    61   338  4     4.05  2.39
# ... with 53,930 more rows
```

str() 함수는 복잡한 데이터의 구조를 한눈에 보여주는 함수이다.

```
> str(diamonds)
tibble [53,940 x 10] (S3: tbl_df/tbl/data.frame)
 $ carat  : num [1:53940] 0.23 0.21 0.23 0.29 0.31 0.24 0.24 0.26 0.22 0.23 ...
 $ cut    : Ord.factor w/ 5 levels "Fair"<"Good"<..: 5 4 2 4 2 3 3 3 1 3 ...
 $ color  : Ord.factor w/ 7 levels "D"<"E"<"F"<"G"<..: 2 2 2 6 7 7 6 5 2 5 ...
 $ clarity: Ord.factor w/ 8 levels "I1"<"SI2"<"SI1"<..: 2 3 5 4 2 6 7 3 4 5 ...
 $ depth  : num [1:53940] 61.5 59.8 56.9 62.4 63.3 62.8 62.3 61.9 65.1 59.4 ...
 $ table  : num [1:53940] 55 61 65 58 58 57 57 55 61 61 ...
 $ price  : int [1:53940] 326 326 327 334 335 336 336 337 337 338 ...
 $ x      : num [1:53940] 3.95 3.89 4.05 4.2 4.34 3.94 3.95 4.07 3.87 4 ...
 $ y      : num [1:53940] 3.98 3.84 4.07 4.23 4.35 3.96 3.98 4.11 3.78 4.05 ...
 $ z      : num [1:53940] 2.43 2.31 2.31 2.63 2.75 2.48 2.47 2.53 2.49 2.39 ...

> filter(diamonds_df, cut=="Ideal")  # cut=="Ideal" 경우만 선택
# A tibble: 21,551 x 10
   carat cut   color clarity depth table price     x     y     z
   <dbl> <ord> <ord> <ord>   <dbl> <dbl> <int> <dbl> <dbl> <dbl>
 1  0.23 Ideal E     SI2      61.5    55   326  3.95  3.98  2.43
 2  0.23 Ideal J     VS1      62.8    56   340  3.93  3.9   2.46
 3  0.31 Ideal J     SI2      62.2    54   344  4.35  4.37  2.71
 4  0.3  Ideal I     SI2      62      54   348  4.31  4.34  2.68
 5  0.33 Ideal I     SI2      61.8    55   403  4.49  4.51  2.78
 6  0.33 Ideal I     SI2      61.2    56   403  4.49  4.5   2.75
 7  0.33 Ideal J     SI1      61.1    56   403  4.49  4.55  2.76
 8  0.23 Ideal G     VS1      61.9    54   404  3.93  3.95  2.44
 9  0.32 Ideal I     SI1      60.9    55   404  4.45  4.48  2.72
10  0.3  Ideal I     SI2      61      59   405  4.3   4.33  2.63
# ... with 21,541 more rows

> arrange(diamonds_df, cut)    #  cut 종류별로 정렬
# A tibble: 53,940 x 10
   carat cut   color clarity depth table price     x     y     z
   <dbl> <ord> <ord> <ord>   <dbl> <dbl> <int> <dbl> <dbl> <dbl>
 1  0.22 Fair  E     VS2      65.1    61   337  3.87  3.78  2.49
 2  0.86 Fair  E     SI2      55.1    69  2757  6.45  6.33  3.52
 3  0.96 Fair  F     SI2      66.3    62  2759  6.27  5.95  4.07
 4  0.7  Fair  F     VS2      64.5    57  2762  5.57  5.53  3.58
 5  0.7  Fair  F     VS2      65.3    55  2762  5.63  5.58  3.66
```

```
 6  0.91 Fair  H     SI2      64.4    57  2763  6.11  6.09  3.93
 7  0.91 Fair  H     SI2      65.7    60  2763  6.03  5.99  3.95
 8  0.98 Fair  H     SI2      67.9    60  2777  6.05  5.97  4.08
 9  0.84 Fair  G     SI1      55.1    67  2782  6.39  6.2   3.47
10  1.01 Fair  E     I1       64.5    58  2788  6.29  6.21  4.03
# ... with 53,930 more rows

> mutate(diamonds_df, total=(x+y+z)) # total  변수 추가하여 diamonds_df변형
# A tibble: 53,940 x 11
   carat cut       color clarity depth table price     x     y     z total
   <dbl> <ord>     <ord> <ord>   <dbl> <dbl> <int> <dbl> <dbl> <dbl> <dbl>
 1 0.23  Ideal     E     SI2      61.5    55   326  3.95  3.98  2.43  10.4
 2 0.21  Premium   E     SI1      59.8    61   326  3.89  3.84  2.31  10.0
 3 0.23  Good      E     VS1      56.9    65   327  4.05  4.07  2.31  10.4
 4 0.290 Premium   I     VS2      62.4    58   334  4.2   4.23  2.63  11.1
 5 0.31  Good      J     SI2      63.3    58   335  4.34  4.35  2.75  11.4
 6 0.24  Very Good J     VVS2     62.8    57   336  3.94  3.96  2.48  10.4
 7 0.24  Very Good I     VVS1     62.3    57   336  3.95  3.98  2.47  10.4
 8 0.26  Very Good H     SI1      61.9    55   337  4.07  4.11  2.53  10.7
 9 0.22  Fair      E     VS2      65.1    61   337  3.87  3.78  2.49  10.1
10 0.23  Very Good H     VS1      59.4    61   338  4     4.05  2.39  10.4
# ... with 53,930 more rows
```

diamonds_df에서 cut 으로 그룹화한 후 cut=="Ideal" 인 경우만 선택한 후 total 변수를 생성하여 추가한다.

```
> diamonds_df %>%
+     group_by(cut) %>%
+     filter(cut=="Ideal")  %>%
+     mutate(total=(x+y+z) )
# A tibble: 21,551 x 11
# Groups:   cut [1]
   carat cut   color clarity depth table price     x     y     z total
   <dbl> <ord> <ord> <ord>   <dbl> <dbl> <int> <dbl> <dbl> <dbl> <dbl>
 1  0.23 Ideal E     SI2      61.5    55   326  3.95  3.98  2.43  10.4
 2  0.23 Ideal J     VS1      62.8    56   340  3.93  3.9   2.46  10.3
 3  0.31 Ideal J     SI2      62.2    54   344  4.35  4.37  2.71  11.4
 4  0.3  Ideal I     SI2      62      54   348  4.31  4.34  2.68  11.3
```

```
 5  0.33 Ideal I     SI2      61.8     55    403   4.49   4.51   2.78   11.8
 6  0.33 Ideal I     SI2      61.2     56    403   4.49   4.5    2.75   11.7
 7  0.33 Ideal J     SI1      61.1     56    403   4.49   4.55   2.76   11.8
 8  0.23 Ideal G     VS1      61.9     54    404   3.93   3.95   2.44   10.3
 9  0.32 Ideal I     SI1      60.9     55    404   4.45   4.48   2.72   11.6
10  0.3  Ideal I     SI2      61       59    405   4.3    4.33   2.63   11.3
# ... with 21,541 more rows
```

7.4.2 select 함수

```
select(데이터 객체, 원하는 열) 또는
```

```
데이터객체 %>% select()
데이터객체 %>% select_()
```

를 이용하여 원하는 변수열과 특정구간까지 선택할 수 있다.

[예 7.5] 다이아몬드 데이터에 대해 조건에 맞는 부분집합을 선택하고자 한다.

<코드 7.5> 다이아몬드 데이터에 대해 select 함수 적용

```
# carat열과 price 열 선택
select(diamonds, carat, price)
diamonds %>% select(c(carat, price))
diamonds %>% select_('carat', 'price')
diamonds[,c('carat', 'price')]
```

```
> diamonds %>% select(c(carat, price))
# A tibble: 53,940 x 2
   carat price
   <dbl> <int>
 1 0.23    326
 2 0.21    326
 3 0.23    327
 4 0.290   334
# ... with 53,930 more rows
```

```
# carat열과 price 열 제거
select(diamonds, -carat, -price)
diamonds %>% select(c(carat, price))
diamonds %>% select_('-carat', '-price')
```

```
> diamonds %>% select_('-carat', '-price')
# A tibble: 53,940 x 8
  cut       color clarity depth table     x     y     z
  <ord>     <ord> <ord>   <dbl> <dbl> <dbl> <dbl> <dbl>
1 Ideal     E     SI2      61.5    55  3.95  3.98  2.43
2 Premium   E     SI1      59.8    61  3.89  3.84  2.31
3 Good      E     VS1      56.9    65  4.05  4.07  2.31
4 Premium   I     VS2      62.4    58  4.2   4.23  2.63
5 Good      J     SI2      63.3    58  4.34  4.35  2.75
# ... with 53,930 more rows
```

7.4.3 filter 함수

filter() 함수를 이용해 변수가 특정한 값을 갖는 경우를 추출할 수 있다.

[예 7.6] 다이아몬드 데이터에 대해 조건에 맞는 경우를 추출하고자 한다.

<코드 7.6> 다이아몬드 데이터에 대해 filter 함수 적용

```
diamonds %>% filter(cut=='Ideal')
diamonds[(diamonds$cut=='Ideal'), ]
diamonds %>% filter(cut %in% c('Ideal', 'Good') ) # cut=='Ideal' or 'Good'
diamonds %>% filter(price >=2700, cut=="Ideal")
diamonds %>% filter(carat >=3 & price<10000)
diamonds %>% filter(carat <=1 | carat>5)     # or
diamonds %>% filter(color=='E' | color=='J')
diamonds %>% group_by(cut) %>% summarize(prm=mean(price))
diamonds %>% group_by(cut) %>% summarize(prm=mean(price), cm=mean(carat))
```

filter() 함수를 이용해 diamonds 데이터셋에서 cut 값이 'Ideal'인 경우만 추출한다.

```
> diamonds %>% filter(cut=='Ideal')
# A tibble: 21,551 x 10
```

```
  carat cut   color clarity depth table price     x     y     z
  <dbl> <ord> <ord> <ord>   <dbl> <dbl> <int> <dbl> <dbl> <dbl>
 1 0.23 Ideal E     SI2      61.5    55   326  3.95  3.98  2.43
 2 0.23 Ideal J     VS1      62.8    56   340  3.93  3.9   2.46
 3 0.31 Ideal J     SI2      62.2    54   344  4.35  4.37  2.71
 4 0.3  Ideal I     SI2      62      54   348  4.31  4.34  2.68
 5 0.33 Ideal I     SI2      61.8    55   403  4.49  4.51  2.78
 6 0.33 Ideal I     SI2      61.2    56   403  4.49  4.5   2.75
 7 0.33 Ideal J     SI1      61.1    56   403  4.49  4.55  2.76
 8 0.23 Ideal G     VS1      61.9    54   404  3.93  3.95  2.44
 9 0.32 Ideal I     SI1      60.9    55   404  4.45  4.48  2.72
10 0.3  Ideal I     SI2      61      59   405  4.3   4.33  2.63
# ... with 21,541 more rows
```

diamonds 데이터셋에서 cut 값이 `'Ideal'` 인 경우만 추출한다.

```
> diamonds[(diamonds$cut=='Ideal'), ]
# A tibble: 21,551 x 10
  carat cut   color clarity depth table price     x     y     z
  <dbl> <ord> <ord> <ord>   <dbl> <dbl> <int> <dbl> <dbl> <dbl>
 1 0.23 Ideal E     SI2      61.5    55   326  3.95  3.98  2.43
 2 0.23 Ideal J     VS1      62.8    56   340  3.93  3.9   2.46
 3 0.31 Ideal J     SI2      62.2    54   344  4.35  4.37  2.71
 4 0.3  Ideal I     SI2      62      54   348  4.31  4.34  2.68
 5 0.33 Ideal I     SI2      61.8    55   403  4.49  4.51  2.78
 ⋮
# ... with 21,541 more rows
```

`filter()` 함수에서 `%in%` 연산자를 이용해 diamonds 데이터셋에서 cut 값이 `'Ideal'` 또는 `'Good'`인 경우만 추출한다.

```
> diamonds %>% filter(cut %in% c('Ideal', 'Good') )
# A tibble: 26,457 x 10
  carat cut   color clarity depth table price     x     y     z
  <dbl> <ord> <ord> <ord>   <dbl> <dbl> <int> <dbl> <dbl> <dbl>
 1 0.23 Ideal E     SI2      61.5    55   326  3.95  3.98  2.43
 2 0.23 Good  E     VS1      56.9    65   327  4.05  4.07  2.31
 3 0.31 Good  J     SI2      63.3    58   335  4.34  4.35  2.75
 4 0.3  Good  J     SI1      64      55   339  4.25  4.28  2.73
```

```
  5  0.23 Ideal J     VS1      62.8   56   340  3.93  3.9   2.46
  ⋮
# ... with 26,447 more rows

> diamonds %>% filter(price >=2700, cut=="Ideal")
# A tibble: 8,224 x 10
   carat cut   color clarity depth table price     x     y     z
   <dbl> <ord> <ord> <ord>   <dbl> <dbl> <int> <dbl> <dbl> <dbl>
 1  0.7  Ideal E     SI1      62.5    57  2757  5.7   5.72  3.57
 2  0.7  Ideal G     VS2      61.6    56  2757  5.7   5.67  3.5
 3  0.74 Ideal G     SI1      61.6    55  2760  5.8   5.85  3.59
 4  0.8  Ideal I     VS1      62.9    56  2760  5.94  5.87  3.72
 5  0.75 Ideal G     SI1      62.2    55  2760  5.87  5.8   3.63
  ⋮
# ... with 8,214 more rows
> diamonds %>% filter(carat >=3 & price<10000)
# A tibble: 5 x 10
  carat cut       color clarity depth table price     x     y     z
  <dbl> <ord>     <ord> <ord>   <dbl> <dbl> <int> <dbl> <dbl> <dbl>
1  3    Very Good H     I1       63.1    55  6512  9.23  9.1   5.77
2  3.01 Premium   I     I1       62.7    58  8040  9.1   8.97  5.67
3  3    Fair      H     I1       67.1    57  8044  8.93  8.84  5.97
4  3.11 Fair      J     I1       65.9    57  9823  9.15  9.02  5.98
5  3.01 Premium   F     I1       62.2    56  9925  9.24  9.13  5.73
```

diamonds 데이터셋에서 carat 값이 1 이하 또는 5 보다 큰 경우만 추출한다.

```
>  diamonds %>% filter(carat <=1 | carat>5)
# A tibble: 36,439 x 10
   carat cut       color clarity depth table price     x     y     z
   <dbl> <ord>     <ord> <ord>   <dbl> <dbl> <int> <dbl> <dbl> <dbl>
 1 0.23  Ideal     E     SI2      61.5    55   326  3.95  3.98  2.43
 2 0.21  Premium   E     SI1      59.8    61   326  3.89  3.84  2.31
 3 0.23  Good      E     VS1      56.9    65   327  4.05  4.07  2.31
 4 0.290 Premium   I     VS2      62.4    58   334  4.2   4.23  2.63
 5 0.31  Good      J     SI2      63.3    58   335  4.34  4.35  2.75
 ⋮
# ... with 36,429 more rows
```

diamonds 데이터셋에서 color 값이 'E' 또는 'J' 경우만 추출한다.

```
> diamonds %>% filter(color=='E' | color=='J')
# A tibble: 12,605 x 10
  carat cut       color clarity depth table price     x     y     z
  <dbl> <ord>     <ord> <ord>   <dbl> <dbl> <int> <dbl> <dbl> <dbl>
1  0.23 Ideal     E     SI2      61.5    55   326  3.95  3.98  2.43
2  0.21 Premium   E     SI1      59.8    61   326  3.89  3.84  2.31
3  0.23 Good      E     VS1      56.9    65   327  4.05  4.07  2.31
4  0.31 Good      J     SI2      63.3    58   335  4.34  4.35  2.75
5  0.24 Very Good J     VVS2     62.8    57   336  3.94  3.96  2.48
 ⋮
# ... with 12,595 more rows
```

group_by() 함수를 이용해 diamonds 데이터셋에서 cut 변수로 그룹화하고 그룹별로 price 평균을 구한다.

```
> diamonds %>% group_by(cut) %>% summarize(prm=mean(price))
# A tibble: 5 x 2
  cut         prm
  <ord>     <dbl>
1 Fair      4359.
2 Good      3929.
3 Very Good 3982.
4 Premium   4584.
5 Ideal     3458.
```

diamonds 데이터셋에서 cut 변수로 그룹화하고 그룹별로 price 평균과 carat 평균을 구하여 dd 객체에 저장한다.

```
> dd<-diamonds %>% group_by(cut) %>% summarize(prm=mean(price), cm=mean(carat))
> dd
# A tibble: 5 x 3
  cut         prm    cm
  <ord>     <dbl> <dbl>
1 Fair      4359. 1.05
2 Good      3929. 0.849
3 Very Good 3982. 0.806
4 Premium   4584. 0.892
5 Ideal     3458. 0.703
```

7.5 데이터 재정리

본격적인 분석을 하기전에 필요한 대로 데이터를 재정리하는데 노력이 필요하다.

7.5.1 cbind 와 rbind

행의 차원이 같은 행을 결합하고자 할 경우 rbind() 함수, 열의 차원이 같은 열을 결합하고자 할 경우 cbind() 함수를 사용한다.

[예 7.7] 행결합과 열결합

<코드 7.7> 행결합과 열결합 함수 적용

```
a1<-c(1,2,3)
a2<-c(4,5,6)
a<- rbind(a1, a2)
a
b<- cbind(a1, a2)
b
dat<-data.frame( id=c("kim", "lee", "park"),
                 area=c("seoul", "busan", "incheon"),
                 age=c(30, 28, 29) )
dat
mean(dat$age)
```

```
> a1<-c(1,2,3)
> a2<-c(4,5,6)
> a<- rbind(a1, a2)
> a
   [,1] [,2] [,3]
a1    1    2    3
a2    4    5    6
> b<- cbind(a1, a2)
> b
```

```
     a1 a2
[1,]  1  4
[2,]  2  5
[3,]  3  6

> dat
    id    area age
1  kim   seoul  30
2  lee   busan  28
3 park incheon  29
> mean(dat$age)
[1] 29
```

7.5.2 merge 함수

두 개 data.frame을 병합하고자 하는 경우 `merge()` 함수를 사용한다. 병합의 기준변수를 첫 번째 데이터프레임에서는 `by.x` 연산자, 두 번째 데이터프레임에서는 `by.y` 연산자를 사용한다.

[예 7.8] 두 개 데이터셋을 병합하고자 한다.

<코드 7.8> merge 함수 이용해 데이터셋 병합

```
dat1<-data.frame( id=c("kim", "lee", "park"),
                  area=c("seoul", "busan", "incheon"),
                  english=c(90, 80, 70) )

dat2<-data.frame( name=c("kim", "jang", "lee", "park"),
                  class=c("A","B", "C", "D"),
                  math=c(90, 85, 80, 75) )
merge(dat1, dat2, by.x="id", by.y="name")
merge(dat1, dat2, by.x="id", by.y="name", all=TRUE)
```

```
> merge(dat1, dat2, by.x="id", by.y="name")
   id   area english class math
1  kim  seoul      90     A   90
2  lee  busan      80     C   80
```

```
3 park incheon      70     D   75

> merge(dat1, dat2, by.x="id", by.y="name", all=TRUE)
    id    area english class math
1  kim   seoul      90     A   90
2  lee   busan      80     C   80
3 park incheon      70     D   75
4 jang    <NA>      NA     B   85
```

연습문제

1. hflights 패키지에 포함된 hflights 데이터셋에 대해 코드를 수행하시오.
hflights 데이터는 미국 휴스턴에서 출발하는 모든 비행기의 2011년 이착륙기록이 수록된 것으로 227,496건의 이착륙기록에 대해 21개 항목을 수집한 데이터이다.

```
> library(dplyr)
> library(hflights)
> data(hflights)
> hflights[1, ]
     Year  Month  DayofMonth  DayOfWeek  DepTime  ArrTime  UniqueCarrier
FlightNum TailNum ActualElapsedTime AirTime ArrDelay
5424 2011     1          1         6    1400     1500           AA        428  N576AA
               60       40       -10
     DepDelay Origin Dest Distance TaxiIn TaxiOut Cancelled CancellationCode Diverted
5424        0     IAH  DFW      224      7      13         0                        0
```

(a) hflights 데이터프레임의 차원을 구하시오.
(b) as_tibble() 함수를 적용하여 hflights_df를 만드시오.
(c) filter() 함수를 적용하여 Month == 1, DayofMonth == 1 인 경우만 선택하시오.
(d) filter() 함수를 적용하여 Month == 11 또는 Month == 12 인 경우만 선택하시오.
(e) arrange() 함수를 적용하여 1월부터 12월 순으로 정렬하시오.
(f) arrange() 함수를 적용하여 12월부터 1월 순으로 내림차순 정렬하시오.
(g) DayOfWeek를 제외한 나머지 열을 추출하시오.
(h) Origin 별로 그룹화하시오.
(i) ArrDelay, DepDelay변수를 선택하되 Cancelled=1 인 경우만 선택하시오.
(j) chain 함수 %>%를 이용하여 다음을 구하시오.
hflights_df 데이터를
(j1) Year, Month, DayofMonth의 수준별로 그룹화,
(j2) Year, Month, DayofMonth, ArrDelay, DepDelay 열을 선택,
(j3) 평균 연착시간(ArrDelay)과 평균 출발 지연시간(DepDelay)을 구하고,

(j4) 평균 연착시간또는 평균 출발지연시간이 30분 이상인 데이터를 추출하는 코드는 다음과 같다.

```
hflights_df %>%
group_by(Year, Month, DayofMonth) %>%
select(Year, Month, DayofMonth, ArrDelay, DepDelay) %>%
summarise(arr = mean(ArrDelay, na.rm = TRUE),
dep = mean(DepDelay, na.rm = TRUE)) %>%
filter(arr > 30 |  dep > 30)
```

(k) chain 함수 %>%를 이용하여 다음을 구하시오.
hflights_df 데이터를
(k1) 출발지(Origin) 별로 그룹화
(k2) Year, Month 수준별로 그룹화,
(k3) 평균 연착시간과 평균 출발 지연시간을 구하고,
(k4) 평균 연착시간 10분 이상 또는 평균 출발 지연시간 20분 이상인 데이터를 추출하시오.

2. A마켓에서의 소비자 데이터이다.

```
customer_id <- c("c01","c02","c03","c04","c05")
last_name <- c("Kim", "Lee", "Choi", "Park", "Song")
cust_mart_1 <- data.frame(customer_id, last_name)
income <- c(2500, 2700, 0, 7000, 3400)
```

(a) 소비자번호와 이름 그리고 수입(income)을 열병합하여 d1 데이터프레임을 만드시오.

(b) 다음은 B마켓에서의 소비자 데이터이다.
소비자번호와 이름 그리고 수입(income)을 열병합하여 d2 데이터프레임을 만드시오.

```
customer_id <- c("c11","c12","c13","c14")
last_name <- c("Kang", "Shin", "Jeong", "Mun")
income <- c(3500, 3700, 4700, 3000)
```

(c) A마켓 소비자와 B마켓 소비자를 이름과 수입(income)을 함께 병합하여 d3 데이터프레임을 만드시오.

3. A강좌를 수강하는 학생 데이터이다.

```
df1<-data.frame(name = c('Yoon', 'Seo', 'Park', 'Lee', 'Kim', 'Kang',
'Shin'),
                age = c(30, 31, 22, 24, 28, 25, 21))

df2<-data.frame(name = c('Park', 'Lee', 'Kim', 'Kang', 'Ahn', 'Go'),
                gender=c('f', 'f', 'm', 'm', 'f', 'm'),
                city = c('Seoul', 'Incheon', 'Seoul',
                         'Busan', 'Gwangju', 'Deagu'))
```

(a) 이름(name) 변수를 기준으로 공통사항이 있는 경우만 데이터프레임 df1과 df2를 병합하시오.

(b) 이름(name) 변수를 기준으로 모든 변수와 경우가 나오도록 데이터프레임 df1과 df2를 병합하시오.

4. 표 5.4 20년도 야수선수 기록 데이터에 대해 답하시오.

(a) 홈런수가 30 이상인 경우의 선수만 선택하시오.

(b) 안타수가 150 이상이고 홈런수가 30 이상인 경우의 선수만 선택하시오.

(c) 안타수가 150 이상이거나 홈런수가 30 이상인 경우의 선수만 선택하시오.

(d) 팀별 선수 명수를 구하시오.(table)

(e) 팀별 홈런 총합을 구하시오.

(f) 팀별 평균 홈런수를 구하시오.

5. 다음은 주택도시보증공사에서 제공한 전국 신규 민간아파트 분양가격 동향이다.(2015년 10월~2020년 4월)

주택도시보증공사_전국 신규 민간아파트 분양가격 동향_20200430.csv

지역명	규모구분	연도	월	분양가격
서울	전체	2015	10	5841
서울	전용면적 60㎡이하	2015	10	5652
서울	전용면적 60㎡초과 85㎡이하	2015	10	5882
서울	전용면적 85㎡초과 102㎡이하	2015	10	5721
서울	전용면적 102㎡초과	2015	10	5879
인천	전체	2015	10	3163

인천	전용면적 60㎡이하	2015	10	3488
인천	전용면적 60㎡초과 85㎡이하	2015	10	3119
인천	전용면적 85㎡초과 102㎡이하	2015	10	3545
인천	전용면적 102㎡초과	2015	10	3408
경기	전체	2015	10	3138
경기	전용면적 60㎡이하	2015	10	3126
경기	전용면적 60㎡초과 85㎡이하	2015	10	3239
경기	전용면적 85㎡초과 102㎡이하	2015	10	3496
경기	전용면적 102㎡초과	2015	10	3680
부산	전체	2015	10	3112
부산	전용면적 60㎡이하	2015	10	2950
부산	전용면적 60㎡초과 85㎡이하	2015	10	2999
부산	전용면적 85㎡초과 102㎡이하	2015	10	2957
부산	전용면적 102㎡초과	2015	10	3500
대구	전체	2015	10	2682
대구	전용면적 60㎡이하	2015	10	2614
대구	전용면적 60㎡초과 85㎡이하	2015	10	2696
대구	전용면적 85㎡초과 102㎡이하	2015	10	2557
대구	전용면적 102㎡초과	2015	10	2598
광주	전체	2015	10	2420
광주	전용면적 60㎡이하	2015	10	2253
광주	전용면적 60㎡초과 85㎡이하	2015	10	2439
광주	전용면적 85㎡초과 102㎡이하	2015	10	
광주	전용면적 102㎡초과	2015	10	
대전	전체	2015	10	2454
대전	전용면적 60㎡이하	2015	10	2585
대전	전용면적 60㎡초과 85㎡이하	2015	10	2428
대전	전용면적 85㎡초과 102㎡이하	2015	10	2461

(a) 서울 지역의 전용면적 $60m^2$ 이하의 분양가격 동향 추이를 볼 수 있도록 코딩하시오.

(b) 지역별 전체 월평균 분양가격을 구할 수 있도록 코딩하시오.

(c) 연도별 수도권(서울, 경기)의 최대 분양가격을 구하시오.

CHAPTER

8 확률과 확률분포

확률에 대한 개념은 파스칼의 친구인 앙투아 공보가 파스칼에게 한 통의 편지로부터 시작했다.

"친애하는 파스칼에게, 나는 심각한 문제에 봉착했네. 실력이 비슷한 A와 B가 각각 32 피스톨(화폐 단위)을 걸고 게임을 했어. 총 5판에 3판을 이기면 64 피스톨을 모두 가지기로 했지. 그런데 A가 2판, B가 1판을 이긴 상황에서 일이 생겨 게임을 그만뒀어. 다시 돈을 반씩 나누면 2판이나 이긴 A가 너무 억울할 것 같고, A에게 64 피스톨을 다 주면 B가 앞으로 이길 수도 있으니 공평하지 않은 듯하네. 어떻게 해야 공평할까?"

파스칼은 남은 두 판에 대해 경우를 다 계산하여 답을 주었다. 4판에서 A가 이기면 A는 64 피스톨을 다 가져야하고 B가 이기는 경우 각각 2판씩 이긴 것이므로 상금을 나눠 32 피스톨씩 가져가야 하는 것이 맞다. 일단 A는 B로부터 이기든 지든 간에 32 피스톨은 무조건 받아야 하는 상황에서 B가 A에 대해 이길 확률이 반반이므로 남은 32 피스톨의 반인 16 피스톨씩을 각각 B와 A에게 준다. 즉 최종적으로 A에는 48 (32+16) 피스톨, B에는 16 피스톨만큼 분배해야 한다는 답을 주었다. 파스칼은 이 편지를 기점으로 그 시대의 수학자인 페르마와 여러 가지 도박에 대한 상황을 가정하고 풀어가며 오늘날의 확률론 기초를 가다듬었다.

도박에서 시작한 확률에 대한 개념은 결국 어떤 상황에서 올 수 있는 여러 가지 상황, 즉 경우의 수를 확인하고 그에 대한 가능성과 빈도수를 확인하면서부터 시작되었다. 그렇기에 확률을 파악하려면 모든 경우의 수를 쉽게 파악할 수 있는 경우의 수부터 시작하여 이 경우의 수들의 가능성을 나타내주는 지표인 확률과 사회의 특정 상황이나 현상에 대한 수치적 지표인 통계에 대한 개념을 알아볼 것이다. 또한 R을 이용하여 통계량을 구하는 방법을 설명하고자 한다. 여러 가지 문제를 R을 이용하여 풀어봄으로써 통계 관련된 기초 지식을 배양할 수 있다.

그림 8.1 블레즈 파스칼

8.1 순열

순열은 '서로 다른 N개의 원소에서 R개를 중복 없이 골라 순서에 상관있게 나열하는 것'을 N개에서 R개를 택하는 순열이라고 한다. 예를 들어, 10명 중 4명을 선발하여 순서를 정하는 경우로 달리기 순서 정하기, 선생님과 학생들의 면담 일정 정하기 등이 있다.

[예 8.1] 5명이 의자 3개에 앉아야 할 때 앉을 수 있는 경우의 수를 계산하고자 한다.

1. 서로 다른 사람 5명이 있고 의자 3개에 누구든 앉을 수 있다.
   이때 첫 번째 의자에 앉을 수 있는 사람은 총 5명이 된다.

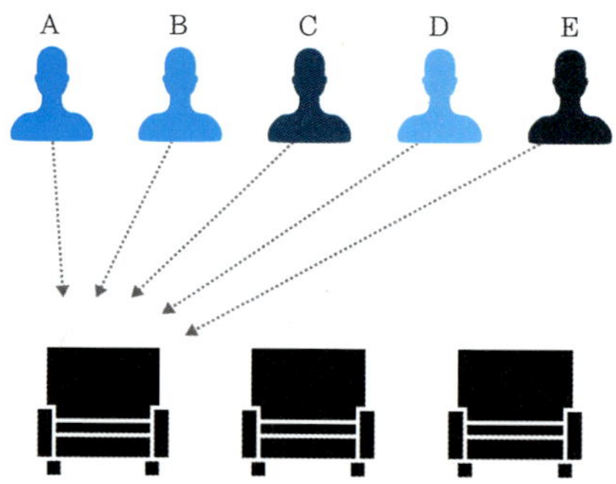

그림 8.2 (a) 다섯 명의 사람이 한 의자의 앉을 경우의 수

2. 첫 번째 의자에 앉을 사람이 정해졌다고 가정하자. 그럼 두 번째 의자에 앉을 수 있는 경우의 수는 첫 번째 의자에 앉은 사람을 제외한 나머지 네 명 중 하나로 축약된다.

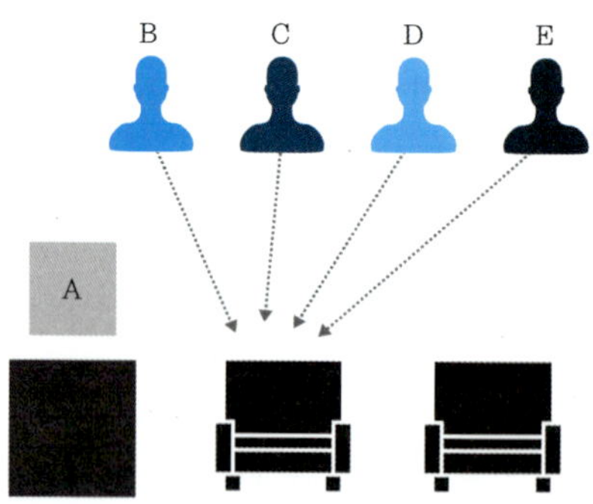

그림 8.2 (b) 네 명이 두 번째 의자에 앉을 경우의 수

3. 마지막으로 세 번째 의자에 앉을 수 있는 사람은 첫 번째 의자와 두 번째 의자에 앉은 이들을 제외하고 총 3명이 된다. 이러한 3단계를 거쳤을 때 3개 의자에 사람이 앉는 경우의 수는 5(첫 번째 의자에 앉은 사람의 경우의 수)×4(두 번째 의자에 앉은 사람의 경우의 수)×3(세 번째 의자에 앉는 사람이 경우의 수)이다.

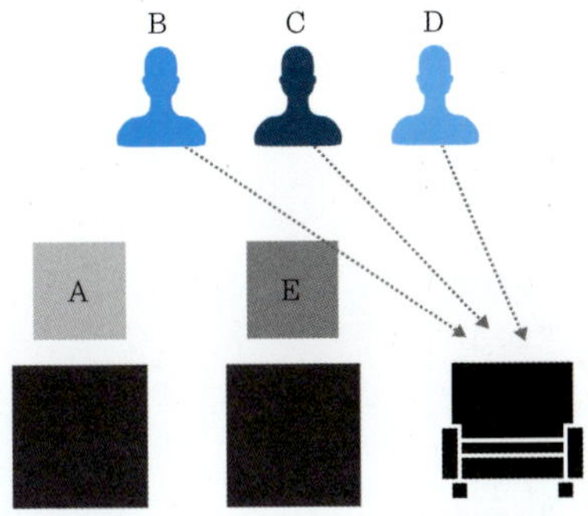

그림 8.2 (c) 남은 세 명이 의자에 앉을 경우의 수

나열할 수 있는 모든 요소의 수를 N, 뽑아야 하는 개수의 수를 R이라고 했을 때 식을 다음과 같이 정리할 수 있다.

그림 8.2 (d) 경우의 수 정리

$$\frac{\text{모든 것을 순서대로 나열하는 경우의 수}}{\text{필요한 수만큼 지정한 후 나머지 경우의 수}} = \frac{N\times(N-1)\times(N-2)\cdots\times 1}{(N-R)\times(N-R-1)\cdots\times 1} = \frac{N!}{(N-R)!}$$

[예 8.2] 만일 특정 프로그램에서 30명 중 7명을 뽑아 방송 임무를 순서대로 수행한다면 가능한 경우의 수를 계산하고자 한다.

$\frac{30!}{(30-7)!}$ 으로 구한다. R에서는 `factorial()` 함수를 이용하여 계산한다.

```
factorial(30)/factorial(30-7)
>10260432000
```

순열에 대한 경우의 수를 구현하는 R 패키지로는 gtools가 있다.

```
install.packages("gtools")
library(gtools)

people <- c("red","blue","grey","yellow","green")
permutations(5,3,people)
```

```
> permutations(5,3,people)
      [,1]     [,2]     [,3]
 [1,] "blue"   "green"  "grey"
 [2,] "blue"   "green"  "red"
 ....
[58,] "yellow" "red"    "blue"
[59,] "yellow" "red"    "green"
[60,] "yellow" "red"    "grey"
```

8.2 조합

서로 다른 N개의 원소에서 순서에 상관없이 R개를 뽑을 때, 이를 N개에서 R개를 순서에 상관없이 택하는 조합이라고 한다. 조합은 순열과 다른 개념으로 순서를 무시한다.

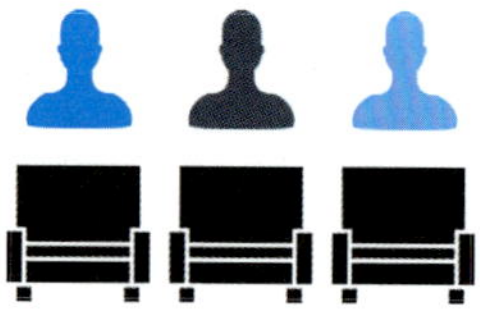

그림 8.3 (a) 경우의 수-의자의 앉을 이가 정해진 경우

[예 8.3] 어떤 사람이 어떤 의자에 앉는 순서는 상관없다. 5명이 의자 3개에 앉을 수 있는 경우의 수를 구하고자 한다.

파란(A), 빨간(B), 초록(C) 사람이 앉으면 무조건 같은 경우로 다루므로 다음의 6가지의 중복이 발생한다. 순열 문제에서는 서로 다른 경우이나 조합 문제에서는 같은 경우가 된다.

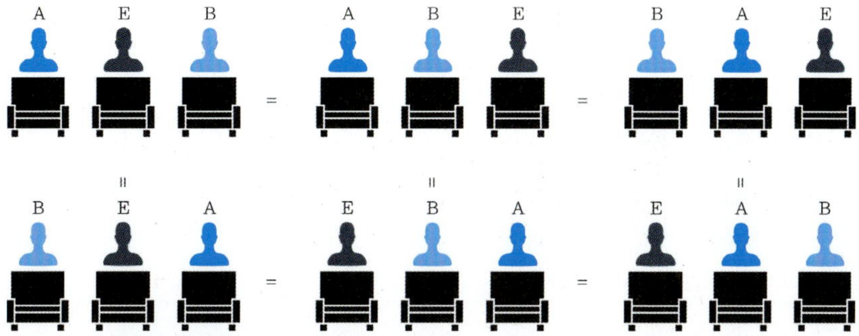

그림 8.3 (b) 경우의 수- 조합에서 동일한 조합이라고 보는 경우

즉 이미 뽑힌 순열 상태에서 순서를 고려하여 다르게 보았던 경우를 고려하여 제외해야 한다. 그러므로 조합의 식은 다음과 같다.

그림 8.3 (c) 경우의 수- 조합 변수

$$\frac{\text{모든 것을 순서대로 나열하는 경우의 수}}{(\text{필요한 수만큼 지정한 후 나머지 경우의수})\times(\text{뽑힌수의 나열})}$$

$$=\frac{N\times(N-1)\times(N-2)\cdots\times 1}{(N-R)\times(N-R-1)\cdots\times 1\times R\times(R-1)\cdots\times 1}=\frac{N!}{(N-R)!R!}$$

[예 8.4] 특정 프로그램에서 30명 중 7명만을 뽑아 방송 임무를 순서 상관없이 수행한다면 가능한 경우의 수를 계산하고자 한다.

조합에 대한 경우의 수는 $\frac{30!}{(30-7)!7!}$ 이다. R에서는 factorial() 함수를 이용하여 계산한다.

```
factorial(30)/(factorial(30-7)*factorial(7))
>2035800
```

또는 choose() 함수를 이용한다.

```
> choose(30,7)
[1] 2035800
```

R 패키지 gtools를 활성화한 후 combinations() 함수를 이용한다.

```
library(gtools)
people <- c("red","blue","grey","yellow","green")
combinations(5,3,people)
```

```
> people <- c("red","blue","grey","yellow","green")
> combinations(5,3,people)
      [,1]    [,2]    [,3]
 [1,] "blue"  "green" "grey"
 [2,] "blue"  "green" "red"
 [3,] "blue"  "green" "yellow"
 [4,] "blue"  "grey"  "red"
 [5,] "blue"  "grey"  "yellow"
 [6,] "blue"  "red"   "yellow"
 [7,] "green" "grey"  "red"
 [8,] "green" "grey"  "yellow"
 [9,] "green" "red"   "yellow"
[10,] "grey"  "red"   "yellow"
```

8.3 확률분포

미국에서 파워볼 1등에 당첨될 확률은 약 0.000000003422%이다. 이는 평생 벼락을 맞을 확률의 20,013배로, 벼락을 연속으로 두 번 맞았을 때 확률보다 더 적은 확률이다(일생에 벼락 맞을 확률 약 0.00006849%). 그만큼 로또가 당첨되기 어렵다는 의미로 알 것이다.

확률이란 어떤 사건이 실제로 일어날 것인지 혹은 일어났는지에 대해 표현한 것을 말한다. 다르게 말하면 같은 원인 안에서 특정한 결과가 나타나는 비율을 뜻하기도 한다. 학문적으로 수학, 통계학, 과학뿐만 아니라 실생활에서 회계, 도박과 같이 우리가 결과를 정확하게 예측할 수 없는 상황에 대하여 나올 수 있는 모든 경우의 수에 대한 가능성에 대해 수치로 표시할 수 있다. 그렇다면 여기서 말하는 확률은 무엇일까?

그림 8.4 미국 슈퍼볼 1등 당첨 확률과 벼락 맞을 확률 비교

확률은 일정한 조건 아래에서 어떤 사건이나 사상이 일어날 가능성의 정도를 말한다. 여기서 확률을 0과 1 사잇값을 갖는데 흔히 100을 곱하여 0%~100% 퍼센트 숫자로 표기하기도 한다. 확률이 0(0%)인 경우 사건이 일어날 가능성이 아예 없다는 의미이고 1(100%)인 경우는 반드시 일어난다는 뜻이다. 우리는 이러한 확률을 보고 의사결정이나 향후 있을 일에 관한 결과를 예측하곤 한다. 그렇기에 이러한 확률을 표기하는 방법이 여러 가지로 발전되었는데 그중 하나가 확률분포도이다.

확률분포란 시행에서 확률이 일어날 수 있는 경우를 나타내는 변수, 즉 확률변수(random variable)가 어떤 값을 가질지에 대한 확률을 나타낸다. 확률분포는 크게 이산확률분포와 연속확률분포로 나뉜다. 확률변수가 취하는 값의 집합이 자연수의 부분집합과 일대일 대응된다면 이산확률분포, 확률변수가 취하는 값들의 집합이 실수의 구간을 이루면 연속확률분포가 된다.

이산확률분포는 확률변수가 가질 수 있는 값의 개수가 셀 수 있는 개수로 구성된다. 예를 들어, 주사위를 한 번 던졌을 경우 나올 수 있는 주사위 눈의 확률분포, 주사위를 두 번 던졌을 경우 주사위 눈의 수의 합으로 나올 수 있는 확률변수에 대한 확률을 나타낸 경우이다.

[예 8.5] 한 번의 동전 던지기 시행에서 앞면(H: head) 또는 뒷면(T: tail)이 나온다. 한 번 동전 던지기 실험에서 확률변수, 확률분포, 확률질량함수에 대해 표현하고자 한다.

❙ 표 8.1 ❙ 동전 1개 던지기 실험에서 사건, 확률변수, 경우의 수와 확률분포

사건 결과	함수	확률변수 X	경우의 수	확률
앞면(H)	________ —›	1	1	1/2
뒷면(T)	________ —›	0	1	1/2

확률변수

$$X = \begin{cases} 1, & Head \\ 0, & Tail \end{cases}$$

확률변수 X에 대한 확률질량함수

$$f(x) = \begin{cases} 1/2, & x = 1\ (Head) \\ 1/2, & x = 0\ (Tail). \end{cases}$$

[예 8.6] 주사위 한 개를 던져 나온 주사위 눈의 확률분포를 알아보고자 한다.

❙ 표 8.2 ❙ 주사위 한 개 던질 때 경우의 수와 확률분포

주사위 눈	경우의 수	확률
1	1	1/6
2	1	1/6
3	1	1/6
4	1	1/6
5	1	1/6
6	1	1/6
합	6	1

[예 8.7] 주사위 2개를 던져 나온 주사위 눈의 합이 높은 사람이 이기는 게임을 한다고 가정하자. 주사위 눈의 합이 최소 1+1=2부터 6+6=12까지 총 11개 값이 나올 수 있다. 그러면 가장 빈도수가 높은 숫자는 어떤 것인가? 이때 주사위 합이 나올 수 있는 경우의 수를 생각해 보고 확률분포를 만들어 볼 수 있다.

❙ 표 8.3 ❙ 경우의 수- 주사위 2개 눈의 합

주사위눈 합	경우의 수
2	(1,1)
3	(1,2),(2,1)
4	(1,3),(2,2),(3,1)
5	(1,4),(2,3),(3,2),(4,1)
6	(1,5),(2,4),(3,3),(4,2),(5,1)
7	(1,6),(2,5),(3,4),(4,3),(5,2),(6,1)

주사위눈 합	경우의 수
8	(2,6),(3,5),(4,4),(5,3),(6,2)
9	(3,6),(4,5),(5,4),(6,3)
10	(4,6),(5,5),(6,4)
11	(5,6),(6,5)
12	(6,6)

| 표 8.4 | 주사위 2개 합의 확률분포

주사위눈 합	2	3	4	5	6	7	8	9	10	11	12
확률	약2.8% $\frac{1}{36}$	약5.6% $\frac{2}{36}$	약8.3% $\frac{3}{36}$	약11.1% $\frac{4}{36}$	약13.9% $\frac{5}{36}$	약16.7% $\frac{6}{36}$	약13.9% $\frac{5}{36}$	약11.1% $\frac{4}{36}$	약8.3% $\frac{3}{36}$	약5.6% $\frac{2}{36}$	약2.8% $\frac{1}{36}$

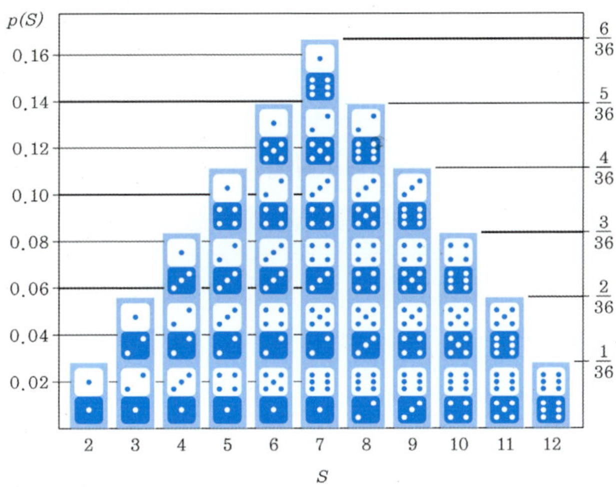

그림 8.5 주사위 2개 합의 확률분포

연속확률분포는 실수와 같이 연속적인 변수에 대해 확률 밀도함수를 이용하여 분포를 표현할 수 있는 경우이다. 연속확률분포를 가지는 확률변수는 연속확률변수라고 부른다. 이산확률분포는 확률변수에 관하여 대응하는 확률을 일대일로 연결하여 그렸을 때 연속함수가 아니지만 연속확률분포인 경우는 확률분포함수가 연속함수가 된다. 연속확률분포의 대표적인 예로 정규분포가 있다. 그림 8.6은 정규분포의 확률밀도함수를 보여준다.

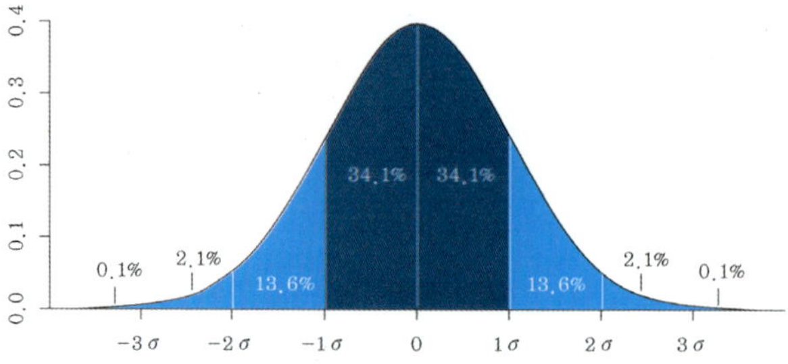

그림 8.6 정규 확률밀도함수와 확률분포

확률변수(random variable)는 무작위 실험을 할 때 특정 확률로 발생하는 각 사건을 숫자로 표현한 것이다. 확률분포는 확률변수가 갖는 모든 값과 그에 대응하는 확률이 어떻게 분포하는지를 알려준다.

확률밀도함수(probability density function)는 확률변수를 0~1 사이에 대응시키는 함수가 갖는 모든 값과 그에 대응하는 확률이 어떻게 분포하는지를 알려준다. 이산형일 때 확률질량함수(probability mass function)로 쓰기도 한다.

[예 8.8] MASS 패키지에 내장된 cars 데이터셋은 자동차의 속도(speed)와 이동 거리를 기록해놓은 데이터셋이다. speed 변수의 확률밀도함수를 그려보고자 한다.

```
library("MASS")
data(cars)
attach(cars)
carspeed<-density(speed)
plot(carspeed)
```

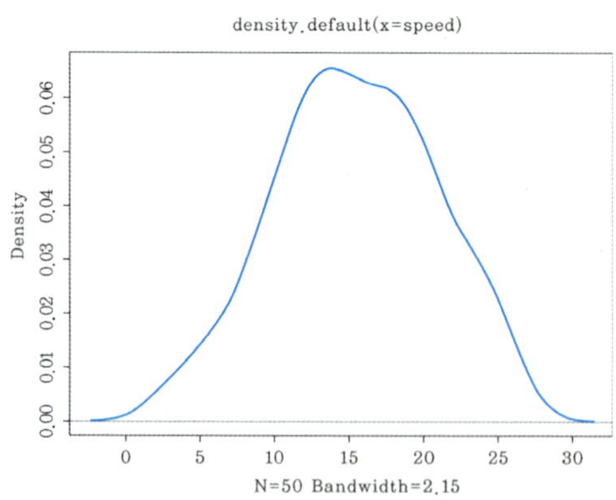

그림 8.7 cars 데이터의 speed 변수에 대한 확률밀도함수

8.4 정규분포

강수량, 시험 점수, 신생아의 체중 등과 같은 자연 현상이나 사회 현상을 관찰하여 얻은 자료의 상대도수를 계급의 크기를 작게 하여 히스토그램으로 그려본다. 자료의 개수가 커질수록 어떤 값을 중심으로 대칭적으로 분포하며 중심에서 멀어질수록 확률이 낮아지는 종 모양(bell-shaped) 곡선에 가까워지는 현상이 나타나기도 한다. 정규분포(normal distribution)는 일반적인 데이터의 분포에 많이 사용된다.

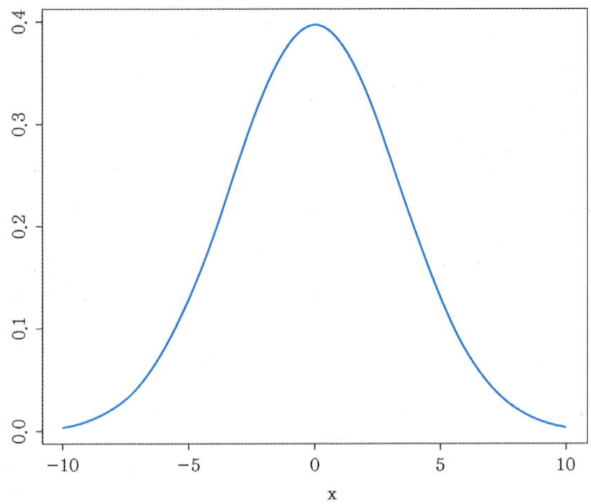

그림 8.8 정규분포 확률밀도함수 그림

예를 들어, 중국인 중 영어를 할 수 있는 사람이 몇 퍼센트인지 파악하고자 한다. 그렇다면 모든 중국인(모집단)에게 영어를 할 줄 아는지 일일이 조사해야 한다(전수 조사). 하지만 현실적으로 13억 명 모두가 영어를 할 줄 아는지에 대한 정보를 수집하기 힘들다. 이러한 경우에 대표적인 일부(표본)만 뽑아 조사(표본추출)한다. 모집단을 대표할 수 있는 표본을 추출한다면 그 표본으로부터의 결과는 전체에 대한 것으로 확장하여 결론을 내릴 수 있다. 표본조사로 중국인 10명, 30명, 50명, 500명, 5000명을 뽑아 조사한다고 하면, 표본의 크기가 커질수록 결과에 대한 정확도가 증가한다.

그림 8.9 특정지역을 지정하여 중국인 지역 사람들에게 영어 가능 여부를 물어보는 경우

표본의 크기가 커질수록 원래 집단의 특성과 상관없이 표본평균의 분포가 정규분포로 근사해가는 특성이 있는데 이를 중심극한정리(central limit theorem)라고 한다. 예를 들어, 중국인 조사에서 10명, 30명, 50명, 500명, 1000명, 10000명으로 표본의 수를 늘릴수록 평균에 대한 확률분포가 정규분포에 가까워진다는 뜻이다. 그렇다면 원래의 확률분포를 모르더라도 표본의 크기를 늘리면 정규분포를 이용할 수 있게 된다.

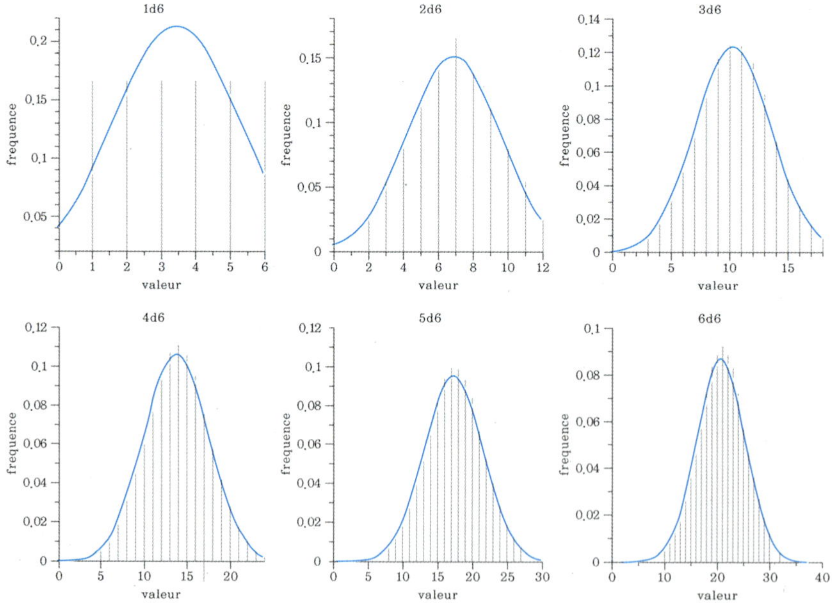

그림 8.10 표본의 크기가 커질수록 정규분포에 가까워짐을 나타낸 그림

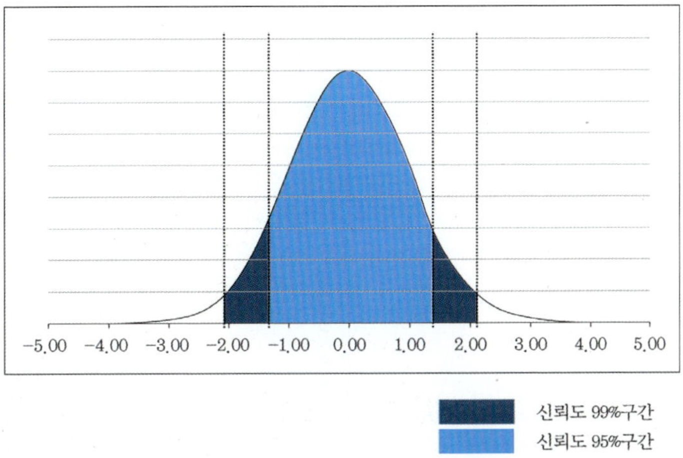

그림 8.11 신뢰도 구간 그림

R에는 몇 개의 특정한 분포로부터 난수, 확률밀도함수, 확률분포, 사분위수값을 구할 수 있도록 분포함수가 내장되어있다. 이러한 함수를 이용해 확률표본(random sample)을 생성해 모의실험(simulation)에 활용할 수 있다. 또한 해당 분포에서의 확률값 계산과 사분위수를 쉽게 구할 수 있다.

각 분포함수 이름 앞에 다음의 글자 **p, d, q, r** 을 앞에 붙여 해당 함수를 계산한다. 또한 분포마다 모수가 다르므로 해당 분포에 필요한 모수값(parameter value)을 지정해 주어야 한다.

d 확률밀도함수(density) 값 $d = f(x)$

p 누적확률(probability) $p = P(X \le x)$: default이며 lower.tail=TRUE 인 경우

$p = P(X > x)$:lower.tail=FALSE 인 경우

q 사분위수(quantile) 값 $\int_{-\infty}^{q} f(x)dx = p$ 를 만족하는 q값

r 난수(random number) 발생

확률변수 X 가 정규분포(normal distribution)를 따를 때 확률밀도함수는

$$f(x) = \frac{1}{\sqrt{2\pi}\,\sigma} e^{-\frac{1}{2\sigma^2}(x-\mu)^2}, \qquad -\infty < x < \infty \tag{8.1}$$

이다. 평균 μ와 표준편차 σ가 정규분포의 모수가 된다. R에서 정규분포 이용시 평균과 표준편차값을 지정해 준다.

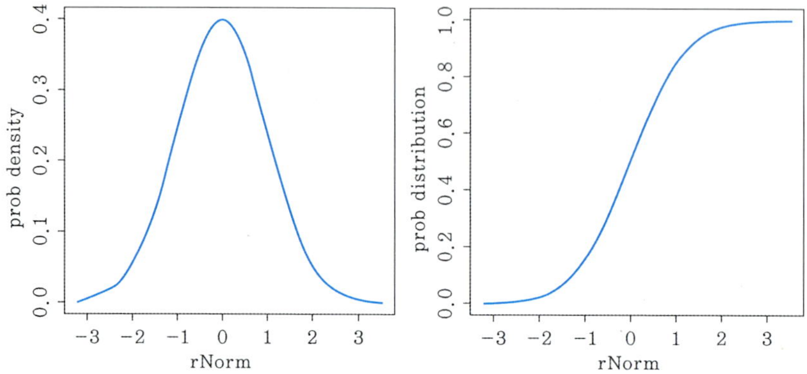

그림 8.12 평균 0, 분산 1인 표준정규분포 (a) 확률밀도함수 (b) 누적분포함수

```
rNorm<-sort(rnorm(1000))
rDensity<-dnorm(rNorm)
rpd<-pnorm(rNorm)

par(mfrow=c(1,2))
plot(rNorm, rDensity, type="l", ylab="prob density")
plot(rNorm, rpd, type="l", ylab="prob distribution")
```

[예 8.9] 평균 0, 표준편차 1인 정규분포 $N(0,1^2)$를 따르는 난수 10개를 발생하시오.

```
> rnorm(10, mean=0, sd=1)
 [1] -0.5526165  0.6230661  1.2196067  0.1550132  2.6978484
 [6] -1.3273064  0.3468575 -0.6713543  1.8729659 -2.0852207
```

[예 8.10] $Z\sim N(0,1^2)$일 때 확률 $P(Z\le -1)$을 구하고 확률의 영역을 그래프로 그리고자 한다.

```
> pnorm(-1, mean=0,sd=1, lower.tail=T)  # Z~ N(0,1) 일 때  P(Z≤-1)
[1] 0.1586553
```

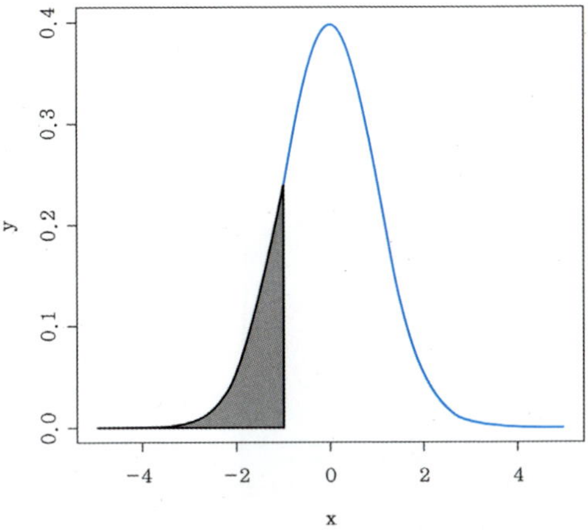

[예 8.11] $Z \sim N(0,1^2)$일 때 $P(Z \geq -1)$을 구하고 확률의 영역을 그래프로 그리고자 한다.

```
> pnorm(-1, mean=0,sd=1, lower.tail=F)   # Z~N(0,1) 일 때  P(Z≥-1)
[1]  0.8413447
```

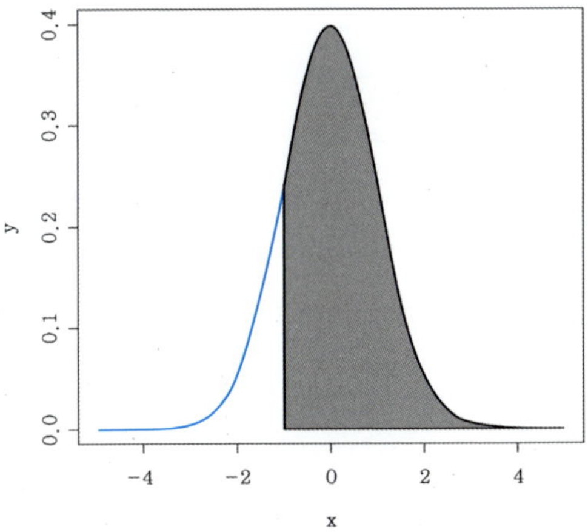

[예 8.12] $Z \sim N(0,1^2)$일 때 $P(-2 \leq Z \leq 1)$을 구하고 확률의 영역을 그래프로 그리고자 한다.

```
> pnorm(1, 0, 1)- pnorm(-2, 0, 1)
[1] 0.8185946
```

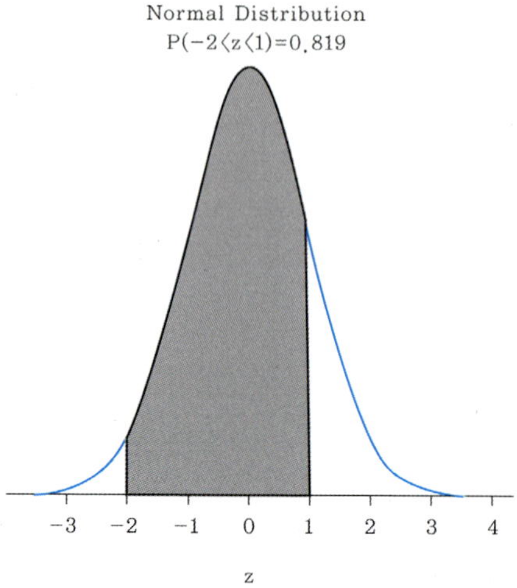

[예 8.13] 평균 280, 표준편차 10인 정규분포 집단을 가정한다.

(a) 난수(random number) 5개를 얻고자 한다.

```
> rnorm(5,mean=280,sd=10)                # random numbers from N(280, 10^2)
[1] 265.5393 275.3572 285.0339 301.0344 277.9797
```

(b) 확률 $P(X \leq 270)$을 구하고자 한다.

```
> pnorm(270, mean=280, sd=10)      # P(X ≤ 270)
[1] 0.1586553
```

(c) 아래로부터(왼쪽꼬리로부터) 10%에 해당하는 값을 구하고자 한다.

```
> qnorm(0.10, mean=280, sd=10, lower.tail=TRUE)     # ∫_{-∞}^{q} f(x)dx = 0.10
[1] 267.1845
```

(d) 위로부터(오른쪽꼬리로부터) 10%에 해당하는 값을 구하고자 한다.

```
> qnorm(0.10, mean=280, sd=10, lower.tail=F)       # ∫_{q}^{∞} f(x)dx = 0.10
[1] 292.8155
```

또는

```
> qnorm(0.90, mean=280, sd=10, lower.tail=T)
[1] 292.8155
```

[예 8.14] 평균 0, 표준편차 1인 표준정규분포를 가정한다.

(a) 왼쪽 꼬리로부터의 확률이 0.05가 되는 값을 구하고자 한다.

```
> qnorm(0.05, mean=0, sd=1)              # ∫_{-∞}^{q} f(x)dx = 0.05
[1] -1.644854
```

(b) 왼쪽 꼬리로부터의 확률이 0.95(오른쪽 꼬리로부터의 확률이 0.05)가 되는 값을 구하고자 한다.

```
> qnorm(0.95, mean=0, sd=1)
[1] 1.644854
```

[예 8.15] 정규분포로부터 다음의 값을 구한다.

(a) 평균 70, 표준편차 10인 정규분포에서 난수(random number)를 임의로 1개 출력

```
rnorm(10,mean=70,sd=10)
>93.31333
```

(b) 평균 70, 표준편차 10인 정규분포에서 임의 값이 50보다 클 확률, $P(X>50)$

```
pnorm(50,mean=70,sd=10)
>0.02275013
```

(c) 평균 70, 분산 10인 정규분포의 하위(왼쪽 꼬리) 22%에 해당하는 값

```
qnorm(0.22,mean=70,sd=10,lower.tail = TRUE)
> 62.27807
```

8.5 카이제곱분포

$Z_1, Z_2, \cdots, Z_k \sim iid\ N(0,1)$ 인 경우 각 제곱의 합

$$Z_1^2 + Z_2^2 + \cdots + Z_k^2 \sim \chi_k^2 \tag{8.2}$$

은 자유도가 k 인 카이제곱분포를 따른다.

자유도가 k 인 카이제곱분포의 확률밀도함수는

$$f(w) = \frac{1}{2^{k/2}\Gamma\left(\frac{k}{2}\right)} w^{(k/2)-1} e^{-w/2}, \quad w > 0 \tag{8.3}$$

이며 카이제곱분포의 모수는 자유도 k 이다. R에서 카이제곱분포 이용시 자유도를 지정해 주어야 한다. 다음의 함수를 이용하여 카이제곱분포의 확률밀도함수, 누적확률, 사분위수, 난수를 얻을 수 있다.

```
    dchisq(x, df=k)
    pchisq(q, df=k)
    qchisq(p, df=k)
    rchisq(n, df=k)
df : 자유도
```

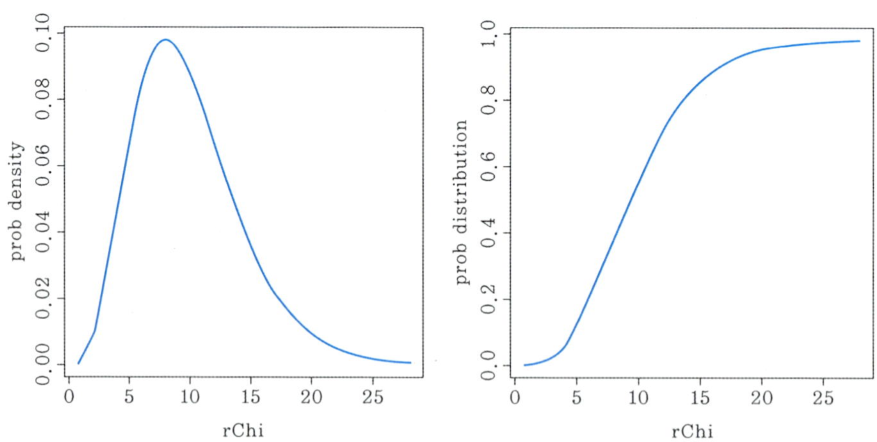

그림 8.13 자유도 10인 카이제곱분포 (a) 확률밀도함수 (b) 누적분포함수

[예 8.16] 자유도 10인 카이제곱분포 $X \sim \chi^2_{10}$ 집단을 가정한다.

(a) 난수 3개를 발생시키고자 한다.

```
> rchisq(3, df=10)
[1] 16.582555  9.033104 11.164965
```

(b) 확률 $P(X \leq 2)$을 구하고자 한다.

```
> pchisq(2, df=10)
[1] 0.003659847
```

(c) 이러한 집단에서 아래로부터(왼쪽 꼬리로부터) 5%에 해당하는 값을 구하고자 한다.

```
> qchisq(0.05, df=10, lower.tail=T)
[1] 3.940299
```

(d) 이러한 집단에서 위로부터(오른쪽 꼬리로부터) 5%에 해당하는 값을 구하고자 한다.

```
> qchisq(0.05, df=10, lower.tail=F)
[1] 18.30704
```

또는

```
> qchisq(0.95, df=10, lower.tail=T)
[1] 18.30704
```

8.6 t-분포

확률변수 Z 는 정규분포, $Z \sim N(0,1)$이고 확률변수 V는 자유도 k인 카이제곱분포 $V \sim \chi^2_k$ 를 따를 때

$$t = \frac{Z}{\sqrt{V/k}} \tag{8.4}$$

은 자유도 k 인 t-분포를 따른다. t-분포는 종 모양으로 $t = 0$ 에서 좌우대칭을 이룬다. t-분포의 양쪽 꼬리 부분이 정규분포보다 두꺼운 편이다. t 분포의 모양을 결정하는 것은 자유도이며, 자유도가 커질수록 표준정규분포에 가까워진다.

자유도가 ν 인 t-분포의 확률밀도함수는

$$f(x) = \frac{\Gamma((\nu+1)/2)}{\Gamma(\nu/2)\sqrt{\nu\pi}\,\sigma}\left(1+\frac{1}{\nu}\left(\frac{x-\mu}{\sigma}\right)^2\right)^{-(\nu+1)/2}, \qquad -\infty < x < \infty \qquad (8.5)$$

이며 t 분포의 모수는 자유도 ν이다. R에서 t-분포 이용시 자유도를 지정해 주어야 한다. 다음의 함수를 이용하여 t-분포의 확률밀도함수, 누적확률, 사분위수, 난수를 얻을 수 있다.

```
    dt(x, df=a)
    pt(q, df=a)
    qt(p, df=a)
    rt(n, df=a)
df : degree of freedom (자유도)
```

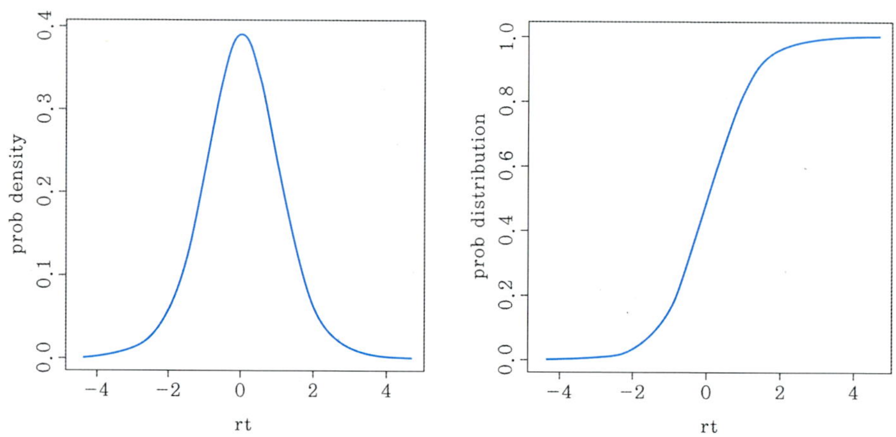

그림 8.14 자유도 10인 t-분포 (a) 확률밀도함수 (b) 누적분포함수

[예 8.17] 자유도 10인 t-분포 $X \sim t_{10}$ 집단을 가정한다.

(a) 난수 3개를 발생하고자 한다.

```
> rt(3, df=10)
[1] -0.97533217 -0.09493378  1.19432963
```

(b) 확률 $P(X \leq 2)$을 구하고자 한다.

```
> pt(2, df=10)
[1] 0.963306
```

(c) 이 집단에서 아래로부터(왼쪽 꼬리로부터) 5%에 해당하는 값을 구하고자한다.

```
> qt(0.05, df=10, lower.tail=T)
[1] -1.812461
```

(d) 이 집단에서 위로부터(오른쪽 꼬리로부터) 5%에 해당하는 값을 구하고자한다.

```
> qt(0.05, df=10, lower.tail=F)
[1] 1.812461
```

또는

```
> qt(0.95, df=10, lower.tail=T)
[1] 1.812461
```

8.7 F-분포

두 확률변수 V_1, V_2 는 각각 자유도가 d_1, d_2 이고 서로 독립인 카이제곱분포를 따를 때, 자유도로 나눈 카이제곱 확률변수의 비(ratio)

$$F = \frac{V_1/d_1}{V_2/d_2} \tag{8.6}$$

은 자유도가 d_1, d_2 인 F-분포를 따른다. F-분포는 분산동일성 검정, F-검정과 분산분석 등에서 주로 사용된다.

분자자유도 d_1, 분모자유도 d_2 인 F-분포의 확률밀도함수는

$$f(x) = \frac{\sqrt{\frac{(d_1x)^{d_1}d_2^{d_2}}{(d_1x+d_2)^{d_1+d_2}}}}{xB\left(\frac{d_1}{2}, \frac{d_2}{2}\right)} = \frac{1}{B\left(\frac{d_1}{2}, \frac{d_2}{2}\right)}\left(\frac{d_1}{d_2}\right)^{\frac{d_1}{2}} x^{\frac{d_1}{2}-1}\left(1+\frac{d_1}{d_2}x\right)^{-\frac{d_1+d_2}{2}}, \quad x>0 \tag{8.7}$$

이며 F-분포의 모수는 자유도 d_1, d_2 이다. 여기서 $B(a,b) = \frac{\Gamma(a)\Gamma(b)}{\Gamma(a+b)}$ 이다.

R에서 F-분포 이용시 분자자유도와 분모자유도를 지정해 주어야한다. 다음의 함수를 이용하여 F-분포의 확률밀도함수, 누적확률, 사분위수, 난수를 얻을 수 있다.

```
    df(x, df1=d1, df2=d2)
    pf(q, df1=d1, df2=d2)
    qf(p, df1=d1, df2=d2)
    rf(n, df1=d1, df2=d2)
여기서 df1 : 분자 자유도,   df2 : 분모 자유도
```

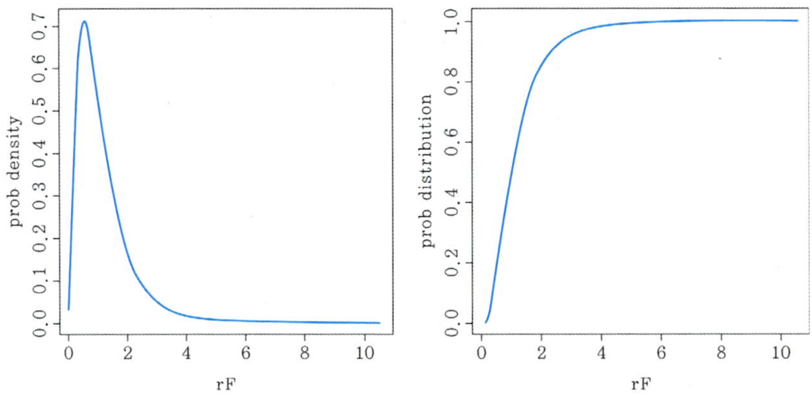

그림 8.15 분자자유도 5, 분모자유도 15인 F-분포 (a) 확률밀도함수 (b) 누적분포함수

[예 8.18] 분자자유도 5, 분모자유도 15인 F-분포 $X \sim F_{5,15}$ 집단을 가정한다.

(a) 난수(random number) 3개를 발생하고자 한다.

```
> rf(3, df1=5, df2=15)
[1] 1.949997 0.846189 4.020495
```

(b) 확률 $P(X \leq 2)$을 구하고자 한다.

```
> pf(2, df1=5, df2=15)
[1] 0.8629633
```

(c) 이 집단에서 아래로부터(왼쪽 꼬리로부터) 5%에 해당하는 값을 구하고자 한다.

```
> qf(0.05, df1=5, df2=15, lower.tail=T)
[1] 0.2165084
```

(d) 이 집단에서 위로부터(오른쪽꼬리로부터) 5%에 해당하는 값을 구하고자 한다.

```
> qf(0.05,  df1=5, df2=15, lower.tail=F)
[1] 2.901295
```

또는

```
> qf(0.95,  df1=5, df2=15, lower.tail=T)
[1] 2.901295
```

8.8 균일분포

구간 (a,b) 에서 균일분포(uniform distribution) 따르는 확률변수의 확률밀도함수는

$$f(x) = \frac{1}{b-a}, \qquad a \le x \le b \tag{8.8}$$

균일분포의 모수는 구간 (a,b) 이다. R에서 균일분포 이용시 구간의 최소값과 최대값을 지정해 주어야한다. 다음의 함수를 이용하여 [a, b] 구간에서 균일분포의 확률밀도함수, 누적확률, 사분위수, 난수를 얻을 수 있다.

```
dunif(x, min=a, max=b)
punif(q, min=a, max=b, lower.tail = TRUE)
qunif(p, min=a, max=b, lower.tail = TRUE)
runif(n, min=a, max=b)
```

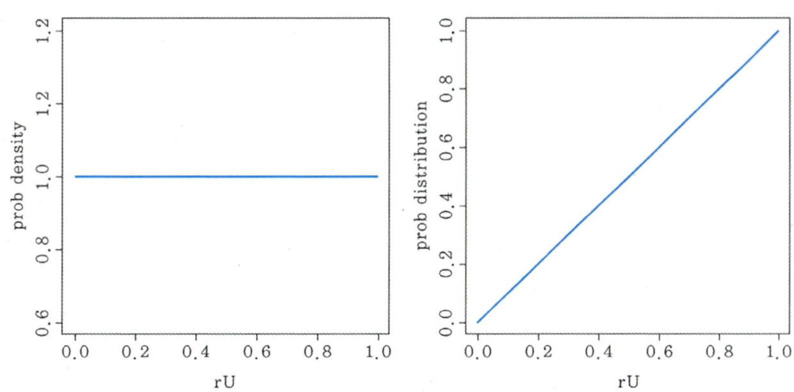

그림 8.16 (0,1) 구간에서 균일분포 (a) 확률밀도함수 (b) 누적분포함수

[예 8.19] (0,1) 구간에서 균일분포집단 $X \sim U(0,1)$을 가정한다.

(a) 난수 3개를 발생하고자 한다.

```
> runif(3, min=0, max=1)
[1] 0.07325671 0.41761969 0.32279039
```

(b) 확률 $P(X \leqq 0.7)$을 구하고자 한다.

```
> punif(0.7, min=0, max=1)
[1] 0.7
```

(c) 아래로부터(왼쪽 꼬리로부터) 5%에 해당하는 값을 구하고자 한다.

```
> qunif(0.05, min=0, max=1, lower.tail=T)
[1] 0.05
```

(d) 위로부터(오른쪽 꼬리로부터) 5%에 해당하는 값을 구하고자 한다.

```
> qunif(0.05, min=0, max=1, lower.tail=F)
[1] 0.95
```

또는

```
> qunif(0.95, min=0, max=1, lower.tail=T)
[1] 0.95
```

8.9 베르누이 분포와 이항분포

반응 결과가 성공/실패인 두 가지 경우만을 가질 때 예를 들어, 한 번의 동전 던지기 시행에서 앞면이나 뒷면이 나온다. 앞면이 나오는 횟수 0 또는 1이며 성공의 확률이 0.5인 베르누이 분포(Bernoulli distribution)를 따른다.

[예 8.20] 한 번의 동전 던지기 시행에서 앞면(H: head) 또는 뒷면(T: tail)이 나온다. 한 번의 동전 던지기 모의실험을 하고자 한다.

```
> sample(c("H", "T"), 1)
>[1] "T"
```

[예 8.21] 한 번의 동전 던지기 시행에서 앞면(H: head) 또는 뒷면(T: tail)이 나온다. 이러한 독립시행을 세 번하는 모의실험을 하고자한다.

```
> sample(c("H", "T"), 3, replace = T)
[1] "T" "H" "H"
```

독립시행을 n회 하면 앞면(성공)이 나온 횟수는 앞면(성공)이 나올 확률이 p인 이항분포(binomial distribution), $B(n,p)$를 따른다. 이항분포에서 $n=1$인 경우가 베르누이분포의 경우가 된다.

이항분포 $B(n,p)$를 따르는 확률변수의 확률밀도함수는

$$f(x) = \binom{n}{x} p^x (1-p)^{n-x}, \qquad x = 0,1,2,\ldots,n \tag{8.9}$$

이다. R에서 이항분포 이용시 이항분포의 모수 (n,p)를 지정해 주어야 한다. 다음의 함수를 이용하여 이항분포의 확률밀도함수, 누적확률, 사분위수, 난수를 얻을 수 있다. 이항분포 함수에서 size는 독립시행 횟수, p는 성공의 확률이다.

```
dbinom(x, size=n, p=pr)
pbinom(q, size=n, p=pr)
qbinom(p, size=n, p=pr)
rbinom(n, size=n, p=pr)
```

베르누이분포와 이항분포와 같이 이산형변수에 대한 분포인 경우 누적확률 계산 때 "=" 포함 여부에 주의해서 코드를 써야한다. 왜냐하면 $P(X=a)$의 확률이 0이 아니기 때문이다.

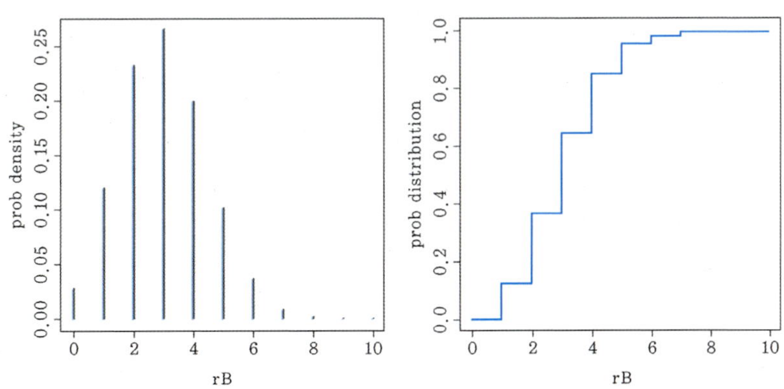

그림 8.17 시행회수 10, 성공확률 0.3인 이항분포 (a) 확률밀도함수 (b) 누적분포함수

[예 8.22] 이항분포 (10, 0.3) 집단 $X \sim B(10, 0.3)$을 가정한다.

(a) 난수(random number) 3개를 발생하고자 한다.

```
> rbinom(3, size=10, prob=0.3)
[1] 2 4 3
```

(b) 확률 $P(X \leqq 5)$을 구하고자 한다.

```
> pbinom(5, size=10, prob=0.3)
[1] 0.952651
```

(c) 아래로부터(왼쪽 꼬리로부터) 5%에 해당하는 값을 구하고자 한다.

```
> qbinom(0.05,size=10, prob=0.3, lower.tail=T)
[1] 1
```

(d) 위로부터(오른쪽 꼬리로부터) 5%에 해당하는 값을 구하고자 한다.

```
> qbinom(0.95, size=10, prob=0.3, lower.tail=T)
[1] 5
```

(e) 확률 $P(2 \leq X \leqq 5)$을 구하고자 한다.

$P(2 \leq X \leqq 5) = P(X \leq 5) - P(X \leq 1)$ 이므로

```
> pbinom(5,size=10, prob=0.3)-pbinom(1,size=10, prob=0.3)
[1] 0.8033427
```

(f) 확률 $P(2 < X \leqq 5)$ 을 구하고자 한다.

$P(2 < X \leqq 5) = P(X \leq 5) - P(X \leq 2)$ 이므로

```
> pbinom(5,size=10, prob=0.3)-pbinom(2,size=10, prob=0.3)
[1] 0.5698682
```

8.10 포아송분포

포아송분포(Poisson distribution)는 단위 시간 안에 어떤 사건이 몇 번 발생할 것인지에 대해 표현을 하는 이산확률분포이다. 정해진 단위 시간 안에 어떤 사건이 일어날 횟수에 대한 기

댓값을 λ로 표현한다.

예를 들어, 일정 주어진 시간 동안에 도착한 고객 수, 일정 주어진 생산시간 동안 발생하는 불량품 수, 하루 동안 발생하는 출생자 수, 매일 고속도로 요금소를 통과하는 차량대수, 한 페이지를 교정하는데 발생하는 오타 개수 등에 대한 확률분포로 활용한다.

평균 λ인 포아송분포를 따르는 확률변수의 확률밀도함수는

$$f(x) = \frac{1}{x!}\lambda^x e^{-\lambda}, \qquad x = 0, 1, 2, \ldots \tag{8.10}$$

이며 e는 자연상수, λ가 포아송분포의 모수이다. R에서 포아송분포 이용시 λ를 지정해 주어야한다. 다음의 함수를 이용하여 평균 a인 포아송분포의 확률밀도함수, 누적확률, 사분위수, 난수를 얻을 수 있다.

```
dpois(x, lambda=a )
ppois(q, lambda=a )
qpois(p, lambda=a )
rpois(n, lambda=a )
```

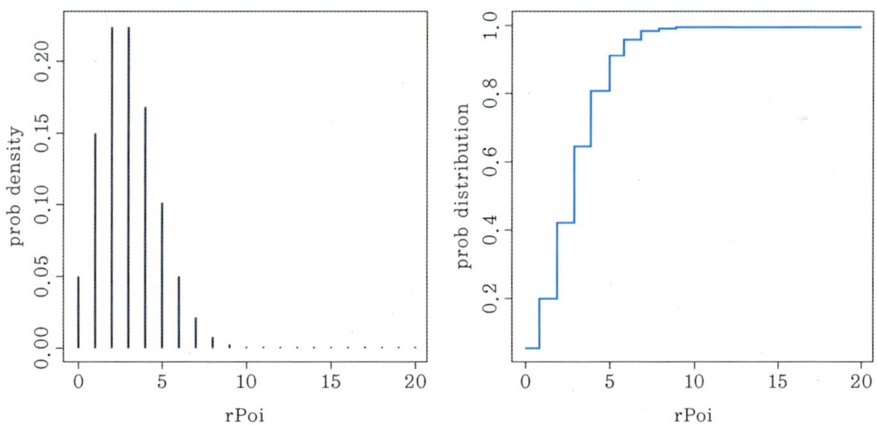

그림 8.18 평균 3인 포아송분포 (a) 확률밀도함수 (b) 누적분포함수

[예 8.23] 평균이 3인 포아송분포 집단 $X \sim Poi(3)$을 가정한다.

(a) 난수(random number) 3개를 발생하고자 한다.

```
> rpois(3, lambda=3)
[1] 1 5 4
```

(b) 확률 $P(X \leqq 5)$을 구하고자 한다.

```
> ppois(5, lambda=3)
[1] 0.9160821
```

(c) 이 집단에서 아래로부터(왼쪽 꼬리로부터) 5%에 해당하는 값을 구하고자 한다.

```
> qpois(0.05,lambda=3, lower.tail=T)
[1] 1
```

(d) 이 집단에서 위로부터(오른쪽 꼬리로부터) 5%에 해당하는 값을 구하고자 한다.

```
> qpois(0.05, lambda=3, lower.tail=F)
[1] 6
```

(e) 확률 $P(2 \leq X \leqq 5)$을 구하고자 한다.

$P(2 \leq X \leqq 5) = P(X \leq 5) - P(X \leq 1)$ 이므로

```
> ppois(5,lambda=3)-ppois(1,lambda=3)
[1] 0.7169338
```

(f) 확률 $P(2 < X \leqq 5)$을 구하고자 한다.

$P(2 < X \leqq 5) = P(X \leq 5) - P(X \leq 2)$ 이므로

```
> ppois(5,lambda=3)-ppois(2,lambda=3)
[1] 0.492892
```

[참고] 연속확률분포의 경우 "=" 일 때의 확률값이 0이다. 그러나 이산확률분포의 경우 "=" 일 때의 확률값이 0 이 아니므로 확률 계산시 주의해야 한다. 예를 들어, `ppoi(q, mean=0, sd=1, lower.tail = TRUE)`에서

`lower.tail = TRUE` 일 경우 $P(X \leqq x)$ 이고

`lower.tail = FALSE` 일 경우 $P(X > x)$ 이다.

8.11 여러 가지 분포

확률분포는 통계학의 심장 위치에 있다고 할 수 있다. R에서는 다양한 확률분포함수를 제공한다. 각 확률분포에 대해 난수발생, 확률밀도함수, 분포함수, 사분위수를 얻을 수 있다. 〈표 8.5〉에서는 R에서 제공하는 다양한 확률분포함수를 보여준다.

| 표 8.5 | R에서 제공하는 확률분포

확률분포	R에서 분포함수 이름	분포 모수 (parameter)	난수 (random number)	확률밀도함수 (density)	누적확률 (probability distribution function)	사분위수 (quantile)
			r	d	p	q
정규분포	norm	mean, sd	rnorm	dnorm	pnorm	qnorm
t 분포	t	df	rt	dt	pt	qt
균일분포	unif	min, max	runif	dunif	punif	qunif
F 분포	f	df1, df2	rf	df	pf	qf
카이제곱분포	chisq	df	rchisq	dchisq	pchisq	qchisq
감마분포	gamma	shape, scale	rgamma	dgamma	pgamma	qgamma
베타분포	beta	shape1, shape2	rbeta	dbeta	pbeta	qbeta
코쉬분포	cauchy	location, scale	rcauchy	dcauchy	pcauchy	qcauchy
이항분포	binom	size, prob	rbinom	dbinom	pbinom	qbinom
포아송분포	pois	lambda	rpois	dpois	ppois	qpois
기하분포	geom	prob	rgeom	dgeom	pgeom	qgeom
초기하분포	hyper	m, n, k	rhyper	dhyper	phyper	qhyper
다항분포	multinorm	size, prob	rmultinorm	dmultinorm	pmultinorm	qmultinorm
지수분포	exp	rate	rexp	dexp	pexp	qexp
와이블분포	weibull	shape, scale	rweibull	dweibull	pweibull	qweibull
로그-정규분포	lnorm	meanlog, varlog	rlnorm	dlnorm	plnorm	qlnorm
로지스틱분포	logis	location, scale	rlogis	dlogis	plogis	qlogis

8.12 표본추출

주어진 모집단에서 표본을 추출하고자 할 경우 `sample()` 함수를 이용한다. 난수는 여러 가지 목적을 위해서 생성하게 된다. 주로는 모의실험(simulation)에 이용하게 되며 매번 랜덤하게 난수를 발생한다. 그러나 특별한 목적을 위해서 같은 순서의 난수를 만들 수는 없을까요? 여기서 시드값(seed)이라는 개념이 나온다. 시드값은 컴퓨터 내부에서 돌아가는 특정한 난수 생성 공식에서 처음 시작값을 주어 매번 같은 값이 나오게 만드는 것이다. `set.seed()` 함수를 이용하면 R 내부함수를 수행하여 난수를 얻게 된다. set.seed(숫자)로 seed값을 지정하면 특정값이 고정되어 나온다.

[예 8.24] 1~10 까지 자연수 집단에서 표본 5개를 비복원추출(sampling without replacement)하고자 한다.

```
set.seed(124)

sample(seq(1, 10), 5)
```

```
> sample(seq(1, 10), 5)
[1] 1 7 2 3 5
```

[예 8.25] 1~10 까지 자연수 집단에서 표본 8개를 복원추출(sampling with replacement)하고자 한다.

```
set.seed(123)

sample(seq(1, 10), 8, replace=T)
```

```
> sample(seq(1, 10), 8, replace=T)
[1]  3  3 10  2  6  5  4  6
```

[예 8.26] a일 확률 0.5, b일 확률 0.3, c일 확률 0.1 인 확률분포로부터 5개를 복원추출하고자한다.

```
set.seed(123)

sample(c("a","b","c"), 5, prob=c(0.5, 0.3, 0.2), replace=T)
```

```
> sample(c("a","b","c"), 5, prob=c(0.5, 0.3, 0.2), replace=T)
[1] "a" "b" "a" "c" "c"
```

연습문제

1. 다음은 A반 학생 12명 목록이며 달리기 시합을 준비하고 있다.

김철수
박영휘
최이사
박바름
김문도
이아름
류태민
유시우
계미소
한시우
나보라
하정운

(a) 계주 5명을 선발할 때 나올 수 있는 경우의 수는 몇 가지인가?

(b) 계주 5명을 순서를 정하면서 선발한다면 나올 수 있는 경우의 수는 몇 가지인가?

(c) 한 번 뛴 사람이 더 뛰는 것이 가능하다고 가정할 때 경우의 수를 구하시오.(예. 철수 혼자 5바퀴 뛰어도 된다.)

(d) 랜덤하게 5명을 추출해 보시오.

2. 평균 3, 표준편차 5 인 정규분포 $N(3,5^2)$ 를 따르는 확률표본(random sample) 20개를 발생시켜 **rand**로 저장하시오. set.seed(12345)를 이용하시오.

(a) **rand** 값을 출력하시오.

(b) **rand**의 평균과 표준편차를 구하시오

(c) 히스토그램을 그리시오.

3. 평균 5인 포아송분포를 따르는 확률표본(random sample) 10개를 발생시켜 **rand_p**로 저장하시오

(a) **rand_p** 값을 출력하시오.

(b) **rand_p** 의 평균과 표준편차를 구하시오

(c) 히스토그램을 그리시오.

4. T는 자유도가 8인 t 분포를 따른다. 다음을 얻도록 명령문과 결과를 쓰시오.

(a) $P(T \geqq 2)$ (b) $P(T \leqq -2.5)$

(c) $P(|T| \geqq 1.5)$ (d) $P(T > 2.5)$

(e) $P(T < -2.5)$ (f) $P(-1 < T \leqq 1.5)$

5. X는 평균 5인 포아송 분포를 따른다. 다음을 얻도록 명령문과 결과를 쓰시오.

(a) $P(X \geqq 3)$ (b) $P(X < 4)$

(c) $P(2 \leq X < 8)$ (d) $P(X \leqq 4)$

6. 공평한 동전던지기를 5번 할 때 (앞면, 뒷면 나올 확률 각각 1/2, 1/2)

(a) 앞면이 1번 나올 확률을 구하시오.

(b) 앞면이 4번 이상 나올 확률을 구하시오.

(c) 앞면이 한 번도 나오지 않을 확률을 구하시오.

7. N 냉장고의 평균수명은 10년이라고 한다. 나희가 N 냉장고 한 개를 구매하였다.

(a) 나희가 구매한 냉장고를 8년이상 사용할 확률을 구하시오.

(b) 나희가 구매한 냉장고가 1년이내 고장날 확률을 구하시오.

[참고] $X \sim \mathrm{Exp}(\lambda)$, $E(X) = \frac{1}{\lambda}$

8. 핸드폰 게임을 즐겨하는 주희는 요새 리듬게임에 빠져있다. 리듬게임에서 뽑을수 있는 카드 등급은 UR(Ultra Rare), SR(Super Rare), R(Rare) 총 3등급으로 주희의 목표는 UR 카드를 뽑는 것이다. 각 카드별로 출현 확률이 5%, 10%, 85%이다. 주희는 현재 모아놓은 게임돈으로 10번 연속 뽑기 10번으로 총 100장의 카드를 뽑을 수 있다.

(a) 주희가 100장의 카드를 뽑을 때 UR카드를 5장 이상 뽑을 확률을 구하시오.

[참고] $X \sim B(100, 0.05)$

(b) 이번 카드뽑기는 한정뽑기다. 주희가 UR카드를 뽑을때 주희가 원하는 캐릭터의 UR 카드가 나올확률은 50%이다. 주희가 100장에서 UR카드를 1장 이상 뽑을 확률을 구하시오.

[참고] $X \sim B(100, 0.05 \times 0.5)$

9. 가희는 로또 1등 당첨이 꿈이다. 매주 소박하게 5000원씩 하고 있지만 당첨된 적이 없다. 그래서 문득 '모든 경우의 수를 생각해서 로또를 전부 구매하면 일단 100% 당첨확정인데' 라는 생각에 실천으로 옮기기로 했다.

로또 신청을 위해서는 1부터 45 까지 자연수 중 6 개를 중복없이 고른다. 6개 번호를 모두 맞히면 상금으로 50억을 받는다.

(a) 가희가 로또 번호의 모든 경우의 수를 포함하여 사려면 몇 가지 경우이고 자본금이 얼마가 필요한가요? (현재 기준 로또의 가격은 1000원이라 가정한다)

(b) 만약 모든 경우의 수를 신청하여 로또가 당첨된다면 가희는 이득일까 손해일까요?

10. 화장품 A회사에서 월평균 3000건의 상품주문등록이 들어온다고 한다.

(a) 일평균 주문등록 건수는 얼마인가요?

(b) 내일 주문건수가 80건 이하일 확률을 구하시오.

[참고] $X \sim Pos(\lambda)$

CHAPTER

9 통계 기초

9.1 기초통계량

특정 데이터를 대표할 수 있는 값을 대푯값이라 한다. 대푯값 중에 흔히 사용되는 통계량으로 평균, 최빈값, 중앙값 등이 있다. 데이터의 분포 정도를 나타내주는 값은 산포도라 하는데 이에 대한 대표적인 통계량으로 분산, 표준편차, 범위 등이 있다.

확률표본을 이루는 데이터를 $\{x_1, x_2, \ldots, x_n\}$으로 표기하고 평균 μ 와 분산 σ^2 을 갖는다고 하자. 여기서 $\hat{\mu}$ 은 μ에 대한 추정통계량을 나타내는 표기방법이다.

기초 통계량은 다음과 같다:

$$\text{평균} : m = \hat{\mu} = \frac{x_1 + x_2 + \cdots + x_n}{n} \tag{9.1}$$

$$\text{분산} : S^2 = \widehat{\sigma^2} = \frac{(x_1 - m)^2 + (x_2 - m)^2 + \cdots + (x_n - m)^2}{n-1} \tag{9.2}$$

$$\text{표준편차} : S = \sqrt{\widehat{\sigma^2}} = \hat{\sigma} \tag{9.3}$$

$$\text{최대값} : \max = \max\{x_1, x_2, \cdots, x_n\} \tag{9.4}$$

$$\text{최소값} : \min = \min\{x_1, x_2, \cdots, x_n\} \tag{9.5}$$

$$\text{범위} : range = \max - \min \tag{9.6}$$

평균 `mean()`, 분산 `var()`, 표준편차 `sd()`, 범위 `range()` 함수를 이용한다.

[예 9.1] A 중학교 1반 10명 학생의 국어 시험점수는 다음과 같을 때 기초통계량을 구하고자 한다.

99, 80, 75, 85, 65, 93, 77, 82, 72, 100

<코드 9.1> 기초통계량 구하기 위한 코드

```
x<-c(99, 80, 75, 85, 65, 93, 77, 82, 72, 100) #데이터 벡터
mean(x) # 평균
var(x) # 분산
sd(x) # 표준편차
max(x) # 최대값
min(x) # 최소값
```

```
> x<-c(99, 80, 75, 85, 65, 93, 77, 82, 72, 100)
> mean(x)
[1] 82.8
> var(x)
[1] 133.7333
> sd(x)
[1] 11.56431
> max(x)
[1] 100
> min(x)
[1] 65
```

[예 9.2] A반의 20명 학생에 대한 수학 평균 성적이 80, 분산은 100이며 정규분포를 따른다고 할 수 있다. 수학 평균 성적에 대한 95% 신뢰구간을 구해보자. 95% 신뢰구간식은 다음과 같다.

$$\text{표본평균} \pm 1.96 \times \frac{\text{표본표준편차}}{\sqrt{n}} \tag{9.7}$$

<코드 9.2> 신뢰구간

```
qnorm(0.025,mean=80,sd=10, lower.tail = TRUE)
qnorm(0.025,mean=80,sd=10, lower.tail = FALSE)
```

```
> qnorm(0.025,mean=80,sd=10,lower.tail = TRUE)
[1] 60.40036
> qnorm(0.025,mean=80,sd=10,lower.tail = FALSE)
[1] 99.59964
```

95% 신뢰구간은 (60.40,99.60)으로 추정된다.

[예 9.3] 지하철 승객수 데이터 분석

다음은 공공데이터 포털에서 내려받을 수 있는 275개 지하철역 승하차 이용자 데이터이다. https://www.data.go.kr/dataset/15003169/fileData.do 에서 내려받을 수 있는 엑셀 파일이다. 해당 데이터를 RStudio에서 불러 통계값을 구한다. 해당 데이터는 일일 평균 승하차 수의 셀 속성을 점검하여 셀 속성을 숫자열로 바꾸어야 한다. (내려받은 엑셀 파일은 회계로 지정되어있어 숫자 중간에 쉼표가 들어가므로 통계량 계산을 위해서는 쉼표를 제거하고 열의 속성을 숫자열로 바꾼다.)

Ⅰ 표 9.1 Ⅰ 지하철 일일 평균 승하차 수에 대한 엑셀 파일

순위	역명	하루평균
1	강남	100,672
2	잠실(2)	88,971
3	홍대입구	78,563
4	신림	70,558
5	구로디지털단지	62,463
6	신도림	61,142
7	고속터미널(3)	60,943
8	서울역(1)	58,795
9	삼성	56,078
10	선릉	53,242
11	서울대입구	52,856
12	신촌	49,724
13	을지로입구	48,836
14	강변	48,327
15	종각	45,507
16	건대입구(2)	44,952
17	역삼	44,784
18	수유	43,763
19	연신내(3)	42,870
20	혜화	42,721
21	사당(2)	42,107
22	양재	40,045
23	명동	39,979
24	가산디지털단지(7)	38,762
:	:	:
275	도림천	1,083

<코드 9.3> 지하철 일일 평균 승하차 수에 대한 기초통계량 구하기

```
#데이터 불러들이기
train<-read.csv(file='C:\\R_dataset\\2017년_1_12월_서울교통공사_수송순위.csv',header=T)
train
str(train)

#데이터 기초통계량 구하기
train$일평균 <-as.numeric(gsub(",","",train$일평균))
train$역명<-as.character(train$역명)
mean(train$일평균)
var(train$일평균)
sd(train$일평균)
min(train$일평균)
max(train$일평균)
summary(train$일평균)
```

```
> mean(train$일평균)
[1] 17450.36
> var(train$일평균)
[1] 214022420
> sd(train$일평균)
[1] 14629.51
> min(train$일평균)
[1] 1083
> max(train$일평균)
[1] 100672
> summary(train$일평균)
   Min. 1st Qu.  Median    Mean 3rd Qu.    Max.
   1083    8366   13649   17450   20837  100672
```

[예 9.4] MASS 패키지 R패키지에 내장된 survey 데이터셋을 활용하여 기초통계분석을 하고자 한다. 해당 데이터셋은 아델라이데 대학교 237명 학생의 정보가 담긴 데이터로 성별, 키, 오른손, 왼손의 길이, 심박수, 흡연여부 등이 포함되어있다. 이 데이터에는 결측값이 있어 어떤 사람은 성별 정보가 없고 어떤 사람은 나이 정보가 없는 등 곳곳에 입력되지 않은 값이 있다. 해당 데이터에 대해 결측값을 처리한 후, 이 데이터셋을 대표할 수 있는 대푯값을

구하고자한다.

1. `library()` 함수를 통해 MASS 패키지를 불러들인 후 survey 데이터를 attach한다.

<코드 9.4>(a) survey 데이터

```
library(MASS)
ls(package:MASS) #패키지내의 데이터셋의 목록
data(survey)
attach(survey)
head(survey)
```

```
> head(survey)
     Sex Wr.Hnd NW.Hnd W.Hnd    Fold Pulse    Clap Exer Smoke Height      M.I    Age
1 Female   18.5   18.0 Right  R on L    92    Left Some Never 173.00   Metric 18.250
2   Male   19.5   20.5  Left  R on L   104    Left None Regul 177.80 Imperial 17.583
3   Male   18.0   13.3 Right  L on R    87 Neither None Occas     NA     <NA> 16.917
4   Male   18.8   18.9 Right  R on L    NA Neither None Never 160.00   Metric 20.333
5   Male   20.0   20.0 Right Neither    35   Right Some Never 165.00   Metric 23.667
6 Female   18.0   17.7 Right  L on R    64   Right Some Never 172.72 Imperial 21.000
```

2. 학생들의 신장 평균, 분산, 표준편차를 구한다.

<코드 9.4>(b) 평균, 분산, 표준편차,결측값 확인, 결측값 개수

```
mean(Height)
var(Height)
sd(Height)

is.na(Height)
sum(is.na(Height))
```

```
> mean(Height)
[1] NA
> var(Height)
[1] NA
> sd(Height)
[1] NA
> is.na(Height)
  [1] FALSE FALSE  TRUE FALSE FALSE FALSE FALSE FALSE FALSE FALSE FALSE
 ...FALSE FALSE FALSE FALSE FALSE FALSE FALSE FALSE
```

```
> sum(is.na(Height))
[1] 28
```

NA가 나오는 것은 결측값 포함을 의미한다. 즉 설문조사에서 값을 입력하지 않은 경우라고 볼 수 있다. 이럴 때 처리하는 방법은 결측값을 제외하거나 다른 값으로 대체하는 방법이다. 결측값을 확인하는 방법으로 `is.na()` 함수를 이용한다. `sum()` 함수를 이용해 결측값 개수를 구할 수 있는데 총 28개의 결측값이 있음을 알 수 있다. 결측값들을 제외하고 계산하려면 `na.rm=TRUE` 옵션을 추가하여 연산 함수를 수행하면 된다.

<코드 9.4>(c) 결측값을 제거한 기초통계량

```
mean(Height, na.rm=T)
var(Height, na.rm=T)
sd(Height, na.rm=T)
```

3. 기초통계량을 구한 결과이다.

```
> sum(is.na(Height))
[1] 28
> mean(Height, na.rm=T)
[1] 172.3809
> var(Height, na.rm=T)
[1] 96.9738
> sd(Height, na.rm=T)
[1] 9.847528
```

4. 결측값을 처리하는 다른 방법은 결측값을 다른 값으로 바꾸는 것이다. 우선 survey의 height 부분만 추출하여 새로운 데이터프레임을 만든다. Height_sample의 NA값을 NA을 제외하고 구한 평균값으로 다음과 같이 대체하고자 한다.

<코드 9.4>(d) 결측값을 평균으로 대체한 기초통계량

```
Height_sample<-Height
Height_sample[is.na(Height_sample)] <- mean(Height, na.rm=T)

mean(Height_sample)
var(Height_sample)
sd(Height_sample)
```

```
> Height_sample<-Height
> Height_sample[is.na(Height_sample)] <- mean(Height, na.rm=T)
> mean(Height_sample)
[1] 172.3809
> var(Height_sample)
[1] 85.46843
> sd(Height_sample)
[1] 9.244914
```

범주를 정해놓고 해당 범주에 속한 개수 또는 빈도수를 정리해 놓는 것을 도수분포표라고 한다. 도수분포표는 `table()` 함수를 통해 구한다.

<코드 9.4>(e) table() 함수로 구현

```
#도수분포표
table(survey$Sex)  #성별
table(survey$Clap)  #왼손잡이 오른손잡이
table(survey$Smoke)  # 흡연정도

summary(survey)
```

```
> table(survey$Sex)  #성별
Female   Male
   118    118
> table(survey$Clap)  #왼손잡이 오른손잡이
   Left Neither   Right
     39      50     147
> table(survey$Smoke)  # 흡연정도
Heavy Never Occas Regul
   11   189    19    17
> summary(survey)
     Sex          Wr.Hnd          NW.Hnd         W.Hnd          Fold          ...
 Female:118   Min.   :13.00   Min.   :12.50   Left : 18   L on R : 99
 Male  :118   1st Qu.:17.50   1st Qu.:17.50   Right:218   Neither: 18
 NA's  :  1   Median :18.50   Median :18.50   NA's :  1   R on L :120
              Mean   :18.67   Mean   :18.58
              3rd Qu.:19.80   3rd Qu.:19.73
              Max.   :23.20   Max.   :23.50
              NA's   :1       NA's   :1
```

summary() 함수를 이용하면 각 변수에 대해 연속형이면 평균, 중앙값, 최빈값, 사분위값 등의 대표값을 출력하고 이산형 변수인 경우는 빈도수를 출력한다. 전체 코드는 코드 9.5에서 보여준다.

<코드 9.5> 전체 코드

```
library("MASS")
ls(package:MASS)
data(survey)
attach(survey)
height_student<-Height
height_student
mean(Height)
var(Height)
sd(Height)
is.na(Height)
sum(is.na(Height))
mean(Height, na.rm=T)
var(Height,na.rm=T)
sd(Height,na.rm=T)
Height_sample<-Height
Height_sample
Height_sample[is.na(Height_sample)] <- mean(Height, na.rm=T)
Height_sample
mean(Height_sample)
var(Height_sample)
sd(Height_sample)
survey
table(survey$Sex)
table(survey$Clap)
table(survey$Smoke)
summary(survey)
```

9.2 통계적 검정

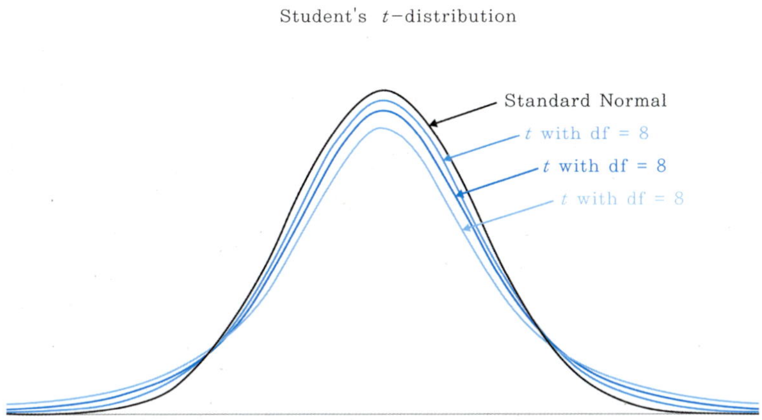

그림 9.1 t-분포 확률밀도함수

모집단 전부를 조사하는 것은 비용, 시간 등 여러 가지 이유로 인해 불가능할 때, 전체에서 일부분만 표본으로 선택하여 그 표본들의 측정값으로 수학적인 근거에 의해서 모집단 전체에 대한 추론이 가능하다. 대상 모집단에서 추출한 표본을 근거로 확률개념을 이용하여 이 모집단 모수들에 대해 합리적인 의사결정을 내리는 것을 통계적 추론이라고 한다.

통계적 가설검정은 데이터를 근거로 주장하고자 하는 가설의 옳고 그름을 판정하는 통계적 절차이다. 관심있는 문제에 대해 통계적 가설로 귀무가설 H_0과 대립가설 H_1을 세우고 검정통계량을 계산하여 귀무가설에 대한 기각여부를 결정한다. 일반적으로 새롭게 주장하고자 하는 바를 대립가설에 두고 통계량을 계산하여 귀무가설을 기각하거나 채택한다.

표 9.2에서는 통계적 가설 검정에서 오류 가능성에 대해 보여준다. 귀무가설이 참일 때 귀무가설을 기각하는 통계적 결정을 내리는 오류를 제1종 오류(type Ⅰ error)라 하고 α로 놓는다. 대립가설이 참일 때 대립가설을 기각하고 귀무가설을 받아들이는 통계적 결정을 내리는 오류를 제2종 오류(type Ⅱ error)라 하고 β로 놓는다. 제1종 오류가 줄어들면 제2종 오류가 늘어나는 역의 관계를 가지므로 두 가지 오류 확률을 동시에 줄일 수 없다.

제2종 오류는 귀무가설이 거짓일 때 귀무가설을 채택하는 경우이다. 귀무가설이 거짓일 때 귀무가설을 기각하는 확률을 검정력(power)이라고 하고 검정력=1-P(제2종 오류) 으로 표현한다.

표 9.2 통계적 가설 검정에서 오류

통계적 결정	귀무가설(H_0)	
	참	거짓
H_0을 기각	제1종 오류(type I error) α	옳은 결정 $1-\beta$
H_0을 채택	옳은 결정 $1-\alpha$	제2종 오류(type II error) β

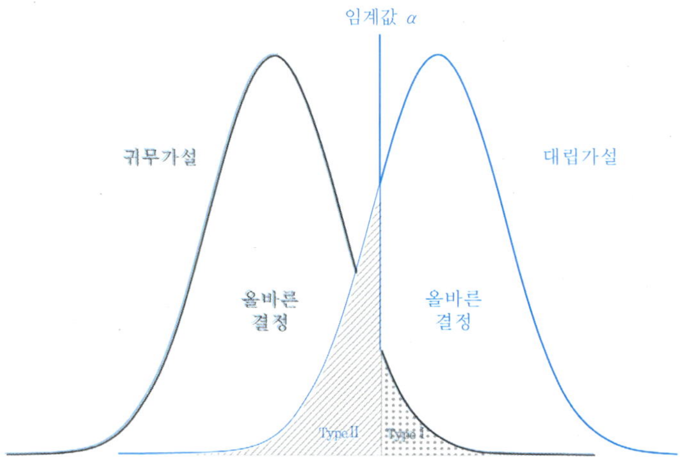

그림 9.2 가설검정과 오류에 대한 정규분포 그림

그림 9.2는 H_0가 참인 경우의 확률분포와 H_1이 참인 경우(H_0 거짓)의 확률분포를 나타내는 그림(예: 정규분포의 평균이 다른 경우)이다. 귀무가설을 기각하는 임계값(critical value)을 정한 상황에서 제1종 오류와 제2종 오류의 확률을 보여준다. 여기서 임계값은 제1종 오류의 확률이 α가 되도록 정한다. 해당 확률들에 대해 임계값을 정하고자 할 때 한쪽의 임계값을 줄일 시 다른 한쪽의 확률이 커지는 특성이 있다. 이를 위해 해결하는 방법은 표본의 크기를 늘려 α, β를 둘 다 줄이거나 α를 0.05, 0.01과 같은 수준으로 고정하고 β를 최소화하도록 가설검정법을 만드는 것이다. 이때 α를 제1종 오류를 범할 최대 허용값으로 유의수준(significance level)이라 부른다. 주어진 데이터로 유의수준을 계산했을 시 귀무가설을 기각할 수 있는 유의수준을 유의확률(p-value)이라 한다. 즉 검정통계량을 기반으로 실제로 계산했을 때 1종 오류를 범할 수 있는 확률이다. 임의로 정한 유의수준과 유의확률을 비교하여 유의확률이 유의수준보다 크면 해당 검정 결과는 신빙성이 없다고 판단하여 해당 검정 결과는 받아들여지지 않고 귀무가설

은 유지된다. 만일 유의확률이 α값보다 작으면 데이터에 근거하여 귀무가설을 기각했을 때 오류 확률이 임의로 정한 유의수준 α보다 작으므로 귀무가설을 기각해도 괜찮다는 의미이다.

관심 모수에 따라 검정하고자 할 때 모집단 분포와 모집단 개수에 따라 적절한 통계적 검정법을 선택해야한다. 〈표 9.3〉에서는 정규분포 여부에 따라 모집단 개수가 한 개, 두 개 그리고 그 이상인 경우에 대해 검정법을 보여주니 검정법 선택할 때 참고하면 된다.

| 표 9.3 | 모집단 분포, 모집단 개수와 관심 모수에 따른 통계적 검정법

검정할 모수	모집단분포	일집단	이집단	여러 개 집단
평균	정규분포	일집단 t-검정	이집단 t-검정 짝지어진 t-검정	분산분석 기반 F-검정
	정규분포 아님	Wilcoxon 검정 (비모수적 검정)	Wilcoxon-Mann Whitney 검정	Kruskal-Wallis 검정
분산	정규분포	카이제곱검정	F-검정	Bartlett 검정
	정규분포 아님			Levene 검정
비율	이항분포	일집단 모비율Z-검정 또는 카이제곱검정	이집단 모비율Z-검정 또는 카이제곱검정	카이제곱검정

9.3 일집단 t-검정

일반적으로 모집단의 평균이 어느 정도인지 그리고 어떤 분포를 따르는지 알 수가 없다. 그래서 이러한 개념들을 표본에서 찾아낸 통계량으로 모수를 추정하게 된다. 데이터가 정규분포를 따른다면 분산을 모르는 경우 평균 모수에 대한 검정으로 t-분포를 이용한 검정을 할 수 있다. 표본의 크기가 n인 경우 t-분포의 자유도는 n-1이다. 표본의 크기가 증가할수록 t-분포는 점차 표준정규분포로 가까워진다. 일반적으로 t-분포를 사용할 시 표본의 크기가 30 이하면 t-분포를 사용하고 표본의 크기가 30보다 큰 경우는 근사적으로 정규분포를 이용할 수 있다.

9.3.1 정규분포를 따르며 표본의 크기(n)가 30 이하이며 모분산 σ^2을 모르는 경우

확률표본(랜덤표본, 무작위 표본) $X_1, X_2, \cdots, X_n$이 서로 독립이며 평균 μ_0, 분산 σ^2인 정규분포 $N(\mu_0, \sigma^2)$을 따른다고 하자. 모집단의 평균에 대해 검정을 위한 검정통계량은

$$t = \frac{(\overline{X} - \mu_0)}{S/\sqrt{n}} = \frac{\sqrt{n}(\overline{X} - \mu_0)}{S} \tag{9.8}$$

이다. 여기서 $\overline{X}$는 표본평균, S는 표준편차이다. 이러한 t 통계량은 H_0하에서 t_{n-1}의 분포를 따른다.

일집단 모평균에 관한 가설들에 대해 검정법은 다음과 같다.

(i) $H_0 : \mu = \mu_0$ 에 대해 $H_1 : \mu \neq \mu_0$ (양측 검정: two-sided test)
유의수준 α에서 검정법은 $|t| \geq t_{n-1}(\alpha/2)$이면 H_0를 기각한다.

(ii) $H_0 : \mu = \mu_0$ 에 대해 $H_1 : \mu > \mu_0$ (단측 검정: one-sided test)
유의수준 α에서 검정법은 $t \geq t_{n-1}(\alpha)$이면 H_0를 기각한다.

(iii) $H_0 : \mu = \mu_0$ 에 대해 $H_1 : \mu < \mu_0$
유의수준 α에서 검정법은 $t \leq -t_{n-1}(\alpha)$이면 H_0를 기각한다.

여기서 $t_{n-1}(\alpha)$는 자유도가 $n-1$인 t분포를 따르는 확률변수 T에 대해 $P(T \geq t_{n-1}(\alpha)) = \alpha$ 를 만족하는 값이다.

R에서는 `t.test()` 함수를 이용해 t-검정을 수행한다.

[예제 9.5] 철수네 반 11명 학생들의 수학시험점수를 확인했다. 학생들의 수학 점수는 전교학생의 수학시험 정규분포에 따른다고 할 수 있다고 한다.

50 100 70 48 84 73 69 95 62 93 57

전교생의 수학점수 평균이 70점이다. 철수네 반의 평균이 70점이라고 할 수 있는지 유의수준 $\alpha = 0.05$에서 검정하고자 한다.

(a) 통계적 가설

$H_0 : \mu = 70$ 대해 $H_1 : \mu \neq 70$

(b) t.test()를 이용한 양측 검정

<코드 9.6> 일집단 t-검정: 양측검정

```
x=c(50,100,70,48,84,73,69,95,62,93,57)
t.test(x,mu=70)
```

```
> t.test(x,mu=70)
   One Sample t-test
data:  x
t = 0.51534, df = 10, p-value = 0.6175
alternative hypothesis: true mean is not equal to 70
95 percent confidence interval:
 60.63334 85.00302
sample estimates:
mean of x
 72.81818
```

(c) 결론

검정통계량=0.515, $p-$값 $= 0.6175 \geq 0.05 = \alpha$ 이므로 H_0을 기각하지 못한다. 유의수준 5%에서 전교생 수학 점수 평균이 70점이 아니라고 할 수 없다. 전교생 평균 수학 점수에 대한 95% 신뢰구간은 (60.63334, 85.00302)이다. 가설검정와 신뢰구간의 관계를 살펴보자. H_0하의 평균값 70이 95% 신뢰구간에 포함되므로 H_0를 기각하지 못하고 H_0를 채택하게 된다.

[예 9.6] ([예 9.5] 철수네 반 수학점수 데이터)
전교생의 수학점수 평균이 70점보다 크다고 할 수 있는지 유의수준 $\alpha = 0.05$에서 검정하고자 한다.

(a) 통계적 가설

$H_0 : \mu \leqq 70$ 대해 $H_1 : \mu > 70$

(b) t.test()를 이용한 단측 t-검정

<코드 9.7> 일집단 t-검정: 단측검정

```
x=c(50,100,70,48,84,73,69,95,62,93,57)
t.test(x,mu=70,alt="greater")
```

```
>t.test(x,mu=70,alt="greater")
One Sample t-test
data:  x
t = 0.51534, df = 10, p-value = 0.3088
alternative hypothesis: true mean is greater than 70
95 percent confidence interval:
 62.90652       Inf
sample estimates:
mean of x
 72.81818
```

(c) 결론

검정통계량=0.515, $p-$값 $= 0.3088 \geq 0.05 = \alpha$ 이므로 H_0을 기각하지 못한다. 유의수준 5%에서 전교생 수학 점수 평균이 70점 보다 크다고 할 수 없다.

[예 9.7] ([예 9.5] 철수네 반 수학점수 데이터)

전교생의 수학점수 평균이 70점보다 작다고 할 수 있는지 유의수준 $\alpha = 0.05$에서 검정하고자 한다.

(a) 통계적 가설

$H_0 : \mu \geq 70$ 대해 $H_1 : \mu < 70$

(b) t.test()를 이용한 단측 t-검정

<코드 9.8> 일집단 t-검정: 단측검정

```
x=c(50,100,70,48,84,73,69,95,62,93,57)
t.test(x,mu=70,alt="less")
```

```
>t.test(x,mu=70,alt="less")
```

```
  One Sample t-test
data:  x
t = 0.51534, df = 10, p-value = 0.6912
alternative hypothesis: true mean is less than 70
95 percent confidence interval:
     -Inf 82.72984
sample estimates:
mean of x
 72.81818
```

(c) 결론

검정통계량=0.515, $p-$값 $= 0.6912 \geq 0.05 = \alpha$ 이므로 H_0을 기각하지 못한다. 즉 유의수준 5%에서 전교생 수학 점수 평균이 70점 보다 작다고 할 수 없다.

9.3.2 정규분포를 따르며 표본의 크기(n)가 충분히 크며 모분산 σ^2을 모르는 경우

확률표본(랜덤표본, 무작위 표본) $X_1, X_2, \cdots, X_n$이 서로 독립이며 평균 μ_0, 분산 σ^2인 정규분포 $N(\mu_0, \sigma^2)$을 따른다고 하자. 이 표본에 대한 실제 모집단의 평균에 대해 가설 검정하기 위한 검정통계량은

$$t = \frac{(\overline{X} - \mu_0)}{S/\sqrt{n}} = \frac{\sqrt{n}(\overline{X} - \mu_0)}{S} \tag{9.9}$$

이다. 여기서 μ_0는 표본평균, S는 표준편차이다. 이러한 t 통계량은 H_0하에서 근사적으로 표준정규분포를 따른다. 표본의 크기가 30보다 큰 경우는 근사적으로 정규분포를 이용할 수 있다.

9.3.3 정규분포를 따르며 모분산 σ^2을 아는 경우

일변량 확률표본 $X_1, X_2, \cdots, X_n$이 서로 독립이며 평균 μ_0, 분산 σ^2 인 정규분포 $N(\mu_0, \sigma^2)$를 따를 때, 특정한 모평균에 대해 가설검정을 하기 위한 검정통계량

$$Z = \frac{\overline{X} - \mu_0}{\sigma / \sqrt{n}} \tag{9.10}$$

은 H_0 하에서 표준정규분포를 따르며 모평균에 관한 가설들에 대해 검정법은 다음과 같다.

(i) $H_0 : \mu = \mu_0$ 에 대해 $H_1 : \mu \neq \mu_0$

유의수준 α에서 검정법은 $|Z| \geq z(\alpha/2)$ 이면 H_0를 기각한다.

(ii) $H_0 : \mu = \mu_0$ 에 대해 $H_1 : \mu > \mu_0$

유의수준 α에서 검정법은 $Z \geq z(\alpha)$ 이면 H_0를 기각한다.

(iii) $H_0 : \mu = \mu_0$ 에 대해 $H_1 : \mu < \mu_0$

유의수준 α에서 검정법은 $Z \leq -z(\alpha)$ 이면 H_0를 기각한다.

여기서 $z(\alpha)$는 표준정규분포 $N(0,1)$를 따르는 확률변수 Z에 대해 $P(Z \geq z(\alpha)) = \alpha$ 를 만족하는 값이다.

[예 9.8] 다음은 암컷 원숭이의 몸무게를 조사한 자료이다(단위 kg). 원숭이 몸무게는 표준편차가 1.5인 정규분포를 따른다고 한다. 암컷 원숭이의 평균 몸무게가 8.5kg 이라고 할 수 있는지 유의수준 5%에서 검정하고자 한다.

8.30 9.50 9.60 8.75 8.40 9.10 8.15 8.80 9.50 8.85

(1) 통계적 가설

$H_0 : \mu = 8.5$ 에 대해 $H_1 : \mu \neq 8.5$

(2) z-검정

<코드 9.9> 일집단 z-검정: 양측 검정

```
x=c(8.30, 9.50, 9.60, 8.75, 8.40, 9.10, 8.15, 8.80, 9.50, 8.85)
z= (mean(x)-8.5 )/( 1.5/sqrt(length(x)) )
pz=pnorm(abs(z), 0, 1, lower.tail=F)
pvalue=2* pz
z     # 검정통계량
pvalue  # p값
```

```
> z     # 검정통계량
[1] 0.8327331
> pvalue  # p값
[1] 0.4049953
```

(3) 결론

검정통계량 $z = 0.8327331$, $p-$값 $= 0.405 > \alpha = 0.05$ 이므로 H_0를 기각하지 못한다. 유의수준 5%에서 암컷 원숭이의 평균 몸무게가 8.5kg이 아니라고 할 수 있는 통계적 근거가 없다.

[예 9.9] 학생들이 다음의 관심 문제에 대해 조사하였다. 선생님이 몇 개의 밈(meme)을 사용하는지에 대한 조사를 위해 매 수업시간 마다 새롭게 사용하는 밈 개수를 측정하여 데이터를 얻었다. 평균적으로 3개라고 할 수 있는지 유의수준 $\alpha = 0.05$에서 검정하고자 한다.

$$3,7,11,0,7,0,4,5,6,2$$

표준편차 $\sigma = 2$ 로 간주할 수 있다.

<코드 9.10> 일집단 z-검정: 양측 검정

```
x=c(3,7,11,0,7,0,4,5,6,2)
z= (mean(x)-3 )/( 2.0/sqrt(length(x)) )
pz=pnorm(abs(z), 0, 1, lower.tail=F)
pvalue=2* pz
round(z, digits=3)     # 검정통계량
pvalue  # p값
```

```
> round(z, digits=3)     # 검정통계량
[1] 2.372
> pvalue  # p값
[1] 0.01770607
```

검정통계량 $z = 2.372$, $p-$값 $= 0.0177 < \alpha = 0.05$ 이므로 H_0를 기각한다. 유의수준 5%에서 평균적으로 3개가 아니라고 할 수 있다.

9.4 이집단 t-검정

두 개의 정규분포를 따르는 모집단에서 서로 독립인 확률표본을 얻었을 때 서로 모평균을 비교하고자 한다.

▌표 9.4 ▌ 두 집단으로부터 각 집단의 표본정보

	모집단1	모집단2
모평균	μ_1	μ_2
모분산	σ_1^2	σ_2^2
확률표본	$X_{11}, X_{12} \cdots, X_{1n_1}$	$X_{21}, X_{22} \cdots, X_{2n_2}$
표본평균	$\overline{X_1} = \frac{1}{n_1}\sum_{i=1}^{n_1} X_{1i}$	$\overline{X_2} = \frac{1}{n_2}\sum_{i=1}^{n_2} X_{2i}$
표본분산	$S_1^2 = \frac{\sum_{i=1}^{n_1}(X_{1i} - \overline{X_1})^2}{n_1 - 1}$	$S_2^2 = \frac{\sum_{i=1}^{n_2}(X_{2i} - \overline{X_2})^2}{n_2 - 1}$
합동분산	$S_p^2 = \frac{(n_1 - 1)S_1^2 + (n_2 - 1)S_2^2}{n_1 + n_2 - 2}$	

9.4.1 두 집단의 분산이 같은 경우

두 집단의 합동분산추정량(pooled variance estimator)은

$$S_p^2 = \frac{(n_1 - 1)S_1^2 + (n_2 - 1)S_2^2}{n_1 + n_2 - 2} = \frac{\sum_{i=1}^{n_1}(X_{1i} - \overline{X_1})^2 + \sum_{i=1}^{n_2}(X_{2i} - \overline{X_2})^2}{n_1 + n_2 - 2} \tag{9.11}$$

이다.

검정통계량

$$t = \frac{(\overline{X_1} - \overline{X_2})}{S_p\sqrt{\frac{1}{n_1} + \frac{1}{n_2}}} \tag{9.12}$$

은 H_0하에서 $t_{n_1 + n_2 - 2}$ 분포를 따른다.

두 집단 모평균에 관한 다음의 가설들에 대해 검정법은 다음과 같다.

(i) $H_0 : \mu_1 - \mu_2 = 0$ 에 대해 $H_1 : \mu_1 - \mu_2 \neq 0$

유의수준 α에서 검정법은 $|t| \geq t_{n_1+n_2-2}(\alpha/2)$이면 H_0를 기각한다.

(ii) $H_0 : \mu_1 - \mu_2 \leq 0$ 에 대해 $H_1 : \mu_1 - \mu_2 > 0$

유의수준 α에서 검정법은 $t \geq t_{n_1+n_2-2}(\alpha)$이면 H_0를 기각한다.

(iii) $H_0 : \mu_1 - \mu_2 \geq 0$ 에 대해 $H_1 : \mu_1 - \mu_2 < 0$

유의수준 α에서 검정법은 $t \leq -t_{n_1+n_2-2}(\alpha)$이면 H_0를 기각한다.

$\mu_1 - \mu_2$에 대한 $100(1-\alpha)\%$ 신뢰구간은

$$\overline{X_1} - \overline{X_2} \pm t_{n_1+n_2-2}(\alpha/2) \times S_p \sqrt{\frac{1}{n_1} + \frac{1}{n_2}}. \tag{9.13}$$

9.4.2 두집단의 분산이 다른 경우

검정통계량

$$t = \frac{(\overline{X_1} - \overline{X_2})}{\sqrt{\dfrac{S_1^2}{n_1} + \dfrac{S_2^2}{n_2}}} \tag{9.14}$$

은 H_0하에서 t_{df} 분포를 따른다. 여기서 자유도는 Satterthwaite 근사에 의해

$$df = \frac{\left[\dfrac{s_1^2}{n_1} + \dfrac{s_2^2}{n_2}\right]^2}{\dfrac{\left\{s_1^2/n_1\right\}^2}{n_1 - 1} + \dfrac{\left\{s_2^2/n_2\right\}^2}{n_2 - 1}}. \tag{9.15}$$

두 집단 모평균에 관한 다음의 가설들에 대해 검정법은 다음과 같다.

(i) $H_0 : \mu_1 - \mu_2 = 0$ 에 대해 $H_1 : \mu_1 - \mu_2 \neq 0$

유의수준 α에서 검정법은 $|t| \geq t_{df}(\alpha/2)$이면 H_0를 기각한다.

(ii) $H_0 : \mu_1 - \mu_2 \leqq 0$ 에 대해 $H_1 : \mu_1 - \mu_2 > 0$

유의수준 α에서 검정법은 $t \geqq t_{df}(\alpha)$이면 H_0를 기각한다.

(iii) $H_0 : \mu_1 - \mu_2 \geq 0$ 에 대해 $H_1 : \mu_1 - \mu_2 < 0$

유의수준 α에서 검정법은 $t \leqq -t_{df}(\alpha)$이면 H_0를 기각한다.

$\mu_1 - \mu_2$에 대한 $100(1-\alpha)\%$ 신뢰구간은

$$\overline{X_1} - \overline{X_2} \pm t_{df}(\alpha/2) \times \sqrt{\frac{S_1^2}{n_1} + \frac{S_2^2}{n_2}}\,. \tag{9.16}$$

[예 9.10] 방송국 프로그램에서 신장이 큰 일반인 대상으로 간헐적 단식을 했을 때 골밀도에 어떤 영향을 미치는지 확인하고자 한다. 20명 실험자를 각각 A군, B군으로 나눠서 한쪽에는 간헐적 단식을 수행하고 한쪽은 간헐적 단식을 하지 않을 예정이다. 실험하기 이전에 A군과 B군의 평균신장이 같은지 검정하고자 한다. 데이터는 정규분포를 따른다고 할 수 있다.

Ⅰ 표 9.5 Ⅰ 두 집단으로부터 얻어진 각 집단의 표본 신장

	신장
A군 (1)	186, 188, 190, 179, 183, 177, 178, 183, 189, 188
B군 (2)	180, 181, 193, 175, 182, 189, 172, 183, 184, 186

(a) 두 집단의 분산이 같다고 가정할 때 두 집단의 평균신장이 같다고 할 수 있는지 검정하고자 한다.

양측 검정에 대한 가설

$H_0 : \mu_1 - \mu_2 = 0$ 대해 $H_1 : \mu_1 - \mu_2 \neq 0$

(b) 두 집단의 분산이 같을 경우와 다른 경우 이집단 t-검정

<코드 9.11> 이집단 t-검정

```
x1=c(186, 188, 190, 179, 183, 177, 178, 183, 189, 188)
x2=c(180, 181, 193, 175, 182, 189, 172, 183, 184, 186)
```

```
t.test(x1,x2 ,var.equal = TRUE, alt="two.sided")  #두집단 분산 같은 경우

t.test(x1,x2 ,var.equal = FALSE, alt="two.sided") #두집단 분산 다른 경우

var.test(x1, x2)    # 분산동일성에 대한 검정
```

```
> t.test(x1,x2 ,var.equal = TRUE, alt="two.sided")  #두집단 분산 같은 경우
  Two Sample t-test
data:  x1 and x2
t = 0.64641, df = 18, p-value = 0.5262
alternative hypothesis: true difference in means is not equal to 0
95 percent confidence interval:
 -3.600224  6.600224
sample estimates:
mean of x mean of y
    184.1     182.5

> t.test(x1,x2 ,var.equal = FALSE, alt="two.sided")  #두집단 분산 다른 경우
        Welch Two Sample t-test
data:  x1 and x2
t = 0.64641, df = 17.002, p-value = 0.5266
alternative hypothesis: true difference in means is not equal to 0
95 percent confidence interval:
 -3.622193  6.822193
sample estimates:
mean of x mean of y
    184.1     182.5
```

(c) 결론

두 집단 분산이 같은 경우, 검정통계량 t = 0.64641, 자유도=18, $p-$값 $= 0.5262 > 0.05 = \alpha$이므로 H_0을 기각하지 못한다. 유의수준 5%에서 A군과 B군의 평균신장이 같지 않다고 할 수 없다. 두 그룹의 신장 차이에 대한 95% 신뢰구간은 (-3.60, 6.60) 이다. 두 집단 분산이 다른 경우, 검정통계량 t = 0.64641, 자유도=17.002, $p-$값 $= 0.52626 > 0.05 = \alpha$ 이므로 H_0을 기각하지 못한다. 유의수준 5%에서 A군과 B군의 평균신장이 같지 않다고 할 수 없다.

(d) 분산에 대한 검정

```
var.test(x1, x2)
```

```
> var.test(x1, x2)
        F test to compare two variances
data:  x1 and x2
F = 0.60993, num df = 9, denom df = 9, p-value = 0.4729
alternative hypothesis: true ratio of variances is not equal to 1
95 percent confidence interval:
 0.1514972 2.4555626
sample estimates:
ratio of variances
          0.609927
```

두 집단 분산동일성에 대한 가설은 다음과 같다.

$$H_0 : \sigma_1^2 = \sigma_2^2 \text{ 대해 } H_1 : \sigma_1^2 \neq \sigma_2^2$$

두 집단 분산동일성 검정결과 검정통계량 F = 0.61이며 $p-$값 $= 0.4729 > 0.05 = \alpha$ 이므로 H_0을 기각하지 못한다. 유의수준 5%에서 A군과 B군의 분산이 유의하게 다르지 않다. 그러므로 분산동일성 검정 후 이집단 t-검정은 다음과 같이 할 수 있다.

```
t.test(x1,x2 ,var.equal = TRUE, alt="two.sided")
```

9.5 짝지어진 t-검정

각 개체에 대해 쌍(pair)으로 측정하여 확률표본 $(Y_{11}, Y_{21}), \ldots, (Y_{1n}, Y_{2n})$을 얻은 경우 두 집단(처리)의 모평균이 같은지 검정하고자 한다. 정규분포를 따르는 모집단으로부터 확률표본이다. 관심있는 가설은

$$H_0 : \mu_\delta = 0 \text{ 에 대해 } H_1 : \mu_\delta \neq 0$$

로 표현한다. 〈표 9.6〉은 짝지어진 표본의 자료구조를 보여주며 각 개체에 따른 효과를 제거하기 위하여 각 개체에 대해 관측값의 차이를 구하여 이용한다.

표 9.6 짝지어진 표본의 자료구조

쌍	처리 1	처리 2	차이
1	Y_{11}	Y_{21}	$d_1 = Y_{11} - Y_{21}$
2	Y_{12}	Y_{22}	$d_2 = Y_{12} - Y_{22}$
⋮	⋮	⋮	⋮
n	Y_{1n}	Y_{2n}	$d_n = Y_{1n} - Y_{2n}$

여기서 $d_1, d_2, \cdots, d_n \sim iid \quad N(\delta, \sigma_\delta^2)$이며 차이에 대한 평균과 분산의 추정량은 각각

$$\bar{d} = \frac{\sum_{i=1}^{n} d_i}{n}, \quad s_d^2 = \frac{\sum_{i=1}^{n}(d_i - \bar{d})^2}{n-1} . \tag{9.17}$$

검정통계량

$$t = \frac{\bar{d} - \delta_0}{s_d / \sqrt{n}} \tag{9.18}$$

은 H_0 하에서 t_{n-1} 분포를 따른다. 모평균 차이에 관한 다음의 가설들에 대해 유의수준 α에서의 검정법은 다음과 같다.

(i) $H_0 : \delta = 0$ 대해 $H_1 : \delta \neq 0$

유의수준 α에서 검정법은 $|t| \geq t_{n-1}(\alpha/2)$이면 H_0를 기각한다.

(ii) $H_0 : \delta \leq 0$ 대해 $H_1 : \delta > 0$

유의수준 α에서 검정법은 $t \geq t_{n-1}(\alpha)$이면 H_0를 기각한다.

(iii) $H_0 : \delta \geq 0$ 대해 $H_1 : \delta < 0$

유의수준 α에서 검정법은 $t \leq -t_{n-1}(\alpha)$이면 H_0를 기각한다.

[예 9.11] 8명의 각 시음자에게 두 음료 A, B에 대하여 시음하게 한 후 맛을 점수화한 데이터이다. 두 음료의 맛에 차이가 있다고 할 수 있는지 유의수준 5%에서 검정하고자 한다. 개인의 기호 효과를 제거하기 위해 짝지어진 t-검정을 수행하고자 한다.

| 표 9.7 | 두 음료 시음 데이터

시음자	1	2	3	4	5	6	7	8
A	90	88	78	65	78	60	89	73
B	80	78	75	69	73	62	79	65

<코드 9.12> 짝지어진 t-검정

```
A=c(90, 88, 78, 65, 78, 60, 89, 73)
B=c(80, 78, 75, 69, 73, 62, 79, 65)
t.test(A, B,  paired=T)
```

```
> t.test(A, B,  paired=T)
        Paired t-test
data:  A and B
t = 2.5342, df = 7, p-value = 0.03899
alternative hypothesis: true difference in means is not equal to 0
95 percent confidence interval:
 0.3345196 9.6654804
sample estimates:
mean of the differences
                      5
```

두 음료에 대해 짝지어진 t-검정 결과, 검정통계량 t = 2.5342, 자유도=7 이며 $p-$값 $= 0.03899 < 0.05 = \alpha$임으로 H_0을 기각한다. 유의수준 5%에서 두 음료에 대한 맛 차이가 유의하다. 두 음료의 맛 차이(A-B)에 대한 95% 신뢰구간은 (0.33, 9.67) 이다.

[예 9.12] Karl Pearson이 아버지와 아들의 키를 조사한 데이터로 father.son 데이터셋이 UsingR 패키지에 내장되어있다. 이 데이터를 사용하여 아버지와 아들의 키 차이가 유의한지 짝지어진 t-검정을 하고자 한다.

<코드 9.13> 짝지어진 t-검정

```
data(father.son, package='UsingR')
head(fater.son)
t.test(father.son$fheight, father.son$sheight, paired=TRUE)
```

```
> t.test(father.son$fheight, father.son$sheight, paired=TRUE)
        Paired t-test
data:  father.son$fheight and father.son$sheight
t = -11.789, df = 1077, p-value < 2.2e-16
alternative hypothesis: true difference in means is not equal to 0
95 percent confidence interval:
 -1.1629160 -0.8310296
sample estimates:
mean of the differences
             -0.9969728
```

아버지의 신장과 아들의 신장에 대해 짝지어진 t-검정 결과, 검정통계량 t = -11.789, 자유도 =1077 이며 $p-$값 $= 2.2 \times 10^{-16} < 0.05 = \alpha$ 으로 H_0을 기각한다. 유의수준 5%에서 아버지와 아들의 신장 차이가 유의하다. 신장 차에 대한 (아버지 신장-아들 신장)에 대한 95% 신뢰구간은 (-1.16 -0.83) 으로 아들의 신장이 유의하게 더 큼을 알 수 있다.

9.6 일집단 모비율 검정

한 개 모집단인 경우 어떤 사건에 대해 특정한 비율 p을 갖는다고 할 수 있는지에 대한 검정을 하고자한다. n개에 대해 조사결과 x개가 특정성향을 갖는다고 조사되었다고 하자. 모비율에 대한 추정량은 $\hat{p}= x/n$ 으로 구한다.

검정통계량

$$Z = \frac{\hat{p} - p_0}{\sqrt{p_0(1-p_0)/n}} \tag{9.19}$$

은 귀무가설하에서 근사적으로 표준정규분포 $N(0,1)$을 따른다. 모비율 값 p_0에 관한 다음의 가설들에 대해 유의수준 α에서 검정법은 다음과 같다.

(i) H_0 : $p = p_0$ 에 대해 H_1 : $p \neq p_0$

유의수준 α에서 검정법은 $|Z| \geq z(\alpha/2)$이면 H_0를 기각한다.

(ii) H_0 : $p \leqq p_0$ 에 대해 H_1 : $p > p_0$

유의수준 α에서 검정법은 $Z \geq z(\alpha)$이면 H_0를 기각한다.

(iii) H_0 : $p \geqq p_0$ 에 대해 H_1 : $p < p_0$

유의수준 α에서 검정법은 $Z \leq -z(\alpha)$이면 H_0를 기각한다.

여기서 $z(\alpha)$는 표준정규분포 $N(0,1)$를 따르는 확률변수 Z에 대해 $P(Z \geq z(\alpha)) = \alpha$를 만족하는 값이다.

또한 $Z^2 \sim \chi_1^2$ 이므로 근사적인 카이제곱 검정을 할 수 있다. prop.test() 함수를 이용하여 모비율에 대한 카이제곱검정을 한다.

[예 9.13] 시장에서 K 음료의 선호도는 20%로 알려져 있다. 칼슘을 보충하여 출시된 K 음료의 선호도를 조사하였더니 200명중 80명이 선호한다고 답하였다. K 음료 선호도에 변화가 있다고 할 수 있는지 통계적 검정을 통해 알아보고자 한다. 유의수준 5%에서 통계적 검정을 하고자 한다.

(i) 양측 대립 가설인 경우

(1) 통계적 가설

H_0 : $p = 0.20$ 에 대해 H_1 : $p \neq 0.20$

(2) 일집단 모비율 검정

```
> prop.test(x=80, n=200, p=0.20, alt="two.sided")
      1-sample proportions test with continuity correction


data:  80 out of 200, null probability 0.2
X-squared = 48.758, df = 1, p-value = 2.896e-12
alternative hypothesis: true p is not equal to 0.2
95 percent confidence interval:
 0.3322225 0.4716840
sample estimates:
  p
0.4
```

(3) 결론

$p-$값 $=2.896\times10^{-12}<0.05$ 이므로 유의수준 $\alpha=0.05$ 에서 H_0를 기각한다. 즉 K 음료의 선호도는 20%가 아니라는 통계적 근거가 있다.

(ii) 단측 대립 가설인 경우

(1) 통계적 가설

H_0 : $p\geq 0.20$ 에 대해 H_1 : $p<0.20$

(2) 일집단 모비율 검정

```
> prop.test(x=80, n=200, p=0.20, alt="less")
        1-sample proportions test with continuity correction


data:  80 out of 200, null probability 0.2
X-squared = 48.758, df = 1, p-value = 1
alternative hypothesis: true p is less than 0.2
95 percent confidence interval:
 0.0000000 0.4604723
sample estimates:
  p
0.4
```

(3) 결론

$p-$값 $=1.0>0.05$ 이므로 유의수준 $\alpha=0.05$에서 H_0를 기각하지 못한다. 즉 K 음료의 선호도는 20% 이상이라는 것을 받아들인다.

9.7 이집단 모비율 검정

두 개 모집단의 경우 어떤 사건에 대해 특정한 모비율 p_1, p_2를 갖는다. 두 모비율 차에 대한 검정을 하고자 한다.

집단1에서 n_1 명 중 x_1 명이 관심을 보였고

집단2에서는 n_2 명 중 x_2 명이 관심을 보였다고 한다.

두 집단에서 관심비율이 같다고 할 수 있는지 검정하고자 한다.

검정통계량

$$Z = \frac{\hat{p}_1 - \hat{p}_2}{\sqrt{\hat{p}(1-\hat{p})\left(\frac{1}{n_1} + \frac{1}{n_2}\right)}} \tag{9.20}$$

으로 $\hat{p}_1 = \frac{x_1}{n_1}$, $\hat{p}_2 = \frac{x_2}{n_2}$ 은 각 집단에서의 모비율 추정량이고 $\hat{p} = \frac{x_1 + x_2}{n_1 + n_2}$ 는 H_0 하에서 모비율 추정량이다. 검정통계량 Z는 귀무가설 하에서 근사적으로 표준정규분포를 따른다. 모비율 차이에 관한 다음의 가설들에 대해 유의수준 α에서 검정법은 다음과 같다.

(i) H_0 : $p_1 = p_2$ 에 대해 H_1 : $p_1 \neq p_2$ (양측 검정: two-sided test)

유의수준 α에서 검정법은 $|Z| \geq z(\alpha/2)$이면 H_0를 기각한다.

(ii) H_0 : $p_1 \leqq p_2$ 에 대해 H_1 : $p_1 > p_2$ (단측 검정: one-sided test)

유의수준 α에서 검정법은 $Z \geq z(\alpha)$이면 H_0를 기각한다.

(iii) H_0 : $p_1 \geqq p_2$ 에 대해 H_1 : $p_1 < p_2$

유의수준 α에서 검정법은 $Z \leq -z(\alpha)$이면 H_0를 기각한다.

여기서 $z(\alpha)$는 표준정규분포 $N(0,1)$를 따르는 확률변수 Z 에 대해 $P(Z \geq z(\alpha)) = \alpha$를 만족하는 값이다.

또한 $Z^2 \sim \chi_1^2$ 이므로 근사적인 카이제곱 검정을 할 수 있다. R에서는 `prop.test()` 함수를 이용하여 모비율에 대한 카이제곱검정을 할 수 있다.

[예 9.14] P 보험회사에서 지난 3년간 A, B 두 생명보험에 대해 계약 해지 비율을 조사하였다. A, B 두 생명보험에 대해 계약 해지 비율이 같다고 할 수 있는지 유의수준 5%에서 통계적 검정을 하고자 한다.

	총 계약자 수	계약 해지자 수
A(1)	3579	410
B(2)	2813	342

(1) 통계적 가설

H_0 : $p_1 = p_2$ 에 대해 H_1 : $p_1 \neq p_2$

(2) 이집단 모비율 검정

```
> prop.test( x=c(410, 342), n=c(3579, 2813), alt="two.sided")
        2-sample test for equality of proportions with continuity
        correction
data:  c(410, 342) out of c(3579, 2813)
X-squared = 0.68189, df = 1, p-value = 0.4089
alternative hypothesis: two.sided
95 percent confidence interval:
 -0.023298501  0.009256006
sample estimates:
   prop 1     prop 2
0.1145571 0.1215784
```

(3) 결론

$p-$값 $= 0.4089 > 0.05$ 으로 유의수준 $\alpha = 0.05$에서 H_0를 기각하지 못한다. 즉 A와 B 생명보험 계약 해지 비율 차이는 유의하지 않다.

연습문제

1. 진수네 초등학교 운동회에서 이어달리기 계주선수를 정하려고 한다. 이어달리기를 지원한 사람이 총 13명이며 계주시 5바퀴로 한바퀴당 1명씩 도는 방식이다. 다음은 지원자목록과 100m 달리기 기록이다.

| 표 9.8 | 지원자목록

이름	100m 기록
김진수	18.5
박영휘	20.0
최이사	16
박바름	21.3
김문도	17.4
이아름	21.2
류태민	13
유시우	15.7
계미소	22
한시우	17.4
나보라	16.8
하정우	15.
박재수	20.1

(a) 지원한 사람들 중 계주 5명을 뽑고자 한다. 나올 수 있는 경우의 수는 몇 가지인가?

(b) 지원한 사람들 중 계주 5명을 뽑았다. 이때 계주 순서를 배치하는 경우의 수를 구하시오.

(c) 지원자의 100m 달리기 기록의 평균과 표준편차를 구하고 최고로 빠른 사람을 찾으시오.

2. 다음의 A반은 토익 850점을 목표로 한다. 성적은 정규분포를 따른다고 가정한다.

| 표 9.9 | 토익성적 A

이름	성적
김하나	660
나두야	530
도세우	800

류사암	700
마오공	775
박육소	832
송칠구	450
이팔현	570
조구나	600

(a) A반 성적의 평균, 분산, 표준편차를 구하시오.

(b) 최소점수와 최대점수를 구하고 해당 사람을 구하시오.

(c) A반의 평균이 700이라고 할 수 있는가? 유의수준 5% (신뢰도 95%)에서 이 가설이 타당한지 통계적 가설검정하시오.

(d) 다음은 토익 B반이다. 성적은 정규분포를 따른다고 가정한다.
B반 성적의 평균, 분산, 표준편차를 구하시오.

| 표 9.10 | 토익성적 B

이름	성적
장일등	800
임이현	700
송삼구	830
봉사택	820
마오주	760
라육란	750
도칠만	695
나팔훈	870
강구일	930
나일등	900

(e) A반과 B반, 두 반의 평균 성적이 동일하다고 볼 수 있는가? 유의수준 5%에서 통계적 검정하시오.

3. D 대학에서 10명의 학생을 대상으로 학습법 강좌 수강 전후의 B 과목 시험점수가 정리되어있다. 성적은 정규분포를 따른다고 가정한다. 다음의 가설에 대해 짝지어진 t 검정을 하시오. 관심있는 가설은 다음과 같다.

H_0 : 강좌 수강 전후 점수 차이가 없다.

에 대해

H_1 : 강좌 수강 전후 점수 차이가 있다.

| 표 9.11 | 수강 전후 성적

학생번호	수강 전 시험성적	수강 후 시험성적
1	80	85
2	70	80
3	83	85
4	82	89
5	66	75
6	50	70
7	69	75
8	87	90
9	73	75
10	68	75

4. 존스 홉킨스 대학에서 제공하는 COVID-19 데이터이다. 2021. 2. 23 기준으로 전세계의 확진자는 112,255,684명, 사망자는 248528명으로 사망률은 약 0.22%정도이다. 다음의 데이터는 2021.2.23일 기준 한국에서 발생한 확진자수와 사망자수이다.

(a) 한국의 사망률이 전세계 사망률 0.22%와 같다고 할 수 있는지 유의수준 5%에서 가설 검정하시오.

(b) 서울특별시의 확진자 대비 사망률과 경기도의 사망률이 같다고 할 수 있는지 유의수준 5%에서 가설 검정하시오.

| 표 9.12 | 코로나 확진자수

위치	총 확진자수	사망자수
서울특별시	87324	369
경기도	22694	477
대구광역시	8558	213
인천광역시	4322	52
경상북도	3201	70
부산광역시	3155	102
충청남도	2394	35

CHAPTER

10 사용자함수 만들기

만일 같은 코드를 반복적으로 수행해야 한다면 해당 코드를 함수로 만드는 것이 좋은 방법이다. 가능하다면 반복적인 코드는 줄여 읽기 쉽고 사용하기 쉽도록 프로그래밍하기를 권장한다. R에서는 사용자함수를 만드는 방법이 편리하며 간단하다.

R의 큰 장점 중 하나는 프로그래밍 언어의 기능이다. 엑셀의 매크로 기능처럼 R에서 사용자 함수를 정의하여 만들 수 있다. 사용자 정의 함수를 한 번 수행시킨 후에는 R 시스템내 저장된 위치는 다르지만, 함수를 사용하는 측면에서는 내장 함수와 구별되지 않는다. 사용자 함수를 정의하는 형식은 다음과 같이 `function()`을 사용한다. function argument에서 default argument, default value와 returned value에 대해 이해하고 활용하도록 한다.

```
function-name = function(arguments)
  {
     function body
     return( output arguments)
  }
```

10.1 입력인수가 없는 경우

R에서는 함수 객체이름을 사용자가 지정하며 `function()` 함수를 사용하여 원하는 문구, 객체 등을 출력할 수 있는 함수를 만들 수 있다. 우선 입력인수(input argument)가 없는 간단한 함수를 만들어보자.

[예 10.1] 입력인수가 없는 간단한 함수 만들고자 한다.

<코드 10.1> 간단 함수

```
say.hello<-function(){
   print("Hello, World!")
}
```

say.hello() 함수를 한 번 수행시킨 후 다음과 같이 만든 함수를 부르면 원하는 결과가 출력된다.

```
> say.hello()
[1] "Hello, World!"
```

[예 10.2] 한 번만 출력할 경우는 다음과 같이 사용한다.

```
sprintf("Hello %s", "younghee")
```

```
> sprintf("Hello %s", "younghee")
[1] "Hello younghee"
```

또는 다음의 hello.person() 함수를 만든다.

<코드 10.2> hello.person 함수

```
hello.person <-function(name){
   print( sprintf("Hello, %s", name) )
}

hello.person("younghee")
hello.person("minsu")
```

```
> hello.person("younghee")
[1] "Hello, younghee"
> hello.person("minsu")
[1] "Hello, minsu"
```

10.2 입력인수가 있는 경우

입력인수가 필요한 사용자함수를 만들고자 하는 경우 function 함수의 () 안에 필요한 입력인수(input argument)를 써야한다.

[예 10.3] 이변량 데이터 (x, y)에 대한 산점도가 출력되도록 하고자 한다.

<코드 10.3> red.plot 함수

```
red.plot<-function(x,y){
   plot(x,y, lty=2, col="red")
}

x<-c(1,2,3,4,5)
y<-c(1, 2.3, 3.2, 4.0, 5.6)
red.plot(x,y)
```

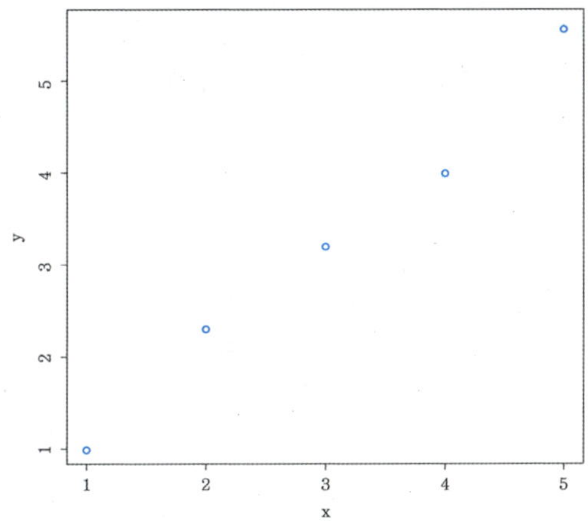

그림 10.1 red.plot() 수행 결과

10.3 입력인수와 출력인수가 있는 경우

사용자함수의 function ( ) 안에 필요한 입력인수(input argument)를 써야한다. 사용자 함수 수행한 결과값(return value)을 내보내고자 할 때는 `return()` 함수를 사용해야 한다.

[예 10.4] 나눗셈 함수 `divide()`를 정의하고 `a=c(36,77,111)`와 b=3에 `divide()` 함수를 적용하여 답을 얻고자 한다.

<코드 10.4> 나눗셈 함수

```
divide <- function(x,y) {
  return(x/y)
}
```

divide() 함수를 한 번 수행한 후에는 적절한 인수(argument)를 대입한다.

```
> a=c(36,77,111)
> b=3
> divide(a,b)
[1] 12.00000 25.66667 37.00000
> divide(1,5)
[1] 0.2
> divide(1:5,2)
[1] 0.5 1.0 1.5 2.0 2.5
```

[예 10.5] 제곱 함수 square()를 정의한다. 사용자함수 square() 함수를 이용하여 a=c(1,2,3)와 b=4.5 에 대해 계산결과를 얻고자 한다.

<코드 10.5> 제곱함수

```
square<- function(x) {
   temp<- x*x
   return(temp)
 }

a<- c(1,2,3)
b<- 4.5
square(a)
square(b)
```

square() 함수를 한 번 수행한 후 적절한 인수를 대입한다.

[예 10.6] R의 내장함수를 사용하지 않고, 일변량 데이터에 대해 평균, 분산, 표준편차가 출력되는 사용자 함수를 만들어 보고자 한다.

<코드 10.6> my.summary 함수

```
# Descriptive statistics  function #
 my.summary<-function(x){
    n<-length(x)
    temp<-0 ; temp1<-0
    for ( i in 1: n){
        temp<- temp+ x[i]
        temp1<- temp1+ x[i]^2
    }
    m<-temp/n
    v<- ( temp1-n*m^2 )/(n-1)
    sd<-sqrt(v)
 return(list(m,v,sd) )
 }
```

my.summary() 함수를 한 번 수행시키면 R 시스템에 임시로 my.summary 함수가 생성된다. 그런 다음 분석하고자 하는 데이터를 x에 저장하고 my.summary(x)로 함수를 호출하면 결과가 출력된다.

```
> x=c(1,2,3,4,5)
> my.summary(x)
[[1]]
[1] 3
[[2]]
[1] 2.5
[[3]]
[1] 1.581139
```

my.summary(x)를 수행하면 결과 리스트로 세 개의 값을 출력하므로 필요한 경우 각 변수에 결과값을 다음과 같이 저장할 수 있다.

```
> mean_x=my.summary(x)[[1]]
> var_x=my.summary(x)[[2]]
> sd_x=my.summary(x)[[3]]
```

[예 10.7] 일변량 연속형 데이터에 대해 분포에 대한 정보를 주는 그래프로서 히스토그램,

줄기-잎-그림, 상자그림, 산점도가 출력되는 함수를 만들어 보자.

<코드 10.7> dist.graph 함수

```
# Graphs for distributions    #
 dist.graph<-function(x){
    par(mfrow=c(2,2))
    hist(x)
    stem(x)
    boxplot(x)
    plot(x)
 }
```

dist.graph() 함수를 한 번 수행한 후, 분석대상 데이터를 x에 저장하고 dist.graph(x)로 함수를 호출하면 결과가 출력된다.

```
> x=c(1.2, 3.5, 2.2, 6.4,3.1, 4.5, 5.2, 2.6)
> dist.graph(x)
```

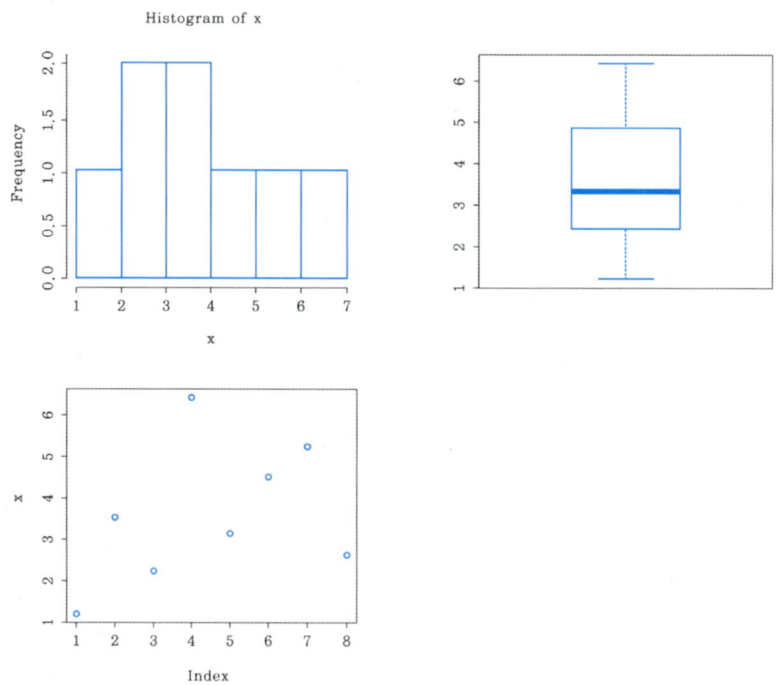

그림 10.2 dist.graph() 결과

10.4 do.call

같은 함수를 반복적으로 사용하여 계산해야 할 경우 do.call 함수를 사용하면 편리하다.

[예 10.8] hello.name() 함수를 만든다.

<코드 10.8> hello.name 함수

```
hello.name <-function(first, last){
   print( sprintf("Hello, %s %s", first, last) )
}

hello.name("a", "b")
do.call(hello.name, args=list(first="Minsu", last="Kim") )
```

```
run.this<- function(x, func=mean){
   do.call(func, args=list(x) )
}

run.this(1:10, mean)
run.this(1:10, sum)
```

```
> run.this(1:10, mean)
[1] 5.5
> run.this(1:10, sum)
[1] 55
```

[예 10.9] 여러 개의 데이터셋을 결합하고자 할 경우 do.call 함수를 사용하고자 한다.

<코드 10.9> do.call 함수 사용

```
data = list()
N = 100
for (n in 1:N) {
  data[[n]] = data.frame(index = n,
                         char = sample(letters, 1),
```

```
                              z = runif(1, a=0, b=1) )
 }
dat<- do.call(rbind, data)
head(dat)
```

```
> head(dat)
  index char          z
1     1    r 0.82361460
2     2    x 0.16096021
3     3    r 0.97009794
4     4    y 0.05649754
5     5    n 0.96132401
6     6    a 0.61564429
```

```
ufo1<- data.frame( cbind(id=c(1,2,3,4), x=c(16, 15, 17, 16) ) )
ufo2<- data.frame( cbind(id=c(5,6,7), x=c(15, 18, 19) ) )
ufo3<- data.frame( cbind(id=c(8,9), x=c(20, 18) ) )
ufo4<- data.frame( cbind(id=c(10), x=c(17) ) )

ufoMerged <- do.call("rbind", list(ufo1, ufo2, ufo3, ufo4))
```

```
> ufoMerged
   id  x
1   1 16
2   2 15
3   3 17
4   4 16
5   5 15
6   6 18
7   7 19
8   8 20
9   9 18
10 10 17
```

10.5 Newton-Raphson 최적해 찾기

함수 f가 연속 도함수 f'와 근 a로 미분가능하다고 가정한다. $x_0 \in R$ 로하고 x_0을 a에서 현재 '추측'으로 생각한다. 기울기가 $f'(x_0)$인 점 $(x_0, f(x_0))$을 통과하는 직선은 점 x_0에서 함수 $f(x)$에 대한 최상의 직선 근사치이다.(이는 미분의 의미이다.) 이 직선의 방정식은 다음과 같이 주어진다.

$$f'(x_0) = \frac{f(x_0) - y}{x_0 - x}. \tag{10.1}$$

이 직선은 x_1 지점에서 x_0보다 a에 대한 더 나은 근사치를 찾기 위해 다음의 식을 이용한다.

$$f'(x_0) = \frac{f(x_0) - 0}{x_0 - x_1} \quad \text{그러므로} \quad x_1 = x_0 - \frac{f(x_0)}{f'(x_0)}. \tag{10.2}$$

즉, 수정항 $f(x_0)/f'(x_0)$ 를 빼서 현재 추측 x_0에서 차선책 x_1을 얻는다(그림 10.3).
이제 x_1을 얻었으므로 동일한 절차를 사용하여 다음 추측을 얻는다.

$$x_2 = x_1 - \frac{f(x_1)}{f'(x_1)}. \tag{10.3}$$

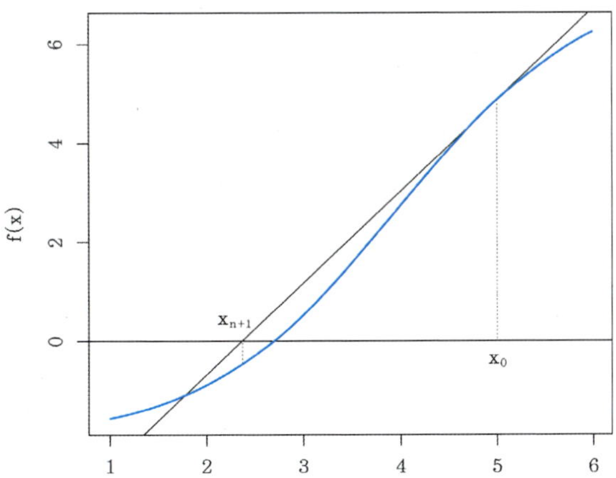

그림 10.3 뉴튼-랩슨 방법 이용한 해찾기

일반적으로 뉴튼-랩슨 방법(Newton-Raphson method)으로 최적해는 다음과 같이

$$x_{n+1} = x_n - \frac{f(x_n)}{f'(x_n)} \tag{10.4}$$

반복적으로 구해나간다.

f가 a에서 '잘 작동'하면 (즉 $f'(a) \neq 0$이고 f''가 a에서 유한하고 연속적임) a에 '충분히 가까운' x_0로 시작하면 x_n에 빠르게 수렴한다. 그러나 a를 알 때까지 f가 a에서 잘 작동하는지 알 수 없으며 얼마나 가까운지 미리 알 수 없다.

$|x_{n+1} - x_n| <$ tolerence 이면 반복작업을 끝낸다.

또는 $|f(x_n) - 0| <$ tolerence 이면 반복작업을 끝낸다.

[예 10.10] 뉴튼-랩슨 방법을 적용하여 해를 구할 수 있는 사용자함수를 만든다.

함수 $f(x) = \log x - \exp(-x)$ 은 미분함수 $f'(x) = 1/x + \exp(-x)$ 를 갖는다.
$f(x) = 0$ 을 만족하는 해를 사용자함수를 이용해 구하고자 한다. 입력함수로 원함수와 미분함수를 사용한다.

<코드 10.10> 뉴튼-랩슨 방법 함수

```
newton_raphson <- function(ftn, x0, tol = 1e-9, max.iter = 100) {
 # Newton_Raphson algorithm for solving ftn(x)[1] == 0
 # the algorithm terminates when the function value is within distance tol
 #or the number of iterations exceeds max.iter

  x <- x0      # initial guess at the root
  fx <- ftn(x)
  iter <-  0

  # continue iterating until stopping conditions are met
  while ((abs(fx[1]) > tol) && (iter < max.iter)) {
    x <- x - fx[1]/fx[2]
    fx <- ftn(x)
    iter <- iter + 1
    cat("At iteration", iter, "value of x is:", x, "\n")
  }
```

```
  # output depends on success of algorithm
  if (abs(fx[1]) > tol) {
    cat("Algorithm failed to converge\n")
    return(NULL)
  } else {
    cat("Algorithm converged\n")
    return(x)
  }
}
```

```
ftn4 <- function(x) {
 fx <- log(x) - exp(-x)
 dfx <- 1/x + exp(-x)
 return(c(fx, dfx))
}
```

```
> newton_raphson(ftn4, 2, 1e-06)
At iteration 1 value of x is: 1.12202
At iteration 2 value of x is: 1.294997
At iteration 3 value of x is: 1.309709
At iteration 4 value of x is: 1.3098
Algorithm converged
[1] 1.3098
```

10.6 적분값 구하기

연속형 변수에 대한 구간 확률값은 적분값으로 구한다. 예를 들어, 표준 정규밀도함수의 적분으로 확률값을 구한다. 즉

$$\Phi(z) = P(Z \le z) = \int_{-\infty}^{z} \frac{1}{\sqrt{2\pi}} e^{-x^2/2} dx. \tag{10.5}$$

$\Phi(0) = 1/2$, $\Phi(\infty) = 1$을 알고 있지만 다른 모든 z의 경우에 대한 수치 적분을 사용한다.

적분을 구하기 위해 사다리꼴 규칙을 적용해보고자 한다. 적분함수 $f(x)$와 구간 $[a,b]$ 가 주어질 때 적분값에 대한 표현은

$$\int_a^b f(x)dx \tag{10.6}$$

이다. 구간 $[a,b]$를 길이 $h=(b-a)/n$ 인 n개의 동일한 부분 구간으로 세분화한다. 이와 같이 정한 하위 구간의 끝점은 다음과 같이 첨자를 붙일 수 있다.

$$a=x_0, x_1, x_2, ..., x_{n-1}, x_n = b. \tag{10.7}$$

이러한 작은 구간 각각에 대한 적분을 근사한 다음 모든 작은 근사치를 더하여 원래 적분에 대한 전체 근사치를 제공할 수 있다.

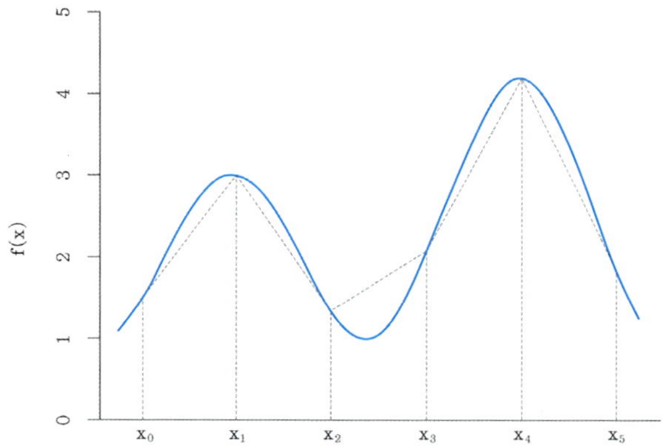

그림 10.4 사다리꼴 규칙

사다리꼴 근사는 사다리꼴로 하위 구간 $[x_i, x_{i+1}]$에 걸쳐 $y=f(x)$ 아래의 면적을 근사하여 구한다. $f(x)$는 하위 구간 $[x_i, x_{i+1}]$에 걸쳐 직선으로 근사된다(그림 10.4). 사다리꼴의 너비는 h, 사다리꼴의 왼쪽은 높이 $f(x_i)$, 오른쪽은 높이 $f(x_{i+1})$ 이다. 따라서 사다리꼴의 면적은

$$\frac{h}{2}(f(x_i)+f(x_{i+1})). \tag{10.8}$$

사다리꼴 근사값 T는 모든 부분 구간에 대한 영역을 더하며 적분 $\int_a^b f(x)dx$ 을 구한다.

사다리꼴 규칙

$$T=\frac{h}{2}(f(x_0)+2f(x_1)+2f(x_2)+\cdots+2f(x_{n-1})+f(x_n)) \tag{10.9}$$

$f(x_i),\ i=1,...,n-1$는 x_i의 왼쪽과 x_i의 오른쪽에 있는 사다리꼴 영역에 기여하므로 이와 같은 공식에서 2를 곱한 것으로 나타난다. 대조적으로 $f(x_0)$ 및 $f(x_n)$은 각각 첫 번째 사다리꼴과 마지막 사다리꼴 영역에만 기여하므로 한 번만 나타난다. n이 클수록 적분값은 참값으로 다가간다.

[예 10.11] 사다리꼴 규칙을 적용하는 사용자함수를 만든다. 그리고 $\int_0^1 4x^3 dx = 1$ 을 구하고자한다.

<코드 10.11> 사다리꼴 규칙 적용 적분 함수

```
trapezoid <- function(ftn, a, b, n = 100) {
  # numerical integral of ftn from a to b using the trapezoid rule
  # ftn is a function of a single variable
  # assume a < b and n is a positive integer
h <- (b-a)/n
x.vec <- seq(a, b, by = h)
f.vec <- sapply(x.vec, ftn)
T <- h*(f.vec[1]/2 + sum(f.vec[2:n]) + f.vec[n+1]/2)
return(T)
}

ftn6 <- function(x) return(4 * x^3)

trapezoid(ftn6, 0, 1, n = 20)
```

```
> trapezoid(ftn6, 0, 1, n = 20)
[1] 1.0025
> trapezoid(ftn6, 0, 1, n = 40)
[1] 1.000625
> trapezoid(ftn6, 0, 1, n = 60)
[1] 1.000278
```

연습문제

1. 양수에 대해 제곱근을 구해 더하여 결과를 출력하는 사용자함수 sq()를 만드시오.
   sq() 함수를 이용하여 다음의 값에 대한 결과를 출력하시오.

```
a<-c(1, 3, 5, 7)
b<-30
```

2. 데이터벡터에 대해 평균과 중앙값, 평균-중앙값 을 계산하여 결과를 출력하는 사용자함수 mm()를 만드시오.
   mm() 함수를 이용하여 다음의 값에 대한 결과를 출력하시오.

```
a<-c(1,2,3, 19, 20)
b<-c(1,2, 19, 20)
```

3. 다음을 수행하고 lapply 와 do.call을 비교해 보시오.

```
L=list(c(1,2,3), c(4,5,6))
lapply(L, sum)
list( sum( L[[1]]) , sum( L[[2]]))

do.call(sum, L)
sum( L[[1]], L[[2]])
```

4. 평균 λ인 포아송분포에서 난수 n 개를 발생시켜 x에 저장한 후 x에 대한 평균, 중앙값, 분산, 표준편차를 구하여 return 하는 사용자함수 my.poi.summary()를 만드시오. $\lambda = 3$, $n = 100$ 인 경우의 결과를 보이시오,

5. 사용자함수는 세 부분으로 구성된다. body(), formals(), environment()로 함수에 대한 구성요소를 볼 수 있다. 제곱값을 계산하는 함수 f 를 만들고 구성요소를 점검하시오.

```
f <- function(x){
   temp<- x^2
return(temp)
}

formals(f)
body(f)
environment(f)
attributes(f)     # short for source reference
```

6. 함수 $f(x) = \log x - \exp(-x^2)$ 은 미분함수 $f'(x) = 1/x + 2x\exp(-x^2)$ 를 갖는다. $f(x) = 0$ 에 대한 해를 뉴튼-랩슨 방법으로 구하시오.

7. 다음 함수의 적분값을 사다리꼴 규칙을 적용하여 구하시오.
   (a) $f(x) = 4x^3 + x,\ x \in (0, 1]$
   (b) $f(x) = x - \exp(-x^2),\ x \in (0, 1]$

8. 다음은 A대학교의 특별 기숙사 전형을 신청한 이들의 목록이다. 수도권(서울, 경기) 이외 지역의 학생에게는 학점에 0.3점 가산점을 더해 주고 점수가 가장 높은 3명을 합격시키고자 한다. 해당 기능을 할 수 있도록 사용자 함수를 만드시오. 그리고 다음의 데이터에 대한 수행결과를 보이시오.

❙ 표 10.1 ❙ 기숙사 신청자

이름	지역	학점
김율	서울	3.3
이태윤	경기	4.25
박서진	부산	2.5
안준	제주도	4.1
최시현	서울	2.3
류민우	경상남도	4.4
김이서	서울	4.1
계서아	경상북도	3.1
강나은	강원도	2.5
임로아	전라남도	3.5

CHAPTER

11 회귀분석

아이 때는 백지처럼 아무것도 입력이 안 된 상태로 태어나지만 성장하면서 여러 사람을 만나고 학교에서 배우고, 여러 가지 경험을 거치면서 어른이 되고 사회에 나가 직업을 갖는다. 아이였을 때의 경험이 어른이 되었을 때 여러 면에서 영향을 미친다고 알려져 있다. 부모의 양육방식에 따라서 아이의 외향성에 영향을 받고, 학창 시절 때 안 좋은 경험을 겪은 아이는 커서 그 영향을 받아 직업 선택이나 성격에 영향을 미치기도 한다. 또는 특별한 경험이 인생관을 결정하게 하여 직업을 정하게 되기도 한다.

회귀분석은 어떤 결과에 대한 요인들의 영향 정도를 파악하고자 할 때 사용하는 분석기법이다. 예를 들어 부모의 키가 아이의 키에 대해 어떤 영향을 미치는가를 알고 싶어 부모의 키와 자식의 키 자료를 수집하여 이들을 짝지어 분석하고 그 데이터를 최대한 설명할 수 있는 식을 찾고자 한다. 이처럼 관계식을 찾는 작업이 회귀분석이다. 회귀분석에서 분석의 대상이 되는 변수를 종속변수라 한다. 또한 종속변수에 영향을 미치는 변수를 독립변수라 한다. 앞의 예에서는 어머니, 아버지 키가 자식 키에 영향을 미치는 독립변수(설명변수)가 되고 자식의 키는 예측하고자 하는 종속변수(반응변수)가 된다.

11.1 단순회귀 분석

회귀분석(regression analysis)에서 회귀(regression)는 옛 상태로 돌아가다란 뜻이다. 회귀분석 방법이 처음 나온 것은 1885년 영국의 유전학자 갈튼(Fancis Galton)이 유전적으로 부모의 특징과 자식의 특징 사이를 설명할 수 있는 하나의 함수 그래프를 찾아낸 것으로부터 시작하였다. 갈튼은 우생학자로서 상관성과 회귀분석에 대한 통계적 개념을 만들었으며 340개 이상의 논문과 책을 썼다.

갈튼은 아버지의 신장(height)을 x, 아들의 신장을 y 변수로 놓고 선형관계식을 구해 추정식을 다음과 같이 나타냈다. 여기서 $\hat{y}$ 는 아들의 신장 적합값이다.

$$\hat{y} = 33.73 + 0.516x \quad (x : \text{아버지의 신장}, y : \text{아들의 신장})$$

이러한 관계식에서 비롯되어 회귀분석은 관찰된 연속형 변수들에 대해 두 변수 사이를 설명할 수 있는 적절한 모형을 구한 뒤 이 모형이 합당한 모형인지 측정해 내는 분석 방법이다. 그는 부모와 자식 키를 x, y 값으로 표현한 뒤 점을 찍은 뒤에 점들을 최대한 설명할 수 있는 그래프를 만들었다.

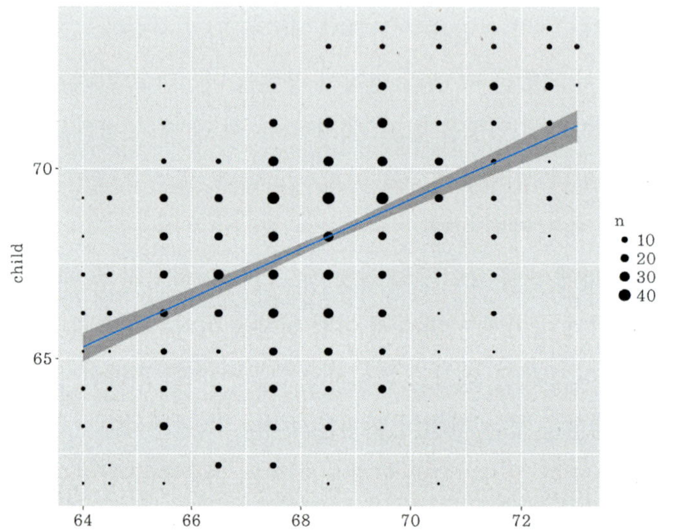

그림 11.1 갈튼의 데이터로 아버지와 아들의 키 관련 선형 회귀모형 그림

갈튼이 사용한 데이터의 단위는 인치(inch)이다(1 inch=2.54cm). 갈튼의 회귀모형에 직접적으로 적용을 해보자. 순희 아버지의 키는 173cm이다. 이는 인치로 계산하면 약 68.1inch로 식에 대입을 하면 아들의 키 $= 33.73 + 173 \times 0.516 = 68.61(inch)$로 순희의 남동생 키는 174.9cm로 추정된다. 하지만 순희 남동생의 실제 키는 169cm로 약 5cm의 오차가 난다. 식으로 설명해 보면 $\hat{y} = 33.73 + 0.516x$ 으로 아버지 키(x)와 0.516이라는 회귀계수를 곱한다. 아버지의 키가 클수록 0.516을 곱한 결과값으로 추정되는 아들의 키는 커진다. 그렇다는 것은 아들의 신장 적합값($\hat{y}$)은 아버지의 키가 클수록 더 커진다는 뜻이다.

한 개 연속형 관측값(y)에 대한 한 가지 영향이 되는 요소(x)가 되는 데이터를 수집하여 y에 대한 x 영향관계를 찾아내는 것을 단순회귀분석이라 한다.

단순선형회귀 모형(simple linear regression model)은 다음과 같다.

$$y_i = \beta_0 + \beta_1 x_i + \epsilon_i \tag{11.1}$$

여기서

y_i는 i번째 측정된 종속변수 y의 값

x_i는 i번째 측정된 연속형 설명변수 x의 값

β_0, β_1는 회귀계수로 β_0는 x과 상관없이 y값의 기저가 되는 y 절편, β_1은 x_i변수의 y에 대한 영향 정도를 나타낸다.

ϵ_i는 i번째 오차항으로 서로 독립적이며 평균 0, 분산 σ^2 인 정규분포 $N(0,\sigma^2)$을 따른다.

첨자를 쓰지 않고 모형을 다시 표현하면

$$y = \beta_0 + \beta_1 x + \epsilon \qquad (11.2)$$

이다. 수학적으로 1차 직선식 $y = \beta_0 + \beta_1 x$ 에서 β_0 는 절편, β_1은 기울기를 나타내며 기울기 β_1이 양수이면 x가 증가할 때 y도 증가하며 기울기 β_1이 음수이면 x가 증가할 때 y는 감소하는 관계를 나타낸다. 실제 데이터에 대해 완벽한 직선식으로의 적합은 대부분 불가능하므로 오차항 확률변수를 포함하는 통계적 모형을 통해 적합한 관계식을 구해야 한다.

실제 관측한 종속변수 y_i와 독립변수 x_i를 이용하여 모형을 적합한 후 추정값은

$$\hat{y_i} = \hat{\beta_0} + \hat{\beta_1} x_i \qquad (11.3)$$

이다.

잔차(residual)는 오차항에 대한 추정값으로

$$e_i = \hat{\epsilon_i} = y_i - \hat{y_i} \qquad (11.4)$$

이다.

11.2 상관계수

이변량(bivariate) 데이터 $\{(X_1, Y_1), (X_2, Y_2), \cdots, (X_n, Y_n)\}$ 에 대해 상관성 문제를 고려해보자. 두 변수간 선형관련성은 두 개 연속형 변수간 선형상관관계로 추정할 수 있다.

회귀분석의 시작 단계에서 두 변수의 관계를 알아보기위해 우선 두 변수간 산점도를 그려보

고 상관성을 구해본다.

두 변수 간 상관계수(correlation coefficient)는

$$\rho = cor(X, Y) = \frac{Cov(X, Y)}{\sqrt{Var(X)\,Var(Y)}} \tag{11.5}$$

으로 정의된다.

피어슨 상관계수(Pearson correlation coefficient)는 상관계수에 대한 추정량으로

$$r = \widehat{cor}(X, Y) = \frac{\frac{1}{n-1}\sum_{i=1}^{n}(X_i - \overline{X})(Y_i - \overline{Y})}{\sqrt{\frac{1}{n-1}\sum_{i=1}^{n}(X_i - \overline{X})^2 \cdot \frac{1}{n-1}\sum_{i=1}^{n}(Y_i - \overline{Y})^2}} = \frac{1}{n-1}\sum_{i=1}^{n}\left(\frac{X_i - \overline{X}}{s_X}\right)\left(\frac{Y_i - \overline{Y}}{s_Y}\right)$$
$$= \frac{\sum_{i=1}^{n}(X_i - \overline{X})(Y_i - \overline{Y})}{\sqrt{\sum_{i=1}^{n}(X_i - \overline{X})^2 \cdot \sum_{i=1}^{n}(Y_i - \overline{Y})^2}} \tag{11.6}$$

여기서

$$\overline{X} = \frac{1}{n}\sum_{i=1}^{n} X_i \qquad \overline{Y} = \frac{1}{n}\sum_{i=1}^{n} Y_i \tag{11.7}$$
$$s_X = \sqrt{\frac{1}{n-1}\sum_{i=1}^{n}(X_i - \overline{X})^2} \qquad s_Y = \sqrt{\frac{1}{n-1}\sum_{i=1}^{n}(Y_i - \overline{Y})^2}\ .$$

상관계수의 범위는 $-1 \le \rho \le 1$ 이고 이에 대한 추정량의 범위도 $-1 \le r \le 1$ 이다. 상관계수값이 0 에 가까울수록 상관성이 없고 1에 가까울수록 강한 양의 선형 상관성, -1에 가까울수록 강한 음의 선형 상관성을 가진다. 그림 11.2는 상관계수가 1, 0, -1 에 가까운 경우의 산점도를 예시한다.

[예 11.1] 이변량 데이터에 대해 상관계수를 구하고자 한다.

<코드 11.1> 상관계수 구하기

```
#corr
x<-seq(1:20)
```

```
y<-x
y1<-rnorm(20)
y2<- -x+rnorm(20, mean=0, sd=0.5)
cor(x,y)
cor(x,y1)
cor(x,y2)

par(mfrow=c(1,3))
plot(x,y)
plot(x,y1, ylim=c(-3,3))
plot(x,y2)
```

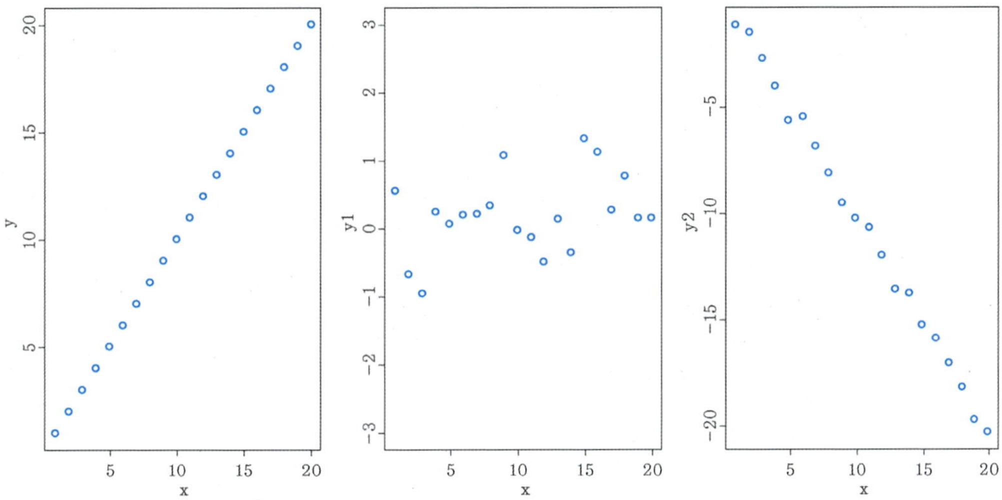

그림 11.2 (a) cor(x,y)=1 (b) cor(x,y)=-0.074 (c) cor(x,y)=-0.997

[예 11.2] R 시스템에 내장된 데이터셋 cars는 차량의 속도(speed)와 정지까지의 거리(stopping distance)에 대한 실험 데이터셋이다. 속도와 거리에 대한 산점도를 그리고자한다. 산점도를 통해 두 변수간의 대략적인 선형관계 또는 곡선관계 등 관련성에 대한 정보를 얻을 수 있다. 속도에 따른 거리 추정식을 회귀모형으로 얻고자한다. 또한 speed=28일 경우의 거리를 추정하고자 한다.

<코드 11.2> cars 데이터에 대한 속도와 거리 회귀분석

```
data(cars)
head(cars)
attach(cars)

cor(speed, dist)
a<- lm(dist~speed)
summary(a)
predict(a, newdata = data.frame(speed= 28))
plot(speed, dist) ; abline(a)        # 그림 11.3
```

```
> cor(speed, dist)
[1] 0.8068949
> a<- lm(dist~speed)
> summary(a)
Call:
lm(formula = dist ~ speed)
Residuals:
    Min      1Q  Median      3Q     Max
-29.069  -9.525  -2.272   9.215  43.201

Coefficients:
            Estimate Std. Error t value Pr(>|t|)
(Intercept) -17.5791     6.7584  -2.601   0.0123 *
speed         3.9324     0.4155   9.464 1.49e-12 ***
---
Signif. codes:  0 '***' 0.001 '**' 0.01 '*' 0.05 '.' 0.1 ' ' 1

Residual standard error: 15.38 on 48 degrees of freedom
Multiple R-squared:  0.6511,  Adjusted R-squared:  0.6438
F-statistic: 89.57 on 1 and 48 DF,  p-value: 1.49e-12
```

추정된 회귀식은 dist = -17.5791+ 3.9324speed 이다.

```
> predict(a, newdata = data.frame(speed= 28))
       1
92.52835
```

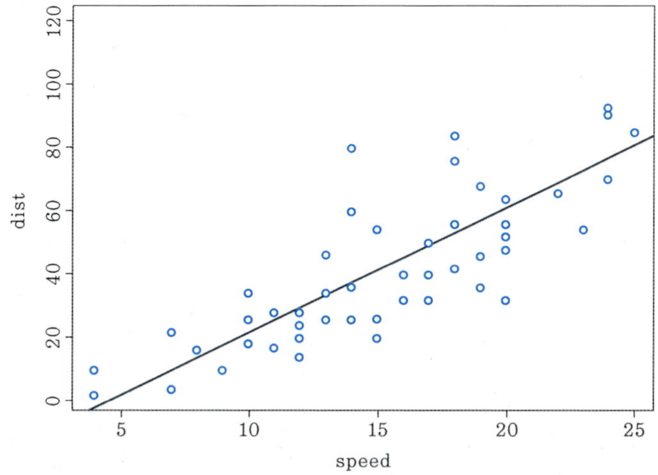

그림 11.3 cars 데이터에 대한 속도와 거리의 산점도와 추정된 회귀직선

```
a0<- lm(dist~0+speed)  # 원점 지나는 회귀
summary(a0)
plot(speed, dist, xlim=c(-1, max(speed) ) )
 abline(a0)          # 그림 11.4
```

```
> summary(a0)
Call:
lm(formula = dist ~ 0 + speed)
Residuals:
    Min       1Q  Median       3Q      Max
-26.183 -12.637  -5.455    4.590   50.181

Coefficients:
      Estimate Std. Error t value Pr(>|t|)
speed   2.9091     0.1414   20.58   <2e-16 ***
---
Signif. codes:  0 '***' 0.001 '**' 0.01 '*' 0.05 '.' 0.1 ' ' 1
Residual standard error: 16.26 on 49 degrees of freedom
Multiple R-squared:  0.8963,    Adjusted R-squared:  0.8942
F-statistic: 423.5 on 1 and 49 DF,  p-value: < 2.2e-16
```

추정된 회귀식은 원점을 지나는 dist = 2.9019 speed 이다.

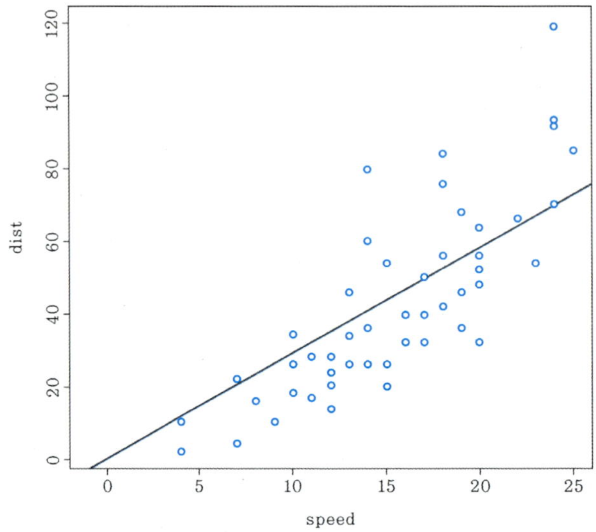

그림 11.4 cars 데이터에 대한 속도와 거리의 산점도와 추정된 원점 회귀직선

```
a2<- lm(dist~speed+I(speed^2) )   #이차 회귀
summary(a2)
plot(speed, dist)
lines(speed, predict(a2), lty=2)  # 그림 11.5
```

```
> summary(a2)
Call:
lm(formula = dist ~ speed + I(speed^2))
Residuals:
    Min      1Q  Median      3Q     Max
-28.720  -9.184  -3.188   4.628  45.152

Coefficients:
             Estimate Std. Error t value Pr(>|t|)
(Intercept)  2.47014   14.81716   0.167    0.868
speed        0.91329    2.03422   0.449    0.656
I(speed^2)   0.09996    0.06597   1.515    0.136

Residual standard error: 15.18 on 47 degrees of freedom
Multiple R-squared:  0.6673,    Adjusted R-squared:  0.6532
F-statistic: 47.14 on 2 and 47 DF,  p-value: 5.852e-12
```

추정된 회귀식은 이차식으로 $dist = 2.470 + 0.913speed + 0.099speed^2$ 이다. 그러나 이 모형에서 회귀계수는 유의하지않다.

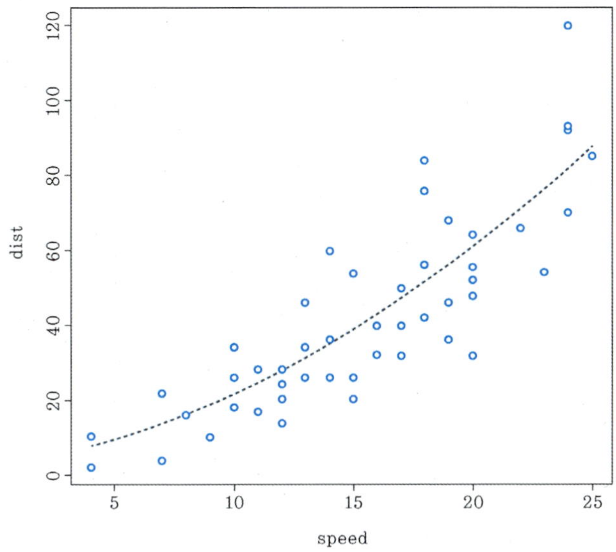

그림 11.5 cars 데이터에 대한 속도와 거리의 산점도와 추정된 이차 회귀직선

[예 11.3] 다음은 kaggle사이트에서 주니어 데이터분석가들 연습용 데이터인 근속연수(몇 년간 이 업무를 일해왔는가)와 임금정보이다. 취업자 30명을 대상으로 각자의 근속 년수와 연봉 정보를 수집하여 csv 파일에 저장하였다. 근속연수에 따른 연봉에 대한 관계식을 얻고자한다.

❙ 표 11.1 ❙ 근속연수(YearsExperience)와 연봉($)(Salary) 정보

YearsExperience	Salary
1.1	39343
1.3	46205
1.5	37731
2	43525
2.2	39891
2.9	56642
3	60150
3.2	54445
3.2	64445

3.7	57189
3.9	63218
4	55794
4	56957
4.1	57081
4.5	61111
4.9	67938
5.1	66029
5.3	83088
5.9	81363
6	93940
6.8	91738
7.1	98273
7.9	101302
8.2	113812
8.7	109431
9	105582
9.5	116969
9.6	112635
10.3	122391
10.5	121872

<코드 11.3> 근무년수와 연봉 회귀분석

```
salary<-read.csv(file="C:\\Users\\J\\Downloads\\Salary_Data.csv")
 head(salary)
plot(salary$Salary~salary$YearsExperience,data=salary)
cor(salary$YearsExperience,salary$Salary)

plot(salary$YearsExperience, salary$Salary, main="근속연수와 임금",
     xlab="근속연수", ylab="연봉 ", pch=19)
abline(lm(salary$Salary~salary$YearsExperience), col="red")
out<-lm(salary$Salary~salary$YearsExperience)

summary(out)
par(mfrow=c(2,2))
plot(out)
```

```
> head(salary)
  YearsExperience Salary
```

```
1            1.1  39343
2            1.3  46205
3            1.5  37731
4            2.0  43525
5            2.2  39891
6            2.9  56642
```

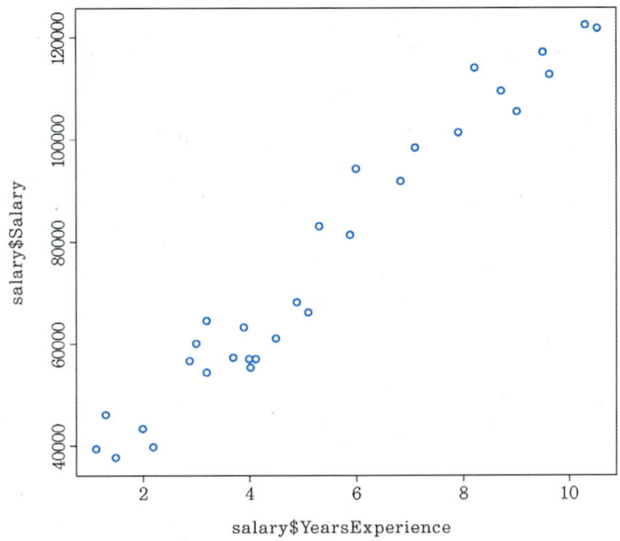

그림 11.6 경력과 연봉의 산점도

```
> cor(salary$YearsExperience,salary$Salary) #피어슨 상관계수
[1] 0.9782416

>summary(out)
Call:
lm(formula = salary$Salary ~ salary$YearsExperience)
Residuals:
    Min       1Q  Median       3Q      Max
-7958.0 -4088.5  -459.9  3372.6 11448.0

Coefficients:
                        ①Estimate Std. ②Error ③t value ④Pr(>|t|)
(Intercept)               25792.2      2273.1    11.35     5.51e-12 ***
salary$YearsExperience     9450.0       378.8    24.95     < 2e-16 ***
```

```
---
Signif. codes:  0 '***' 0.001 '**' 0.01 '*' 0.05 '.' 0.1 ' ' 1

Residual standard error: 5788 on 28 degrees of freedom
⑤Multiple R-squared:  0.957, ⑥Adjusted R-squared:  0.9554
F-statistic: 622.5 on 1 and 28 DF,  p-value: < 2.2e-16
```

회귀분석 모형 $y = \beta_0 + \beta_1 x + \epsilon$ 대해 추정식으로 다음과 같이 얻는다.

$$y = 25792.2 - 9450x$$

여기서 y : 연봉
x : 근무년수

①열에서 β_0, β_1에 대한 추정값을 보여준다.

②열은 각 추정값에 대한 표준오차(표본 평균 분포의 표준편차값)이다.

③열은 각 회귀계수에 대한 유의성 검정통계량으로 t 검정통계량 값이다.

④열은 t 검정통계량에 대한 유의확률(p-값, p-value) 이다.

절편 회귀계수에 대한 유의성검정을 위한 통계적 가설은

$$H_0 : \beta_0 = 0 \text{ 대해 } H_1 : \beta_0 \neq 0 \tag{11.8}$$

이다. β_0는 회귀직선이 y절편을 갖게 되어 발생하는 절편 회귀계수이므로 유의성검정에 의미를 많이 두지 않는다.

설명변수의 영향을 나타내는 기울기 회귀계수 β_1에 대한 유의성검정을 위한 통계적 가설은

$$H_0 : \beta_1 = 0 \text{ 대해 } H_1 : \beta_1 \neq 0 \tag{11.9}$$

이다. 설명변수의 역할에 대한 검정으로 중요한 유의성검정이 된다.

일반적으로 유의수준 5%($\alpha = 0.05$)에서 판단하고자 한다면, p-값< $\alpha = 0.05$ 이면 회귀계수는 유의하다.

근무년수의 검정통계량값=24.95 이고 유의확률은 $p-\text{값} = 2 \times 10^{-16} < \alpha = 0.05$ 이므로 근무년수에 대한 회귀계수는 유의하다. 즉 연봉은 근무년수와 양의 선형관련성을 갖는다.

⑤ Multiple R-squared 값은 결정계수로 추정된 회귀식의 설명력을 나타내는 측도이다. 결

정계수는 0 에서 1 사이 값으로 값이 클수록 설명력이 높다. 해당 모형이 전체 데이터의 분산을 설명해줄 수 있는 정도를 나타내며 해당 회귀모형이 총변동의 약 95.7% 정도를 설명할 수 있다는 의미이다.

⑥은 모형에 포함된 설명변수 개수를 고려한 수정된 결정계수(adjusted R-square)값이다.

▎표 11.2 ▎ 회귀분석 출력 결과 정리표

결과	설명
`estimate`	각 변수별 회귀계수(β_0, β_1)
`t value`	구한 회귀계수를 검정하기 위한 검정통계량
`(Pr(>|t|)`	회귀계수 검정에 대한 유의확률
`Residual standard error`	잔차에 대한 표준편차
`Multiple R-squared`	회귀식이 전체 데이터를 설명할 수 있는 정도

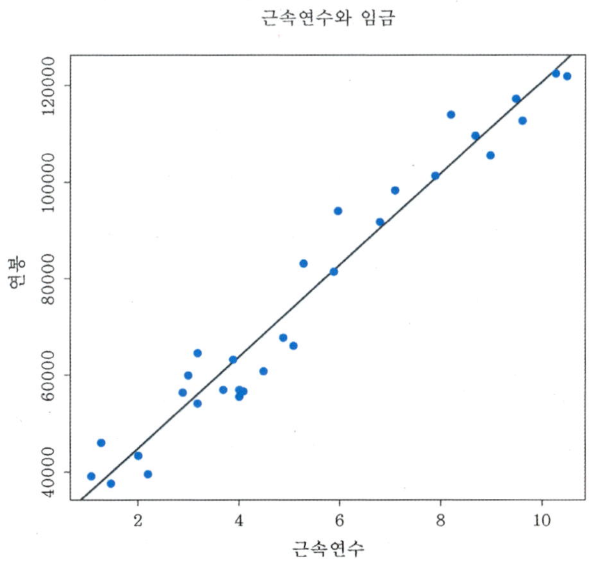

그림 11.7 근속년수와 연봉 산점도와 적합 회귀선

두 변수의 산점도는 그림 11.7에서 보여주는데 선형관계가 있어 보인다. 그림 11.7에서 보면 근속년수가 증가할수록 연봉이 증가하는 선형관계를 확인할 수 있다. 그림 11.8에서는 잔차 그림을 보여주는데 잔차에 대한 가정을 검토할 수 있다. 잔차의 가정을 고려하면 잔차에 대해 독립성, 정규성, 등분산성을 만족해야한다.

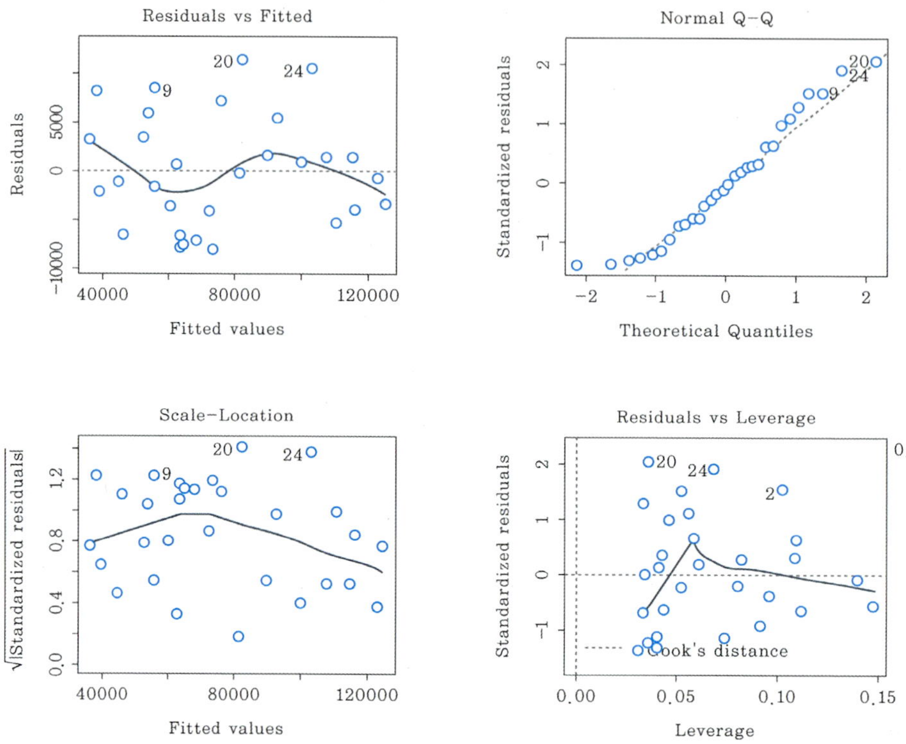

그림 11.8 근속년수와 연봉 회귀적합후 잔차검토를 위한 그림

[예 11.4] R 시스템에 내장된 데이터셋 mtcars는 속력와 정지까지의 거리(stopping distance)에 대한 실험 데이터셋이다. 해당 데이터중 차량무게와 연비에 대한 산점도를 그려 이를 통해 두 변수간의 대략적인 선형관계 또는 곡선관계 등 관련성에 대한 정보를 얻을 수 있다. 이후에는 차량 무게에 따른 연비 추정식을 회귀모형으로 얻고자 한다.

<코드 11.4> mtcars 데이터에 대한 차량무게와 연비간의 회귀분석

```
library("MASS")
attach(mtcars)
  head(mtcars)
out=lm(mpg~wt,data=mtcars)
plot(wt, mpg, main="산점도와 회귀직선",
     xlab="차량무게", ylab="연비 ", pch=19)
abline(lm(mpg~wt), col="red")
```

```
plot(mpg~wt,data=mtcars)    # 그림 11.9
summary(out)
predict(out,newdata=data.frame(wt=5))
```

```
> head(mtcars)
                   mpg cyl disp  hp drat    wt  qsec vs am gear carb
Mazda RX4         21.0   6  160 110 3.90 2.620 16.46  0  1    4    4
Mazda RX4 Wag     21.0   6  160 110 3.90 2.875 17.02  0  1    4    4
Datsun 710        22.8   4  108  93 3.85 2.320 18.61  1  1    4    1
Hornet 4 Drive    21.4   6  258 110 3.08 3.215 19.44  1  0    3    1
Hornet Sportabout 18.7   8  360 175 3.15 3.440 17.02  0  0    3    2
Valiant           18.1   6  225 105 2.76 3.460 20.22  1  0    3    1

> summary(out)
Call:
lm(formula = mpg ~ wt, data = mtcars)
Residuals:
    Min      1Q  Median      3Q     Max
-4.5432 -2.3647 -0.1252  1.4096  6.8727

Coefficients:
            Estimate Std. Error t value Pr(>|t|)
(Intercept)  37.2851     1.8776  19.858  < 2e-16 ***
wt           -5.3445     0.5591  -9.559 1.29e-10 ***
---
Signif. codes:  0 '***' 0.001 '**' 0.01 '*' 0.05 '.' 0.1 ' ' 1

Residual standard error: 3.046 on 30 degrees of freedom
Multiple R-squared:  0.7528,    Adjusted R-squared:  0.7446
F-statistic: 91.38 on 1 and 30 DF,  p-value: 1.294e-10

> predict(out,newdata=data.frame(wt=5))
       1
10.56277
> 37.2851-5.3445*5
[1] 10.5626
```

산점도와 회귀직선

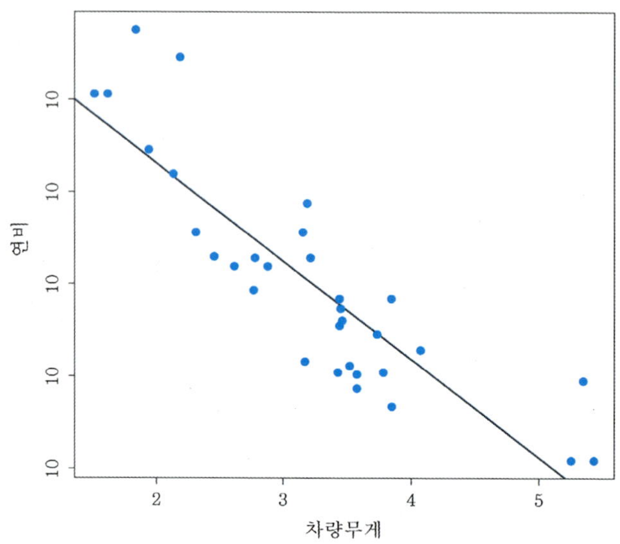

그림 11.9 mtcars 데이터셋에서 차량무게와 연비의 산점도와 추정된 회귀직선

추정된 회귀식은

$$y = 37.2851 - 5.3445x$$

여기서 x는 차량무게, y는 연비이다.

차의 무게가 증가할수록 1갤런당 달릴 수 있는 거리가 줄어든다. `predict()` 함수로 적합한 모형으로 y 에 대한 추정값을 얻는다.

`predict(out,newdata=data.frame(wt=5))`는 out에 저장된 회귀모형을 이용해 자동차 무게가 5톤일 경우 연비의 예측값을 출력한다. 이 경우 예측값은 `10.56277`으로 해당값이 출력되는 것이다. 실제 회귀식에 x=5를 대입하면 추정값을 얻을 수 있다.

[예 11.5] 싱가포르의 집값 관련된 정보들을 이용하여 회귀분석모형을 얻고자한다.

2012년, 2013년도 싱가포르에 있는 집에 단위당 가격들을 표기한 것이다(kaggle 사이트에서 다운로드). 역과의 거리가 집 가격과 연관성이 있는지 회귀분석으로 알아보고자 한다. 변수를 확인해보면 경도, 위도 등 여러 변수가 포함되어있다.

표 11.3 싱가포르의 집값 관련 변수

변수명		의미
No	No	행별로 붙인 번호
X1	transaction date	정보등록일
X2	house age	집의 나이
X3	distance to the nearest MRT station	MRT역에서부터의 거리
X4	number of convenience stores	근처 편의점갯수
X5	latitude	위도
X6	longitude	경도
Y	house price of unit area	특정단위별 집 가격

표 11.4 싱가포르의 집값 데이터

No	X1 transaction date	X2 house age	X3 distance to the nearest MRT station	X4 number of convenience stores	X5 latitude	X6 longitude	Y house price of unit area
1	2012.917	32	84.87882	10	24.98298	121.54024	37.9
2	2012.917	19.5	306.5947	9	24.98034	121.53951	42.2
3	2013.583	13.3	561.9845	5	24.98746	121.54391	47.3
4	2013.5	13.3	561.9845	5	24.98746	121.54391	54.8
5	2012.833	5	390.5684	5	24.97937	121.54245	43.1
6	2012.667	7.1	2175.03	3	24.96305	121.51254	32.1
7	2012.667	34.5	623.4731	7	24.97933	121.53642	40.3
8	2013.417	20.3	287.6025	6	24.98042	121.54228	46.7
9	2013.5	31.7	5512.038	1	24.95095	121.48458	18.8
10	2013.417	17.9	1783.18	3	24.96731	121.51486	22.1
11	2013.083	34.8	405.2134	1	24.97349	121.53372	41.4
12	2013.333	6.3	90.45606	9	24.97433	121.5431	58.1
13	2012.917	13	492.2313	5	24.96515	121.53737	39.3
14	2012.667	20.4	2469.645	4	24.96108	121.51046	23.8
15	2013.5	13.2	1164.838	4	24.99156	121.53406	34.3
16	2013.583	35.7	579.2083	2	24.9824	121.54619	50.5
17	2013.25	0	292.9978	6	24.97744	121.54458	70.1
18	2012.75	17.7	350.8515	1	24.97544	121.53119	37.4
19	2013.417	16.9	368.1363	8	24.9675	121.54451	42.3
20	2012.667	1.5	23.38284	7	24.96772	121.54102	47.7
⋮	⋮						
414	2013.5	6.5	90.45606	9	24.97433	121.5431	63.9

1. 필요한 패키지를 활성화하고 다운받은 csv 파일을 불러들인다. 첫 번째 행에 변수명이 있으므로 header=TRUE 옵션을 설정한다. head() 함수를 이용하여 데이터프레임의 앞부분을 확인하고 변수이름과 데이터 유형을 확인한다.

```
house=read.csv(file="C:\\R_dataset\\Real estate.csv", header=T)
library("MASS")
head(house)
names(house)
attach(house)
```

```
> names(house)
[1] "No"
[2] "X1.transaction.date"
[3] "X2.house.age"
[4] "X3.distance.to.the.nearest.MRT.station"
[5] "X4.number.of.convenience.stores"
[6] "X5.latitude"
[7] "X6.longitude"
[8] "Y.house.price.of.unit.area"
```

2. 연속형 데이터에 대한 분포를 파악하기 위해 히스토그램을 그린다. par() 함수를 통해 그래프가 들어갈 화면을 2×3으로 분할한 후 다음과 같은 for 문을 사용한다.

```
par(mfrow=c(2,3))
for (i in 3:8){
  hist(x=house[,i], main=print(names(house)[i]), xlab=print(names(house)[i]))
}
```

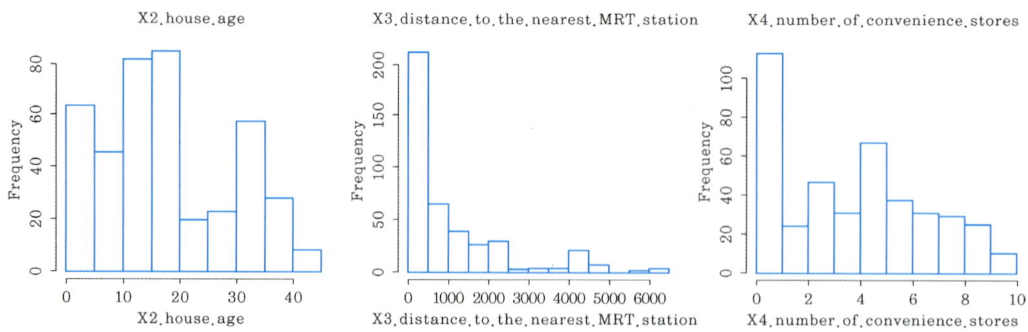

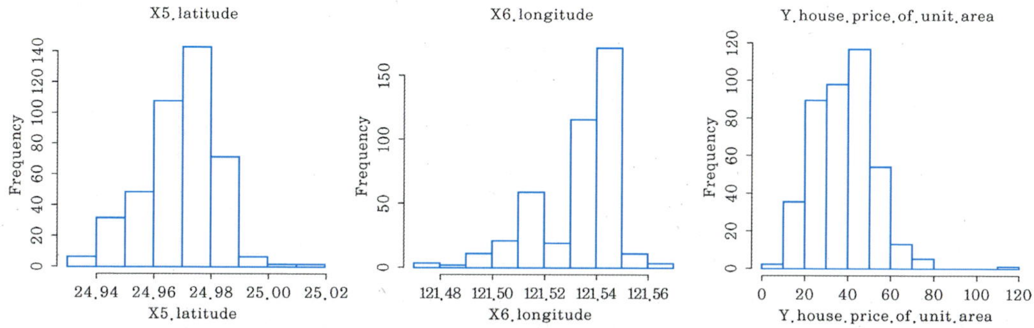

그림 11.10 house 데이터 연속형 변수별 히스토그램

3. 지하철역까지의 거리가 집값에 영향을 주므로 상관계수를 구해보고자 한다.

```
cor(Y.house.price.of.unit.area, X3.distance.to.the.nearest.MRT.station)
```

```
> cor(Y.house.price.of.unit.area, X3.distance.to.the.nearest.MRT.station)
[1] -0.6736129
```

4. 지하철역까지의 거리가 집값에 영향을 주는 관계식을 구하고자 한다. `lm()` 함수를 이용하여 선형회귀모형식을 구한다. 계산한 결과를 reg1 변수에 저장하고 `summary()` 함수를 이용하여 결과값을 확인한다. `coef()` 함수는 추정된 회귀계수값만 출력한다.

```
Y<-Y.house.price.of.unit.area
X3<-X3.distance.to.the.nearest.MRT.station
reg1<-lm(Y ~ X3)
summary(reg1)
coef(reg1)          # 추정된 회귀계수
```

```
> Y<-Y.house.price.of.unit.area
> X3<-X3.distance.to.the.nearest.MRT.station
> reg1<-lm(Y ~ X3)
> summary(reg1)
Call:
lm(formula = Y ~ X3)
Residuals:
    Min      1Q  Median      3Q     Max
-35.396  -6.007  -1.195   4.831  73.483
```

```
Coefficients:
              ①          ②          ③       ④
             Estimate Std. Error t value Pr(>|t|)
(Intercept) 45.8514271  0.6526105   70.26   <2e-16 ***
X3          -0.0072621  0.0003925  -18.50   <2e-16 ***
---
Signif. codes:  0 '***' 0.001 '**' 0.01 '*' 0.05 '.' 0.1 ' ' 1

   Residual standard error: 10.07 on 412 degrees of freedom
⑤ Multiple R-squared:  0.4538,       ⑥ Adjusted R-squared:  0.4524
F-statistic: 342.2 on 1 and 412 DF,  p-value: < 2.2e-16

> coef(reg1)
 (Intercept)          X3
45.851427058 -0.007262052
```

회귀분석식 $y = \beta_0 + \beta_1 x + \epsilon$에서 ① 열에서 β_0, β_1에 대한 추정값을 보여준다. 역전거리 x에 대한 집가격 y 의 관계식은 다음과 같다.

$$y = 45.8514271 - 0.0072621x$$

여기서 y는 단위당 집 가격이고, x는 역과의 거리이다.

②열은 각 추정값에 대한 표준오차값이다. ③열은 각 회귀계수에 대한 유의성 검정통계량으로 t 검정통계량 값이다. ④열은 t 검정통계량에 대한 유의확률 또는 p값이다. 일반적으로 유의수준 5%($\alpha = 0.05$)에서 판단하고자 한다면, p-값< $\alpha = 0.05$ 이면 회귀계수는 유의하다. 역과의 거리에 대한 계수에 대한 검정통계량값=-18.50 이고 $p-$ 값 $< 2 \times 10^{-16} < \alpha = 0.05$ 이므로 유의하다.
⑤Multiple R-squared값은 결정계수로 추정된 회귀식의 설명력을 나타내는 측도이다. 결정계수는 0에서 1 사이 값으로 값이 클수록 설명력이 높다. 해당모형이 전체 데이터의 분산을 설명해줄 수 있는 정도를 나타내며 해당 회귀모형이 데이터 분산의 약 45.38% 정도를 설명한다. ⑥은 모형에 포함된 설명변수 개수를 고려한 수정된 결정계수값이다.

5. 추정된 모형을 이용하여 특정한 설명변수값에서 예측값을 계산해보고자한다. 만약 역에서부터의 거리가 30m인 곳의 특정 단위당 집가격을 예측하려면 `predict()` 함수를 이

용한다. 95% 예측신뢰구간을 구하고자 할 경우 interval과 conf.level=0.95 옵션을 사용한다. 역에서부터의 거리가 30m인 곳의 특정 단위당 집가격을 추정한 결과 45.63으로 얻는다.

```
predict(reg1, newdata=data.frame(X3=30))
predict(reg1,     newdata=data.frame(X3=30),     interval="confidence",
conf.level=0.95)
```

```
> predict(reg1, newdata = data.frame( X3= 30))
       1
45.63357
> predict(reg1, newdata = data.frame( X3= 30),interval = "confidence")
       fit      lwr      upr
1 45.63357 44.36567 46.90146
```

6. 추정된 모형을 시각적으로 표현하기 위해 그래프를 그린다. 우선 plot을 통해 집가격과 거리데이터에 대한 산점도를 그린 후 회귀모형직선을 `abline()` 함수를 이용해 추정된 직선을 추가하여 그린다.

```
par(mfrow=c(1,1))
plot(X3,Y)
abline(reg1,col="red")
```

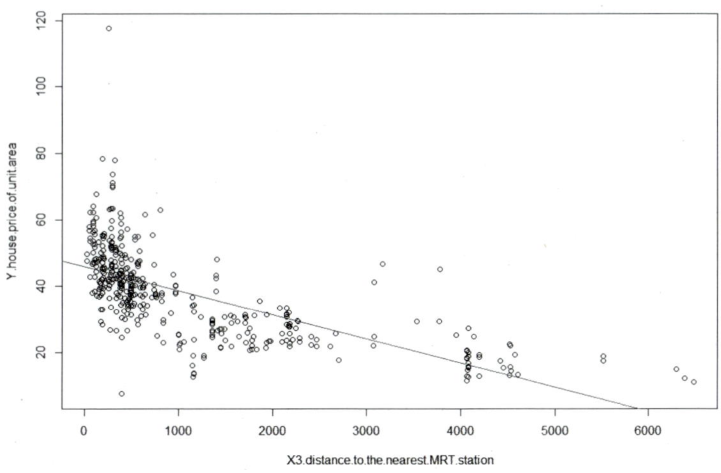

그림 11.11 역전거리와 집 가격에 대한 산포도 및 회귀직선

7. 잔차분석을 위한 그림을 얻기위해서는 plot(lm결과객체) 이용한다.

```
par(mfrow=c(2,2))
plot(reg1)
```

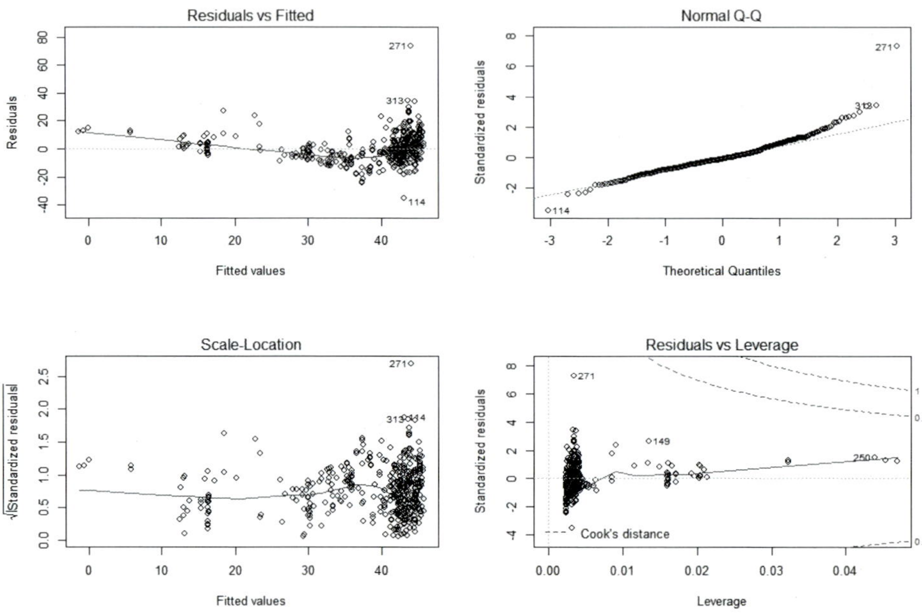

그림 11.12 잔차관련 그래프

그림 11.12에서 왼쪽 위 첫 번째 그림은 예측값과 잔차의 관계를 그린 그래프이다. 빨간 선이 예측값이며 선을 중심으로 데이터가 퍼져있는 것을 확인할 수 있다. 오른쪽 위 끝에는 잔차가 정규분포를 따르는지 나타내는 사분위수-사분위수 그림(Q-Q plot)이다. 왼쪽아래 세 번째 그림은 잔차를 표준화하여 그린 그림이고 오른쪽 하단 그림은 잔차에서 이상값을 확인할 수 있는 그래프이다.

11.3 다중회귀분석

만약 한 가지 결과에 대해 한 가지 변수의 영향이 아닌 여러 가지 변수들이 한 변수에 대해 어느 정도 영향을 주는지 분석하는 것을 다중회귀분석이라고 한다. 즉 다중회귀분석이란 설명변수가 여러 개인 경우에 해당 변수들과 반응 변수간의 관계식 찾는 것이다.

k개 설명변수 $x_1,\cdots,x_k$와 한 개 반응변수 y에 대해 다중선형회귀 모형(multiple linear regression model)은 다음과 같다:

$$y_i = \beta_0 + \beta_1 x_{1i} + \beta_2 x_{2i} + \cdots + \beta_k x_{ki} + \epsilon_i \tag{11.10}$$

여기서 y_i는 i번째 측정된 y의 값이며 β_0는 y축 절편, $\beta_1,\beta_2,\cdots,\beta_k$는 회귀모형에서 각 반응변수에 대한 영향을 나타낸다. ϵ_i는 i번째 오차항으로 각 오차항은 서로 독립이며 평균 0, 분산 σ^2인 정규분포 $N(0,\sigma^2)$를 따른다.

$x_{1i},\ \cdots,x_{ki}, y_i$는 주어진 데이터 i번째 개체에서 관측한 설명변수 $x_1,\ldots,x_k$와 y 값이다.
첨자 표기를 하지 않고 모형을 다시 표현하면

$$y = \beta_0 + \beta_1 x_1 + \beta_2 x_2 + \cdots + \beta_k x_k + \epsilon \tag{11.11}$$

여기서 $\epsilon \sim \ iid\ N(0,\sigma^2)$.

[예 11.6] 전복(abalone)데이터에 대해 다중회귀모형을 구하고자 한다.
해당 데이터는 UCI(https://archive.ics.uci.edu)에 있는 데이터셋으로 전복의 성별, 길이 등 관찰한 내용이 엑셀 파일에 담겨있다. 전복의 나이를 알 수 있는 것은 Rings 변수로 1.5년이 지나면 링의 수가 늘어난다. 반응변수를 ring의 수로 놓고 관계식을 찾고자 한다.

표 11.5 전복데이터

변수명	설명
Sex	전복의 성별(M:수컷, F:암컷, I:유아)
Length	전복의 세로 길이
Diameter	전복의 가로 길이
Height	전복의 알맹이를 넣고 측정한 껍데기의 높이
Whole weight	전체 전복의 무게
Shucked weight	알맹이 무게
Viscera weight	창자 무게(출혈 후)
Shell weight	건조시킨 후 껍데기의 무게
Rings	나이테와 비슷한 개념으로 고리 개수당 1.5년의 수명을 갖고 있다고 보면 된다.

1. 다운받은 csv 파일을 불러들인다. header=T 옵션으로 첫 행을 변수로 읽어 들인다. 1열은 성별을 표시한 문자형 데이터이다. 연속형 변수만 포함하도록 2열부터 9열까지만 따로 추출한다.

```
abalone<-read.csv(file="C:\\Users\\J\\Downloads\\abalone_original.csv",
header=T)
abalone <- abalone[,2:9]
str(abalone)
```

```
> abalone=read.csv(file="C:\\Users\\J\\Downloads\\abalone_original.csv",header=T)
> abalone <- abalone[,2:9]
> head(abalone)
  length diameter height whole.weight shucked.weight viscera.weight shell.weight rings
1     91       73     19        102.8           44.9           20.2           30    15
2     70       53     18         45.1           19.9            9.7           14     7
3    106       84     27        135.4           51.3           28.3           42     9
4     88       73     25        103.2           43.1           22.8           31    10
5     66       51     16         41.0           17.9            7.9           11     7
6     85       60     19         70.3           28.2           15.5           24     8
> str(abalone)
'data.frame': 4177 obs. of  8 variables:
 $ length        : int  91 70 106 88 66 85 106 109 95 110 ...
 $ diameter      : int  73 53 84 73 51 60 83 85 74 88 ...
 $ height        : int  19 18 27 25 16 19 30 25 25 30 ...
 $ whole.weight  : num  102.8 45.1 135.4 103.2 41 ...
 $ shucked.weight: num  44.9 19.9 51.3 43.1 17.9 28.2 47.4 58.8 43.3 62.9 ...
 $ viscera.weight: num  20.2 9.7 28.3 22.8 7.9 15.5 28.3 29.9 22.5 30.2 ...
 $ shell.weight  : num  30 14 42 31 11 24 66 52 33 64 ...
 $ rings         : int  15 7 9 10 7 8 20 16 9 19 ...
```

2. 변수별 분포 파악을 위해 히스토그램을 그린다. par() 함수를 통해 그래프가 들어갈 화면을 2×4 로 분할후 for 문으로 length 변수부터 rings 변수까지 모두 히스토그램을 그리도록 반복문을 만든다.

```
par(mfrow=c(2,4))
for (i in c(1:8)){
  hist(x=abalone[,i],main=print(names(abalone[i])),
  xlab=print(names(abalone[i])))
}
```

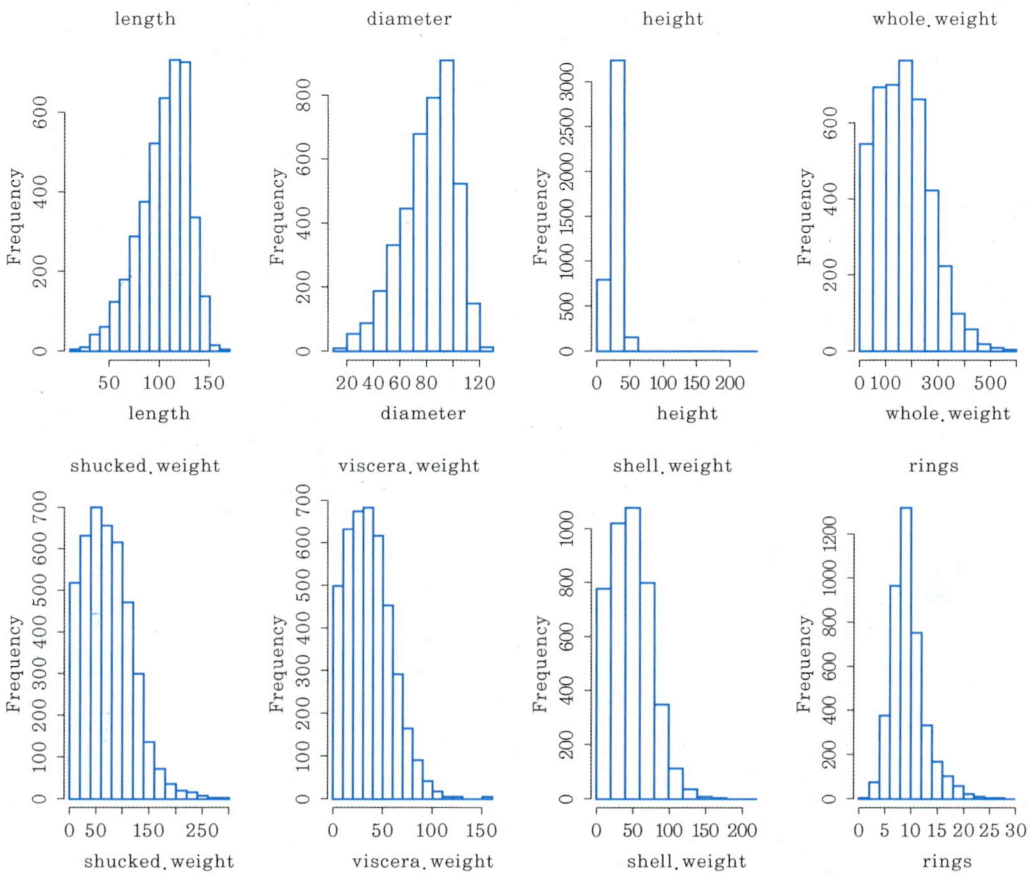

그림 11.13 abalone 데이터의 연속형 변수의 히스토그램

5. 데이터셋에 있는 모든 연속형변수를 이용하여 회귀식을 만들고 출력한다. 그리고 잔차에 대한 그래프도 그린다.

```
regression_aba<-lm(abalone$rings ~. ,data=abalone)
summary(regression_aba)
plot(regression_aba)
```

```
> regression_aba<-lm(abalone$rings ~. ,data=abalone)
> summary(regression_aba)
Call:
lm(formula = abalone$rings ~ ., data = abalone)
```

```
Residuals:
     Min       1Q   Median       3Q      Max
-11.1632  -1.3613  -0.3885   0.9054  13.7440
```

y는 전복의 나이테 수
x_1는 전복의 가로길이
x_2는 전복의 수직높이
x_3는 전복의 전체 무게
x_4는 전복 알맹이의 무게
x_5는 전복 창자무게(피 뺀 후)
x_6는 전복 껍데기를 건조시킨 후 껍데기의 무게

```
Coefficients:
                Estimate Std. Error t value Pr(>|t|)
(Intercept)     2.985154   0.269126  11.092  < 2e-16 ***
length         -0.007859   0.009124  -0.861    0.389
diameter        0.066805   0.011185   5.972 2.53e-09 ***
height          0.059130   0.007741   7.639 2.70e-14 ***
whole.weight    0.046237   0.003663  12.622  < 2e-16 ***
shucked.weight -0.101070   0.004117 -24.552  < 2e-16 ***
viscera.weight -0.049148   0.006520  -7.538 5.82e-14 ***
shell.weight    0.042881   0.005684   7.545 5.54e-14 ***
---
Signif. codes:  0 '***' 0.001 '**' 0.01 '*' 0.05 '.' 0.1 ' ' 1

Residual standard error: 2.218 on 4169 degrees of freedom
Multiple R-squared:  0.5276,  Adjusted R-squared:  0.5268
F-statistic: 665.2 on 7 and 4169 DF,  p-value: < 2.2e-16
```

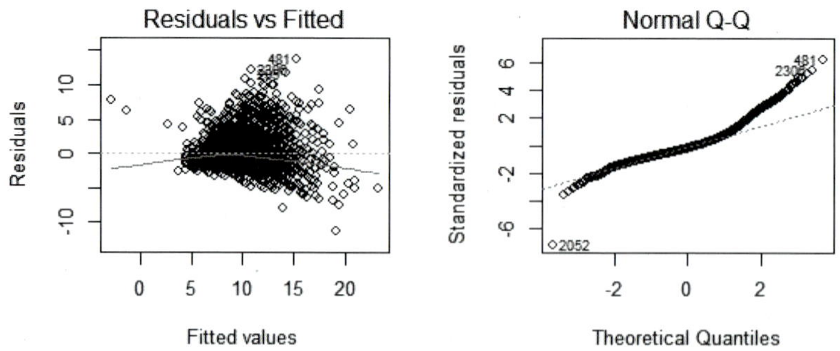

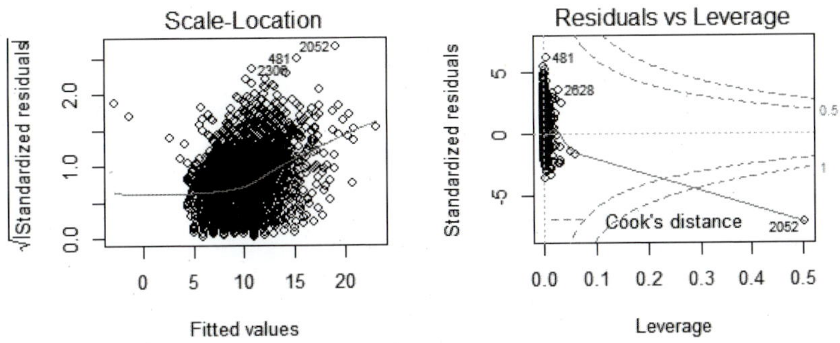

그림 11.14 abalone 데이터에 대한 선형회귀모형 적합후 여러 가지 잔차그림

모든 연속형 설명변수를 넣고 적합하면 전복의 세로길이(length) 변수를 제외한 나머지 변수들은 유의하므로 다음의 회귀식을 얻는다.

$$y = 2.985154 + 0.066805x_1 + 0.05913x_2 + 0.46237x_3 - 0.10107x_4 - 0.049148x_5 + 0.042881x_6$$

여기서

y는 전복의 나이테 수
x_1는 전복의 가로길이
x_2는 전복의 수직높이
x_3는 전복의 전체 무게
x_4는 전복 알맹이의 무게
x_5는 전복 창자무게(피 뺀 후)
x_6는 전복 껍데기를 건조시킨 후 껍데기의 무게

결정계수는 0.5276으로 회귀식이 전체 데이터의 약 52%를 설명하는 설명력(전체 데이터 산포도 중에서 통계 모형에 의해 설명되는 비율)을 갖는다.

그림 11.14에서는 여러 가지 잔차그림을 보여준다. 왼쪽 상단에는 추정값에 대한 잔차값 그림, 오른쪽 상단의 normal Q-Q 그래프(분위수대조도)로 잔차가 정규성을 따르는지 확인하는 그래프로 직선 위에 놓일수록 정규성을 만족한다고 볼 수 있다. 왼쪽 하단의 Scale-Location 그림은 x축에 선형회귀로 예측된 추정값, y축에는 표준화 잔차(standardized residual) 절대값의 제곱근으로 모두 양수가 된다. 기울기가 0인 직선이 이상적이다. 만약 0에서 멀리 떨어진 값이 관찰된다면 해당 값은 회귀직선이 y를 잘 적합하지 못한다는 의미이며 이상치일 가능성이 있다. 마지막으로 오른쪽 하단 그래프인 Residuals vs Leverage 그림은 설명변수가 얼마나 극단에 치우쳐 있는지를 나타낼 수 있는 지표이다. 잔차값이 cooked distance라고 표기된 범위

내에 들어가면 이상값이 아니라고 본다. 해당 그림을 보면 2025행의 값이 범위 밖에 있다. 이럴 경우 이상값이라고 간주할 수 있으며 해당값으로 인해 모형이 영향을 받아 설명력이 떨어질 수 있다는 단점이 있다. 그렇기 때문에 2052행을 제거하고 다시 회귀분석을 수행한다.

```
abalone <-abalone[-2052,]
regression_aba<-lm(abalone$rings ~. ,data=abalone)
summary(regression_aba)
par(mfrow=c(2,2))
plot(regression_aba)
```

```
>summary(regression_aba)
Call:
lm(formula = abalone$rings ~ ., data = abalone)
Residuals:
    Min      1Q  Median      3Q     Max
-8.0883 -1.3643 -0.3699  0.9055 13.9260
```

$y = 2.704893 + 0.058167x_1 + 0.11451x_2 + 0.045633x_3 - 0.099473x_4 - 0.051877x_5 + 0.038316x_6$

```
+0.038316x _{6}
Coefficients:
                Estimate Std. Error t value Pr(>|t|)
(Intercept)     2.704893   0.270348  10.005  < 2e-16 ***
length         -0.010274   0.009075  -1.132    0.258
diameter        0.058167   0.011183   5.201 2.07e-07 ***
height          0.114510   0.010898  10.507  < 2e-16 ***
whole.weight    0.045633   0.003642  12.529  < 2e-16 ***
shucked.weight -0.099473   0.004098 -24.274  < 2e-16 ***
viscera.weight -0.051877   0.006492  -7.991 1.72e-15 ***
shell.weight    0.038316   0.005685   6.740 1.81e-11 ***
---
Signif. codes:  0 '***' 0.001 '**' 0.01 '*' 0.05 '.' 0.1 ' ' 1

Residual standard error: 2.204 on 4168 degrees of freedom
Multiple R-squared:  0.5334,  Adjusted R-squared:  0.5326
F-statistic: 680.5 on 7 and 4168 DF,  p-value: < 2.2e-16
```

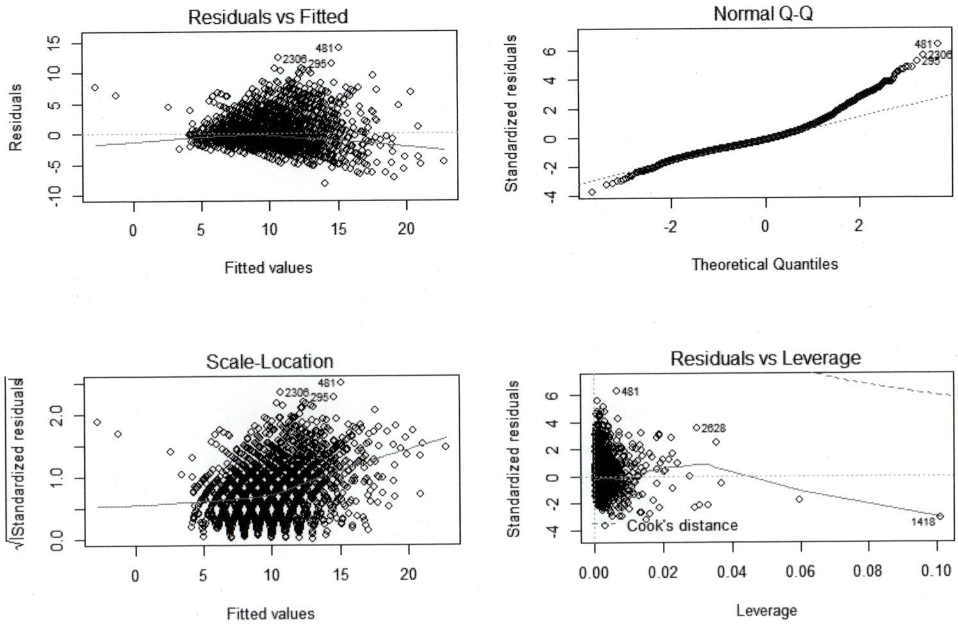

그림 11.15 이상값 제거 후 abalone 데이터 잔차 그래프

한 개의 이상값 제거로 설명력이 약 52.7%에서 53.3%로 약 0.6% 올랐다. 또한 Residual vs Leverage 그래프를 보면 데이터 전부가 cook's distance 이내에 있음을 볼 수 있다.

추정된 회귀식은

$$y = 2.7048 - 0.0102x_1 + 0.0581x_2 + 0.1145x_3 - 0.0994x_4 - 0.0518x_5 + 0.0383x_6$$

여기서

y는 전복의 나이테 수
x_1는 전복의 가로길이
x_2는 전복의 수직높이
x_3는 전복의 전체 무게
x_4는 전복 알맹이의 무게
x_5는 전복 창자무게(피 뺀 후)
x_6는 전복 껍데기를 건조시킨 후 껍데기의 무게.

회귀모형결정후 `fitted()`, `residual()`, `confint()` 함수를 이용하여 회귀식에 대한 예측값 잔차, 신뢰구간을 구할 수 있다.

```
#예측값
fitted(regression_aba)
predict(regression_aba)
#잔차
residuals(regression_aba)
#신뢰구간
confint(regression_aba)
```

변수가 여러 개인 경우 적정한 변수를 찾아 회귀식을 만들어야한다. step() 함수를 이용하여 변수선택법을 통해 적절한 회귀식을 찾는다. step(데이터명,direction="방법")을 입력한다. 방법의 옵션은 "both", "backward", "forward" 로 성능이 좋은 변수부터 추가하는 forward 방법, 전체 변수를 넣고 성능이 미비한 변수부터 제거해가는 backward 방법, 두 가지를 혼용해서 쓰는 both 방법이 있다.

```
reg.s <- step(regression_aba, direction = "both")
```

```
> reg.s <- step(regression_aba, direction = "both")
Start:  AIC=6610.24
abalone$rings ~ length + diameter + height + whole.weight + shucked.weight
+
    viscera.weight + shell.weight

                 Df Sum of Sq   RSS    AIC
- length          1      6.23 20262 6609.5
<none>                        20256 6610.2
- diameter        1    131.47 20387 6635.3
- shell.weight    1    220.74 20476 6653.5
- viscera.weight  1    310.32 20566 6671.7
- height          1    536.55 20792 6717.4
- whole.weight    1    762.86 21019 6762.6
- shucked.weight  1   2863.56 23119 7160.4

Step:  AIC=6609.52
abalone$rings ~ diameter + height + whole.weight + shucked.weight +
    viscera.weight + shell.weight

                 Df Sum of Sq   RSS    AIC
```

```
<none>                        20262 6609.5
+ length          1      6.23 20256 6610.2
- shell.weight    1    223.57 20486 6653.3
- viscera.weight  1    320.60 20583 6673.1
- diameter        1    399.94 20662 6689.1
- height          1    532.41 20794 6715.8
- whole.weight    1    765.06 21027 6762.3
- shucked.weight  1   2905.37 23167 7167.1
```

결과를 확인하면 전복의 세로길이(length) 변수를 제외한 식을 추천하는 것을 알 수 있다.

$$y = 2.704893 + 0.058167x_1 + 0.11451x_2 + 0.045633x_3 - 0.099473x_4 - 0.051877x_5 + 0.038316x_6$$

여기서

y는 전복의 나이테 수
x_1는 전복의 가로길이
x_2는 전복의 수직높이
x_3는 전복의 전체 무게
x_4는 전복 알맹이의 무게
x_5는 전복 창자무게(피 뺀 후)
x_6는 전복 껍데기를 건조시킨 후 껍데기의 무게.

다음과 같은 식을 도출한 결과로 전복의 나이테 수는 전복의 가로, 세로, 높이와 무게 등에 영향을 받는다. 특히 나이테 변수에 가장 큰 영향을 주는 것으로 가장 큰 회귀계수 절대값을 갖는 전복의 수직 높이임을 알 수 있다.

연습문제

1. 다음은 화학반응 결과 얻은 데이터이다. $(n=8)$

X(농도)	1.0	2.5	3.3	5.2	4.3	4.6	5.7	5.5
Y(생성된 양)	6	9	10	12	15	13	17	16

(a) (X, Y) 산점도를 그리시오.

(b) X, Y의 Pearson 상관계수를 구하시오.

(c) 선형회귀모형 $Y_j = \beta_0 + \beta_1 X_j + \epsilon_j, \quad j = 1, 2, \ldots, 8$ 을 적합하시오.

(d) 산점도에 추정된 회귀직선을 같이 그리시오.

(e) (c)에서 구한 기울기 회귀계수에 대해 유의수준 5%에서 유의성 검정을 하시오.

(f) 그래프 위쪽에 "residual plot"이 쓰이도록 잔차그림 $(\hat{Y}, \hat{e})$을 그리고 해석하시오.

(g) 각 X 값에서 $\hat{Y}$, $\hat{e}$ 을 구하여 다음 표에 채우시오.

X(농도)	1	2	3	5	7	9	8	10
Y(생성된 양)	5	9	10	12	15	13	17	20
$\hat{Y}$ (추정값)								
$\hat{e}$ (잔차)								

(h) 결정계수를 구하고 해석하시오.

(i) 적합된 회귀식을 이용하여 각 $X = 4$ 에서 추정값 $\hat{Y}$ 을 구하시오.

(j) 적합된 회귀식을 이용하여 각 $X = 11$ 에서 추정값 $\hat{Y}$ 을 구하시오.

(k) X, Y에 대해 기초통계량을 구하시오.

2. R 시스템에 내장된 데이터셋 women을 이용하여 분석하시오.

```
> data(women)
> women
  height weight
1     58    115
2     59    117
3     60    120
:
```

(a) weight(x축)에 대한 height(y축)의 산점도를 그리시오.

(b) weight와 height의 Pearson 상관계수를 구하시오.

(c) 선형회귀모형 $Y = \beta_0 + \beta_1 X + \epsilon$ 을 적합하시오.

(d) 산점도에 추정된 회귀직선을 같이 그리시오.

(e) (c)에서 구한 기울기 회귀계수에 대해 유의수준 5%에서 유의성 검정을 하시오.

(f) 추정된 회귀식의 적합도에 대해 설명하시오.

(g) 잔차 그림을 그리고 해석하시오.

3. 〈표 11.6〉 스웨덴 자동차 보험 데이터에 대해 회귀분석을 하고자한다.

(a) (X,Y) 산점도를 그리시오.

(b) X와 Y의 피어슨 상관계수를 구하시오.

(c) Y의 X에 대한 회귀식을 구하시오.

(d) 유의수준 $\alpha = 0.05$ 에서 회귀계수에 대한 유의성검정을 하시오.

(e) 결정계수를 구하고 해석하시오.

X = 청구 건수(number of claims)

Y = 지불 금액(total payment for all the claims in thousands of Swedish Kronor for geographical zones in Sweden)

표 11.6 스웨덴 자동차 보험 데이터

X	Y
108	392.5
19	46.2
13	15.7
124	422.2
40	119.4
57	170.9
23	56.9
14	77.5
45	214
10	65.3
5	20.9
48	248.1
11	23.5
23	39.6
7	48.8
2	6.6
24	134.9
6	50.9
3	4.4
23	113
6	14.8
9	48.7
9	52.1
3	13.2
29	103.9
7	77.5
4	11.8
20	98.1
7	27.9
4	38.1
0	0
25	69.2
6	14.6
5	40.3
22	161.5
11	57.2
61	217.6
12	58.1
4	12.6
16	59.6
13	89.9
60	202.4
41	181.3
37	152.8
55	162.8
41	73.4
11	21.3
27	92.6
8	76.1
3	39.9
17	142.1
13	93
13	31.9
15	32.1
8	55.6
29	133.3
30	194.5
24	137.9
9	87.4
31	209.8
14	95.5
53	244.6
26	187.5

4. 다음은 kaggle.com에 올라온 데이터로 2012년, 2013년도 싱가포르에 위치한 집관련 데이터이다.

변수명	의미
No	행별로 붙인 번호
X1 : transaction date	정보등록일
X2 : house age	집의 나이
X3 : distance to the nearest MRT station	MRT역에서부터의 거리
X4 : number of convenience stores	근처의 편의점갯수
X5 : latitude	위도
X6 : longitude	경도
Y : house price of unit area	특정단위별 집 가격

(a) 각 연속형 변수에 대해 히스토그램을 그려보시오. (X1 제외)

(b) 지하철역까지의 거리(X3)가 집값(X7)에 영향을 주는 관계식을 구하고자 한다. lm() 함수를 이용하여 단순 선형회귀식을 구하시오.

(c) (b)에서 구한 회귀식 그래프를 산점도에 같이 그리시오

(d) (b)에서 구한 회귀식을 이용하여 역에서부터의 거리가 30m인 곳의 특정 단위당 집 가격을 추정하시오.

(e) 잔차 그래프를 그려본 후 추가작업이 필요없는지 확인하시오.

(f) 집 가격에 영향을 미치는 여러 개의 설명변수가 있다. 통계적으로 유의한 설명변수를 선택하여 다중회귀모형을 구하시오. (X1 제외)

CHAPTER

12 의사결정나무

의사결정나무(decision tree)란 머신러닝 기법 중 하나로 최종 의사결정을 위해 특정 항목별로 데이터를 나무 형태로 분류하여 분석하여 예측해나가는 분석기법을 말한다. 의사결정나무 기법은 가시적으로 볼 수 있을 뿐만 아니라 단순 분류 작업이기 때문에 큰 데이터가 들어오더라도 빠른 연산이 가능하다는 점, 숫자가 아닌 데이터도 분류를 통하여 분석이 가능하다는 강점이 있다. 예를 들어 성별 구분, 군필 여부 등 범주로 표현된 경우에도 사용할 수 있는 방법이다.

의사결정나무는 간단하게 말해서 if~else와 같이 특정 조건을 기준으로 O/X로 나누어 분류/회귀를 진행하는 나무구조(tree 구조)의 분류/회귀 데이터마이닝(datamining) 기법이다. 이해도가 높고 직관적이라는 장점이 있다. 의사결정나무는 종속변수의 형태에 따라 분류 문제와 회귀 문제로 나뉜다. 종속변수가 범주형일 경우 Decision tree classification으로 분류를 진행하고, 종속변수가 연속형일 경우에는 Decision tree regression으로 회귀를 진행한다.

원본 데이터인 나무 최상단에 위치한 노드(그림 12.1에서 A 대학생)를 뿌리노드(root node), 중간에 노드들끼리 이어지는 선을 가지(branch)라고 부른다. 맨 아래 위치한 노드들을 나뭇잎 노드(leaf node) 또는 잎사귀노드, 그리고 뿌리 노드와 나뭇잎 노드 사이에 있는 노드를 중간 노드라고 부른다. 의사결정나무로 특정 집단의 특징을 분류하여 파악하거나 특정 기준을 가지고 분류하여 예상할 수 있는 예측값을 출력한다. 의사결정나무 분석의 일반적인 과정은 표 12.1과 같다. 표 12.2에서는 의사결정나무 분석을 위한 패키지를 설명한다.

표 12.1 의사결정나무 분석

분석단계	상세 활동
의사결정나무형성	분석값에 대해 설정하고 자료의 구조에 따라 적절히 분리
가지치기	부적절한 구분 기준을 갖고 있는 가지 제거
타당성 평가	여러 기준을 가지고 의사결정나무 제대로 형성됐는지 평가
해석 및 예측	의사결정나무의 해석, 분류 및 예측 모형 설정

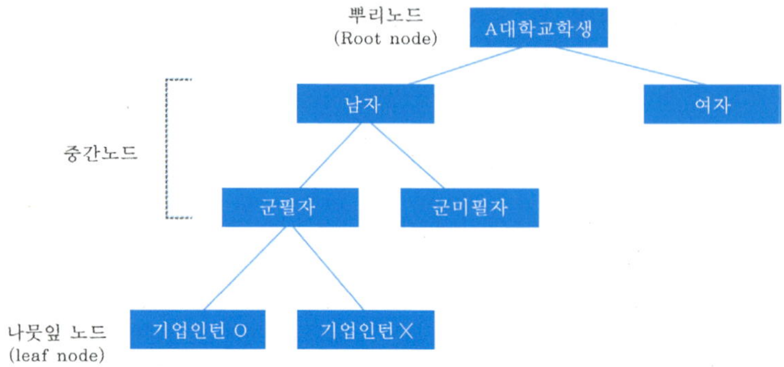

그림 12.1 의사결정나무 예제- 기업의 채용

표 12.2 의사결정나무 분석 R 패키지

패키지명	설명
caret	회귀모형 및 분류 모형을 위해 데이터를 가공하는 함수들이 포함된다.
tree	binary recursive partition 방법을 이용하여 의사결정 나무를 만든다. 마지막 나뭇잎 노드에 나오는 결과가 주어진 결과 내에서 데이터 특성이 최소로 섞이도록 데이터를 분류한다. (엔트로피 지수 기준)–CHAID 방식 이용한다.
rpart	CART(Classification And Regression Trees)방법을 사용 전체 데이터셋을 계속해서 부분으로 쪼갬으로써 모든 예측 변수를 사용하여 의사결정나무를 생성한다.
e1071	만들어진 모형에 대해 예측하는 함수 등이 포함된다.
rparty	Unbiased recursive partitioning based on premutation test 방법을 이용한다.

[예 12.1] 타이타닉 생존자데이터로 의사결정나무 모형 도출하기

여객선 타이타닉호는 1912년 4월 10일 영국의 사우샘프턴에서 출항해 프랑스의 셸부르와 아일랜드의 퀸즈타운에 기항한 후 미국 뉴욕을 향해 출항했다. 운명의 1912년 4월 14일 밤 11시 40분, 갑판 선원 프레드릭 플리트가 전방 450m에 높이 20m미만의 빙산을 육안으로 발견했을 때에는 이미 늦은 뒤였다. 타이타닉호는 여성과 어린이들을 구명정에 먼저 실어 탈출시키고 있다는 무선을 보내며, 구조요청 송신을 계속했다. 3시간만에 배가 완전히 침몰했고 당시 바닷물의 온도는 영하 2℃였다. 침몰원인 자체가 빙산 때문이기도 하지만 만약 침몰사고가 더운 계절에 일어났다면 더 많은 사람들이 둥둥 떠있다가 구조될 수도 있었다. 현재까지 세계 최대의 해난사고로 알려져있다.

캐글(https://www.kaggle.com/c/titanic/data) 사이트에서 타이타닉호에 탑승자 데이터로 csv 파일을 내려받을 수 있다. 총 891명의 정보가 들어있는 데이터셋으로 정보를 정리하

면 표 12.3과 같다. 그림 12.2와 같이 의사결정나무 분석을 통해 생존자 또는 생존율 정보를 얻고자 한다. tree 패키지를 이용한다.

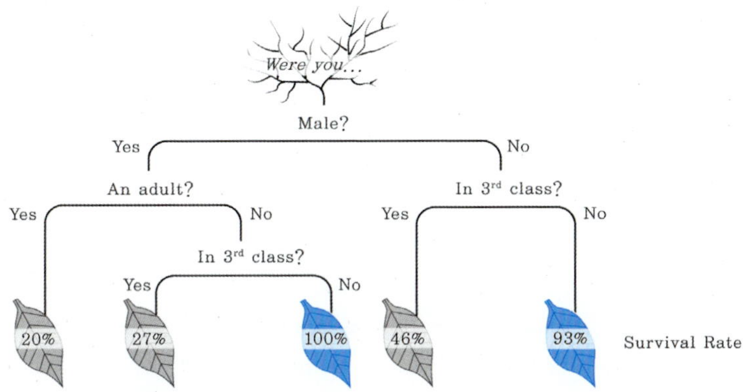

그림 12.2 타이타닉호 생존자에 대한 의사결정나무 예

| 표 12.3 | 타이타닉 데이터 변수

변수	설명
PassengerId	승객에게 임의로 부과한 숫자
Survived	생존여부
Pclass	배 티켓 클래스
Name	승객이름
Sex	성별
Age	나이
Sibsp	같이 탄 배우자, 형제의 숫자
Parch	같이 탄 부모,자식의 수
Ticket	티켓번호
Fare	승객 요금
Cabin	선실 번호
Embarked	승선한 항구 위치(C:Cherbourg, S:Southampton, Q: Queenstown)

1. 필요한 라이브러리를 내려받고 패키지를 불러들인다.

```
install.packages("caret")
install.packages("tree")
install.packages("e1071")
library(caret)
library(tree)
```

2. 캐글에서 다운받은 데이터셋을 csv 파일로 불러들인 후 `str()` 함수로 해당 열의 데이터 유형과 값을 파악한다.

```
titanic=read.csv('C:/R_dataset/titanic.csv',header=T)
str(titanic)
```

```
> str(titanic)
'data.frame':	891 obs. of  12 variables:
 $ PassengerId: int  1 2 3 4 5 6 7 8 9 10 ...
 $ Survived   : int  0 1 1 1 0 0 0 0 1 1 ...
 $ Pclass     : int  3 1 3 1 3 3 1 3 3 2 ...
 $ Name       : chr  "Braund, Mr. Owen Harris" "Cumings, Mrs. John Bradley
(Florence Briggs Thayer)" "Heikkinen, Miss. Laina" "Futrelle, Mrs. Jacques
Heath (Lily May Peel)" ...
 $ Sex        : chr  "male" "female" "female" "female" ...
 $ Age        : num  22 38 26 35 35 NA 54 2 27 14 ...
 $ SibSp      : int  1 1 0 1 0 0 0 3 0 1 ...
 $ Parch      : int  0 0 0 0 0 0 0 1 2 0 ...
 $ Ticket    : chr  "A/5 21171" "PC 17599" "STON/O2. 3101282" "113803" ...
 $ Fare       : num  7.25 71.28 7.92 53.1 8.05 ...
 $ Cabin      : chr  "" "C85" "" "C123" ...
 $ Embarked   : chr  "S" "C" "S" "S" ...
```

의사결정나무는 목표하는 값에 도달하기 위해서 합리적으로 분류해야 한다. 타이타닉 데이터에서 PassengerId(승객번호), Name(승객명), Cabin(선실번호)는 분류에 포함하기 힘든 고유값을 갖고 있기 때문에 제외한다. 또한 Survived(생존여부), pclass(선실 등급)은 단순 숫자가 아닌 구분할 수 있는 값이므로 정수(int)형보다 Factor형으로 바꾼다.

3. 필요한 변수열만 불러 들인다. PassengerId(승객번호), Name(승객명), Cabin(선실번호)는 제외한다.

```
titanic_all <-titanic[,c(1:3,5:8,10,12)]
 head(titanic_all )
```

```
> head(titanic_all )
  PassengerId Survived Pclass    Sex Age SibSp Parch    Fare Embarked
1           1        0      3   male  22     1     0  7.2500        S
2           2        1      1 female  38     1     0 71.2833        C
```

```
3            3        1       3 female  26       0      0  7.9250          S
4            4        1       1 female  35       1      0 53.1000          S
5            5        0       3   male  35       0      0  8.0500          S
6            6        0       3   male  NA       0      0  8.4583          Q
```

4. 데이터 타입을 범주형으로 다루어야 하는 열에 대해 as.factor() 함수를 이용한다.

```
titanic_all$Survived <- as.factor(titanic_all$Survived)
titanic_all$Pclass <- as.factor(titanic_all$Pclass)
titanic_all$Sex <- as.factor(titanic_all$Sex)
titanic_all$Embarked <- as.factor(titanic_all$Embarked)
```

5. 생존상황을 보면 Survived 변수에 table() 함수를 적용하여 549명이 사망하고, 342명의 생존을 알 수 있다. 해당 데이터에 대해 훈련용 데이터와 시험용 데이터로 나눈다. 훈련용 데이터는 의사결정 모형을 만드는 것에 사용되고, 시험용 데이터는 해당 모형이 제대로 들어맞는지 모형진단에 사용된다. set.seed() 함수를 통해 해당 데이터에서 표본(sample)을 무작위 추출로 설정하고 createDatatPartition() 함수를 이용해 데이터를 임의적으로 나눌수 있도록 번호를 추출한다. p는 표본 추출 비율이다. 여기서는 전체 데이터 중 무작위로 75%를 추출하여 titanic_part에 할당한다.

```
table(titanic_all$Survived)
set.seed(891)
titanic_part                                                              <-
createDataPartition(y=titanic_all$Survived,p=0.75,list=FALSE)
```

```
> table(titanic_all$Survived)
  0   1
549 342
```

6. titanic_all 데이터 중 titanic_part와 일치하는 부분은 titanic_train 객체에 할당하여 훈련용 데이터로 정하고 나머지 부분에 대해서는 titanic_test 객체에 할당하여 시험용 데이터로 정한다.

```
titanic_train <-titanic_all[titanic_part,]
titanic_test <-titanic_all[-titanic_part,]
```

7. tree() 함수를 이용한다. 훈련용 데이터(titanic_train)에서 Survived(생존 여부) 항목을 기준으로 의사결정 나무를 생성하고 plot() 함수로 그림 12.3을 얻는다. 노드로부터 왼쪽 가지는 yes, 오른쪽 가지는 no를 나타낸다.

```
tree_titanic <-tree(Survived~. ,data=titanic_train )
plot(tree_titanic)
  text(tree_titanic)
tree_titanic
```

```
>tree_titanic
node), split, n, deviance, yval, (yprob)
      * denotes terminal node

 1) root 540 730.70 0 ( 0.59074 0.40926 )
   2) Sex: female 201 218.60 1 ( 0.23383 0.76617 )   [Sex=female (Sex=a)]
     4) Pclass < 2.5 118  27.96 1 ( 0.02542 0.97458 ) *
     5) Pclass > 2.5 83 114.80 0 ( 0.53012 0.46988 )
      10) Fare < 20.8 62  84.33 1 ( 0.41935 0.58065 ) *
      11) Fare > 20.8 21  17.22 0 ( 0.85714 0.14286 ) *
   3) Sex: male 339 337.00 0 ( 0.80236 0.19764 )
     6) Age < 3.5 14  14.55 1 ( 0.21429 0.78571 )
      12) SibSp < 1.5 9   0.00 1 ( 0.00000 1.00000 ) *
      13) SibSp > 1.5 5   6.73 0 ( 0.60000 0.40000 ) *
     7) Age > 3.5 325 298.70 0 ( 0.82769 0.17231 )
      14) Pclass < 1.5 68  91.36 0 ( 0.60294 0.39706 ) *
      15) Pclass > 1.5 257 181.10 0 ( 0.88716 0.11284 ) *
```

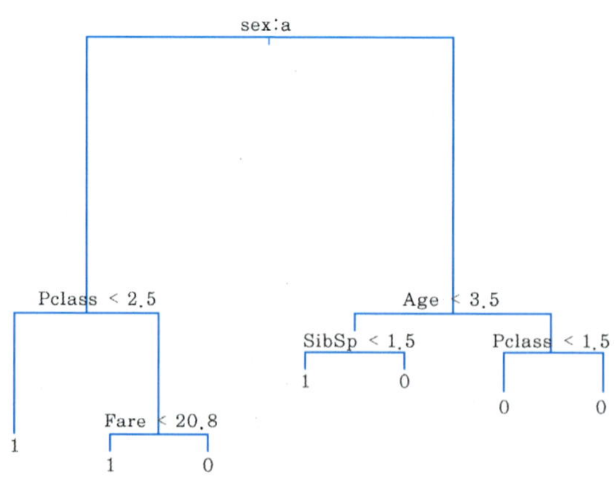

그림 12.3 tree 패키지의 tree 함수를 이용해 구한 의사결정 나무(목표변수: 생존여부)

의사결정나무 그림 12.3을 보면 성별(Sex), 선실등급(Pclass), 요금(Fare), 나이(Age), 형제, 배우자의 수(SibSp) 등으로 데이터의 분류기준으로 나뉘었다. 여자인 경우 1~2등급 선실에 있던 여성, 2.5 등급보다 높은 경우 요금을 낮게 냈던 여성은 살아남았다, 남성의 경우 나이가 3.5세보다 작은 경우 함께 탔던 가족이 적을수록 살아남았다.

이 모형에 대한 적합성 점검을 수행한다. cv.tree() 함수를 이용해 노드별로 교차 검사하여 잘못된 정도를 비교한다. 그래프로 그리면 그림 12.4와 같다.

```
tree_titanic_cv <-cv.tree(tree_titanic,FUN=prune.misclass)
plot(tree_titanic_cv)
```

그래프를 그리면 나뭇잎 노드(leaf node)가 5개일 경우에 misclass 값이 가장 작으므로 나무잎 노드수를 5개로 정한다.

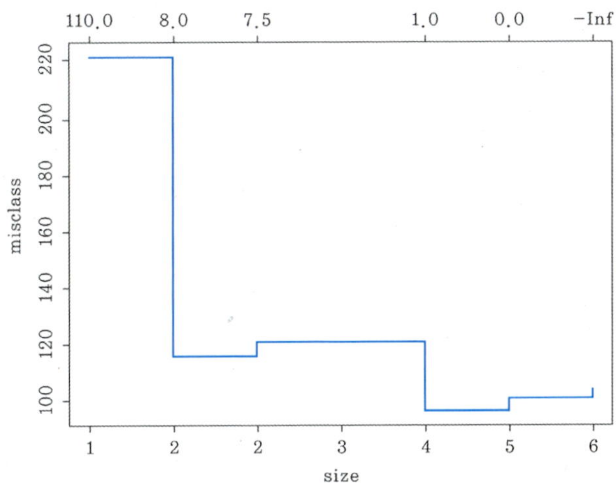

그림 12.4 교차검증 그래프

8. 이러한 결과값을 가지고 다시 한번 의사결정나무를 그린다. prune.misclass() 함수를 이용해 가지치기를 수행한다. 다음과 같이 5개 나뭇잎 노드가 나오도록 설정한 후 해당 의사결정나무에 대한 그래프를 그린다.

```
titanic_trees <- prune.misclass(tree_titanic, best=5)
plot(titanic_trees)
text(titanic_trees)
```

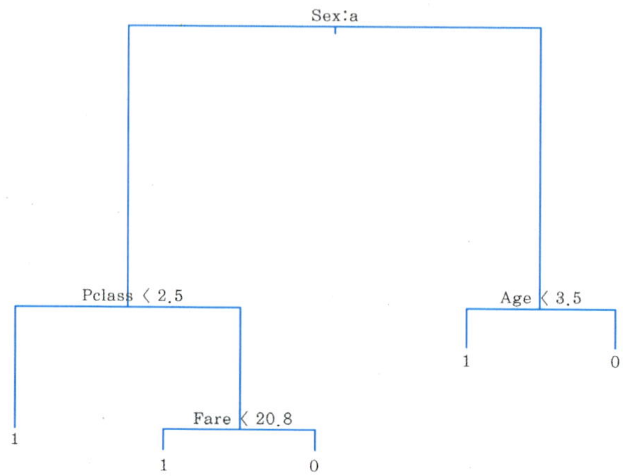

그림 12.5 가지치기 이후의 의사결정나무

가지치기 후에 얻은 모형으로 그림 12.5를 보면 성별, 승선 클래스, 요금, 나이로 타이타닉 생존 여부를 구분한다. 여성인 경우 클래스가 2.5 등급보다 작은 경우 생존가능성이 높고, 클래스가 2.5 등급보다 큰 경우에는 요금을 20.8 보다 적게 지불한 경우 생존가능성이 높다. 남자인 경우는 나이가 3.5보다 작은 경우 생존 가능성이 높다.

9. 최종 모형으로 시험용 데이터를 이용하여 `predict()` 함수로 예측값을 얻는다. `confusionMatrix()` 함수를 이용해 예측값과 실제값에 대한 분류표를 만들고 성능 측도를 출력한다.

```
titanic_pre <-predict(titanic_trees,titanic_test,type='class')
confusionMatrix(titanic_pre,titanic_test$Survived)
```

```
> confusionMatrix(titanic_pre,titanic_test$Survived)
Confusion Matrix and Statistics
          Reference
Prediction   0   1
         0 117  31
         1  20  54

               Accuracy : 0.7703
                 95% CI : (0.7093, 0.8239)
    No Information Rate : 0.6171
```

```
  P-Value [Acc > NIR] : 8.475e-07

                Kappa : 0.5016
 Mcnemar's Test P-Value : 0.1614

          Sensitivity : 0.8540(0을 0으로: 사망자를 사망자로 예측)
          Specificity : 0.6353(1을 1로: 생존자를 생존자로 예측)
       Pos Pred Value : 0.7905
       Neg Pred Value : 0.7297
           Prevalence : 0.6171
       Detection Rate : 0.5270
 Detection Prevalence : 0.6667
    Balanced Accuracy : 0.7447

     'Positive' Class : 0
```

혼동행렬(confusion matrix)은 지도 학습으로 훈련된 분류 알고리즘의 성능을 시각화할 수 있다. 표 12.4에서는 혼동행렬에서의 분류범주를 보여준다.

| 표 12.4 | 혼동행렬에 의한 분류표

	Reference (실제)	
Prediction (추정)	Positive	Negative
Positive	True Positive	False Positive
Negative	False Negative	True Negative

분류성능에 대한 평가 척도는 다음과 같다:

▶ 정확도

$$accuracy = \frac{true\ Positive\ 개수 + true\ Negative\ 개수}{전체\ 개수} = \frac{참분류\ 개수}{전체\ 개수} \quad (12.1)$$

▶ 민감도 또는 재현성(recall)

$$sensitivity = \frac{true\ Positive\ 개수}{true\ Positive\ + false\ Negarive\ 개수} = \frac{true\ Positive\ 개수}{실제\ Positive\ 개수} \quad (12.2)$$

▶ 특이도

$$specificity = \frac{true\ Negative\ 개수}{true\ Negative\ + false\ Positive\ 개수} = \frac{true\ Negative\ 개수}{실제\ Negative\ 개수} \quad (12.3)$$

▶ 정밀도

$$precision = \frac{true\ Positive\ 개수}{true\ Positive\ + false\ Positive\ 개수} = \frac{true\ Positive\ 개수}{추정\ Positive\ 개수} \quad (12.4)$$

▶ F1 점수

$$F1\ score = 2 \times \frac{precision \times recall}{precision\ + recall} = \frac{1}{\frac{1}{2}\left(\frac{1}{precision} + \frac{1}{recall}\right)} \quad (12.5)$$

F1 점수는 precision과 recall의 조화평균이다. 두 값이 골고루 클 때 F1 점수는 큰 값을 갖는다.

▶ Kappa 통계량

$$\kappa = \frac{P(o) - P(e)}{1 - P(e)} \quad (12.6)$$

여기서 $P(o)$는 관측된 일치도

$$P(o) = \frac{true\ Positive\ 개수 + true\ Negative\ 개수}{전체\ 개수} = \frac{참분류\ 개수}{전체\ 개수} \quad (12.7)$$

이다.

$P(e)$는 두 평가가 우연히 일치할 확률로 $P(e) = P(Positive) + P(Negative)$로 구한다.

$$P(Positive) = \frac{추정\ Positive\ 개수}{전체\ 개수} \times \frac{실제\ Positive\ 개수}{전체\ 개수} \quad (12.8)$$

$$P(Negative) = \frac{\text{추정 } Negative \text{ 개수}}{\text{전체 개수}} \times \frac{\text{실제 } Negative \text{ 개수}}{\text{전체 개수}} \tag{12.9}$$

실제 데이터 분석에서 민감도와 특이도는 데이터 수준값의 순서에 따라 달라지므로 결과를 주의하여 본다. 즉 이항변수값이 1인 경우가 주된 관심사건일 때, 수준값이 0,1인 경우는 specificity를, 수준값이 1,2 라면 sensitivity를 관심있게 봐야한다. 출력 결과에서 'Positive' Class : 0 에서 명시해주는 것을 참조하면 된다.

출력 결과에서 보면 'Positive' Class : 0 이므로 Confusion Matrix로부터 계산해보면 다음과 같다.

$$accuracy = \frac{117+54}{117+54+30+21} = 0.77027$$

$$sensitivity = \frac{\text{0을 0으로 참분류 개수}}{\text{0 개수}} = \frac{117}{117+20} = 0.854$$

$$specificity = \frac{\text{1을 1으로 참분류 개수}}{\text{1 개수}} = \frac{54}{31+54} = 0.635$$

$$\kappa = \frac{P(o)-P(e)}{1-P(e)} = \frac{0.7703-0.5390}{1-0.5390} = 0.5017$$

여기서 $P(Positive) = \frac{117+31}{117+31+20+54} \times \frac{117+20}{222} = 0.4114$

$$P(Negative) = \frac{54+20}{222} \times \frac{54+31}{222} = 0.1276$$

$$P(e) = P(Positive) + P(Negative) = 0.4114 + 0.1276 = 0.539$$

의사결정 나무에서 흔히 있을 수 있는 문제가 오버피팅(overfitting) 문제이다. 최대한 정확도를 높이기 위해 노드 수를 늘리는 경우 특정 샘플 데이터, 훈련용 데이터에는 모형이 잘 맞지만 다른 샘플 데이터를 사용할 경우는 잘 맞지 않는 식으로 결과가 국한될 수 있다. 그러므로 데이터가 충분히 많고 시험용 데이터를 여러 번 바꾸어 반복적으로 수행해보는 것을 권장한다.

[예 12.2] 타이타닉 생존자 찾기(rpart 패키지 이용)

이번에는 rpart 패키지를 이용한 타이타닉 생존자 분석을 하고자 한다. rpart에서는 CART(classification and regression tree) 방식으로 의사결정나무를 설정하는데 무조건 노드에서 가지칠 때 2개 가지로(2가지로만 분류) 작업을 수행한다. 지니 불순도(Gini impurity)는 CART 방법에서 손실함수(loss function)로 사용된다. 여기서 불순도는 다양한 범주의 개체들이 얼마나 많이 포함되어 있는가를 의미한다. 불순도를 최소화하는 방향으로 트리를 만든다.

지니지수(Gini index)는 다음과 같다:

$$G(S) = \sum_{i=1}^{c} p_i(1-p_i) = 1 - \sum_{i=1}^{c} p_i^2 \tag{12.10}$$

여기서 p_i는 특정 노드 S에서 데이터 중 i 번째 범주(클래스)에 속하는 데이터 비율이고 c는 범주의 개수이다. 지니지수의 최대값은 0.5이고 클래스가 균일하게 섞여 있을 때 최대가 되며 불순도 기준으로 사용된다. 한 노드의 샘플이 모두 동일한 클래스에 속한다면 지니지수는 0이 된다. 클래스 별로 균등하게 분포한다면 지니지수는 최대가 된다. 트리는 불순도가 낮아지도록 분할 기준을 선택한다. 즉 잘못 분류될 확률을 최소화시키는 기준으로 생각할 수 있다.

1. `rpart()` 함수를 이용하여 의사결정나무 모형을 만들고 그래프로 출력한다. Survived 변수를 기준으로 훈련용 데이터로 만들고 분류 방법은 "class"로 설정한다.

```
library("caret")
library("e1071")
library("rpart")

tree_titanic <-rpart(Survived~. ,data=titanic_train,method="class")
plot(tree_titanic)
text(tree_titanic)
```

```
>tree_titanic
node), split, n, loss, yval, (yprob)
     * denotes terminal node
```

```
 1) root 669 257 0 (0.61584454 0.38415546)
루트 노드, 669건 중 257건 오분류 (0 확률, 1 확률)
   2) Sex=male 430  77 0 (0.82093023 0.17906977)  [Sex=male (Sex=b)]
     4) Age>=3.5 416  66 0 (0.84134615 0.15865385) *
     5) Age< 3.5 14   3 1 (0.21428571 0.78571429) *
   3) Sex=female 239  59 1 (0.24686192 0.75313808)
     6) Pclass>=2.5 112  56 0 (0.50000000 0.50000000)
      12) Fare>=23.35 23   3 0 (0.86956522 0.13043478) *
      13) Fare< 23.35 89  36 1 (0.40449438 0.59550562) *
     7) Pclass< 2.5 127   3 1 (0.02362205 0.97637795) *
```

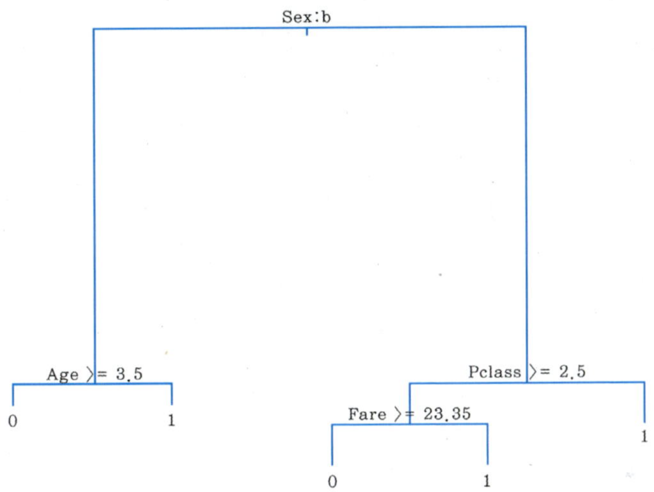

그림 12.6 rpart 패키지의 rpart 함수를 이용해 구한 의사결정 나무(목표변수: 생존여부)

분석 결과로 그림 12.6을 보면 이전 결과(그림 12.5)와 비슷하다. 남자는 3.5세보다 적은 경우 생존한다. 여자는 1~2등급의 사람이거나 3등급 이상의 객실이더라도 요금 23.35 미만을 낸 사람들이 생존한 편이다.

2. printcp(), plotcp() 함수를 이용하여 의사결정나무 관련한 값을 확인한다.

```
printcp(tree_titanic)
plotcp(tree_titanic)
```

```
>printcp(tree_titanic)
Classification tree:
```

```
rpart(formula = Survived ~ ., data = titanic_train, method = "class")

Variables actually used in tree construction:
[1] Age    Fare   Pclass Sex

Root node error: 257/669 = 0.38416

n= 669

        CP nsplit rel error  xerror     xstd
1 0.439689      0   1.00000 1.00000 0.048952
2 0.035019      1   0.56031 0.56031 0.041363
3 0.023346      3   0.49027 0.54475 0.040940
4 0.013619      5   0.44358 0.50195 0.039705
5 0.010000      7   0.41634 0.49027 0.039349
```

CP(complex parameter): 복잡성, 분기가 많아질수록 CP는 감소한다.

- nsplit: 가지의 분기수
- rel error: 오류율
- xerror: 교차검증 오류율
- xstd: 교차검증 오류의 표준편차

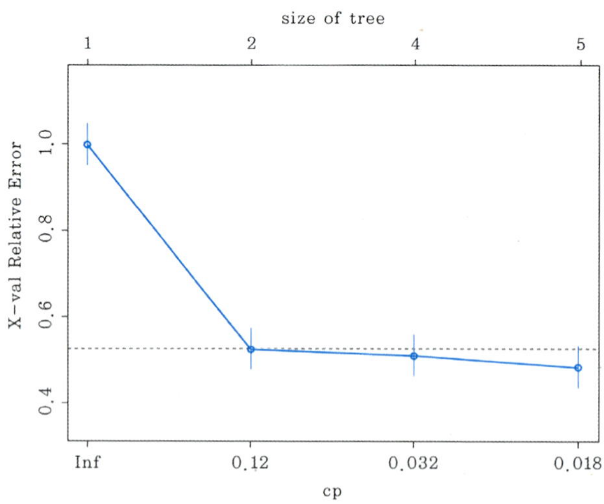

그림 12.7 rpart 패키지를 이용한 분석- 의사결정나무의 적정 가지 갯수 지정

노드가 5개일 경우가 xerror(cross validation error) 값이 가장 작다. 즉 교차 타당성검사를 수행할 때 가장 에러가 적은 노드 값을 표현한 것이다. 정보를 이용해 최적의 의사결정나무를 다시 만든다. 오른쪽으로 갈수록 노드 개수가 많아져 트리가 커진다(복잡해짐).

3. prune값을 이용해 xerror값이 최소인 CP를 이용하여 의사결정 나무를 다시 만들고 그림을 출력하면 그림 12.8을 얻는다.

```
titanic_tree_p<-prune(tree_titanic,

cp=tree_titanic$cptable[which.min(tree_titanic$capable[,"xerror"]),"CP"])
plot(titanic_tree_p)
text(titanic_tree_p)
```

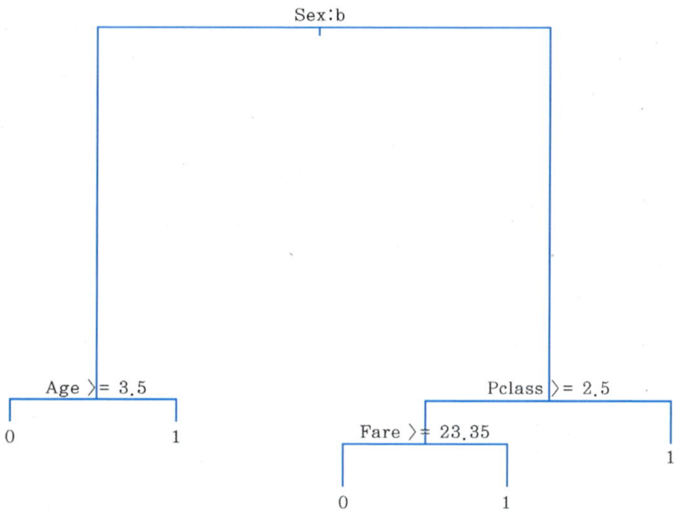

그림 12.8 rpart 패키지를 이용한 의사결정나무

4. 최종 모형으로 시험용 데이터를 이용하여 predict() 함수로 예측값을 얻는다. confusionMatrix() 함수를 이용해 예측값과 실제값에 대한 분류표를 만들고 성능 측도를 출력한다. 이 분석에서는 정확도가 77% 정도이다.

```
tree_titanic_pre <-predict(titanic_tree_p,titanic_test,type='class')
confusionMatrix(tree_titanic_pre,titanic_test$Survived)
```

```
> confusionMatrix(tree_titanic_pre,titanic_test$Survived)
Confusion Matrix and Statistics
          Reference
Prediction   0   1
         0 117  30
         1  20  55
               Accuracy : 0.7748
                 95% CI : (0.7141, 0.828)
    No Information Rate : 0.6171
    P-Value [Acc > NIR] : 3.964e-07

                  Kappa : 0.5125
 Mcnemar's Test P-Value : 0.2031

            Sensitivity : 0.8540
            Specificity : 0.6471
         Pos Pred Value : 0.7959
         Neg Pred Value : 0.7333
             Prevalence : 0.6171
         Detection Rate : 0.5270
   Detection Prevalence : 0.6622
      Balanced Accuracy : 0.7505
       'Positive' Class : 0
```

[예 12.3] 타이타닉 생존율데이터로 의사결정나무 도출하기(party 패키지 이용)

이번에는 생존률 계산을 보여주는 의사결정나무를 그려보고자 하며 party 패키지를 이용한다.

1. party 패키지 및 필요한 패키지를 활성화한다.

```
library(party)
```

2. ctree() 함수를 이용해 의사결정나무 모형을 만들고 의사결정나무는 그림 12.9에서 보여준다.

```
party_titanic <- ctree(Survived~. ,data=titanic_all)
plot(party_titanic)
```

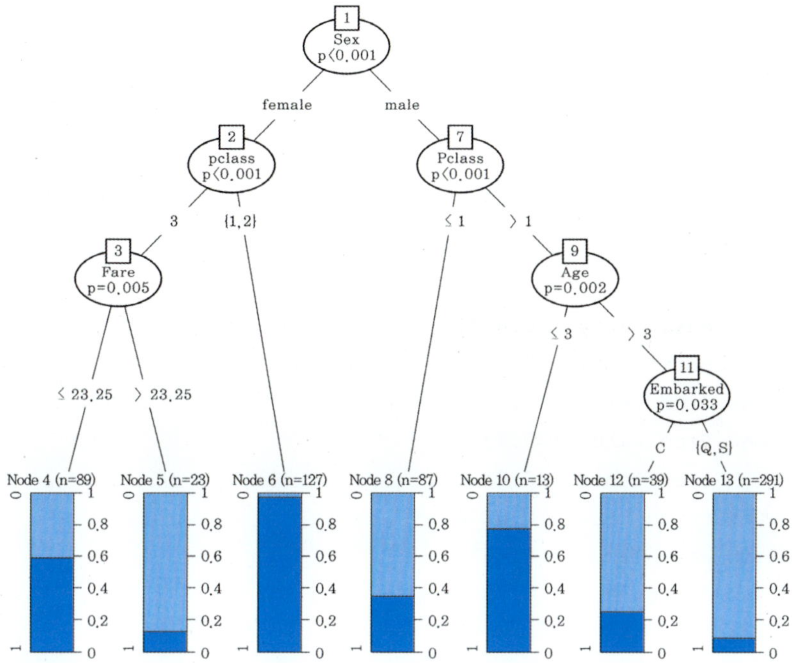

그림 12.9 party 패키지의 ctree 함수를 이용해 구한 의사결정 나무(목표변수: 생존여부)

그림 12.9를 보면 각 노드별로 분류한 값들이 어떻게 분리되는지를 보여준다. 가장 눈에 띄는 것은 1,2 등급 선실에 있는 여성이 살아있는 사람의 비율이 가장 높고, 남성의 경우에는 3살 이하의 영유아일 경우 생존율이 높다.

3. 해당 모형에 대한 검증을 위해 시험용 데이터에 대해 적용한다. 가지치는 과정(pruning)은 significance(유의성)를 기준으로 한다. `confusionMatrix()` 함수로 결과를 점검한다.

```
party_titanic_pre <- predict(party_titanic,titanic_test)
confusionMatrix(party_titanic_pre,titanic_test$Survived)
```

```
> confusionMatrix(party_titanic_pre,titanic_test$Survived)
Confusion Matrix and Statistics
          Reference
Prediction   0   1
         0 117  30
         1  20  55
```

```
               Accuracy : 0.7748
                 95% CI : (0.7141, 0.828)
    No Information Rate : 0.6171
    P-Value [Acc > NIR] : 3.964e-07

                  Kappa : 0.5125
 Mcnemar's Test P-Value : 0.2031

            Sensitivity : 0.8540
            Specificity : 0.6471
         Pos Pred Value : 0.7959
         Neg Pred Value : 0.7333
             Prevalence : 0.6171
         Detection Rate : 0.5270
   Detection Prevalence : 0.6622
      Balanced Accuracy : 0.7505

       'Positive' Class : 0
```

이번 모형도 이전 모형과 마찬가지로 77% 정도의 정확도를 보여준다.

세 개 모형을 기준으로 볼 때 여성일 경우와 좋은 선실을 쓴 사람일수록 살아남은 사람의 비율이 높았다. 또한 나이가 어린이들의 생존율도 높았는데, 타이타닉의 유명한 일화로 여성과 아이를 가장 먼저 구명보트에 실었다는 사실이 있으며 분석결과도 그러한 사실과 일치하는 편이다.

[예 12.4] 척추후만증(Kyphosis: 옆에서 보았을 때 척추가 뒤로 휘어져 있는 경우) 데이터에 대한 의사결정나무 분석을 하고자 한다. rpart 패키지에 내장된 kyphosis 데이터셋을 이용한다. kyphosis 데이터는 성형외과에서 소아의 척추수술 후 얼마만에 증상이 사라졌는지 아니면 그대로 존재하는지에 대한 데이터이다.

목표변수(target variable)는 소아 수술 후 Kyphosis(기형) 존재여부이다.
설명변수는 나이(개월) age, 수술 필요한 척추골 수(number), 수술한 첫 척추골 개수 (start)이다.

<코드 12.1> Kyphosis 데이터에 대한 의사결정나무

```
library(rpart)  # Classification Tree with rpart
data(kyphosis)
head(kyphosis)
# grow tree
fit <- rpart(Kyphosis ~ Age + Number + Start, method="class", data=kyphosis)
printcp(fit) # display the results
plotcp(fit) # visualize cross-validation results 그림 12.10
summary(fit) # detailed summary of splits

# plot tree 그림 12.11 (a)
plot(fit, uniform=TRUE, main="Classification Tree for Kyphosis")
text(fit, use.n=TRUE, all=TRUE, cex=.8)

library(partykit)
rparty.tree <- as.party(fit)
rparty.tree
plot(rparty.tree)  # tree diagram with prob 그림 12.11(b)
```

```
> head(kyphosis)
  Kyphosis Age Number Start
1   absent  71      3     5
2   absent 158      3    14
3  present 128      4     5
4   absent   2      5     1
5   absent   1      4    15
6   absent   1      2    16

> printcp(fit) # display the results
Classification tree:
rpart(formula = Kyphosis ~ Age + Number + Start, data = kyphosis,
    method = "class")
Variables actually used in tree construction:
[1] Age   Start

Root node error: 17/81 = 0.20988
n= 81
```

```
        CP nsplit rel error  xerror    xstd
1 0.176471      0   1.00000 1.00000 0.21559
2 0.019608      1   0.82353 0.94118 0.21078
3 0.010000      4   0.76471 0.94118 0.21078
```

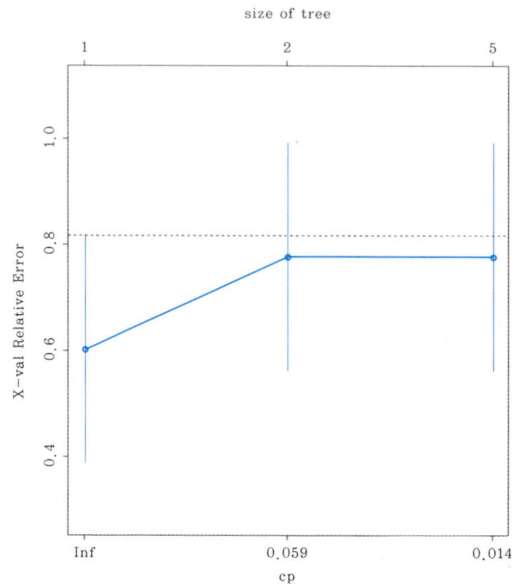

그림 12.10 kyphosis 데이터에 대한 cp

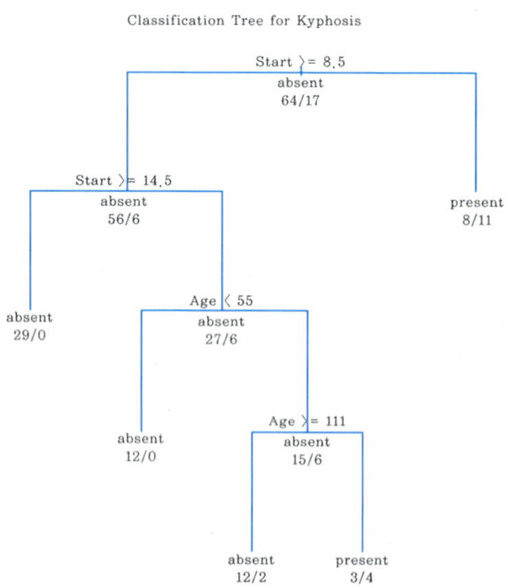

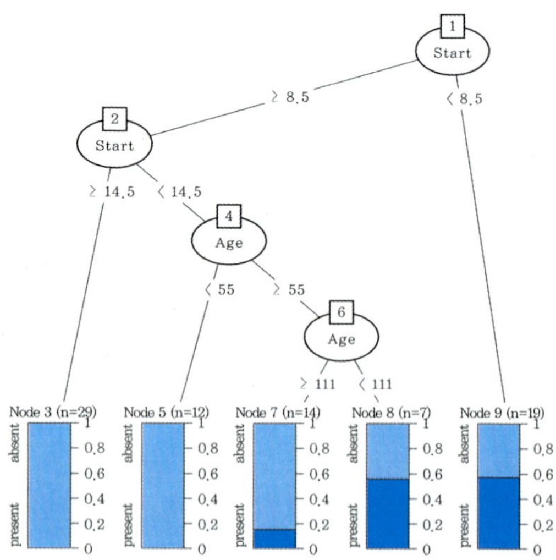

그림 12.11 (a) kyphosis 데이터에 대한 의사결정나무 (b) 분류확률 포함한 의사결정나무

kyphosis 데이터에 대한 의사결정나무 그림 12.11을 보면 start가 8.5 미만인 경우 척추후만증상이 있다. 수술한 첫 척추골의 개수(start)가 8.5 이상인 경우는 수술한 첫 척추골의 개수(start)가 14.5 미만이고 나이는 55 이상 111 미만인 경우 척추후만증상이 있는 편이다.

[예 12.5] rpart 패키지에 내장된 cu.summary 데이터셋에 대해 의사결정나무 분석을 하고자한다. 종속변수가 Mileage 변수로 연속형인 경우이다. 1990년 자동차 생산관련 데이터로 변수는 다음과 같다.

Country: 자동차 생산 국가

Reliability: 신뢰도 (Much worse 〈worse 〈 average 〈 better 〈 Much better)

Mileage: 연료 소비 마일 거리(fuel consumption miles per US gallon)

Type: 자동차 유형(Compact, Large, Medium, Small, Sporty, Van)

<코드 12.2> cu.summary 데이터에 대한 의사결정나무

```
# Regression Tree Example
library(rpart)
data(cu.summary) ; attach(cu.summary) ;head(cu.summary)
table(Type)
summary(Mileage)

# grow tree
fit <- rpart(Mileage~Price + Country + Reliability + Type,
   method="anova", data=cu.summary)

printcp(fit) # display the results
plotcp(fit) # visualize cross-validation results
summary(fit) # detailed summary of splits

# create additional plots
par(mfrow=c(1,2)) # two plots on one page
rsq.rpart(fit) # visualize cross-validation results

# plot tree
plot(fit,uniform=TRUE,main="Regression Tree for Mileage ")
```

```
text(fit, use.n=TRUE, all=TRUE, cex=.8)

# prune the tree
pfit<- prune(fit, cp=0.01160389) # from cptable

# plot the pruned tree
plot(pfit, uniform=TRUE,
   main="Pruned Regression Tree for Mileage")
text(pfit, use.n=TRUE, all=TRUE, cex=.8)
```

```
> head(cu.summary)
                Price Country Reliability Mileage  Type
Acura Integra 4 11950   Japan Much better      NA Small
Dodge Colt 4     6851   Japan        <NA>      NA Small
Dodge Omni 4     6995     USA  Much worse      NA Small
Eagle Summit 4   8895     USA      better      33 Small
Ford Escort   4  7402     USA       worse      33 Small
> table(Type)
Type
Compact   Large  Medium   Small  Sporty     Van
     22       7      30      22      26      10
> summary(Mileage)
   Min. 1st Qu.  Median    Mean 3rd Qu.    Max.    NA's
  18.00   21.00   23.00   24.58   27.00   37.00      57

> fit
n=60 (57 observations deleted due to missingness)
node), split, n, deviance, yval
      * denotes terminal node

 1) root 60 1354.58300 24.58333
   2) Price>=9446.5 48  407.91670 22.70833
     4) Type=Large,Medium,Van 23   66.86957 20.69565
       8) Type=Large,Van 10   22.10000 19.30000 *
       9) Type=Medium 13   10.30769 21.76923 *
     5) Type=Compact,Small,Sporty 25  162.16000 24.56000
      10) Price>=11484.5 14  107.71430 23.85714 *
      11) Price< 11484.5 11   38.72727 25.45455 *
```

```
  3) Price< 9446.5 12  102.91670 32.08333 *

> printcp(fit) # display the results
Regression tree:
rpart(formula = Mileage ~ Price + Country + Reliability + Type,
    data = cu.summary, method = "anova")
Variables actually used in tree construction:
[1] Price Type
Root node error: 1354.6/60 = 22.576
n=60 (57 observations deleted due to missingness)

        CP nsplit rel error  xerror      xstd
1 0.622885      0   1.00000 1.04671 0.179410
2 0.132061      1   0.37711 0.61609 0.122381
3 0.025441      2   0.24505 0.42701 0.094508
4 0.011604      3   0.21961 0.41677 0.086247
5 0.010000      4   0.20801 0.44857 0.091702
```

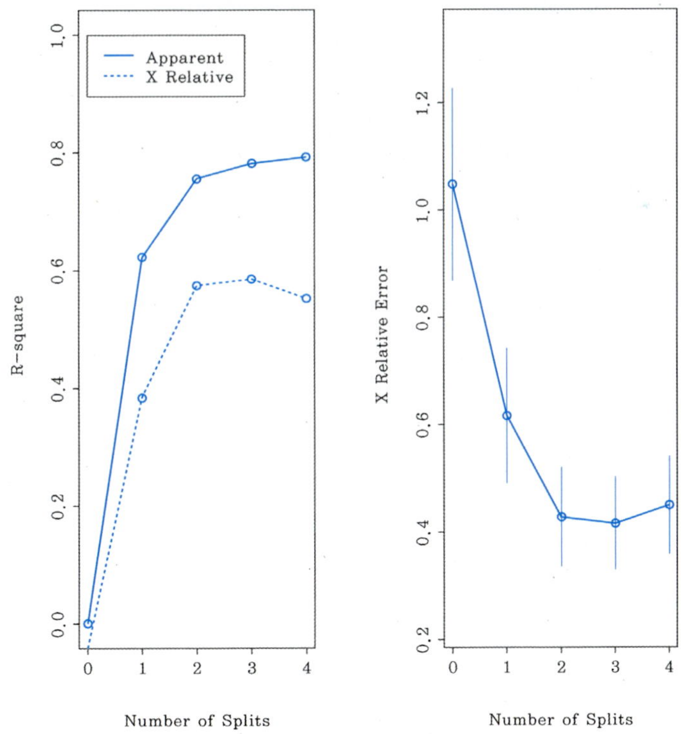

그림 12.12 cu.summary 데이터에 대한 의사결정나무 분리 결정을 위한 측도

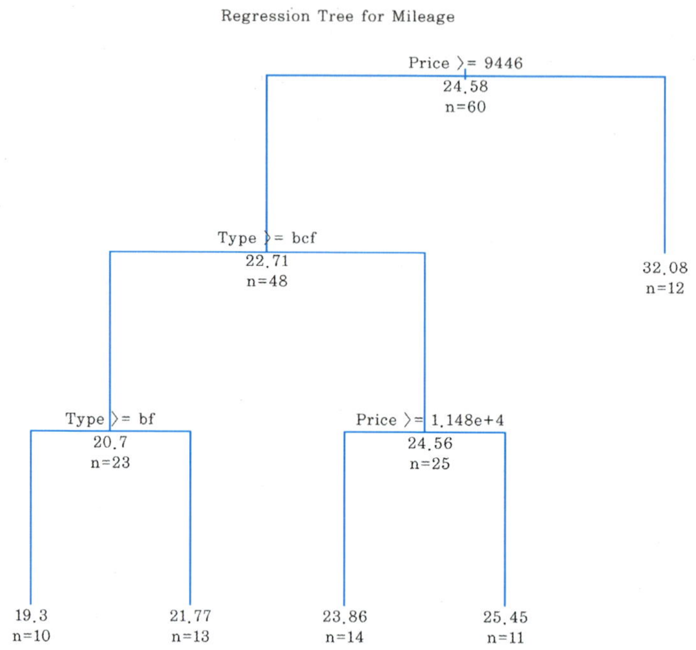

그림 12.13 cu.summary 데이터에 대한 의사결정나무

cu.summary 데이터에 대한 의사결정나무 그림 12.13을 보면 가격이 클수록 소형차 (Compact, Small, Sporty) 일수록, 가격이 어느 정도 이하일 수록 경우 연료소비 대비 마일 거리(milege) 가 큰 편이다.

연습문제

1. 다음은 R 시스템에 내장되어있는 iris 데이터로 의사결정나무를 그린 것이다. 이에 대해 노드별로 어떻게 분류가 되었는지 결과를 설명하시오.

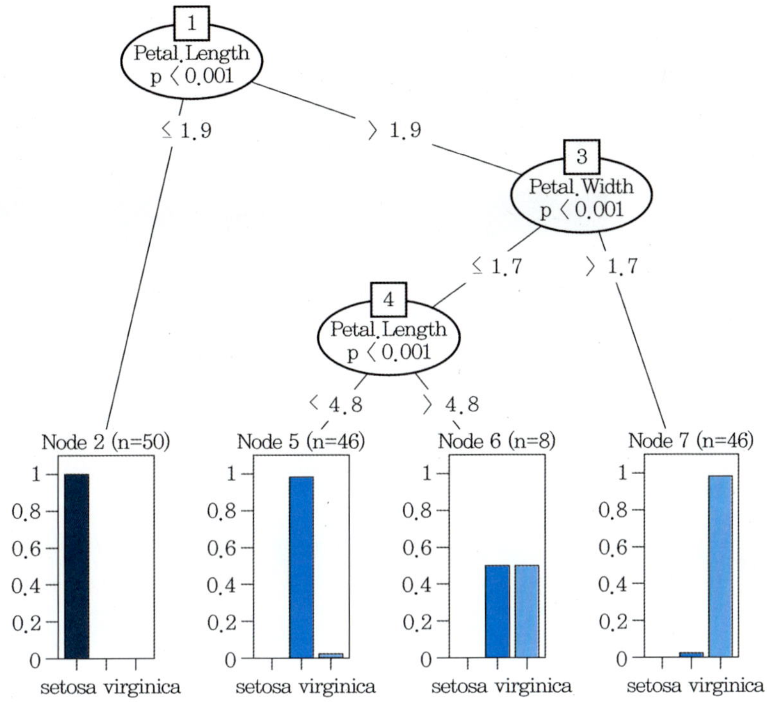

2. iris 데이터를 다른 방법으로 수행한 의사결정 나무이다. 어떤 방식으로 노드가 결정된 것인지 설명해 보시오. 결과에 대해 설명하시오.

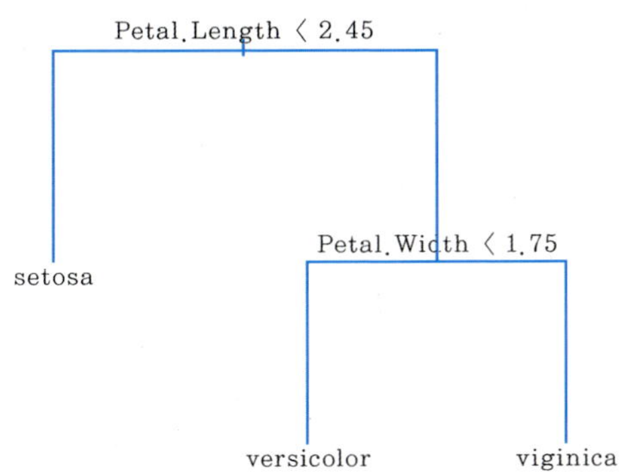

3. 다음은 kaggle사이트에서 400명의 방문고객들의 정보이다. 해당 데이터를 통해 어떤 특징을 가진 사람일수록 SUV를 구매할 가능성이 높은지 확인해보시오.

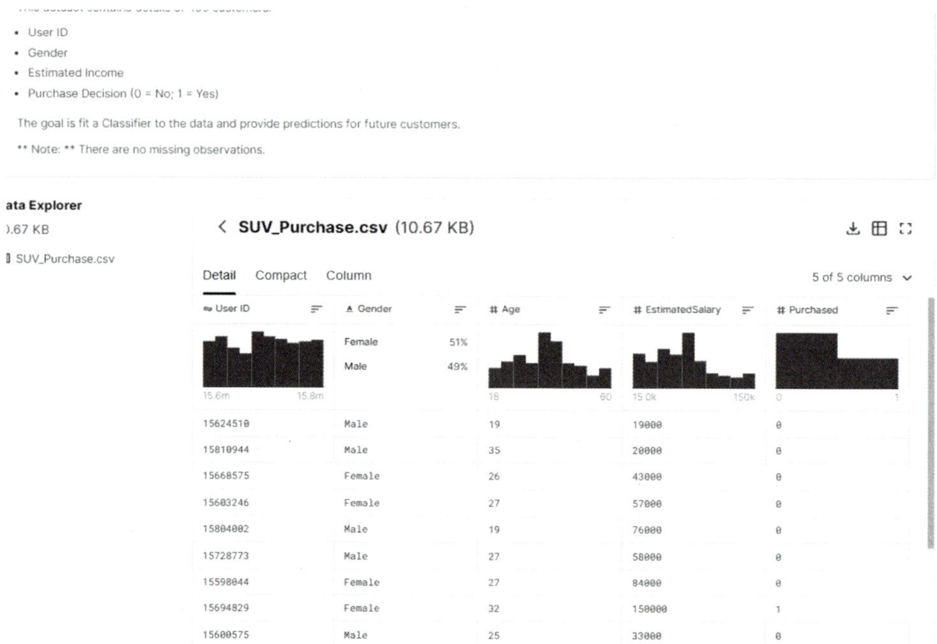

데이터열은 다음과 같다.

컬럼명	설명
User ID	유저아이디
Gender	성별
Estimated Income	예상소득
PurchaseDecision	구매여부 (0=구매안함, 1=구매함)

```
install.packages("caret")
install.packages("tree")
install.packages("e1071")
library(caret)
library(tree)
library(e1071)

purchase_1<-read.csv(file=
```

```
"C:\\Users\\kimjh\\Downloads\\archive\\SUV_Purchase.csv",header = TRUE)
head(purchase_1)
purchase_1$Gender <- as.factor(purchase_1$Gender)
purchase_1$Purchased <- as.factor(purchase_1$Purchased)
table(purchase_1$Purchased)
set.seed(400)
purchase_part <- createDataPartition(y=purchase_1$Purchased,p=0.75,list=FALSE)
purchase_train <-purchase_1[purchase_part,]
purchase_test <-purchase_1[-purchase_part,]
tree_purchase<-tree(Purchased~. ,data=purchase_train )
plot(tree_purchase)
text(tree_purchase)
```

CHAPTER

13 인공신경망

13.1 인공신경망 기초 개념

인공신경망(artificial neural network: ANN)은 딥러닝(deep learning)의 가장 핵심적인 기술로, 신경세포인 뉴런(neuron)(그림 13.1)을 추상화한 인공 뉴런(artificial neuron)으로 구성된 네트워크이다. 인공신경망은 생물의 신경세포가 다른 세포 간의 자극을 받아들여 자극의 강도가 특정 강도를 넘으면 자극을 출력하는 구조에서 힌트를 얻어 만들었다. 뉴런은 자극이 들어오면 수상돌기(dendrite)에서 체세포(soma), 축삭돌기(axon) 방향으로 신호가 전달되어 끝부분의 시냅스라는 부분에서 화학물질이 나와서 다른 신경세포에게 전달하는 것을 반복하여 결국 반응이 나오는 구조이다. 인공 뉴런은 생물체의 뉴런을 구성하는 수상돌기, 체세포, 축삭돌기의 기능을 추상화한 것이다(그림 13.1, 13.2).

인공신경망에서 각 역할은 다음과 같이 추상화하여 설명할 수 있다. 수상돌기(dendrite)는 전기적 신호를 통해 입력 신호를 받는 기능을 수행한다. 인공 뉴런에서는 벡터의 형태로 입력된 데이터를 전달받는 역할을 한다. 체세포는 수상돌기를 통해 전달받은 입력을 합산하는 기능을 수행한다. 이때 입력받은 데이터에 적절한 가중값을 곱하여 합산한다. 축삭돌기는 체세포에서 계산된 값을 출력한다. 체세포에서 출력된 값을 활성함수(activation function)에 입력하여 출력값을 계산하고 결과물을 전달한다. 이때 활성함수를 바탕으로 어떠한 결정을 내리는 기능을 수행한다. 활성함수로는 다양한 형태의 함수가 이용될 수 있다.

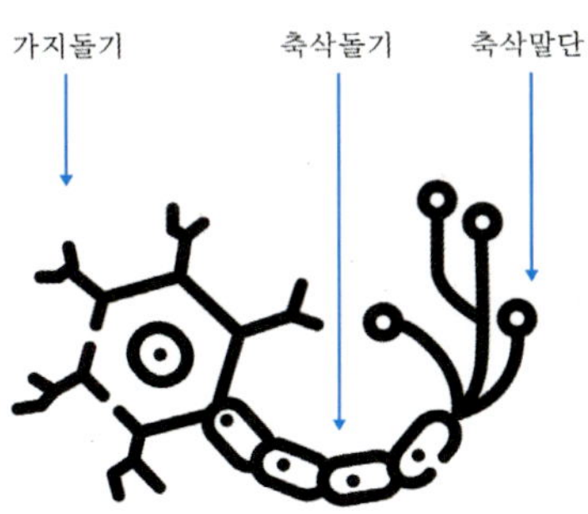

그림 13.1 생물체의 뉴런

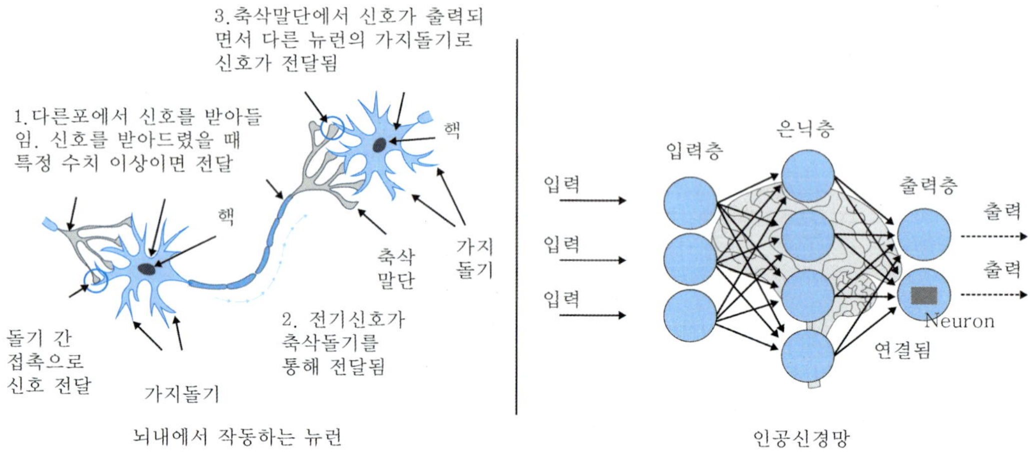

그림 13.2 생물체의 뉴런과 인공신경망

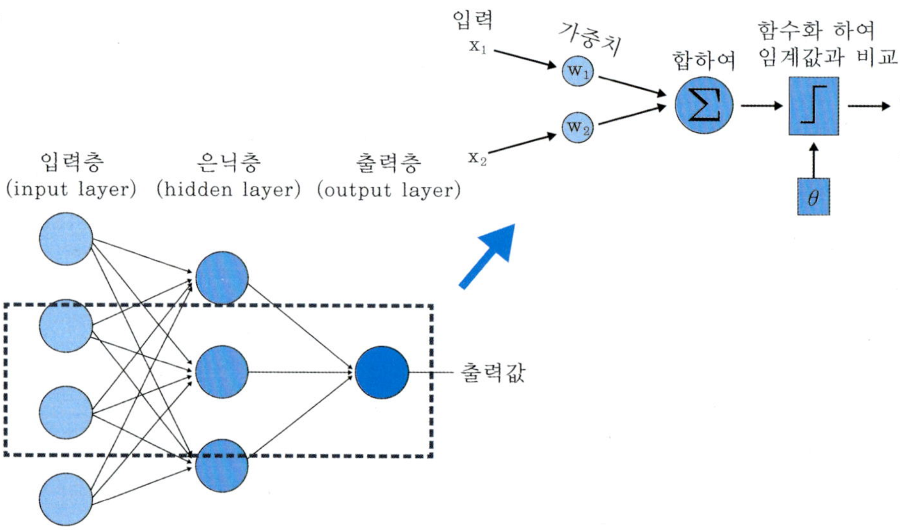

그림 13.3 인공신경망 구성 요소

[예 13.1] 인공신경망을 회사 의사결정 구조로 설명하고자 한다.

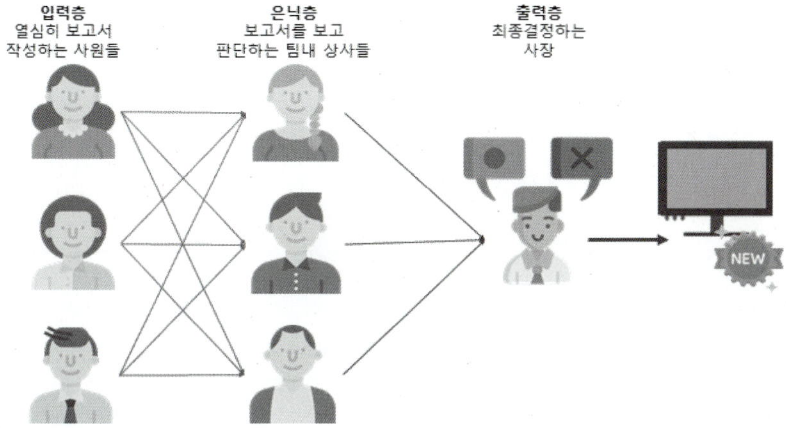

그림 13.4 인공신경망 설명 그림-회사에서 신제품 출시까지 의사결정 과정

인공신경망은 크게 입력층(input), 은닉층(hidden), 출력층(output)이 있다. 이들을 쉽게 이해할 수 있도록 예를 들어보고자 한다.

회사에 비유하면 입력층은 어떠한 의사결정을 위해 자료를 모으는 신입사원이다. 신입사원들은 자료에 대한 의사결정을 하는 역할이 아닌 열심히 자료를 모으고 입력하는 역할이다. 은닉층은 이러한 자료들을 전달받은 중간 직급 즉 부장, 과장이다. 이들은 신입사원들이 모아온 자료를 토대로 자신의 의견을 정한다. 여기서 각 부장, 과장에 따라 중요하게 여기는 자료 또는 정보가 다를 수 있다. 예를 들어, 어떤 신제품 출시할지 결정하는 것이 목표라고 놓자. 과거에 꾸준히 자신들이 강력했던 분야에 대한 자료를 중시하는 부장, 현 시장에서 여론의 반응을 중요시하는 과장도 있다. 소비자에게 보여줄 수 있는 정확한 수치나 비슷한 제품 라인을 가진 경쟁사에 대한 자료를 중시하는 이도 있다. 각각 중요시하는 것이 다르므로 서로간 의견을 정리하고 통합한 후 사장에게 최종안을 전달한다. 사장은 인공신경망에 대응하는 역할은 출력층, 즉 결과가 나오는 단계이다. 최종 의견을 받고 이에 따라 회사의 방침이 정해지는 것이다.

의사결정시 각 중간 직급의 사람마다 중요하게 여기는 가치가 다르다. 여러 조건에 대해 가중값을 매기고 따져본 후, 특정 기준을 만족하는지에 따라 자신의 의견을 정한다. 인공신경망도 마찬가지이다. 각각 입력되는 값에 가중값을 주고 곱한 후 이를 다음 층에 어떻게 전달할지를 정한다.

그림 13.5 의사결정 방법 예

예를 들어, 사진을 보고 남녀를 구분하는 인공신경망이라면 사진을 구분할 때 기준을 수염, 눈썹의 굵기, 얼굴형에 대해 가중값을 크게 두고 이에 대한 결과값을 다음 층에 전달하여 남녀의 얼굴 특징을 잘 구분할 수 있도록 학습한다. 주가를 예측하기 위해 만든 인공신경망이라면 해당 날짜에 예측한 주가와 실제 값의 차이가 크지 않도록 하기 위해 전날의 종가 혹은 근 며칠간 주가가 내림세였는지 상승세였는지를 확인할 수 있도록 적절한 가중값을 설정하여 주가를 예측하도록 한다.

[예 13.2] 인공신경망의 기본구조

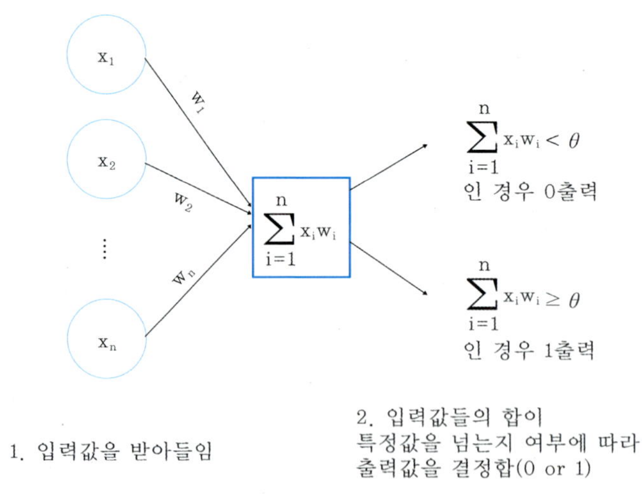

그림 13.6 인공신경망 기본 원리

그렇다면 가중값을 더하고 곱하여 산출하는 인공신경망은 어떤 구조로 이루어져 있을까? 뉴런이 신호를 받고 해당 신호의 합이 임계값(threshold)을 넘으면 출력하는 것처럼 인공신경망도 여러 값에 대해 각각 비중 (w_n은 n번째 입력값에 대한 가중값)을 다르게 주어 곱하고 합하여 임계값을 넘으면 1을 출력하고 넘지 못하면 0을 출력한다. 이러한 구조를 퍼셉트론(perceptron)이라 한다. 식으로 정리하면

$$\text{출력값}(output) = \begin{cases} 0, & \text{if } \sum_{i}^{n} w_i x_i < \theta \\ 1, & \text{if } \sum_{i=1}^{n} w_i x_i \geq \theta \end{cases} \tag{13.1}$$

이다. 또한

$$\text{출력값}(output) = \begin{cases} 0, & \text{if } \sum_{i}^{n} w_i x_i + b < 0 \\ 1, & \text{if } \sum_{i=1}^{n} w_i x_i + b \geq 0 \end{cases} \tag{13.2}$$

이다. 여기서 b는 바이어스(bias), w는 가중값(weight)이다. 이러한 수식의 특징은 b, w가 양으로 클수록 1이 출력되기 쉬워진다는 것이다. b는 값을 쉽게 출력할 수 있는지에 영향을 미치고 w는 입력값의 출력값에 대한 영향도를 결정한다.

인공신경망에서 가중값과 같이 계산하여 다음 층으로 값을 전달시키는 과정을 걸쳐 최종적으로 출력값을 산출한다. 인공신경망 활용 예로 어느 특정 값을 예측하는 문제 또는 특정 범주로 분류하는 문제가 있다. 일반적으로 특정 입력값에 대해 결과값을 예측하기 위해 구하는 수식과 다르게 인공신경망에서는 각 변수가 한 개의 가중값을 갖는 것이 아니라 입력과 출력 사이에 은닉층이라는 중간층이 존재하여 여러 개의 노드(node)에서 입력값에 대한 각각 다른 가중값과 바이어스를 갖게 된다. 은닉층 존재 이유는 신경망이 초창기 나왔을 때 나왔던 단일 퍼셉트론 구조의 한계를 해결하기 위해서이다. 퍼셉트론은 올바른 구분 값을 출력하는 함수구조이다.

[예 13.3] 은닉층의 존재 이유

개(dog)와 고양이(cat)에 대해 구분하는 경우 그림 13.7에서처럼 조건을 입력하고 가중값을 변수별로 곱한 다음 출력값을 구하여 '개'인지 여부를 확인하는 구조이다. 그런데

입력값과 출력값으로만 구성된 단일 퍼셉트론은 한계가 있다. 'or' 값을 분류할 수가 없다는 것이다.

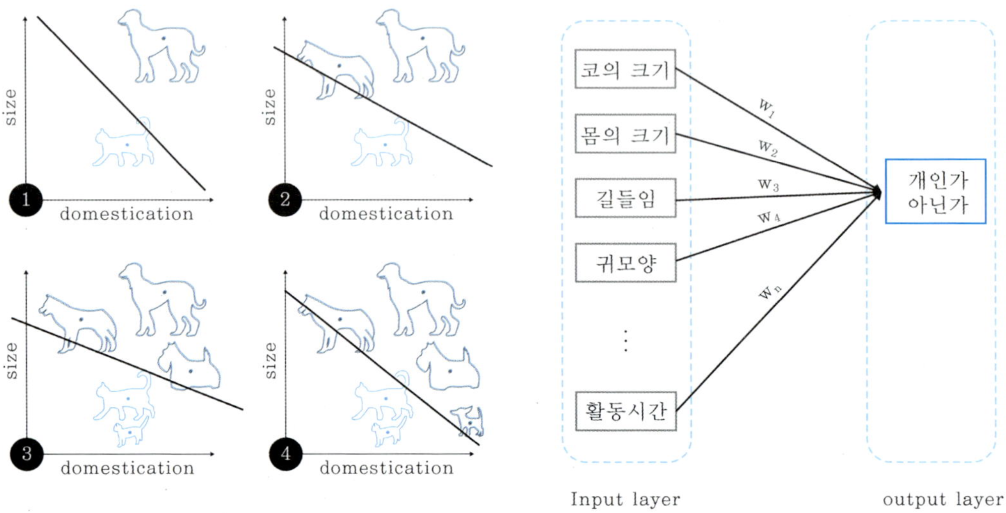

그림 13.7 '개'인지 아닌지를 판단하는 단일 퍼셉트론 구조 설명

[예 13.4] 다중 퍼셉트론 필요성

국어, 수학을 좋아하는 사람을 분류하고자 한다. 문제의 구조를 그림 13.8(a)로 표현해 본다. 한 개의 뉴런으로는 한계가 있어 그림 13.8(b)와 같이 다중 구조로 해결하고자 한다. 국어만 좋은 사람, 수학만 좋은 사람, 혹은 국어 수학 둘 다 좋은 사람은 선 한 개로 구분할 수 있다. 그러나 국어 혹은 수학을 두 과목 중 한 과목만 좋아하는 이들은 구분을 한 개의 선으로 할 수 없다는 것이다. 이를 해결하기 위해 나온 것이 다중 퍼셉트론이다. 국어, 수학 둘 중 한 과목을 좋아하는 경우를 출력하기 위해 수학, 영어를 둘 다 좋아하고 싫어하는 학생을 구분하는 과정을 포함하여 합함으로써 국어와 수학 둘 중에 한 개를 싫어하는 학생을 구분할 수 있다.

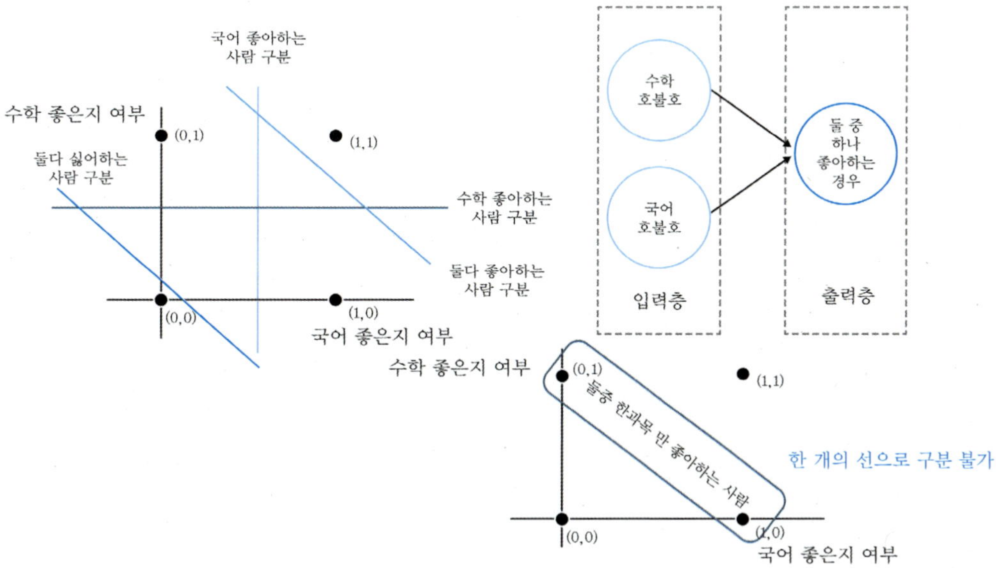

그림 13.8 (a) 과목 호불호 그래프 구분

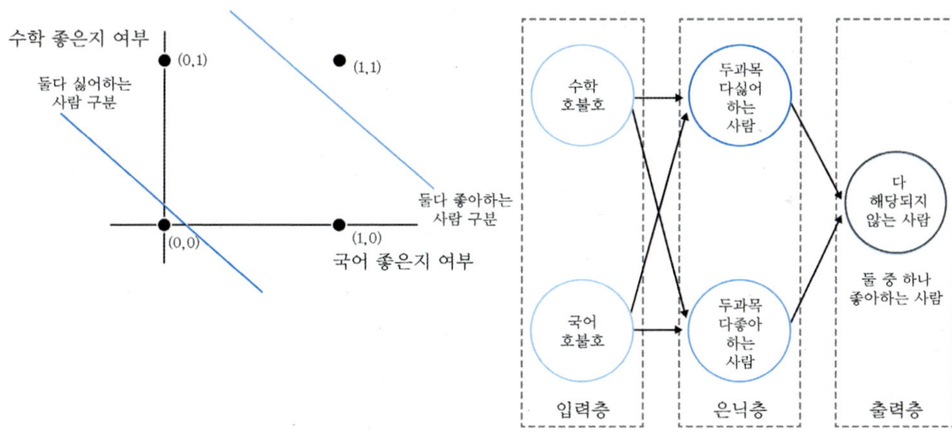

그림 13.8 (b) 과목 호불호 그래프 구분

인공신경망에서 은닉층은 위처럼 단일 퍼셉트론으로 계산하기 힘든 중간과정들을 계산하는 역할을 한다. 이러한 여러 개의 퍼셉트론으로 구성된 것을 심층신경망(deep neural network)이라 부르며, 심층신경망을 학습하기 위해 사용되는 여러 알고리즘 학습 방법중에는 딥러닝(deep learning)도 포함된다.

[예 13.5] 입력층에 m 개의 입력 노드가 있고 한 개 은닉층에 여러 개의 은닉 노드가 있는 경우를 고려해 본다.

$x_1,\cdots,x_m$ 은 입력층에 있는 입력변수이다. $w_1,\cdots,w_m$ 은 $x_1,\cdots,x_m$ 에 대한 가중값이다. 인공신경망의 하나의 퍼셉트론 수식은

$$z_n = w^{n_1}x_1 + w^{n_2}x_2 + \cdots + w^{n_m}x_m + b^n \tag{13.3}$$

w^{n_m} = 은닉층의 n번째 퍼셉트론(z_n)에 입력값 x_m의 가중값

$b^n = z_n$의 편향

이다.

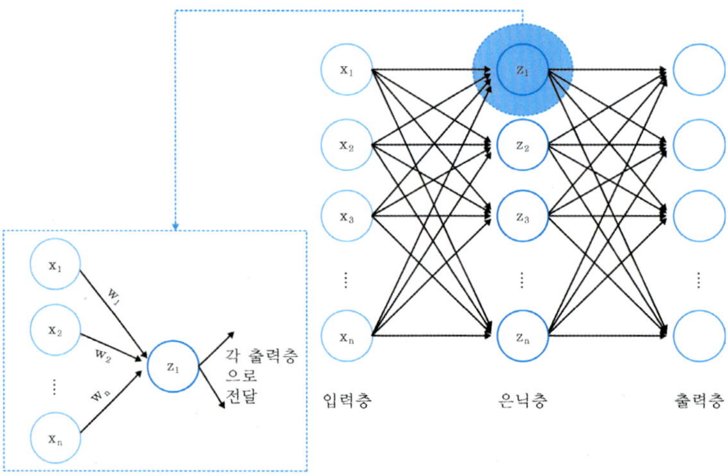

그림 13.9 인공신경망

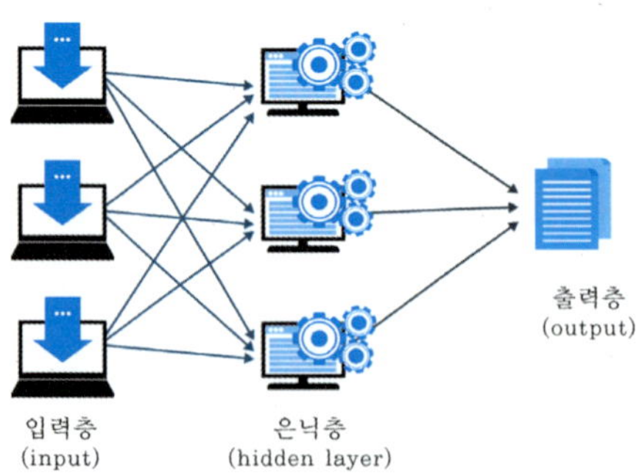

그림 13.10 인공신경망과 머신러닝

그러면 이러한 가중값이나 바이어스 값은 어떻게 정하는 것인가? 이러한 인공신경망 모형을 합리적으로 만드는 방법이 바로 머신러닝(machine learning)이다. 머신러닝은 사람이 학습하는 것처럼 컴퓨터도 데이터를 넣고 훈련을 시키는 과정을 반복하여 원하는 출력값과 가까워지도록 스스로 규칙을 찾아 모형을 만든다. 컴퓨터는 축적된 데이터로 학습을 한다. 임의의 모형을 만들고 데이터를 넣고 출력한 후 오차 즉 예측값과 실제값의 차이를 확인한다. 다시 또 다른 모형을 만들고 실제값과 예측값의 차이를 확인하고 이러한 과정을 반복해가면서 실제값과 예측값의 차이가 작은 최적의 모형을 찾아간다. 올바른 퍼셉트론을 찾는 것은 출력할지를 정확하게 구분하는 가중값 w와 b를 데이터 학습을 통해 찾아 나가는 과정이다.

그러므로 머신러닝을 코드로 수행시 여러 조합의 경우로 데이터를 훈련용 데이터(train data)와 시험용 데이터(test data)로 나눈다. 훈련용 데이터는 모형을 만들기 위한 데이터로서 임의의 모형에 대해 예측값과 실제값을 비교하여 모형을 고쳐나간다. 그런 과정을 수많은 데이터로 많이 반복하는데 이를 훈련과정이라 부른다. 이 과정을 통해 해당 데이터로 훈련된 최적의 모형을 완성한다. 이후 시험용 데이터에 대해 적용함으로써 훈련을 통해 만들어진 모형이 실제로 잘 맞는지 확인하여 만들어진 모형을 평가한다(그림 13.11).

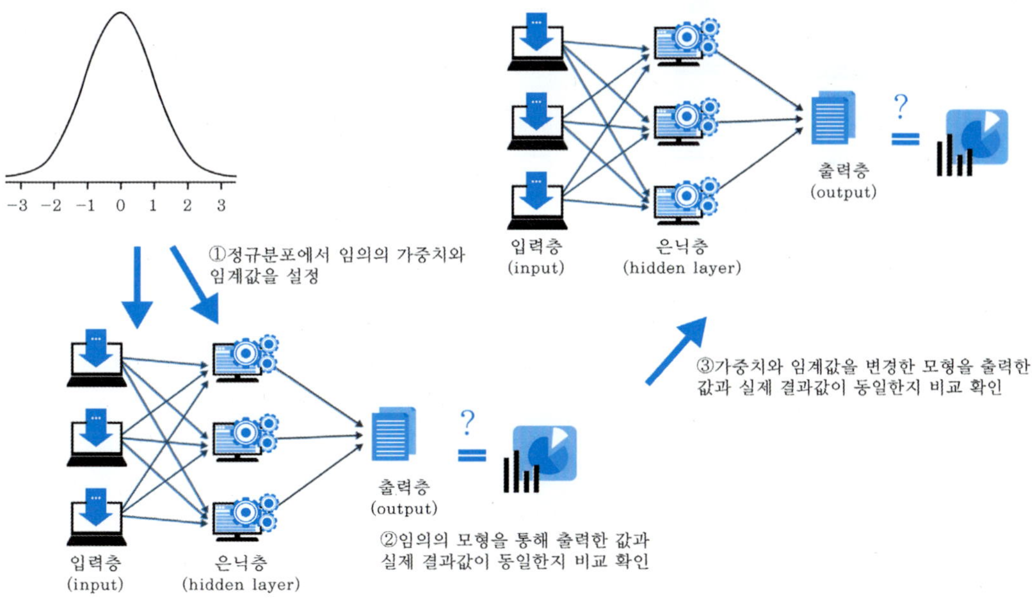

그림 13.11 (a) 머신러닝 과정1

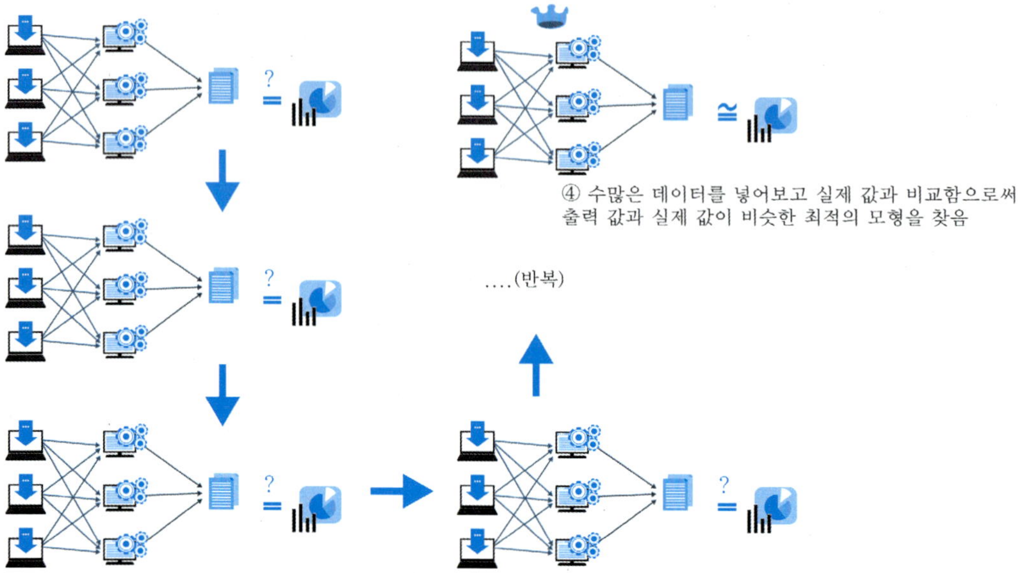

그림 13.11 (b) 머신러닝 과정2

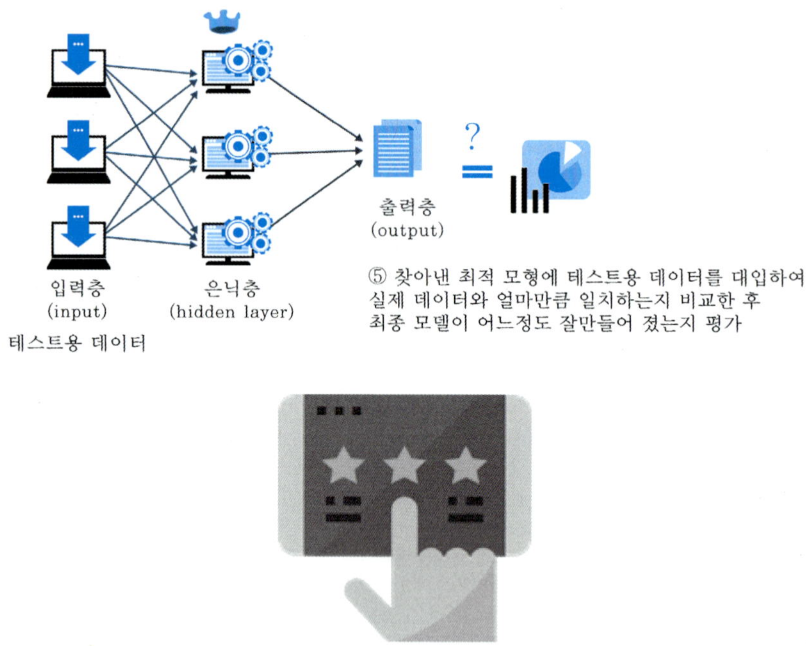

그림 13.11 (c) 머신러닝 과정3

[예 13.6] 회사에서 의사결정

인공신경망 구조를 회사의 의사결정 과정에 비유해보고자 한다. 회의 한 번에 의사결정이 아닌 여러 번 회의를 걸쳐서 결정된다. 이처럼 인공신경망도 여러 번의 은닉층을 걸쳐 의사결정이 되는 모형이 많다. 회사에서 단순히 자료를 내고 회의를 거쳐 통과되는 것이 아닌 서류를 퇴짜 맞거나 재수정을 요구하여 다시 올리는 경우도 종종 있다. 인공신경망도 마찬가지로 기존에 보냈던 값들은 이전 층으로 되돌려 보내는 모형도 있어 모형 종류에 따라 식이나 계산 방식이 복잡하게 구성될 수도 있다(그림 13.12).

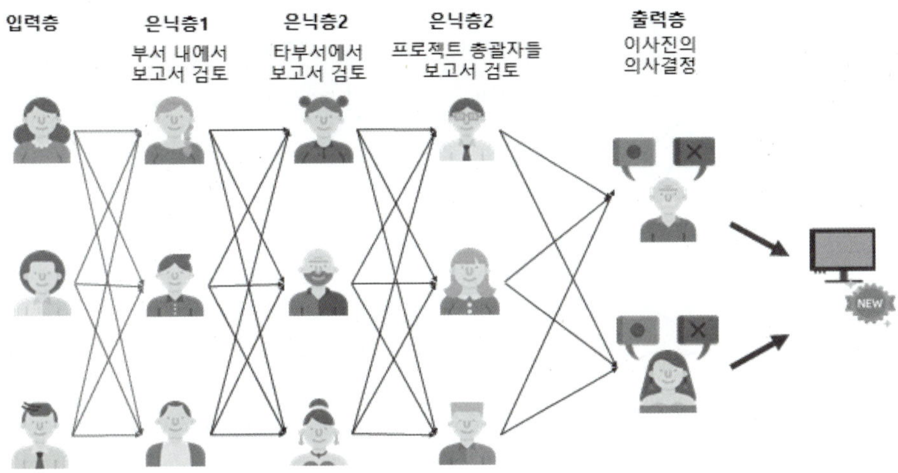

그림 13.12 회사의 의사결정을 인공신경망으로 표현

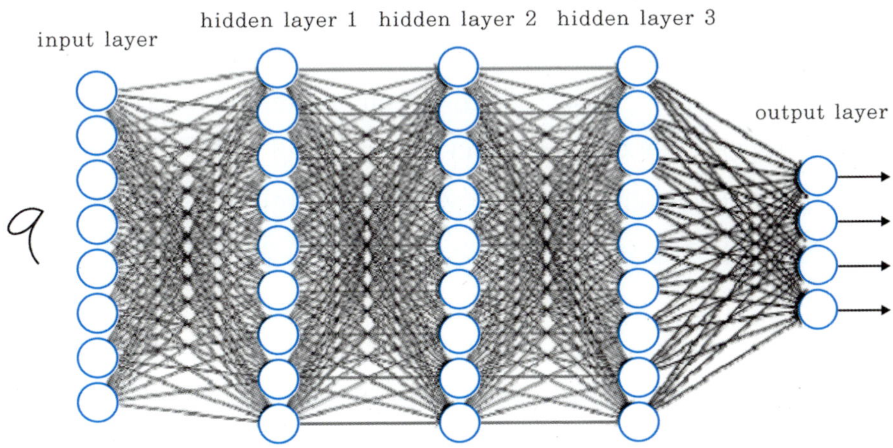

그림 13.13 인공신경망: 은닉층 여러 개인 경우

인공신경망에서 값은 어떻게 전달될까? 은닉층이 여러 개인 경우 이전에 은닉층이 한 개인 경우와 같이 한다면 발생하는 문제가 있다. 이전 층에서 출력된 값이 다음 층으로 전달이 되어야 하는데 출력값이 0과 1뿐이라면 다음 층으로 값이 제대로 전달이 되지 않는 문제가 발생한다.

[예 13.7] 레스토랑 결정 문제

어떤 레스토랑에 갈지를 결정하려고 한다.

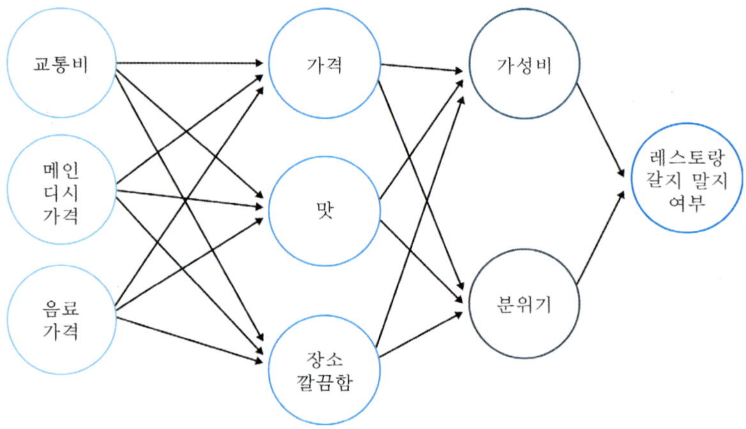

그림 13.14 레스토랑 결정 판단과정을 인공신경망으로 표현

해당 판단에 대한 인공신경망을 그렸을 때 그림 13.14와 같이 표현할 수 있는데 여기서 이전처럼 0과 1을 출력하는 경우 들어 가성비를 따지기 힘들어진다. 어떤 사람에 입맛이 까다로워서 가격과 비교했을 때는 그럭저럭 괜찮지만 맛없다고 판단하여 0일 수도 있고 반대로 가격은 엄청 비싼데 맛은 그럭저럭하여서 둘 다 1로 출력된다면 가성비가 좋다고 나올 수도 있다. 그렇기에 단순히 0과 1 값으로 출력되는 것이 아닌 그 사잇값으로 가중값을 정할 수 있도록 하고자 한다. 다음 층에 숫자로 전달할 수 있도록 인공신경망에서는 흔히 시그모이드 함수를 이용한다.

딥러닝을 위해 어떤 활성함수(activation function)를 사용할 수 있을까요? 대표적인 활성함수를 그림 13.15에서 보여준다. 문제에 따라 여러 가지 활성함수를 고려할 수 있다.
출력함수를 다음과 같이 쓸 수 있다.

$$출력값(output) = f_s(\sum_i^n w_i x_i + b) \tag{13.4}$$

(1) 계단함수(step function: hard limiter)

$$f_h(\cdot) = \begin{cases} 0 & \text{if } \sum_i^n w_i x_i + b < 0 \\ 1 & \text{if } \sum_{i=1}^n w_i x_i + b \geq 0 \end{cases} \tag{13.5}$$

계단함수는 선형함수의 결과를 이진 분류로 나타낸다. 사람의 뉴런에 가장 가까운 형태를 취한다고 볼 수 있다. 특정 임계값($\theta = -b$) 이상이면 1을, 아니면 0을 출력한다. 그러나 계단함수를 이용하여 인공신경망을 만들 때 은닉층 개수가 늘어나면 늘어날수록 0, 1 출력이 극단적인 값이기 때문에 이전 은닉층에서 넘어오는 모든 정보를 정확히 받아들이기 힘들다는 단점이 있다.

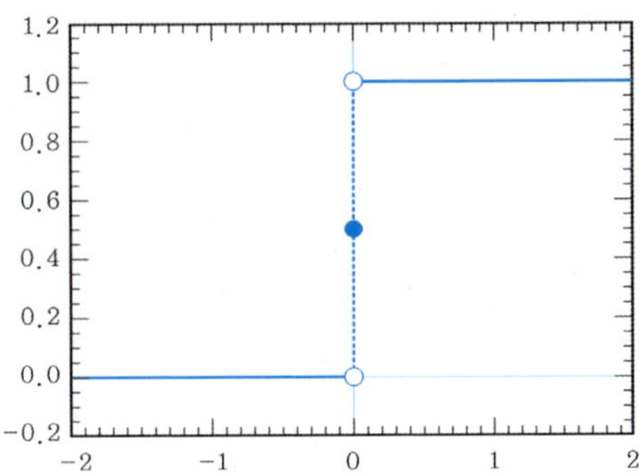

그림 13.15 (a) 계단함수

(2) 시그모이드 함수(sigmoid function: soft limiter)

$$f_s(x) = \frac{1}{1 + \exp(-x)} \tag{13.6}$$

시그모이드 함수는 선형함수의 결과를 0~1까지의 비선형 형태로 변형하는 함수이다. 해당 함수는 로지스틱 회귀와 같은 분류 문제의 확률 표현에 사용된다. 즉 어떤 사건이 일어난 확률 p에 대한 일어날 확률과 일어나지 않을 확률에 대해 log를 취한 후, 이를 x 기준으로 다시 정리한 식이다. 시그모이드 함수는 계단함수처럼 극단적이지 않다. 시그모이드 함수의 장점은 계단함수와 달리 층별로 넘어오는 작은 비중과 출력값도 넘어온다는 장점이 있다. 딥러닝 모형이 깊으면 깊을수록 기울기가 사라지는 경사하강(gradient vanishing) 현상이 발생하므로 딥러닝 모형에서는 추천하지 않는 편이다.

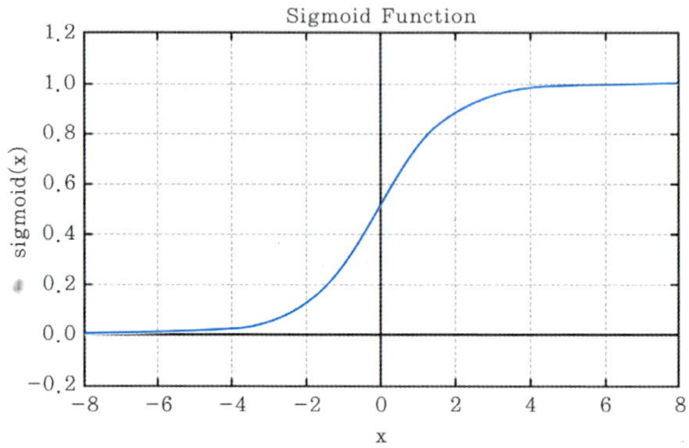

그림 13.15 (b) 시그모이드 함수

(3) 하이퍼볼릭 탄젠트 함수(hyperbolic tangent function)

$$f_{ht}(x) = \frac{1-e^{-2x}}{1+e^{-2x}} \tag{13.7}$$

하이퍼볼릭 탄젠트 함수는 선형함수의 결과를 -1~1까지의 비선형 형태로 변형하는 함수이다. 시그모이드 함수에서의 결과값이 평균 0 아닌 양수로 편향된 문제를 해결하기 위해 사용한다. 그러나 이 함수도 시그모이드 함수와 마찬가지로 경사하강(gradient vanishing) 현상의 발생을 막을 수는 없다. 참고로 기울기가 최대인 지점은 x=0이다.

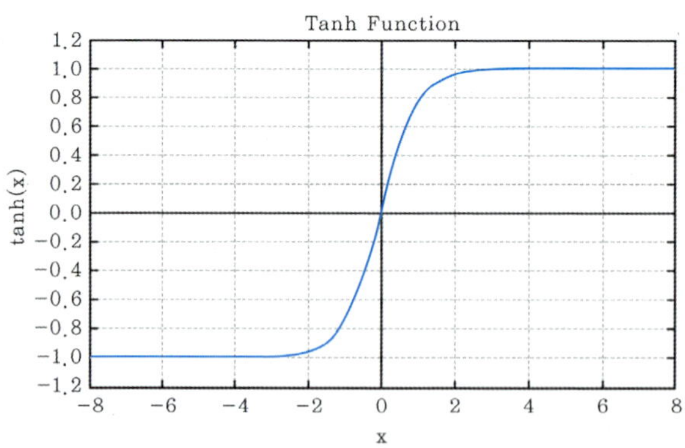

그림 13.15 (c) 하이퍼볼릭 탄젠트 함수

(4) 렐루함수(ReLU function)

$$f_{ReLU}(\cdot) = \begin{cases} 0 & \text{if } \sum_{i}^{n} w_i x_i + b < 0 \\ \max(z,0) & \text{if } z = \sum_{i=1}^{n} w_i x_i + b \geq 0 \end{cases} \tag{13.8}$$

최근 활발히 사용되는 렐루함수는 입력이 양수일 때는 x, 음수일 때는 0을 출력한다. 경사하강 문제가 발생하지 않는다. 보통 은닉층에 사용되는 함수이다. 그러나 입력으로 음수 값을 받으면 항상 0 이기 때문에 훈련 능력이 감소하는 경향이 있다. 이러한 단점을 보완하여 Leaky ReLU, Rectified Linear ReLU, Randomized Leaky ReLU 함수 등이 있다.

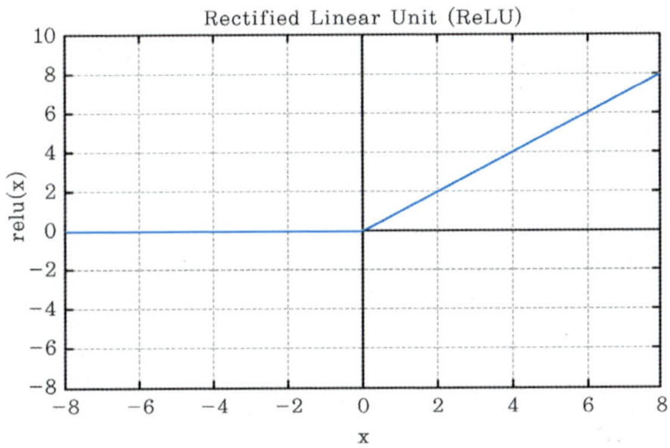

그림 13.15 (d) ReLU 함수

(5) 소프트맥스 함수(softmax function)

$$f_{st}(x) = \frac{e^i}{\sum_{j=0}^{k} e^j}, \quad where \;\; i = 0, 1, \ldots, k \tag{13.9}$$

소프트맥스 함수는 입력받은 값을 0~1 사이의 출력이 되도록 정규화하여 출력값들의 총합이 항상 1 이 되는 특성을 가진 함수이다. 보통 딥러닝에서 출력 노드의 활성화 함수로 많이 사용된다.

[예 13.8] 입력층에 m 개의 입력변수가 n개의 은닉층으로 구성된 $x_1,\cdots,x_m$ 은 입력층에 있는 입력변수이다. $w_1,\cdots,w_m$ 은 $x_1,\cdots,x_m$ 에 대한 가중값이다. 가중값을 구한 후 다음의 선형식을 구한다.

$$
\begin{aligned}
a_1^1 &= w_{11}^1 x_1 + w_{12}^1 x_2 + \cdots + w_{1m}^1 x_m + b_1^1 \\
&\vdots \\
a_1^n &= w_{11}^n a_1^{n-1} + w_{12}^n x_2 + \cdots + w_{1m}^n a_m + b_1^n \\
a_m^n &= w_{m1}^n a_1^{n-1} + w_{m2}^n a_2^{n-1} + \cdots + w_{mm}^n a_m^{n-1} + b_m^n \\
&\vdots \\
a_m^{n+1} &= w_{m1}^{n+1} n a_1^n + w_{m2}^{n+1} a_2^n + \cdots + w_{mm}^{n+1} a_m^n + b^{n+1_m}
\end{aligned}
\tag{13.10}
$$

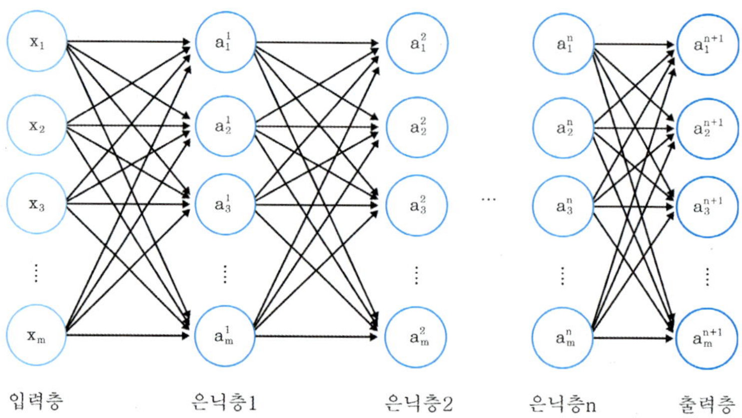

그림 13.16 (a) 인공신경망: 은닉층 여러 개인 경우

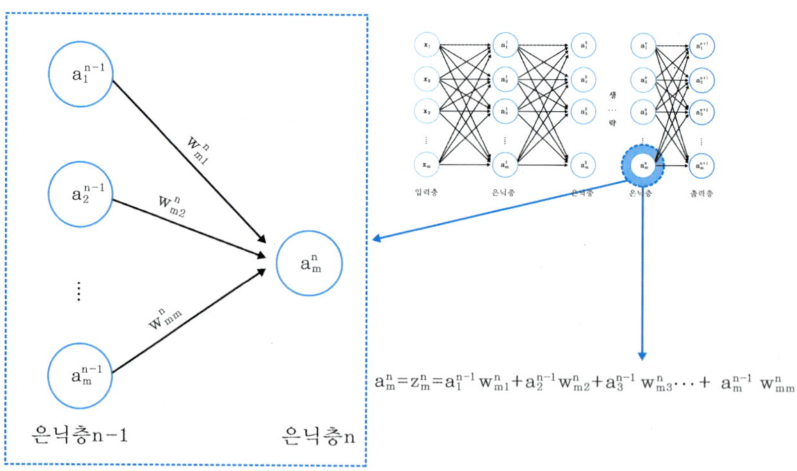

그림 13.16 (b) 인공신경망: 은닉층이 여러 층으로 구성된 경우 특정 퍼셉트론의 수식

13.2 인공신경망 분석 예 – iris 데이터

[예 13.9] R 시스템에 내장된 iris 데이터셋은 세 종류가 분포된 150개 붓꽃(iris)의 꽃받침 길이와 너비, 꽃잎 길이와 너비를 측정한 데이터를 포함한다. 이러한 변수들을 이용하여 꽃의 종류를 분류하는 인공신경망을 만들어 보고자 한다. 목표변수(target variable)는 꽃의 종류이고 입력변수는 붓꽃에 대해 측정된 4개 변수이다.

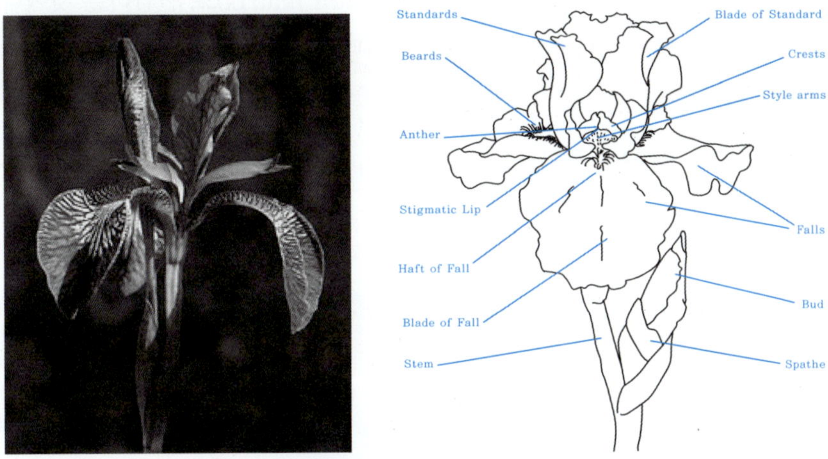

그림 13.17 붓꽃(iris)과 명칭

| 표 13.1 | iris 데이터셋의 변수

변수명	설명
Sepal Length	꽃받침의 길이
Sepal Width	꽃받침의 너비
Petal Length	꽃잎의 길이
Petal Width	꽃잎의 너비
Species	꽃의 종류 setosa / versicolor / virginica

1. R 패키지인 "nnet"을 설치 후 실행한 다음 데이터셋 iris를 불러들인다.

```
library("nnet")
data(iris)
head(iris)
```

```
> head(iris)
  Sepal.Length Sepal.Width Petal.Length Petal.Width Species
1          5.1         3.5          1.4         0.2  setosa
2          4.9         3.0          1.4         0.2  setosa
3          4.7         3.2          1.3         0.2  setosa
4          4.6         3.1          1.5         0.2  setosa
5          5.0         3.6          1.4         0.2  setosa
6          5.4         3.9          1.7         0.4  setosa
```

2. 가장 먼저 할 일은 출력값 Y를 지시행렬(indicator matrix)로 변환하는 것이다. 즉 종류를 구분하는 열을 따로 만든다. 이후 iris 데이터와 지시행렬을 열결합하여 iris2 데이터 객체로 저장한다.

```
species_iris <- class.ind(iris$Species)
head(species_iris)
iris2 <- cbind(iris, species_iris)
head(iris2)
```

```
>head(species.ind)
     setosa versicolor virginica
 <1,>     1          0         0
 <2,>     1          0         0
 <3,>     1          0         0
 <4,>     1          0         0
 <5,>     1          0         0
> head(iris2)
  Sepal.Length Sepal.Width Petal.Length Petal.Width Species setosa versicolor virginica
1          5.1         3.5          1.4         0.2  setosa      1          0         0
2          4.9         3.0          1.4         0.2  setosa      1          0         0
3          4.7         3.2          1.3         0.2  setosa      1          0         0
4          4.6         3.1          1.5         0.2  setosa      1          0         0
5          5.0         3.6          1.4         0.2  setosa      1          0         0
6          5.4         3.9          1.7         0.4  setosa      1          0         0
```

3. iris 데이터를 훈련용 데이터와 시험용 데이터로 무작위로 분리한다.

```
train_idx  <-  sample(1:150,100)  # 100 sample index out of 1~150
iris_train_df <- iris2[train_idx, ]
iris_test_df <- iris2[-train_idx, ]
```

4. iris 훈련용 데이터의 1열부터 4열까지 변수를 입력값으로 놓고 6열부터 8열까지를 출력층으로 하는 인공신경망을 nnet() 함수를 이용해 만든다. size 옵션은 은닉층이 사용할 구성요소(퍼셉트론) 개수이다.

```
iris_ann  <- nnet(x=iris_train_df[,c(1:4)], y=iris_train_df[,c(6:8)],
                    size=10, softmax=TRUE)
iris_ann
```

```
> iris_ann
# weights:  803
initial  value 264.773603
iter  10 value 21.357371
iter  20 value 6.292364
iter  30 value 4.889353
iter  40 value 4.384963
iter  50 value 3.675066
iter  60 value 1.780045
iter  70 value 0.009083
final  value 0.000054
converged
```

5. 만든 인공신경망 모형으로 훈련용 데이터에 대해 예측값을 출력한다.

```
iris_pred <- predict(iris_ann, iris_train_df[,c(1:4)], type="class")
table(iris_pred, iris_train_df$Species)
```

```
> iris_pred <- predict(iris_ann, iris_train_df[,c(1:4)], type="class")
> table(iris_pred, iris_train_df$Species)
iris_pred    setosa versicolor virginica
  setosa         13         11        10
  versicolor      8         11         9
  virginica       8         12        18
```

6. 만든 모형으로 시험용 데이터에 대해 적용하고 결과를 출력한다.

```
iris_pred <- predict(iris_ann, iris_test_df[,c(1:4)], type="class")
table(iris_pred, iris_test_df$Species)
```

```
> iris.pred <- predict(iris.ann, iris.test.df<,c(1:4)>, type="class")
> table(iris.pred, iris.test.df$Species)
iris.pred    setosa versicolor virginica
  setosa         18          0         0
  versicolor      0         14         0
  virginica       0          1        17
```

7. 만든 인공신경망을 시각화하는 코드를 입력한다. `source_url()` 함수는 Http, Https, Ftp와 같은 프로토콜을 통해 스크립트를 수행한다.

```
library("devtools")
library("reshape2")

source_url('https://gist.githubusercontent.com/fawda123/7471137/raw/466
c1474d0a505ff044412703516c34f1a4684a5/nnet_plot_update.r')

plot.nnet(iris_ann)
```

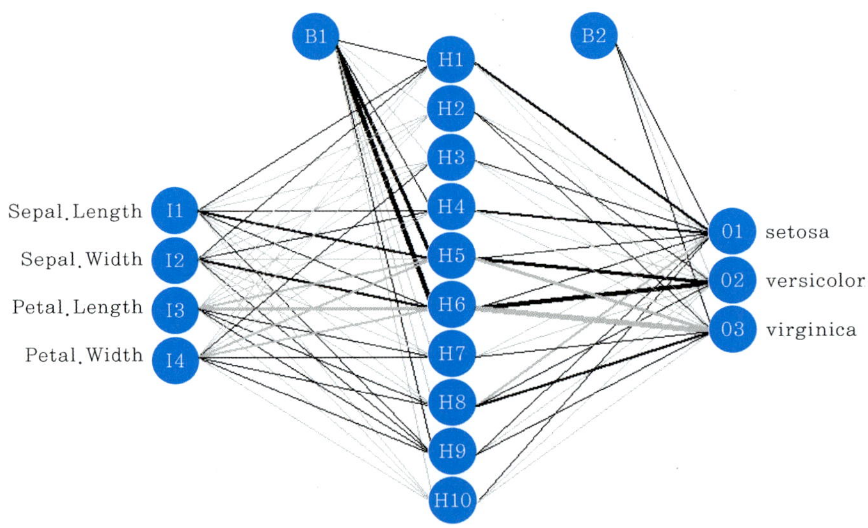

그림 13.18 iris 데이터에 대한 인공신경망 그림

7. caret 패키지에 내장된 `confusionMatrix()` 함수를 이용하여 시험용 데이터로 예측값과 실제값의 차이를 비교하여 해당 모형의 오분류율을 계산한다.

```
library(caret)
confusionMatrix(factor(iris_pred),iris_test_df$Species)
```

```
> confusionMatrix(factor(iris.pred),iris.test.df$Species)
Confusion Matrix and Statistics

            Reference
Prediction    setosa versicolor virginica
  setosa          18          0         0
  versicolor       0         14         0
  virginica        0          1        17

Overall Statistics

               Accuracy : 0.98
                 95% CI : (0.8935, 0.9995)
    No Information Rate : 0.36
    P-Value <Acc > NIR> : < 2.2e-16

                  Kappa : 0.9699
 Mcnemar's Test P-Value : NA

Statistics by Class:

                     Class: setosa Class: versicolor Class: virginica
Sensitivity                   1.00            0.9333           1.0000
Specificity                   1.00            1.0000           0.9697
Pos Pred Value                1.00            1.0000           0.9444
Neg Pred Value                1.00            0.9722           1.0000
Prevalence                    0.36            0.3000           0.3400
Detection Rate                0.36            0.2800           0.3400
Detection Prevalence          0.36            0.2800           0.3600
Balanced Accuracy             1.00            0.9667           0.9848
```

해당 모형은 약 98%의 정확도를 갖는다.

13.3 글자 인식을 위한 머신러닝

텐서플로우(TensorFlow)란 구글(Google)에서 개발하여 2015년에 공개소스(open source)로 공개한 기계학습 라이브러리다. 텐서플로우의 장점은 다양한 언어(C++, Java, Python 등)로 사용할 수 있고 일반인들이 이해하기 쉽게 구성되었다는 것이다. github 사이트를 방문하면 텐서플로우를 이용한 여러 가지 머신러닝 결과물을 볼 수 있다. 텐서플로우는 Python 관련 자료가 가장 많으며 다양한 분야에서 활용되고 있다.

신경망 구조를 프로젝트에 딱 맞는 최적의 구조로 학습시켜 최적의 결과물을 내기 위해서는 페이스북(facebook)이 선도하는 파이토치(PyTorch)를 권장한다. 이유는 텐서플로우 라이브러리 자체가 신경망이 한번 학습되기 시작하면 신경망의 구조는 그 구조로 고정되어야만 학습이 가능한 그래프 구조인데 비해, 파이토치는 학습 과정에서 신경망의 구조까지 스스로 학습하여 스스로 변하게 할 수 있는 레이어구조이기 때문이다. 그러나 간단하게 상용으로 개발하고자 하는 경우에는 아직까지 사용자가 많은 텐서플로우가 참고자료가 많아 유용한 편이다.

[예 13.10] 글자 필기체 인식

다음은 텐서플로우(TensorFlow) 공식 튜토리얼에서 제공하는 비정형데이터(이미지) 트레이닝 중 하나이다.

텐서플로우에서 제공하는 데이터를 케라스(Keras) R 패키지를 이용하여 분석할 수 있다. Keras 패키지는 딥러닝 라이브러리로 비전문가도 쉽게 쓸 수 있을 만큼 직관적인 API(Application Programming Interface)를 제공한다. 이 패키지는 본래 파이썬으로 구성되어있는 라이브러리인데 여러 패키지를 설치하여 R에서 사용할 수 있도록 한다.

케라스(keras)는 그리스 언어로 '뿔'이라는 뜻이다. 그리스 신들이 꿈을 통해 사람들에게 예언할 때 진실한 예언을 하고자 할 때는 뿔로 된 문(door)을 보내고 거짓 예언에는 상아로 된 문을 보냈다는 일화에서 케라스의 이름이 유래되었다.

다운받은 데이터는 이미지(image) 형태를 데이터로 변환하여 가로 세로가 각각 28개 레이어(layer)에 입력한 값을 일렬로 저장한 값이다. 입력값은 입력강도(여기서는 흑색에 가까울수록 1에 가까움)로 0에서 1 사이의 값이다. 필기체 데이터는 약 2만 건으로 구성되어있다.

그림 13.19 필기체 데이터 표본

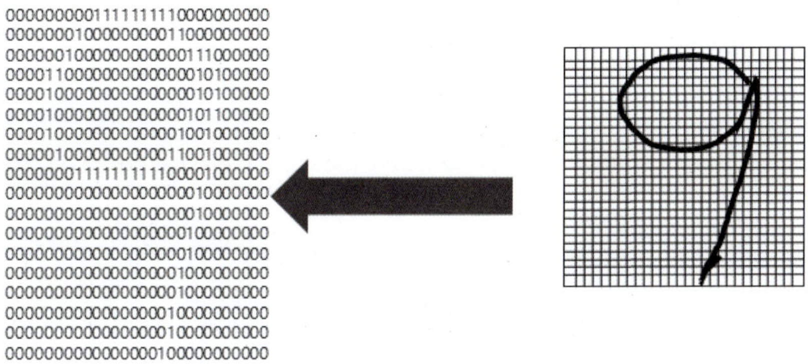

그림 13.20 필기체 '9'를 숫자 데이터로 표현

이런 이미지에 대해서는 레이어 칸수가 28 × 28 이므로 총 784(28^2)개의 입력데이터가 발생한다. R에서 케라스(Keras) 패키지를 불러와 딥러닝을 수행한다. 케라스(Keras)는 파이썬으로 구현된 딥러닝 라이브러리이며 R을 이용하여 케라스 패키지를 불러와 사용할 수 있다. R에서 사용하기 위해서는 먼저 Python을 설치하고 라이브러리를 사용하기 적합한 환경을 만들어야 한다. 이러한 작업은 이 책에서는 다루지 않지만 관심있는 주제로 남겨두기로 한다.

연습문제

1. 간단히 답하시오.
   (a) 뉴런이란 무엇인가?
   (b) 퍼셉트론이란 무엇인가?
   (c) 인공신경망이란 무엇인가?
   (d) 활성함수의 종류와 역할은 무엇인가?

2. MASS 패키지에 내장된 Boston 데이터셋에 대해 출력값=medv 변수에 대한 예측을 위해 인공신경망을 이용해 분석하고 시각화하시오.

```
library(MASS)
data(Boston)
head(Boston_
Boston.scaled <- as.data.frame(scale(Boston))  #scaled
```

3. 다음의 요트 데이터에 대해 출력값=Residuary resistance 변수에 대한 예측을 위해 인공신격망을 이용해 분석하고 시각화하시오.

요트 선체 관련 측정값과 프루두 수이며 반응값으로 잉여저항을 측정하였다.
1. Longitudinal position of the center of buoyancy
2. Prismatic coefficient
3. Length-displacement ratio
4. Beam-draught ratio
5. Length-beam ratio
6. Froude number(프루드 수: 흐름의 평균유속에 대한 표면파의 전파속도의 비)
7. Residuary resistance per unit weight of displacement (잉여 저항)

```
url <-
'http://archive.ics.uci.edu/ml/machine-learning-databases/00243/yacht
_hydrodynamics.data'
```

```
Yacht_Data <- read.table(file = url,
             col.names = c('LongPos_COB', 'Prismatic_Coeff',
                         'Len_Disp_Ratio', 'Beam_Draut_Ratio',
                          'Length_Beam_Ratio','Froude_Num',
                          'Residuary_Resist')) %>%
                   na.omit()
```

CHAPTER

14 텍스트 마이닝

텍스트 마이닝(text mining)이란 비정형 텍스트 데이터에서 의미 있는 정보를 찾아내는 기술이다. 텍스트 마이닝은 문서들을 분류, 군집화, 정보의 추출 등으로 데이터를 정제한다.

미국의 유명한 하드디스크 생산업체인 시게이트에서 2025년이면 전 세계에서 생산하는 데이터 규모가 175 ZB(187,904,819,200GB)라고 예상했다. 클라우드 기술의 발달과 모바일, 스마트폰 사용의 증가, 과거와 다른 데이터를 생산하는 방식과 다양한 데이터 형식, 또 개인이 데이터를 생산하기 때문이다. 그렇기에 최근 들어 단순 수치로 저장된 것이 아닌 사람들이 투고한 게시글, 사진, 음성, 동영상, 뉴스 기사, 댓글, 평점, 평가 같은 여러 텍스트로 쓰인 글자 데이터로 데이터 분석이 증가하고 있다. 특히 마케팅 분야에서는 사람들이 많이 사용하는 소셜미디어의 데이터를 이용하여 수요를 확인하여 제품을 새로 준비하거나 광고할 때 사람들 사이에서 유행하는 관심사가 되는 내용을 넣기 위해 데이터를 수집하고 분석하는 경우가 많다(그림 14.1).

그림 14.1 다양한 형태의 데이터에 대한 분석

14.1 글자와 규모를 지정하여 워드클라우드 분석

워드클라우드(word cloud)는 텍스트 중에 언급 빈도가 높은 단어들을 가시성 좋게 표기하는 기법이다. 특정 값에 빈도수를 할당하여 해당 빈도수를 워드클라우드를 이용하여 표현하게 된다.

[예제 14.1] 2018년도 사람들이 선호하는 SNS 선호도 조사한 기사에 나온 데이터로 워드클라우드를 표현하고자 한다. 그림 14.2에서는 각 SNS에 대한 사용률 데이터를 보여준다.

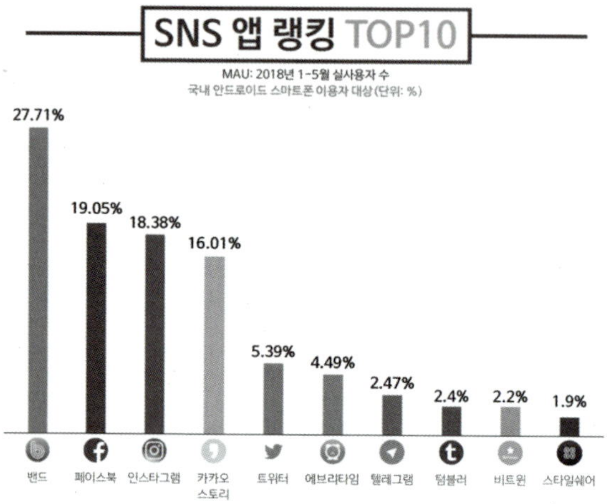

그림 14.2 소셜미디어 사용자 수 순위

표 14.1 워드클라우드 분석을 위한 R 패키지

패키지명	기능 및 설명
wordcloud	워드클라우드를 그릴 때 `wordcloud()` 함수 사용. wordcloud(데이터벡터1, 데이터벡터2, max.words=단어최대횟수, random.order=단어의 배치를 빈도수 순으로 할 것인가(TRUE or FALSE값), random.color=빈도수 큰 단어부터 순서대로 지정한 색 출력, colors="black", ordered.colors=색깔 순서대로 출력)
RColorBrewer	여러 가지 색깔 팔레트를 모아놓은 패키지. 워드클라우드를 만들 때 `brewer.pal()` 함수를 이용해 글자 색깔 지정시 활용

1. 필요한 패키지를 불러들인다.

```
install.packages("wordcloud")
install.packages("RColorBrewer")
library("wordcloud")
library("RColorBrewer")
```

2. wordcloud에 사용할 단어들과 해당 단어에 사용 빈도수를 각각 변수 word와 frequency에 할당한다.

```
word <-c("밴드","페이스북","인스타그램","카카오스토리","트위터",
         "에브리타임", "텔레그램","템프러","비트윈","스타일쉐어")
frequency <- c(28,19,18,16,5,5,3,2,2,2)
```

3. wordcloud에 사용할 색깔을 지정한다.

   display.brewer.all() 함수로 호출하면 그림 14.4에서 색상 타입 목록을 볼 수 있다.

```
col1 <- brewer.pal(9,"Set1")  # (사용색상 개수(max=9), "색상타입")
```

4. wordcloud()를 이용하여 출력한다. random.color=F 옵션을 쓰면 빈도수가 큰 단어 순서대로 색깔을 정하고 random.color=T 옵션을 쓰면 색상을 랜덤하게 선택한다. 결과로 워드클라우드 그림 14.3을 얻는다.

```
wordcloud(word,frequency,random.color=T,colors=col1)
```

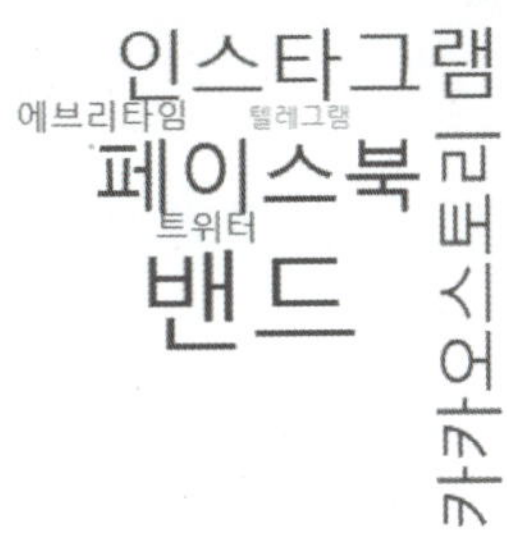

그림 14.3 소셜미디어 사용자 수에 대한 워드클라우드

<코드 14.1> SNS 사용자 워드클라우드

```
install.packages("wordcloud")
install.package("RColorBrewer")
library("wordcloud")
library("RColorBrewer")

word <-c("밴드","페이스북","인스타그램","카카오스토리","트위터",
         "에브리타임","텔레그램","템프러","비트윈","스타일쉐어")
frequency <- c(28,19,18,16,5,5,3,2,2,2)
```

```
col1 <- brewer.pal(9,"Set1")  # 색깔선택
wordcloud(word,frequency, random.color=T,colors=col1)
```

```
> display.brewer.all() # 색상의 이름 확인
```

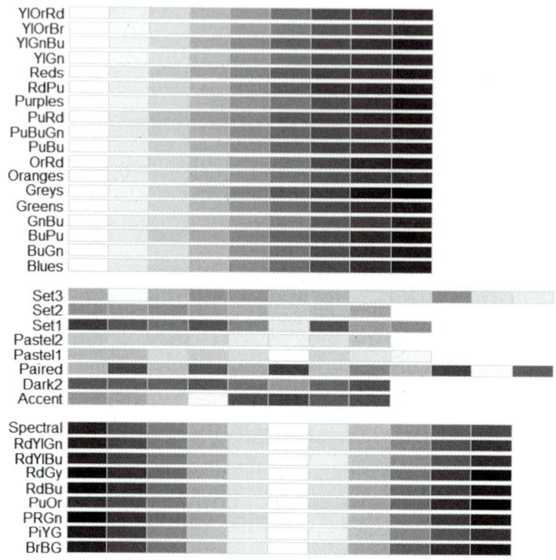

그림 14.4 워드클라우드에 사용할 수 있는 색상

[예 14.2] 제주도에 있는 숙박업소에 대해 규모별로 한눈에 보고자 한다. 규모를 업체명의 크기로 구분하는 워드클라우드를 만들고자 한다.

1. 공공데이터 포털에 접속하여 '제주특별자치도_관광숙박업 정보' 사이트에서 최근의 관광숙박업소정보가 담긴 데이터를 C:\R_dataset 경로에 저장한다.

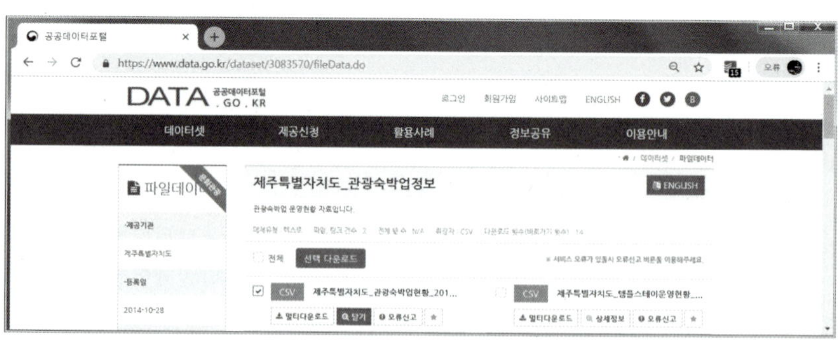

그림 14.5 공공데이터 포털

2. 필요한 라이브러리를 불러들이고 내려받은 데이터를 데이터셋 객체 jeju에 할당한다.

```
library(wordcloud)
library(RColorBrewer)
jeju        <-        read.csv('C:\\R_dataset\\제주특별자치도_관광숙박업현황_20181030.csv',header=T)
```

3. wordcloud에 사용할 파레트를 지정한다.

```
pal2<-brewer.pal(8,"Set1")
```

4. 항목(열 변수) 중 상호명과 객실 수를 이용하여 wordcloud를 생성한다.

```
wordcloud(jeju$상호명, jeju$객실수, colors=pal2)
```

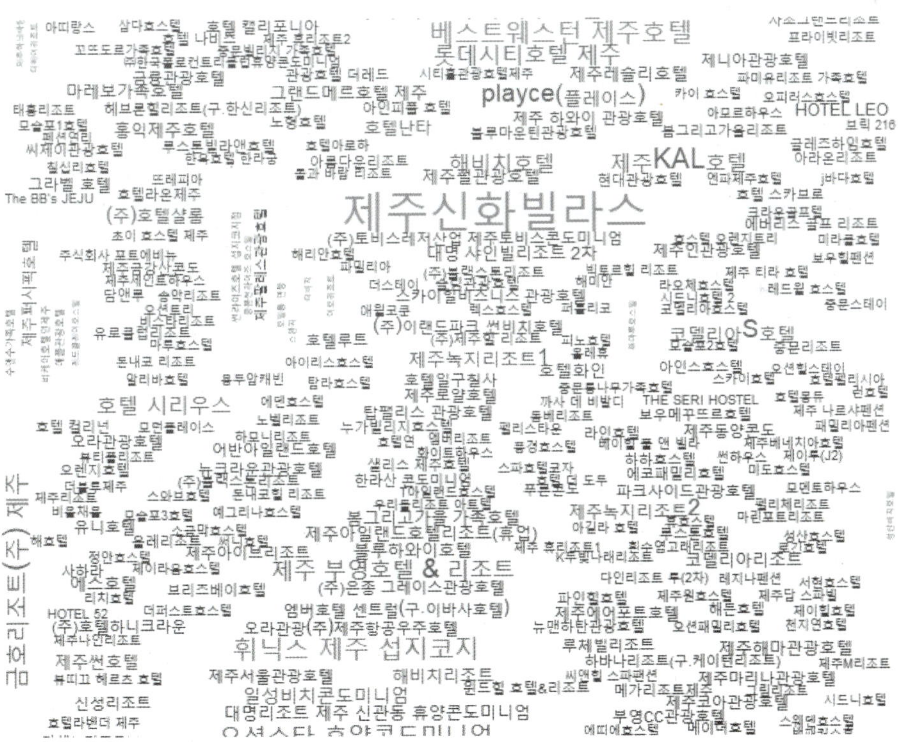

그림 14.6 제주도에 있는 숙박업소에 대해 규모 워드클라우드

워드클라우드를 출력하면서 warning 메시지가 뜨는데 이유는 두 가지이다. 우선 모든 데이터의 글자를 담기에는 글자의 양이 너무 많아 할당된 공간을 초과하거나 특정 글자의 할당된 크기(혹은 빈도수)가 다른 글자의 크기보다 너무 차이가 커서 할당된 공간에 들어가지 않는 경우이다. 이와 같은 경우 글자에 할당된 숫자(빈도수)를 조정하는 방법(예, 원래 숫자값 나누기 100을 하여 wordcloud 이용)이 있다. 또한 min.freq 옵션을 이용해 최소 숫자 이상인 단어만 wordcloud에 표기하는 옵션을 사용하여 wordcloud를 조정하는 방법, 마지막으로 wordcloud에 사용되는 글씨 크기의 최소 최대값을 지정해주는 방법이 있다.

[예 14.3] 제주도에 있는 숙박업소에 대해 규모에 따른 워드클라우드를 만든다. 이번에는 워드클라우드 조절 방법을 적용하고자 한다.

1. 할당된 숫자를 조정하는 방법

   해당 방법은 객실 수에 0.1을 곱하여 wordcloud를 이용하여 출력한다.

```
wordcloud(jeju$상호명, jeju$객실수*0.1, colors=pal2)
```

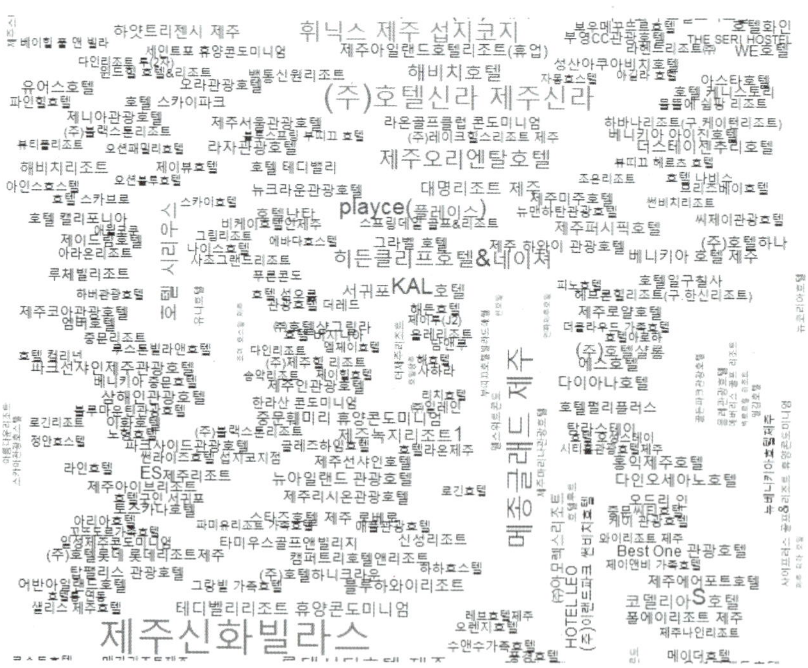

그림 14.7 제주도 숙박업소 규모 워드클라우드(객실수×0.1)

이전에 제외되었던 항목 일부가 들어갔지만, 아직도 warning 메시지가 나온다. 이러한 방법의 단점은 해당 숫자에 대해 수정했을 때 지나치게 작은 숫자를 갖게 되는 단어가 분석에서 제외될 수 있게 되는 것이다.

2. 최소 숫자 지정하는 방법

   min.freq 옵션을 이용하여 최소 숫자(빈도수) 이상의 단어만 wordcloud에 출력되도록 한다.

   다음은 최소 객실이 100실 이상인 숙박업소 이름만 나오도록 설정하였다.

```
wordcloud(jeju$상호명, jeju$객실수, colors=pal2, min.freq=100)
```

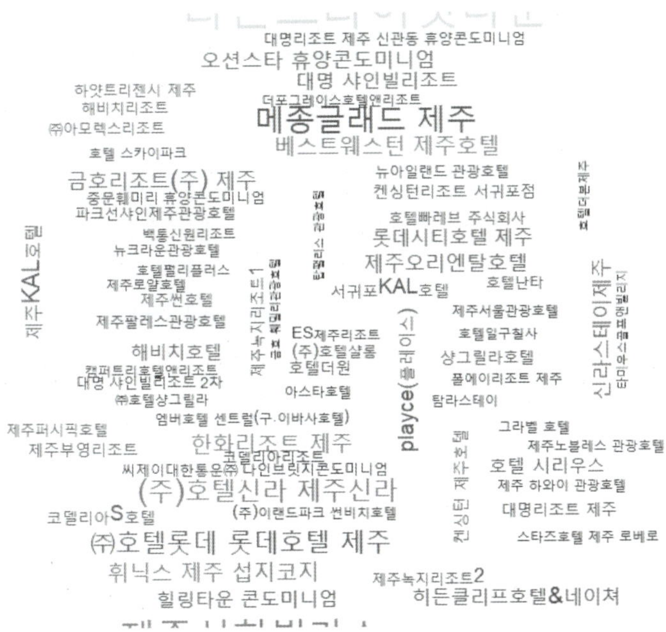

그림 14.8 제주도 숙박업소 규모 워드클라우드(객실수 100개 이상)

3. 글자의 최소, 최대 크기 지정

   scale=c(max, min) 옵션을 이용하여 wordcloud에 사용되는 글자의 최소, 최대크기를 아래와 같이 최소 0.3에서 3까지로 지정한 후 출력한다.

```
wordcloud(jeju$상호명, jeju$객실수, colors=pal2, scale=c(3, .3) )
```

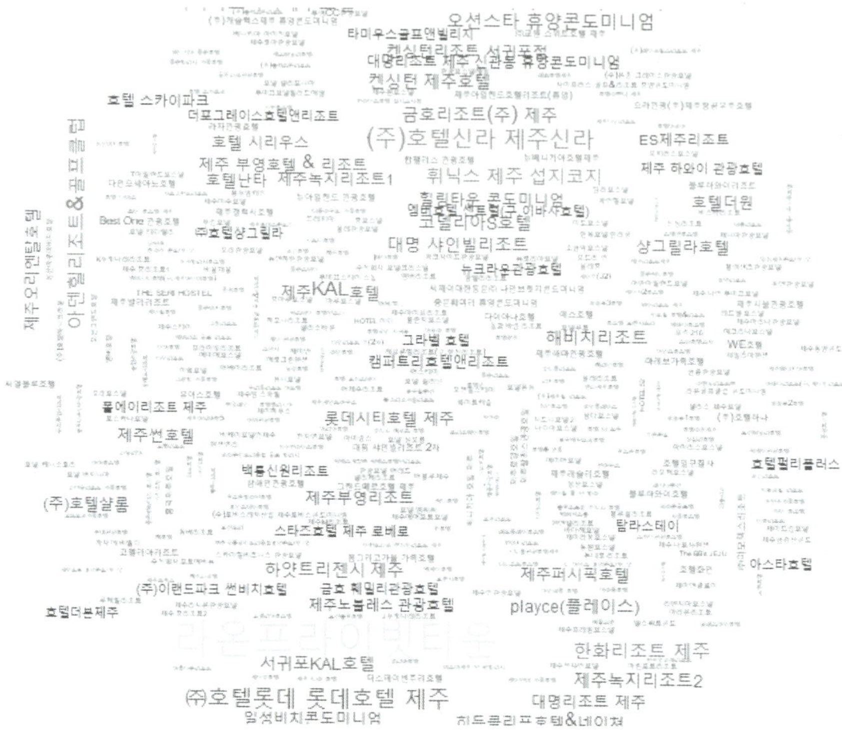

그림 14.9 제주도 숙박업소에 대해 규모 워드클라우드(글씨의 크기 지정 0.3~3)

워드클라우드를 볼 때 정보를 확실히 확인하고 이해할 수 있도록 적절한 옵션 조절 등이 필요하다.

이 경우 '제주신화월드 호텔 앤 리조트'의 객실수가 다른 숙박업소에 비해 압도적으로 많을 가능성이 높다. 이 호텔 객실이 1000실이 넘어 유달리 규모가 크다.

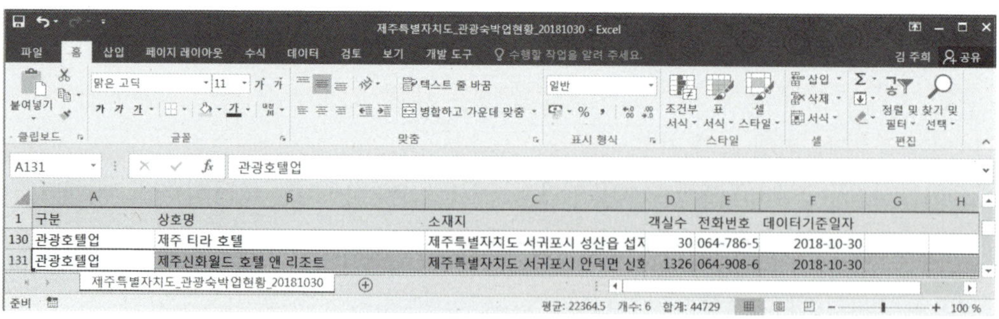

그림 14.10 엑셀데이터 확인

<코드 14.2> 제주도 숙박시설 규모 워드클라우드

```
#예제 14.2 제주 숙박시설 규모별 워드클라우드 #
library(wordcloud)
library(RColorBrewer)
jeju<- read.csv('C:\\R_dataset
             \\제주특별자치도_관광숙박업현황_20181030.csv',header=T)
wordcloud(jeju$상호명,jeju$객실수)  # 단색
pal2<-brewer.pal(8,"Set1")
wordcloud(jeju$상호명,jeju$객실수, colors=pal2)
wordcloud(jeju$상호명,jeju$객실수*0.1, colors=pal2) #객실수 조정
wordcloud(jeju$상호명,jeju$객실수,colors=pal2, min.freq=100) #최소크기 지정
wordcloud(jeju$상호명,jeju$객실수,colors=pal2, scale=c(3,.3))
                                          #글자최소최대 크기지정
```

14.2 빈도수에 의한 워드클라우드 분석-영어

특정 사람의 연설이나, 칼럼에 대해 워드클라우드 분석을 하는 이유는 그 사람이 어떠한 사상을 가지며 어떤 정책을 중점적으로 움직일 것인지 파악할 수 있고자 함 등이다. 자주 언급되는 단어일수록 말하는 이의 생각을 담고 있을 가능성이 크기 때문이다. 텍스트 마이닝을 위해서는 표 14.2 패키지들이 대표적으로 필요하다.

그림 14.11 연설자

▎표 14.2 ▎ 크롤링과 워드클라우드 분석을 위한 R 패키지

패키지명	설명
XML	웹페이지파일(xml,html)을 불러들이는 함수가 포함된 패키지
rvest	wrapper로 데이터가 감싸진 형식으로 된 xml나 html의 데이터를 쉽게 다운받아 조작할 수 있도록 도움을 주는 함수가 들어간 패키지
wordcloud2	자바스크립트 라이브러리를 이용하여 워드클라우드를 생성하는 패키지
tm	텍스트 마이닝 위한 함수가 포함 되있는 패키지
rJava	Java VM을 사용할 수 있도록 도와주는 기초적 패키지
KoNLP	(Korean Natural Language Processing) 한국어 텍스트 마이닝 전용 패키지, 단어에 대해 형태소를 구분하여 분리, 편집, 일부 적용 등 편리한 인터페이스를 제공
httr	http와 관련하여 유용한 툴이 포함된 패키지
stringr	문자열 조작, 가공시 사용하기 편한 함수 포함

표 14.2에서 나열한 패키지를 사용하기 전에 사용자의 컴퓨터에 JDK(Java Development Kit)이 설치되어 있을 뿐만 아니라 JAVA_HOME 등 환경설정이 되어있어야 한다. 이후 rJava가 설치되어야 KoNLP 패키지를 사용할 수 있다. JDK 환경설정은 예 14.5에서 설명한다.

[예 14.4] wordcloud2 패키지를 이용해 워드클라우드를 생성하고자 한다. wordcloud2 패키지에 내장된 demoFreq 데이터는 단어와 빈도수를 포함한다.

<코드 14.3> 워드클라우드 만들기

```
require(devtools)
install_github("lchiffon/wordcloud2")
library(wordcloud2)

data(demoFreq)
head(demoFreq)
wordcloud2(data = demoFreq)    #그림 14.12
letterCloud(demoFreq, word = "R", size = 2)  #그림 14.13
```

```
> head(demoFreq)
          word freq
oil        oil   85
said      said   73
```

```
prices prices   48
opec      opec   42
mln        mln   31
```

그림 14.12

wordcloud2 함수 이용한 워드클라우드

그림 14.13

letterCloud 함수 이용한 글자에 표현한 그림

이번에는 새(bird) 모양으로 워드클라우드를 만들어 본다.

```
figPath = system.file("examples/t.png",package = "wordcloud2")
wordcloud2(demoFreq, figPath = figPath, size = 1.5,color = "skyblue")
```

그림 14.14 wordcloud2 함수 이용한 새 모양(내장된 모양)에 표현한 그림

[예 14.5] 패키지를 사용을 위해 필요한 JDK 설정 및 시스템 환경설정

1. 오라클 다운로드 센터에서 자신의 컴퓨터 운영체제에 맞는 JDK를 내려받는다. (https://www.oracle.com/technetwork/java/javase/downloads/index.html)

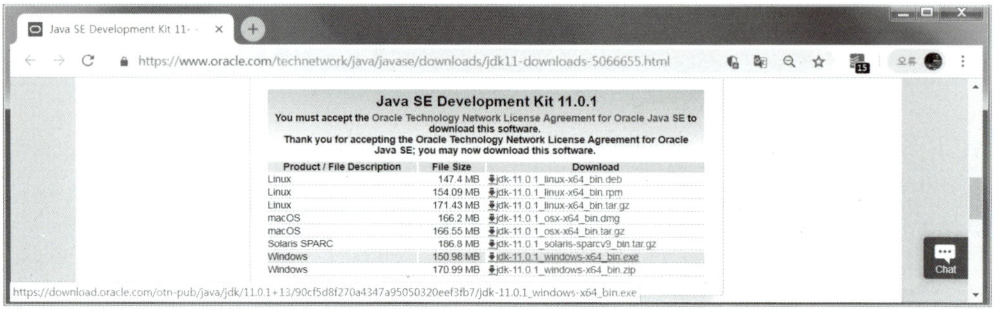

그림 14.15 (a) 오라클 홈페이지 JDK 다운로드 홈페이지

2. 내려받은 파일을 수행하여 JDK를 설치한다. 설치할 때 자신이 JDK를 설치한 경로를 반드시 확인한다.

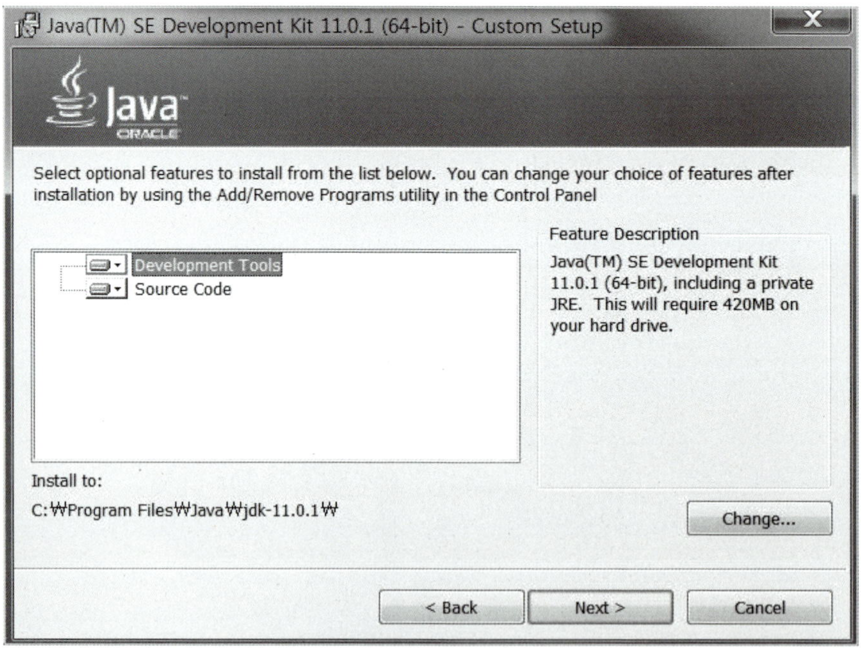

그림 14.15 (b) JDK 설치

3. 설치가 완료 후, 제어판에 들어간 후 시스템 및 보안 〉시스템 〉 고급 시스템 설정을 클릭한다.

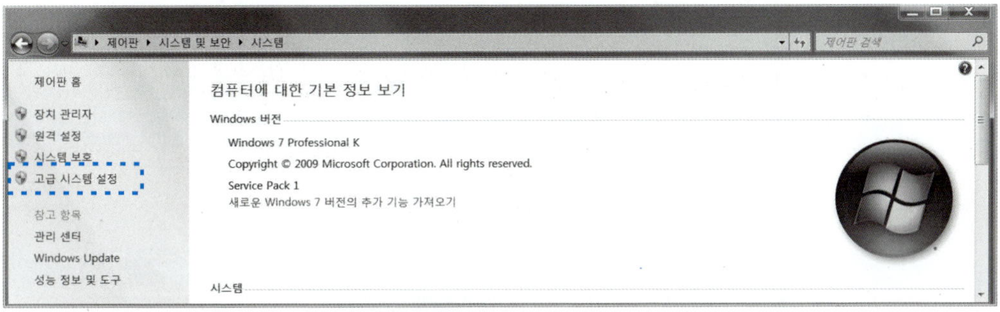

그림 14.15 (c) 제어판 환경설정

4. 고급설정에서 환경설정을 클릭한다.

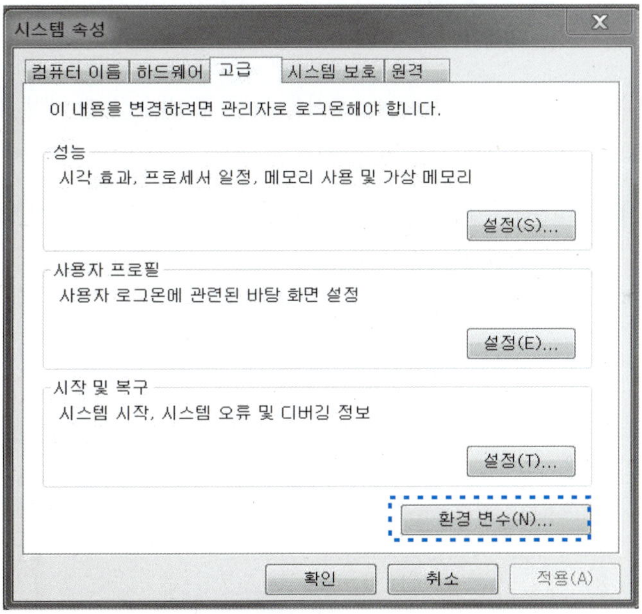

그림 14.15 (d) 환경변수설정

5. 해당 환경설정에서 시스템 변수 아래 새로 만들기를 입력하여 JAVA_HOME 변수를 추가한다. 변수 이름에는 JAVA_HOME을 입력하고 변숫값에는 JDK를 설치한 경로를 입력한다.

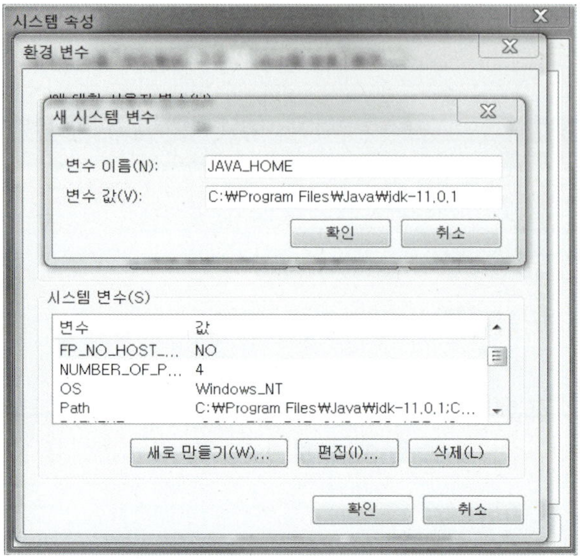

그림 14.15 (e) 시스템 변수 JAVA_HOME 설정

6. 또한 기존 변수명중 path 변수를 찾아 편집을 누른 후 변수값 맨 앞에 JDK를 설치한 경로와 쉼표를 입력한 후 (예 C:\Program Files\Java\jdk-11.0.1;) 확인 버튼을 클릭한다. 이후 환경변수에서와 시스템 속성에서 확인을 누른 후 환경설정을 마무리한다.

그림 14.15 (f) 시스템 변수 Path 설정

이러한 과정이 마무리되면 한글 텍스트 마이닝에 이용되는 R 패키지 KoNLP를 이용할 수 있다. 이 패키지를 사용하면 일반 문장으로 된 텍스트의 불필요한 어근과 단어를 제거하는 기능을 사용할 수 있다.

[예 14.6] 트럼프 연설문 클라우드

특정 사이트에 있는 트럼프 연설문 전문을 불러들이고자 한다. 트럼프 취임 연설문은 중앙일보 홈페이지에 있다(https://news.joins.com/article/21157117).

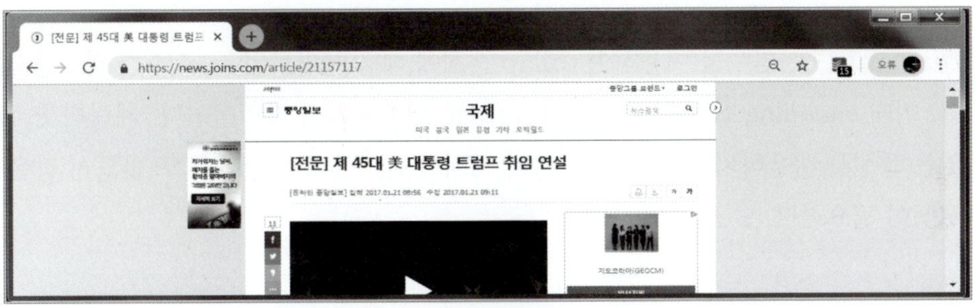

그림 14.16 트럼프 연설문 원문(출처: 중앙일보 홈페이지)

1. 우선 필요한 패키지를 설치한 후 라이브러리를 활성화한다.

```
install.packages("httr")
install.packages("rvest")
install.packages("XML")
install.packages("tm")
install.packages("wordcloud2")
install.packages("stringr")
library(rvest)
library(XML)
library(tm)
library(httr)
library(stringr)
```

2. 해당 사이트의 글자의 특징을 파악하기 위해 GET() 함수를 이용한다. 다음과 같이 입력하면 해당 사이트가 사용하는 글자 코드셋을 파악할 수 있는데 글자 코드셋은 utf-8로 되어 있음을 알 수 있다.

```
GET('https://news.joins.com/article/21157117')
```

```
> GET('https://news.joins.com/article/21157117')
Response [https://news.joins.com/article/21157117]
  Date: 2020-12-28 06:31
  Status: 200
  Content-Type: text/html; charset=utf-8
  Size: 192 kB

<!DOCTYPE html>
<!--[if IE]><![endif]-->
<!--[if lt IE 7 ]><html class="no-js ie6" xmlns:fb="http://www.facebook.com/2008/fbml" xmlns:o...
<!--[if IE 7 ]><html class="no-js ie7" xmlns:fb="http://www.facebook.com/2008/fbml" xmlns:og="...
<!--[if IE 8 ]><html class="no-js ie8" xmlns:fb="http://www.facebook.com/2008/fbml" xmlns:og="...
<!--[if IE 9 ]><html class="no-js ie9" xmlns:fb="http://ogp.me/ns/fb#" lang="ko" xml:lang="ko"...
<!--[if (gt IE 9)|!(IE)]><!-->
<html class="no-js" xmlns:fb="http://ogp.me/ns/fb#" lang="ko" xml:lang="ko">
<!--<![endif]-->
...
```

2. read_html() 함수를 이용하여 trump 객체에 해당 사이트의 html 소스 전부를 저장한다. 이때 encoding 옵션을 이용하여 utf-8로 인코딩하여 불러들인다. 캐릭터셋 정보에 있는 옵션을 사용하지 않을 경우 글자가 깨져서 불려올 수도 있으므로 반드시 같은 종류 설정이 필요하다.

```
trump                                                                    <-
read_html('https://news.joins.com/article/21157117',encoding='utf-8')
```

3. trump 변수를 파싱(shared memory에 올리는 과정)시키기 위해 htmlParse()을 이용한다. 해당 소스를 파싱하면 R에 HTMLdoucment 형식으로 불러들여 원하는 값을 분류할 수 있다.

```
trump2 <- htmlParse(trump,encoding='utf-8')
```

4. print(trump2) 수행하면 다음과 같은 형식으로 출력된다. 해당 소스는 웹 브라우져 프로그램을 이용하여 소스 확인이 가능하다.

```
Console  Terminal
C:/MyRscripts/
0181218152241"></script><script type="text/javascript" src="https://static.joins.com/joongang_15re/scripts/utils/utils.js?
20181218152241"></script><script type="text/javascript">
        document.domain = "joins.com";
        utils.config({
            'homePath': 'https://joongang.joins.com',
            'webPcPath': 'https://news.joins.com',
            'webMobilePath': 'https://mnews.joins.com',
            'staticPath': 'https://static.joins.com/joongang_15re',
            'imagePath': 'https://images.joins.com/ui_joongang/news',
            'apiPath': 'https://apis.joins.com',
            'irPath': 'https://ir.joins.com',
            'pdsPath': 'https://pds.joins.com',
            'jtbcImagePath': 'http://photo.jtbc.joins.com',
            'jplusPath': 'http://jplus.joins.com',
            'searchWebPath': 'https://search.joins.com',
            'pageType': 'Article' || PAGE_TYPE.index,
```

그림 14.17 trump2 변수에 저장된 html내용

5. 해당 xml에서 필요한 소스를 확인하기 위해 인터넷 익스플로러를 통해 트럼프 연설문이 있는 사이트에 접속하여 오른쪽 상단 [설정] 〉개발자 도구를 클릭한다.

그림 14.18 (a) 인터넷 익스플로러의 개발자 도구탭

6. 클릭한 후 해당 사이트에 대한 html 소스가 나타난다. 해당 소스에서 영어연설문이 들어있는 소스 부분을 찾아본다. 쉽게 찾는 방법은 왼쪽 상단의 요소 선택 아이콘을 클릭하고 찾고 싶은 소스 부분을 클릭하면 쉽게 찾을 수 있다. 해당 사이트의 트럼프 연설문은 span이라는 태그의 class 명이 word_dic en인 소스에 단어별로 저장되어 있음을 확인할 수 있다.

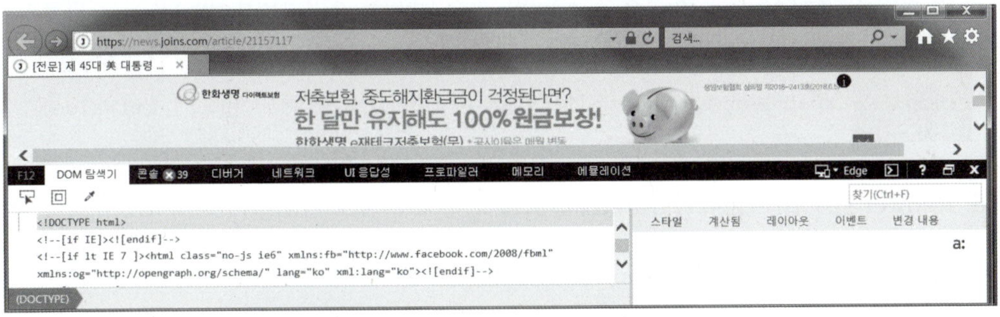

그림 14.18 (b) 인터넷 익스플로러의 개발자 도구 콘솔

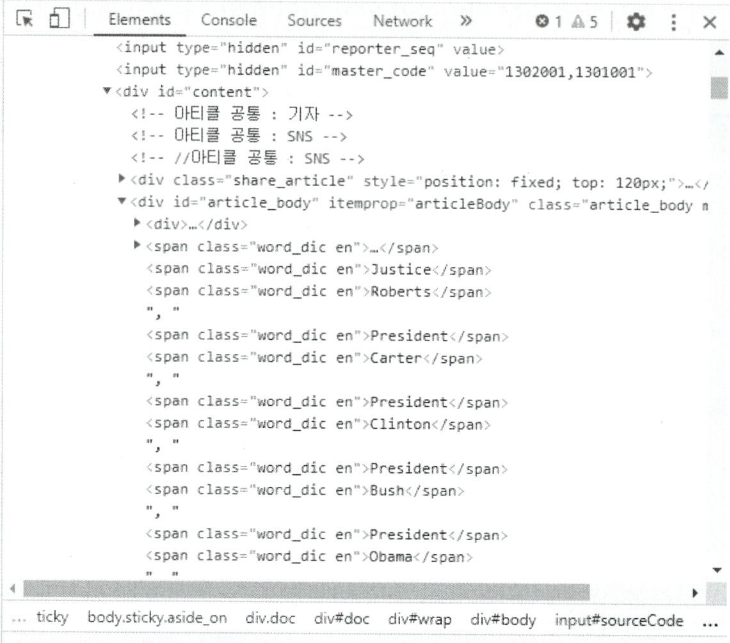

그림 14.18 (c) 인터넷 익스플로러의 개발자 도구 콘솔

7. xpathSApply() 함수를 이용하여 span 태그에 class 명이 word_dic en 만 불러들인다. 방식은 xpathSApply(데이터변수명,"//태그명[@class='클래스명']",xmlValue)이다.

```
trump3 <- xpathSApply(trump2,"//span[@class='word_dic en']",xmlValue)
```

8. tolower 함수를 이용하여 trump3 변수를 모두 소문자로 바꿔준다. 이후 trump3을 출력하면 다음과 같다.

```
trump3 <- tolower(trump3)
trump3
```

```
> trump3
  [1] "chief"     "justice"        "roberts"   "president" "carter"    "president"    "clinton"  "president"
  [9] "bush"      "president"      "obama"     "fellow"    "americans" "and"          "people"   "of"
 [17] "the"       "world"          "thank"     "you"       "we"        "the"          "citizens" "of"
 [25] "america"   "are"            "now"       "joined"    "in"        "great"        "national" "effort"
 [33] "to"        "rebuild"        "our"       "country"   "and"       "restore"      "its"      "promise"
 [41] "for"       "all"            "of"        "our"       "people"    "together"     "we"       "will"
 [49] "determine" "the"            "course"    "of"        "america"   "and"          "the"      "world"
 [57] "for"       "many"           "many"      "years"     "to"        "come"         "we"       "will"
 [65] "face"      "challenges"     "we"        "will"      "confront"  "hardships"    "but"      "we"
 [73] "will"      "get"            "the"       "job"       "done"      "every"        "four"     "years"
 [81] "we"        "gather"         "on"        "these"     "steps"     "to"           "carry"    "out"
 [89] "the"       "orderly"        "and"       "peaceful"  "transfer"  "of"           "power"    "and"
 [97] "we"        "are"            "grateful"  "to"        "president" "obama"        "and"      "first"
[105] "lady"      "michelle"       "obama"     "for"       "their"     "gracious"     "aid"      "throughout"
[113] "this"      "transition"     "they"      "have"      "been"      "magnificent"  "thank"    "you"
[121] "today"     "ceremony"       "however"   "has"       "very"      "special"      "meaning"  "because"
[129] "today"     "we"             "are"       "not"       "merely"    "transferring" "power"    "from"
[137] "one"       "administration" "to"        "another"   "or"        "from"         "one"      "party"
```

9. 해당 데이터들을 table() 함수를 이용하여 정리하면 해당 단어와 빈도수로 정리가 된다.

```
word_count <-table(trump3)
word_count
```

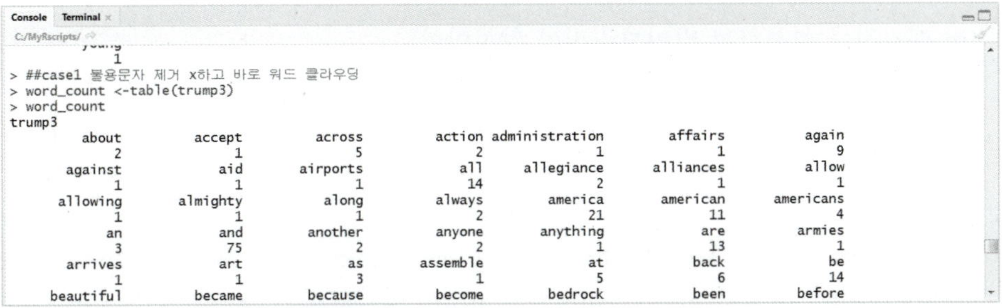

```
Console  Terminal
C:/MyRscripts/
     young
         1
> ##case1 불용문자 제거 x하고 바로 워드 클라우딩
> word_count <-table(trump3)
> word_count
trump3
      about       accept       across       action administration      affairs       again
          2            1            5            2              1            1           9
    against          aid     airports          all     allegiance    alliances       allow
          1            1            1           14              2            1           1
   allowing     almighty        along       always        america     american   americans
          1            1            1            2             21           11           4
         an          and      another       anyone       anything          are      armies
          3           75            2            2              1           13           1
    arrives          art           as     assemble             at         back          be
          1            1            3            1              5            6          14
  beautiful       became      because       become        bedrock         been      before
```

그림 14.19 trump3에 저장된 단어 텍스트문

10. sort() 함수에서 decreasing = TRUE 옵션을 사용하여 빈도수 높은 단어 순으로 정렬한 후 as.data.frame() 함수로 데이터 특성을 재구성한다.

```
word_count<-sort(word_count,decreasing = TRUE)
word_count<-as.data.frame(word_count,stringsAsFactors=F) #데이터프레임으로 변경
```

11. wordcloud2() 함수를 이용하여 워드클라우드를 생성한다. wordcloud2 패키지 설치를 다음과 같이 할 수도 있다. 해당 작업을 수행하면 그림 14.20 워드클라우드를 얻는다.

```
require(devtools)
install_github("lchiffon/wordcloud2")
library(wordcloud2)

wordcloud2(word_count)
```

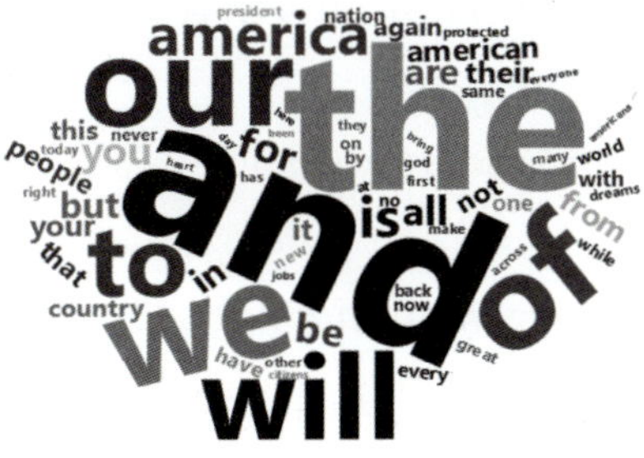

그림 14.20 트럼프 연설문에 대한 워드클라우드

그림 14.20 에서의 문제점은 and, the, of, to 즉 명사가 아닌 관사, 전치사의 사용 빈도수가 높아 비중이 크게 나왔다. 이와 같은 단어를 제거한 후 워드클라우드를 생성하고자 한다.

12. tm 패키지를 설치하고 라이브러리를 활성화한다.

```
install.package("tm")
library(tm)
```

13. stopword()는 텍스트 마이닝시 불필요한 단어들을 모아놓은 함수이다. 영어뿐만 아니라 프랑스어든 여러 나라의 언어가 등록되어있다. stopword("english") 입력하면 텍스트 마이닝시 거를만한 단어들 모음을 볼 수 있다.

```
stopwords("en")
```

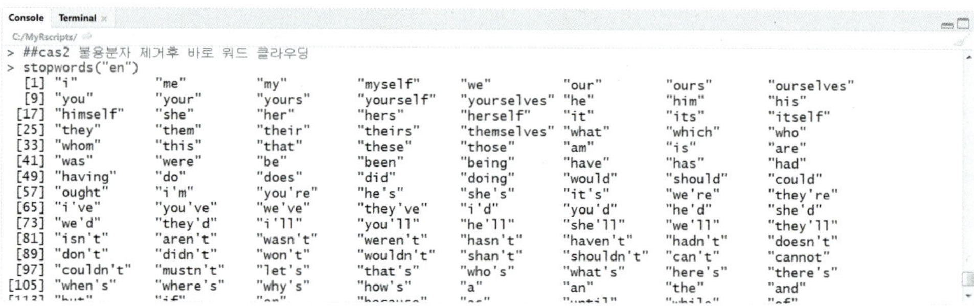

그림 14.21 영어의 불용문자 모음

14. 본격적으로 불필요한 단어들을 제거하기위해 데이터를 가공한다. trump3 변수를 캐릭터 타입으로 바꾸고 이를 데이터셋 바꾼 다음 이를 Corpus() 함수를 이용하여 컴퓨터가 읽을 수 있는 형태로 자료화한다. 이것을 말뭉치화라고 한다.

```
trump3 <- as.character(trump3)
corpus1 <- Corpus(VectorSource(trump3))
```

15. 해당 변수에 대한 필요 작업을 한다. 이때 tm_map() 함수를 이용하여 자료화한 말뭉치에 필요한 함수를 적용하고자 한다. 우선 숫자 제거와 불필요한 요소를 제거하기 위해 다음과 같이 작성하고 수행한다.

```
corpus1 <- tm_map(corpus1, removeNumbers)
corpus1 <- tm_map(corpus1, removePunctuation)
corpus1 <- tm_map(corpus1, removeWords, stopwords("en"))
corpus1 <- tm_map(corpus1, stripWhitespace)
```

| 표 14.3 | 요소 제거하기 위한 tm 패키지에 있는 함수

함수명	기능
removeNumber	숫자 제거함수
removePunctuation	구두점 제거 함수
removeWords	특정 목록의 단어를 제거하는 함수
stripWhitespace	특정 text 문서에 공백을 제거하는 함수

16. 해당 가공한 말뭉치를 워드클라우드가 분석가능한 형태로 바꿀 것이다. corpus1 변수를 `TermDocumentMatrix()` 함수를 이용하여 말뭉치를 행렬화한다. `as.matrix()`를 이용하여 행렬 형태로 바꾼 후 이를 언급되는 단어수의 합으로 정렬한다.

```
trump2 <- TermDocumentMatrix(corpus1)
trump_m <- as.matrix(trump2)
trump_m <- sort(rowSums(trump_m),decreasing=TRUE)
```

17. 해당 객체를 데이터프레임으로 바꾼다. 빈도수가 큰 순서부터 내림차순으로 단어를 나열된다.

```
trump_d <- data.frame(word = names(trump_m),
                      freq=trump_m,stringsAsFactors = FALSE)
head(trump_d, 30)
```

그림 14.22 trump_d 데이터셋: 단어와 빈도수

18. 해당 데이터로 워드클라우딩을 했을 때 그림 14.23 결과가 나온다.

```
wordcloud2(trump_d)
```

그림 14.23 트럼프 연설문에서 불필요한 단어 제거 후 만든 워드클라우드

트럼프의 슬로건은 'Make America Great Again'이었다. 이와 관련하여 will, america, great 의 빈도수가 큰 편이다. 어느 연설문보다 자국인 아메리카와 그 아메리카인이 자주 언급되었고 그밖에는 power(권력, 힘), great(위대한), protected(지키다, 보호하다), back(다시) 등 트럼프가 추구하고자 하는 이상향이 자주 언급되었다. 미국의 다른 대통령의 워드클라우드와 비교하면 차이가 있다.

[예 14.7] 미국 오바마 대통령 연설문으로 워드클라우드를 만들어 보았다(코드 생략).

기사문으로부터 워드클라우드 작업을 진행해보면 된다. 그림 14.24는 오바마 취임 연설문을 워드클라우드로 만든 것이다. 트럼프 대통령의 워드클라우드와 다르게 america, american 보다는 world(전세계) 언급이 더 많고 또한 can(할 수 있다), let(~하자.~시키다), must(반드시) 등 자주성과 의무를 요구하는 단어도 언급량이 적지 않다. 오바마 취임 당시에는 모기지 사태가 발생한 직후이기 때문에 economy(경제), jobs(직업, 일자리), crisis(위기) 등 당대에 직면한 문제와 관련된 단어들의 언급횟수도 적지않다. 또한 오바마는 트럼프에 비해 2배 정도로 많은 단어 종류를 사용한 것도 특징이라고 볼 수 있다.

그림 14.24 오바마 연설문 워드클라우드

14.3 빈도수에 의한 워드클라우드 분석- 한국어와 단어추출

이번에는 한글로 구성된 워드클라우드 분석을 수행할 것이다. 한글로 구성된 문장에 대한 분석은 KoNLP(Korean Natural Language Processing)이라는 패키지를 이용하여 단어의 형태 단위를 나눠 분석한다. 한글은 영어와 다르게 '은', '는', '이', '가' 같은 조사가 명사에 이어 바로 붙는다. 그러므로 단순히 빈칸으로 조사와 구분할 수 있는 영어와 다르게 한글은 따로 형태소로 구분하여 의미 없는 조사들을 제외한 의미있는 단어들만 남기는 작업을 한 후 분석을 해야한다. KoNLP 같은 경우 이전에 언급되었던 JDK 설치와 rJava 패키지 설치가 필수적이다.

[예 14.8] 노무현 대통령의 독도연설문 워드클라우드 분석

독도의 관련한 대통령의 연설문에 대해 워드클라우드 분석을 하고자 한다.

1. KoNLP 라이브러리를 설치하고 활성화한다.

```
install.package('KoNLP')
library('KoNLP')
library('stringr')
library('devtools')
library('wordcloud2')
library('tidyverse')
```

JDK와 rJava 설치가 제대로 수행이 되지 않았거나 환경변수를 설정했는데도 R에서 못 읽어 들이는 경우 에러메시지가 나올 수 있다. 그러한 경우 다음의 명령어를 수행한 후 다시 라이브러리로 호출한다.

```
Sys.setenv(JAVA_HOME='C:\\Program Files\\Java\\jdk-11.0.1') #JAVA HOME 설정
```

2. 첨부파일의 대통령 연설문을 불러들여온다.

```
dokdo=readLines('C:\\R_dataset\\독도.txt')
```

3. get_dictionary('woorimalsam') 사용하여 우리말싸미사전을 불러온다.

```
use1<-get_dictionary('woorimalsam')
```

4. 불러들인 텍스트문을 extracNoun함수를 명사단위로 불러들인다. sapply() 함수를 이용하여 extraNoun함수()를 통해 나온 결과값을 vector로 불러들인다.

```
dokdo2<-sapply(dokdo,extractNoun,USE.NAMES=F)
dokdo2<-unlist(dokdo2)
dokdo2
```

표 14.4 독도연설문 명사 추출 수행결과 일부

```
[401] "한국민"     "자존"      "저해"      "일"
[405] "본"         "정부"      "일련"      "행위"
[409] "일"         "본"        "국민"      "보편적"
[413] "인식"       "기초"      "것"        "것"
[417] "기대"       "일본에"    "일"        "사실"
[421] "일"         "본"        "국민"      "들"
```

```
[425] "것"          "때문"         "우리"         "감정"
[429] "적"          "대응"         "자제"         "냉정"
```

5. 함수를 통해 추출한 단어들은 완벽한 단어의 형태도 있지만 '한국의', '일본의' 같은 기존 명사에 붙어있던 조사가 완전히 제거되지 않았거나 '것'과 같은 의존명사들이 남아있다. 또한 독도가 완전 명사지만 독도의 '도'도 조사로 인식되어 '도'가 제거된 '독'만 프린트되는 문제가 있다. 해당 단어들은 stringr 패키지에 있는 `str_replace_all,str_remove_all( )` 함수를 이용하여 단어를 바꾸거나 삭제한다.

| 표 14.5 | stringr 패키지 안에 있는 함수

함수	설명
str_replace_all()	str_replace_all(데이터명, "찾을 글자", "바꿀 글자")
str_remove_all()	str_remove_all(데이터명, "제거할 글자")
gsub()	gsub("찾을 글자", "바꿀글자", 데이터명)
정규표현식	^글자1—>글자1로 시작하는 단어 글자2$—>글자2로 끝나는 단어

```
dokdo2 <-str_replace_all(dokdo2,"한국의","한국")
dokdo2 <-str_replace_all(dokdo2,"일본의","일본")
dokdo2 <-str_replace_all(dokdo2,"^독$","독도")
dokdo2 <-str_replace_all(dokdo2,"^일$","일본")
dokdo2 <-str_remove_all(dokdo2,"을$|를$")
dokdo2 <- gsub("^한$|것$|^수$|^하$|^간$|^적$|^이$","삭제문자",dokdo2)
dokdo2<-str_remove(dokdo2,"삭제문자")
```

6. 언급 횟수가 많은 순서로 정렬한 후, 데이터프레임 형식으로 데이터 타입을 바꾼 후 워드클라우딩을 한다. shape 옵션을 쓰면 다양한 모양으로 선택할 수 있다.

```
word_count <- table(dokdo2)
word_count <- sort(word_count, decreasing = TRUE)
word_count <- as.data.frame(word_count,stringsAsFactors = F)
wordcloud2(word_count,shape="star")
```

그림 14.25 독도연설문 별모양 워드클라우드

연습문제

1. 조선일보에 올라온 오바마 연설문 기사를 참조하여 다음과 같은 작업을 수행하시오
(http://news.chosun.com/site/data/html_dir/2009/01/21/2009012100180.html)

   (a) 워드클라우드를 생성하시오

   (b) 오바마 연설문 중에서 상위 50개의 단어를 선별하여 워드클라우드를 생성하시오.

2. 다음의 데이터를 이용해 워드클라우드를 생성하시오.

word	freq
사과	140
수박	20
바나나	85
귤	50
참외	100
딸기	250
키위	72

CHAPTER

15 네트워크 분석

흔히 IT에서 언급하는 네트워크와 같은 어원으로 여러 개체가 연결되어 정보를 주고받는 네트워크처럼 우리가 살아가고 있는 사회, 일상에서나 자연에서도 네트워크와 똑같이 여러 매체, 객체들끼리 서로 주고받는 네트워크 구조로 되어있다. 이러한 네트워크 구조를 그래프로 표현하고 관계를 분석하는 것을 네트워크 분석(network analysis)이라고 한다. 네트워크는 소셜미디어를 연결하는 연결망이나, 질병의 경로, 또는 인과관계를 연결하여 나타내는 등 여러 사회를 분석하는 사회 연결망 분석과 단순한 정량을 대응시키는 가중 그래프 등이 있다. 사회연결망(social network)을 시각화하고 분석하는 R 패키지로는 igraph, statnet, network, RSiena 등이 있다.

네트워크는 노드(node)와 엣지(edge)로 표현한다. 노드는 네트워크 내 구성 요소(사람, 부서, 개체, 점)를 나타낸다. 노드의 모양은 원, 타원, 사각형 등으로 표현하며 중심성 정도에 따라 크기를 다르게 나타낸다. 엣지는 네트워크 구성 요소 간의 관계를 나타낸다. 엣지 표현에는 선의 종류, 굵기, 화살표 방향 등을 포함한다. 그림 15.1에서 노드와 엣지 표현 예를 보여준다.

표 15.1 네트워크 분석 관련 R 패키지

패키지명	설명
igraph	간단한 그래프나 네트워크 분석을 위해 사용된다. 대용량 뿐만아니라 랜덤으로 정규 그래프, 그래프 시각화를 만드는 함수도 제공한다. (https://cran.r-project.org/web/packages/igraph/igraph.pdf)
statnet	네트워크 데이터 관련 통계분석을 위한 소프트웨어 툴 (https://cran.r-project.org/web/packages/statnet/statnet.pdf)
RSiena	Siena - Simulation에 관한 네트워크 분석 https://cran.r-project.org/web/packages/RSiena/RSiena.pdf

연결 형태는 다양하고 복잡하지만, 대표적으로 3가지 종류가 있다. 한 개의 노드에 집중된 스타형, 일자로 연결된 형태가 복합적으로 있는 y자형, 그리고 모두 원형으로 연결되어있는 원형이 있다.

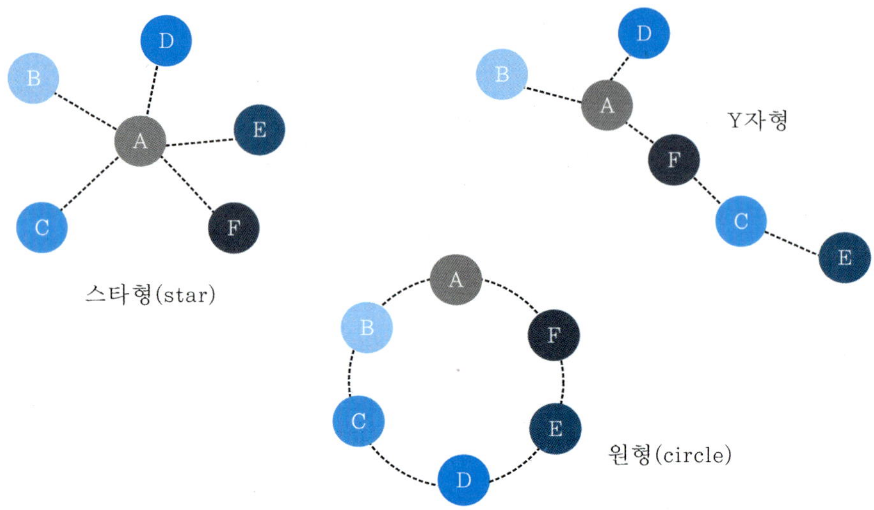

그림 15.1 여러 가지 네트워크 관계: 노드 A, B, C, D, E, F와 엣지로 표현

네트워크의 특성을 파악하기 위한 지표에 대해 알아본다. 각 노드가 어느 정도로 많은 관계를 맺고 있는 지를 나타내는 연결정도(degree), 한 점이 다른 모든 점들에 얼마나 가까운가를 나타내는 근접(closenesss), 연결망에서 한 노드가 다른 노드들 사이에 위치하는 정도를 나타내는 중개(betweenness) 측도가 있다.

네트워크를 분석하기 위해서 복잡한 관계 속에 있는 각 노드의 중요성을 나타내는 지표를 중심성으로 나타낸다. 대표적인 중심성 측도는 표 15.2에서 설명한다.

▎표 15.2 ▎ 네트워크 분석 관련 중심성 측도

중심성	설명
연결중심성 (degree centrality)	네트워크의 한 노드가 몇 개의 노드와 직접 연결되어있는지 측정
근접중심성 (closeness centrality)	네트워크의 노드간 직접 연결뿐만 아니라 간접연결까지 포함하여 중심성을 측정
매개중심성 (betweeness centrality)	네트워크의 노드가 매개자 역할을 얼마나 잘하는지 측정
위세중심성 (eigenvector centrality)	연결된 노드의 중요성에 가중값을 주고 노드의 중심성을 측정

각 지표는 중심성(centrality)과 중심화(centralization) 관점으로 설명되는데 다음과 같다:

▷ 중심성(centrality): 네트워크를 구성하는 각각의 노드가 전체 연결망에서 어느 정도 중심에 위치하는가를 나타내며, 연결정도의 중심성, 근접중심성, 중개중심성이 있다.

▷ 중심화(centralization) : 네트워크 전체 연결망의 형태가 어느 정도 중앙에 집중되어 있는지를 나타내는 지표로 연결정도 중심화, 근접중심화, 중개중심화가 있다.

▷ 밀도(density): 네트워크의 전체 특성을 나타내는 지표로 전체 노드가 서로 얼마나 많은 관계를 맺고 있는가를 알려준다.

15.1 연결중심성

네트워크 분석은 노드들의 관계를 여러 가지 방법을 이용하여 분석한다. 관계의 척도가 되는 지표는 여러 가지가 있는데 우선 연결정도(degree)가 있다. 각 노드가 어느 정도로 많은 관계를 맺고 있는지를 나타내는 지표이다. 예를 들어 그림 15.2에서 A는 4개 노드 B, C, D, F와 관계를 맺고 있지만, E는 2개 노드 C, F와 관계를 맺고 있다. 그러므로 A가 E보다 연결정도가 더 크다고 볼 수 있다.

$$g1 = \left| \begin{array}{ccccccc} & A & B & C & D & E & F \\ A & 0 & 1 & 1 & 1 & 0 & 1 \\ B & 1 & 0 & 0 & 1 & 0 & 0 \\ C & 1 & 0 & 0 & 1 & 1 & 0 \\ D & 1 & 1 & 1 & 0 & 0 & 0 \\ E & 0 & 0 & 1 & 0 & 0 & 1 \\ F & 1 & 0 & 0 & 0 & 1 & 0 \end{array} \right|$$

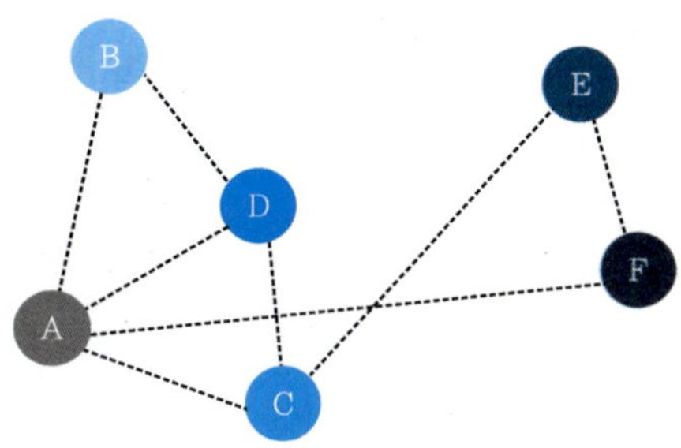

그림 15.2 노드 A,B,C,D,E,F 관계를 나타낸 행렬과 관계도(관계있음:1, 관계없음:0)

[예 15.1] 그림 15.2 데이터를 이용하여 네트워크 시각화를 하고자 한다.

<코드 15.1> 행렬과 네트워크 g1 시각화

```
install.packages("igraph")
library(igraph)
col1 <-c(0,1,1,1,0,1)
col2 <-c(1,0,0,1,0,0)
col3 <-c(1,0,0,1,1,0)
col4 <-c(1,1,1,0,0,0)
col5 <-c(0,0,1,0,0,1)
col6 <-c(1,0,0,0,1,0)
matrix1 <-data.frame(col1,col2,col3,col4,col5,col6)
matrix1<- as.matrix(matrix1)

colnames(matrix1)<- c("A","B","C","D","E","F")
rownames(matrix1)<-c("A","B","C","D","E","F")

g1<-graph.adjacency(matrix1,mode="undirected")
g1
plot(g1)    # 그림 15.3
```

```
> g1
IGRAPH cfff6c8 UN-- 6 8 --
+ attr: name (v/c)
+ edges from cfff6c8 (vertex names):
[1] A--B A--C A--D A--F B--D C--D C--E E--F
```

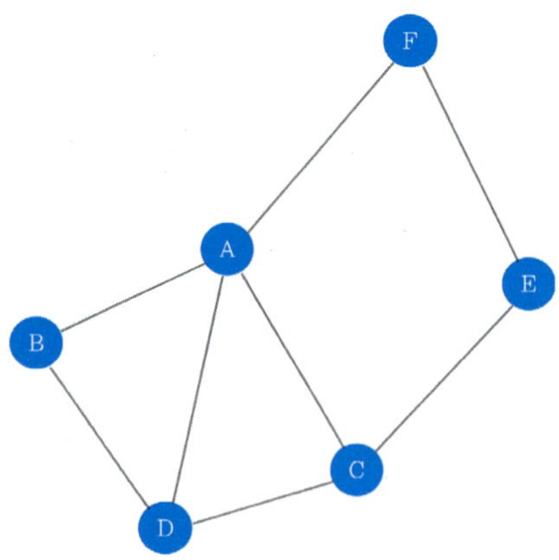

그림 15.3 g1 네트워크(코드 15.1) 연결성 그림

[예 15.2] 네트워크 g1(그림 15.3)에 대해 각 노드의 연결중심성을 구하고자 한다.

degree() 함수를 이용하여 노드별 연결 정도를 구한다. normalized=FALSE 옵션이면 노드의 연결개수가 나오고 normalized=TRUE 옵션이면 최대연결정도로 나누어 정규화값으로 출력한다.

```
degree(g1,normalized=F)
degree(g1,normalized=T)
```

```
> degree(g1,normalized=F)
A B C D E F
4 2 3 3 2 2
> degree(g1,normalized=T)
  A   B   C   D   E   F
0.8 0.4 0.6 0.6 0.4 0.4
```

이번에는 중심성 측도의 구체적인 정의와 식을 설명하고자 한다. 총 노드 개수가 n인 네트워크 G를 고려한다. 네트워크 $G=(V,E)$, 여기서 V는 노드(vertex)의 집합, E는 에지(edge)의 집합을 나타낸다.

▷ 노드 i의 연결중심성(degree centrality)

$$C_D(i)=\deg(i) \tag{15.1}$$

는 노드 i의 실제 연결 개수를 나타낸다.

▷ 네트워크 연결중심성 또는 그래프 연결중심성(graph degree centrality)

$$C_D(G)=\sum_i [C_D{}^* - C_D(i)] \tag{15.2}$$

는 전체 그래프 수준으로 연결중심성을 확장한 개념이다. 여기서 $C_D{}^*$는 G의 노드 중 최대 연결중심성이다.

▷ 그래프 연결중심화(graph degree centralization)

$$C'_D(G)=\frac{C_D(G)}{(n-1)(n-2)} \tag{15.3}$$

는 그래프 연결중심성을 가능한 경우의 수로 나누어 구한다.

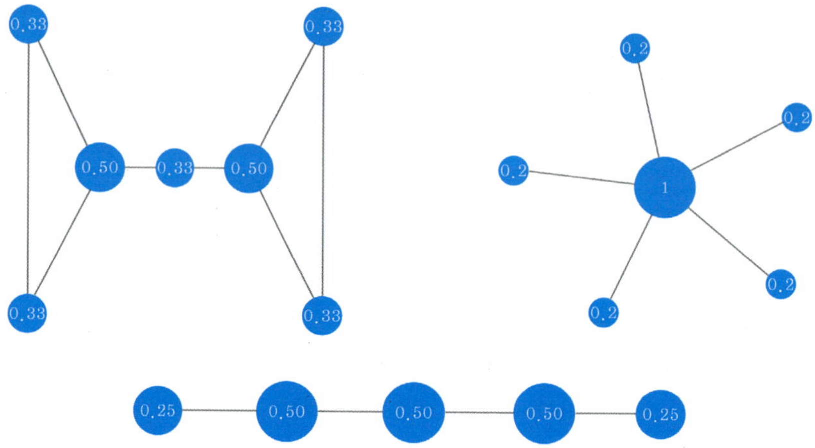

그림 15.4 연결중심성값을 표현한 네트워크: 값이 클수록 연결중심성이 크다.

[예 15.3] 그림 15.3 네트워크에 대한 연결중심화를 구하고자 한다.

```
tmax<-centr_degree_tmax(g1)      #(n-1)(n-2)값
tmax

centralization.degree(g1)      #normalized=T  :default

cd<-centralization.degree(g1)$res
cdstar<- max(cd)
cd.g<-sum(cdstar-cd)
cd.g

centralization.degree(g1,normalized=F)$centralization/tmax
```

```
> tmax
[1] 20
> centralization.degree(g1)
$res
[1] 4 2 3 3 2 2
$centralization
[1] 0.2666667
$theoretical_max
[1] 30
```

```
> cd.g
[1] 8
> centralization.degree(g1,normalized=F)$centralization/tmax
[1] 0.4
```

15.2 근접중심성

근접성(closeness)은 한 노드가 다른 노드들에 대해 얼마만큼 가까운가를 나타낸다. 각 노드의 근접중심성(closeness centrality)은 한 노드가 자신을 제외한 모든 노드로 가기까지의 경로의 수의 합의 역수로 구한다. 즉 특정 노드가 임의의 노드로 가기까지 거쳐야 하는 연결 횟수가 적다면 근접중심성값은 크게 나오고 반대로 다른 노드로 가기까지 평균 거쳐야 하는 연결 횟수가 많으면 근접중심성값이 작아진다. 이론적으로 구할 수 있는 근접중심성의 최대값은 $(n-2)/(2n-3)$ 이다. 근접중심성 정의는 다음과 같으며 값이 클수록 근접중심성이 높다.

▷ 노드 j에 대한 근접중심성

$$C_c(j) = \frac{1}{\sum_i d_{ij}} \tag{15.4}$$

은 노드 j 로부터 자신을 제외한 모든 노드로 가기까지의 경로의 수의 합(farness)의 역수로 정의한다. 여기서 d_{ij}는 노드 i와 노드 j간의 경로 거리이다.

▷ 정규화 근접중심성

$$C'_c(j) = \frac{n-1}{\sum_j d_{ij}} \tag{15.5}$$

는 평균을 구해 역수를 취한다.

▷ 그래프 근접중심성

$$C_c(G) = \sum_i [C_{\max(i)} - C_c(i)] \tag{15.6}$$

여기서 $C_{\max(i)}$는 노드 i가 가질 수 있는 이론상 최대 근접중심성이다.

▷ 근접중심화(closeness centralization)

$$C'_c(G) = \frac{C_c(G)(2n-3)}{n-2} \tag{15.7}$$

는 근접중심성을 가능한 경우의 수로 나누어 구한다.

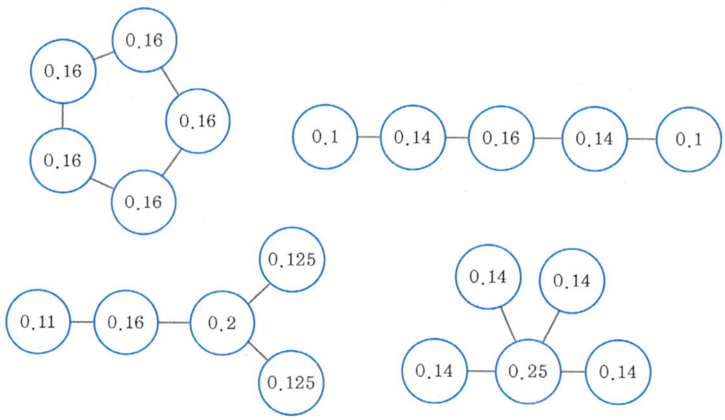

그림 15.5 근접중심성값을 표현한 네트워크: 값이 클수록 근접중심성이 크다.

[예 15.4] 최단거리를 이용한 근접중심성 구하기

get.shortest.paths() 함수를 이용해 특정 노드들간 최단거리를 구할 수 있다.

```
shortest.paths(g1)
get.shortest.paths(g1,"B","F") #B,F간 최단 경로
```

```
> shortest.paths(g1)
  A B C D E F
A 0 1 1 1 2 1
B 1 0 2 1 3 2
C 1 2 0 1 1 2
D 1 1 1 0 2 2
E 2 3 1 2 0 1
F 1 2 2 2 1 0
```

```
> get.shortest.paths(g1,"B","F")
$vpath
$vpath[[1]]
+ 3/6 vertices, named, from cfff6c8:
[1] B A F
```

근접중심성은 closeness() 함수로 구한다.

```
closeness(g1,normalized=F)
closeness(g1,normalized=T)
```

```
> closeness(g1,normalized=F)
        A         B         C         D         E         F
0.1666667 0.1111111 0.1428571 0.1428571 0.1111111 0.1250000
> closeness(g1,normalized=T)
        A         B         C         D         E         F
0.8333333 0.5555556 0.7142857 0.7142857 0.5555556 0.6250000
```

centralization.closeness() 함수로 얻은 값중 근접중심성 centralization 값을 이론상의 근접중심성값 theoretical_max 값으로 나누어 근접중심화값을 얻는다.

```
num<-centralization.closeness(g1, mode="all",normalized=F)$centralization
den<-centralization.closeness(g1, mode="all",normalized=F)$theoretical_max
close<-num/den
close
```

```
> close
[1] 0.4508929
```

A~F 네트워크 그래프에 관한 근접중심화값은 0.45이다(그림 15.6(a)).

다른 형태의 네트워크를 고려하면 그림 15,6(b) 경우 근접중심성은 0.36이다. (a) 네트워크 그래프와 다르게 특정 노드가 다른 노드로 갈 때 또 다른 노드를 걸쳐서 연결되는 거리를 지나야하기 때문에 (b) 네트워크의 근접중심성이 더 작게 나온다.

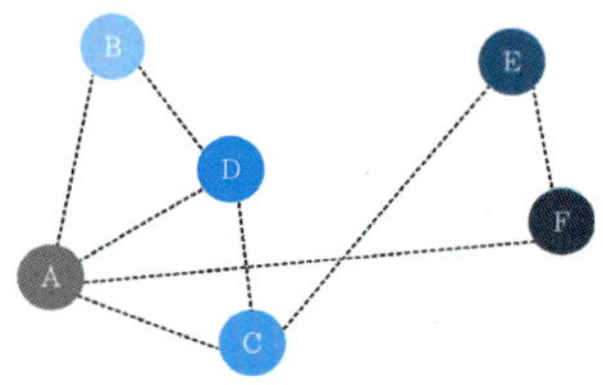

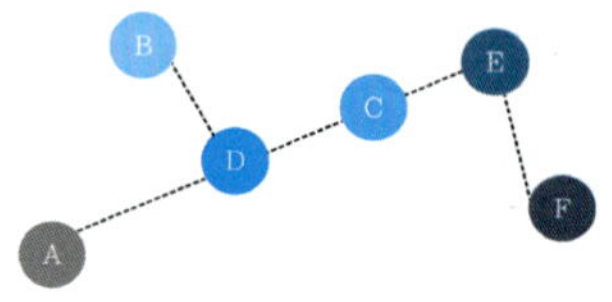

그림 15.6 (a) g1: A-F의 관계도1 (b) g2: A-F의 관계도2

[예 15.5] g1 네트워크는 코드 15.1에서 생성했고 g2 네트워크를 만든다. g1 근접중심성과 g2 근접중심성을 비교하고자 한다.

<코드 15.2> 행렬과 네트워크 g2 시각화

```
col1 <-c(0,0,0,1,0,0)
col2 <-c(0,0,0,1,0,0)
col3 <-c(0,0,0,1,1,0)
col4 <-c(1,1,1,0,0,0)
col5 <-c(0,0,1,0,0,1)
col6 <-c(0,0,0,0,1,0)
matrix2 <-data.frame(col1,col2,col3,col4,col5,col6)
matrix2<- as.matrix(matrix2)
colnames(matrix2)<- c("A","B","C","D","E","F")
rownames(matrix2)<-c("A","B","C","D","E","F")

g2<-graph.adjacency(matrix2,mode="undirected")
g2
plot(g2)     # 그림 15.7
```

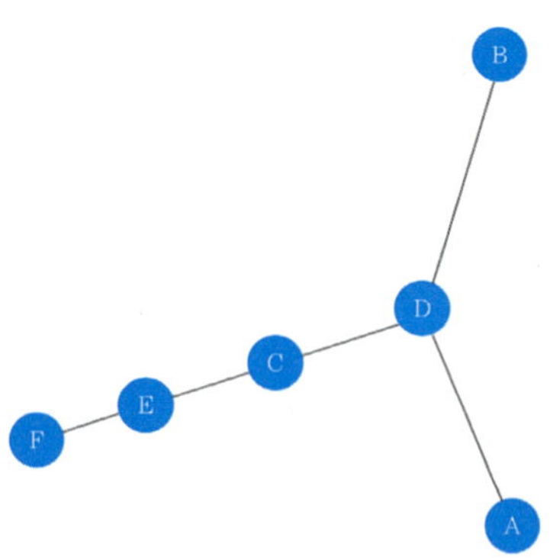

그림 15.7 g2: A-F의 관계도2

```
closeness(g1,normalized=T)
attach(centralization.closeness(g2,normalized=F))
centralization/theoretical_max
```

```
> closeness(g2,normalized=T)
        A         B         C         D         E         F 
0.4166667 0.4166667 0.6250000 0.6250000 0.5000000 0.3571429 
> attach(centralization.closeness(g2,normalized=F))
> centralization/theoretical_max
[1] 0.3642857
```

15.3 중개중심성

중개중심성(betweenness centrality)도 연결망을 분석하는데 중요한 지표가 된다. 이는 한 노드가 다른 노드에 얼마만큼 연결다리 역할을 해주는지를 측정하여 관계를 분석하는 것이다.

▷ 중개중심성

$$C_B(i) = \sum_{i \neq j \neq k,\ j<k} \frac{g_{jk}(i)}{g_{jk}} \tag{15.8}$$

은 한 노드를 통해 다른 노드 간의 연결 고리가 되는 경우의 최단 거리를 합하여 구한다. 여기서 $g_{jk}(i)$는 노드 i를 경유해서 가는 노드들간의 경로 수이고 g_{jk}는 임의의 두 노드간 최단거리 경로의 수이다.

▷ 정규화된 중개중심성

$$C'_B(i) = \frac{C_B(i)}{\frac{(n-1)(n-2)}{2}} \tag{15.9}$$

은 노드 i를 포함하지않은 나머지 쌍의 개수로 나눈다.

▷ 그래프 중개중심성

$$C_B(G) = \sum_i C_{B_{\max}}(i) - C_B(i) \tag{15.10}$$

은 네트워크 전체 연결망의 형태가 어느 정도 중앙에 집중되어 있는지를 나타낸다. 여기서 $C_{B_{\max}}(i)$는 노드 i를 경유해서 가는 노드들간 경로 수의 최대값이다.

▷ 중개중심화

$$C'_B(G) = \frac{C_B(G)}{\frac{(n-1)^2(n-2)}{2}} \tag{15.11}$$

는 중개중심성을 가능개수로 나누어 정규화한다.

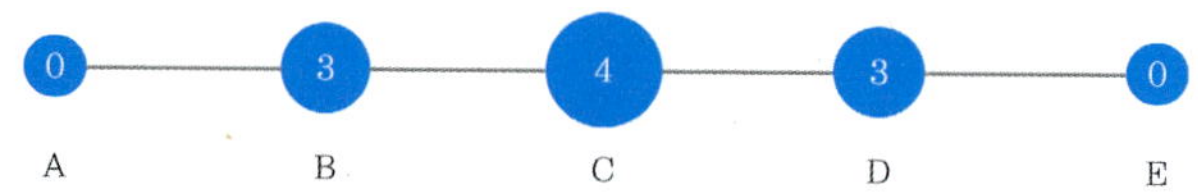

그림 15.8 중개중심성값을 표현한 네트워크 : 값이 클수록 중개중심성이 크다.

[예 15.6] 중개중심성 구하기

두 개의 네트워크 g1, g2의 중개중심성을 비교하고자 한다.

1. 중개중심성은 betweenness() 함수를 이용하여 구한다. 다른 노드의 중심점 역할을 해주는 노드의 중개중심성이 높다. 특히 g2에서 D가 다른 노드들의 중간다리 역할을 크게 하므로 D에 대한 중개중심성이 가장 크다. g1에서는 중개역할을 자주하는 A의 중개중심성값이 크다.

```
betweenness(g1,normalized=T)
betweenness(g2,normalized=T)
```

```
> betweenness(g1,normalized=T)
         A          B          C          D          E          F 
0.36666667 0.00000000 0.21666667 0.08333333 0.05000000 0.08333333 
> betweenness(g2,normalized=T)
  A   B   C   D   E   F 
0.0 0.0 0.6 0.7 0.4 0.0 
```

2. 중개중심화는 `centralization.between()` 함수에서 centeralization(중개중심화)와 theoretical_max(이론적으로 가능한 중개중심화최대값)를 이용하여 계산한다. g1 네트워크 중개중심화는 0.0056, g2 네트워크 중개중심화는 0.01을 얻는다. g2의 D 노드를 중점으로 중개하여 노드를 만나는 경우가 많아서 g1 보다 g2 네트워크가 중개중심화 값이 더 크게 계산된다.

```
attach(centralization.betweenness(g1))
centralization/theoretical_max
attach(centralization.betweenness(g2))
centralization/theoretical_max
```

```
> attach(centralization.betweenness(g1))
> centralization/theoretical_max
[1] 0.0056
> attach(centralization.betweenness(g2))
> centralization/theoretical_max
[1] 0.01
```

15.4 밀도

밀도는 네트워크 그래프 안에 존재하는 모든 노드 서로가 얼마나 많은 관계를 맺고 있는가를 나타내는 지표로, 노드간 가능한 연결 수 대비 실제 노드간 연결 수를 대비하여 측정한다. 연결 가능한 총수는 $n(n-1)/2$ 이다. 연결할 때 방향성이 있는 경우는 경우의 수 $n(n-1)$이다. 여기서는 연결할 때 방향성이 없는 경우로 가정한다.

▷ 밀도

$$D = \frac{\sum_i C_D(i)}{\frac{n(n-1)}{2}} \tag{15.12}$$

여기서 $C_D(i)$는 모든 특정 노드가 다른 노드와 연결된 엣지 개수이다.

그림 15.9 (a) A 네트워크 (b) B 네트워크

A, B 네트워크(그림 15.9)에서 밀도를 구해본다. 두 네트워크 모두 노드가 3개이기 때문에 (3 · 2)/2 = 3 이므로 가능한 모든 엣지 개수는 3개이다. A 네트워크는 엣지가 2개이기 때문에, A 네트워크의 밀도는 2/3, 약 0.67이다. 반면에 B 네트워크는 엣지가 3개로, B 네트워크의 밀도는 1이 된다.

〈그림 15.6〉에서 g1 네트워크는 8개의 연결이 g2 네트워크는 6개의 연결이 있다. 실제로 graph.density() 함수로 밀도값을 구하면 다음과 같다.

```
graph.density(g1)
graph.density(g2)
```

```
> graph.density(g1)
[1] 0.5333333
> graph.density(g2)
[1] 0.3333333
```

<코드 15.3> 연결정도와 중개중심성에 따른 g1 네트워크 시각화

```
V(g1)$degree <- degree(g1) # assignment
plot(g1, main="degree",
     vertex.label.cex = .6,
     vertex.label.color = "black",
     vertex.color = "tomato",
     vertex.size = V(g1)$degree/max(V(g1)$degree) * 20)

V(g1)$betweenness <- betweenness(g1, directed = F) # assignment
plot(g1, main="betweeness",
     vertex.label.cex =1.0,
     vertex.label.color = "black",
     vertex.size = V(g1)$betweenness/max(V(g1)$betweenness) * 20)
```

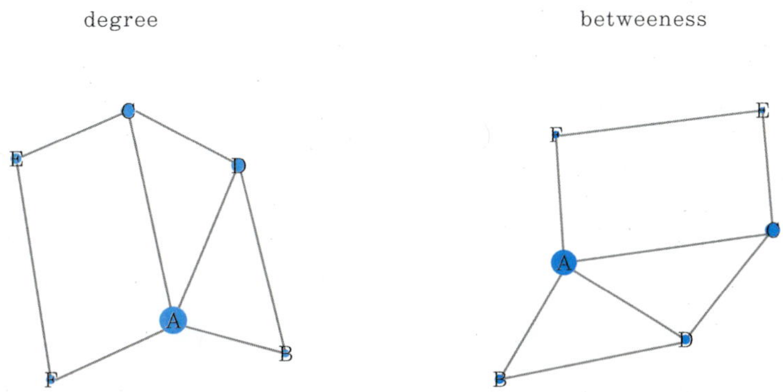

그림 15.10 g1 네트워크 (a) degree 크기 표현 (b) betweenness 크기 표현

15.5 여러 유형의 그래프

그래프는 모양과 크기로 나타낼 수 있으면 여러 가지 모양이 가능하다. 그림 15.10에서 몇 가지 그래프 모양 예를 보여준다.

▷ 완전그래프(complete graph): 모든 노드들이 서로 연결된다.

▷ 링그래프(ring graph): 모든 노드들이 서로 원 형태로 연결된다.

▷ 나무그래프(tree graph): 특별한 패턴없이 여러 가지 나무 모양으로 연결된다.

▷ 별그래프(star graph): 한 개 노드를 중심으로 각 노드가 분산된다.

<코드 15.4> 네트워크 모양

```
g.full <- graph.full(7)
g.ring <- graph.ring(7)
g.tree <- graph.tree(7, children=2, mode="undirected")
g.star <- graph.star(7, mode="undirected")
par(mfrow=c(2, 2))
plot(g.full)
plot(g.ring)
plot(g.tree)
plot(g.star)
```

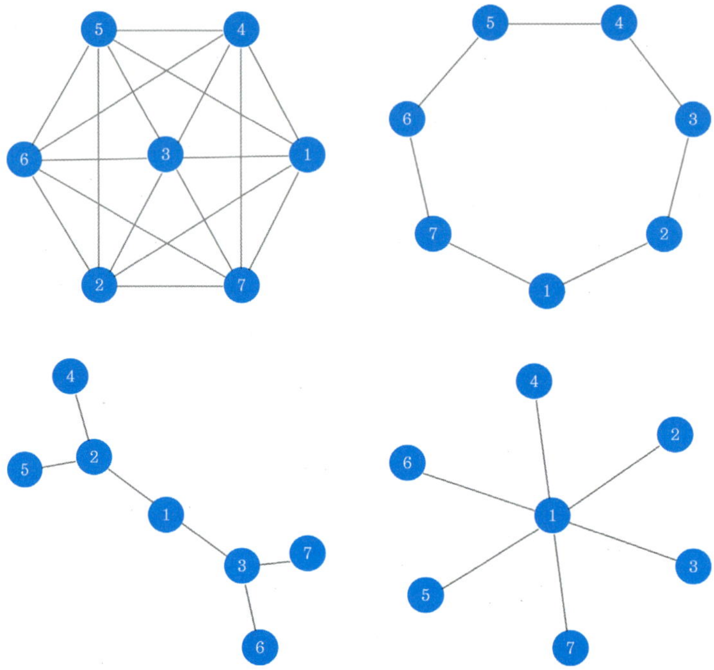

그림 15.11 (a) complete graph (b) ring graph
(c) tree graph (d) star graph

그래프를 시각화하기 위해서는 노드와 엣지 배열을 고려하게 된다. 그림 15.12에서 노드를 원형으로 배열한 그래프와 블로그 데이터에 적용한 예를 보여준다.

<코드 15.5> 원형 네트워크

```
library(sand)
g.l <- graph.lattice(c(5, 5, 5))
data(aidsblog)
summary(aidsblog)
igraph_options(vertex.size=3, vertex.label=NA, edge.arrow.size=0.5)

par(mfrow=c(1, 2))
plot(g.l, layout=layout_in_circle)
title("5x5x5 Lattice")
plot(aidsblog, layout=layout_in_circle)
title("Blog Network")
```

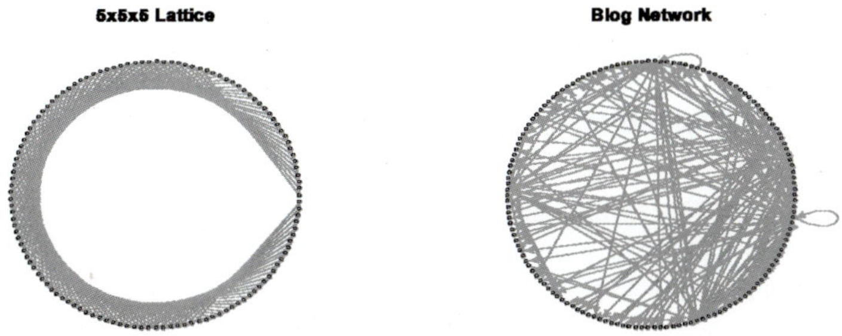

그림 15.12 원형 배열 네트워크

격자표현으로 다차원 네트워크를 나타내고자 할 경우에는 그림 15.13에서 노드를 다차원 격자로 배열한 그래프와 블로그 데이터에 적용한 예를 보여준다.

<코드 15.6> 다차원 격자형과 블로그 네트워크

```
library(sand)
g.l <- graph.lattice(c(5, 5, 5))
data(aidsblog)
summary(aidsblog)
igraph_options(vertex.size=3, vertex.label=NA, edge.arrow.size=0.5)

par(mfrow=c(1, 2))
plot(g.l,layout=layout_with_fr)
title("5x5x5 Lattice")
plot(aidsblog,layout=layout_with_fr)
title("Blog Network")
```

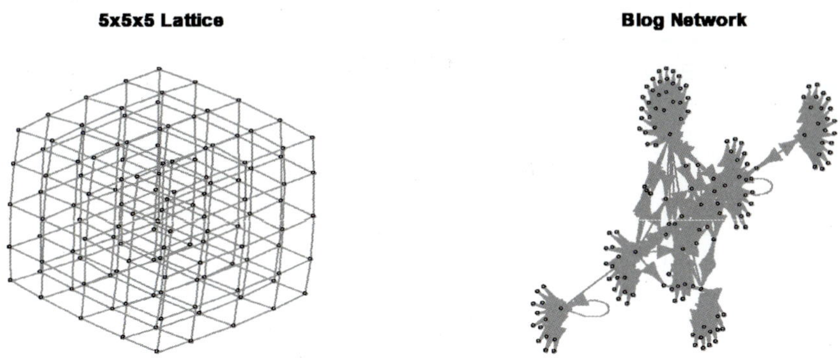

그림 15.13 Fruchterman and Reingold 방법에 의한 배열

그래프 시각화는 노드와 엣지 그리고 그들의 관계를 어떻게 잘 표현하고자 하는 문제이며 서로의 상대적인 위치와 관계를 나타내고자 하는 문제라고 할 수 있다. 특히 거대한 네트워크인 경우에는 요약 정보를 담으며 쉽게 이해할 수 있도록 간략하게 표현할 수 있는 방법이 필요하다.

<코드 15.7> 네트워크 지표를 위한 R 함수

```
centralize.scores (scores, theoretical.max, normalized = TRUE)
centralization.degree (graph, mode = c("all", "out", "in", "total"),
    loops = TRUE, normalized = TRUE)
centralization.closeness (graph, mode = c("out", "in", "all", "total"),
    normalized = TRUE)
centralization.betweenness (graph, directed = TRUE, nobigint = TRUE,
    normalized = TRUE)
centralization.evcent (graph, directed = FALSE, scale = TRUE,
    options = igraph.arpack.default, normalized = TRUE)

centralization.degree.tmax (graph = NULL, nodes = 0,
    mode = c("all", "out", "in", "total"), loops = FALSE)
centralization.closeness.tmax (graph = NULL, nodes = 0,
    mode = c("out", "in", "all", "total"))
centralization.betweenness.tmax (graph = NULL, nodes = 0,
    directed = TRUE)
centralization.evcent.tmax (graph = NULL, nodes = 0,
    directed = FALSE, scale = TRUE)
```

15.6 텍스트 마이닝을 이용한 네트워크

워드클라우드(word cloud)를 이용하여 텍스트문을 분석하는데 이번에는 단어별로 관계를 나타내는 네트워크 분석을 수행한다. 단어간 관계의 기준은 문장별로 구분하여 같은 문장에 있는 단어일수록 더욱 긴밀한 관계, 즉 연결 거리가 가깝다고 가정하고 분석하고자 한다.

[예 15.7] 윤동주의 시 '별 헤는 밤' 일부를 네트워크 그래프로 표현하고자 한다.

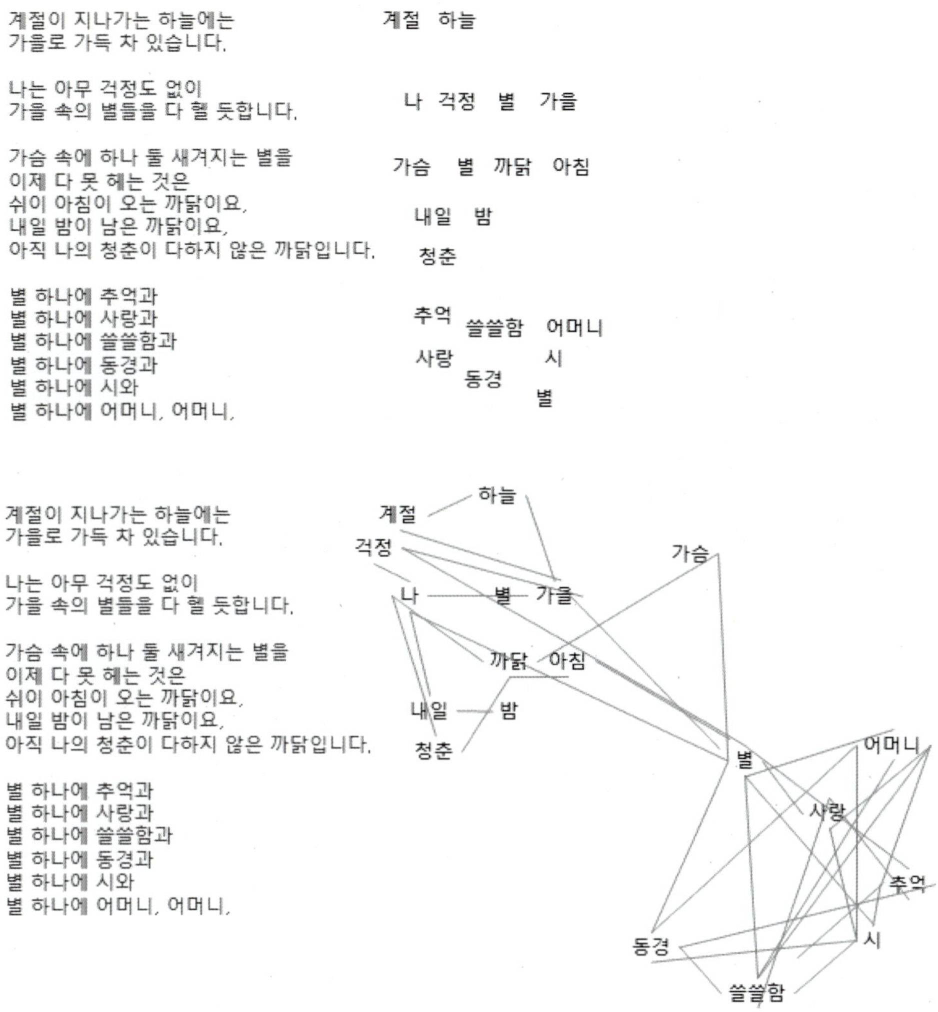

그림 15.14 윤동주의 별 헤는 밤 일부를 네트워크 그래프 표현

[예 15.8] 탄핵문에 대해 네트워크 그래프로 표현하고자 한다.

<코드 15.8> 네트워크 분석을 위한 탄핵문 전문 단어 형태소화

```
library('KoNLP')
Sys.setenv(JAVA_HOME='C:\\Program Files\\Java\\jdk-11.0.1')#JAVA HOME 설정
library('tidyverse')
library('reshape2')
library('stringr')
```

```
#탄핵문
law_text=readLines('C:\\R_dataset\\탄핵문.txt')
useSejongDic()
#sejoingDic함수 에러날시 사용 명령어
#install_github('haven-jeon/NIADic/NIADic', build_vignettes = TRUE)
#extractNoun을 이용한 방법
extractNoun(law_text)
#useSejongDic( )
law_text2<-sapply(law_text,extractNoun,USE.NAMES=F)
law_text2<-unlist(law_text2)
law_text2
word_count <- table(law_text2)
word_count
word_count <- sort(word_count,decreasing = TRUE)
word_count <- as.data.frame(word_count,stringsAsFactors = F)
wordcloud2(word_count)

sample1 <- SimplePos09(law_text)
head(sample1)
sample1 <-melt(sample1)
sample1 <- as_tibble(sample1)
sample1
sample2_a <- select(sample1,3,1)
sample2_a
sample3_a <-mutate(sample2_a,noun=str_match(value, '([가-힣]+)/N')[,2])
sample3_a <-na.omit(sample3_a)

sample3_a<- filter(sample3_a,str_length(noun)>=2)
sample3_a<- count(sample3_a,noun,sort=TRUE)
sample3_a
sample4_a <- as.data.frame(sample3_a,stringsAsFactors = F)
```

해당 단어들을 형태소화 한다. 이후 추가되는 단계는 해당 단어들이 같은 문장에 있었는지를 표기하는 것이다. 네트워크 그래프를 그리기 위해 해당 단어가 몇 번째 문장에 있었는지 표기하는 방식으로 데이터구조를 바꾼다.(ex) 박근혜는 길라임이다. 그리고 하지원도 길라임을 했었다. 하지원과 박근혜는 동급이다. -> 박근혜->1 길라임 ->1, 하지원 ->2, 길라임->2, 하지원 ->3, 박근혜 ->3 ,동급->3)

```
graph_a <-graph.data.frame(sample4_a)
```

```
> graph_a
IGRAPH 5803164 DN-- 51 63 --
+ attr: name (v/c)
+ edges from 5803164 (vertex names):
 [1] 대통령   ->1  박근혜   ->1  탄핵사건->1  선고     ->1  시작     ->1  선고     ->1  사건     ->1  진행경과->1
 [9] 저희     ->2  재판관들 ->2  동안     ->2  사건     ->2  공정     ->2  신속하게->2  해결하기->2  대한민국->2
[17] 국민들   ->2  저희     ->2  재판부   ->2  마찬가지->2  번민     ->2  고뇌     ->2  시간     ->2  생각     ->2
[25] 저희     ->3  재판관들 ->3  사건     ->3  재판소   ->3  접수     ->3  이후     ->3  저희     ->4  대한민국->6
[33] 대통령   ->6  재판부   ->7  선고     ->7  저희     ->8  재판부   ->8  국민들   ->8  선고     ->8  생각     ->9
[41] 선고     ->10 시작     ->10 사건     ->10 사건     ->14 사건     ->15 사건     ->17 선고     ->21 재판부   ->21
[49] 이후     ->22 사건     ->24 대통령   ->25 사건     ->26 사건     ->29 사건     ->32 국민들   ->37 대통령   ->40
[57] 대통령   ->45 대통령   ->66 사건     ->73 선고     ->76 대통령   ->77 박근혜   ->77 사건     ->81
```

각 단어가 몇 번째 문장에서 언급되는지가 나온 결과를 이용하여 네트워크 그래프를 그린다.

```
V(graph_a)$type <-bipartite.mapping(graph_a)$type
mm <-as_incidence_matrix(graph_a)%*%t(as_incidence_matrix(graph_a))
diag(mm) <-0
mg <-graph_from_adjacency_matrix(mm)

plot(mg)
```

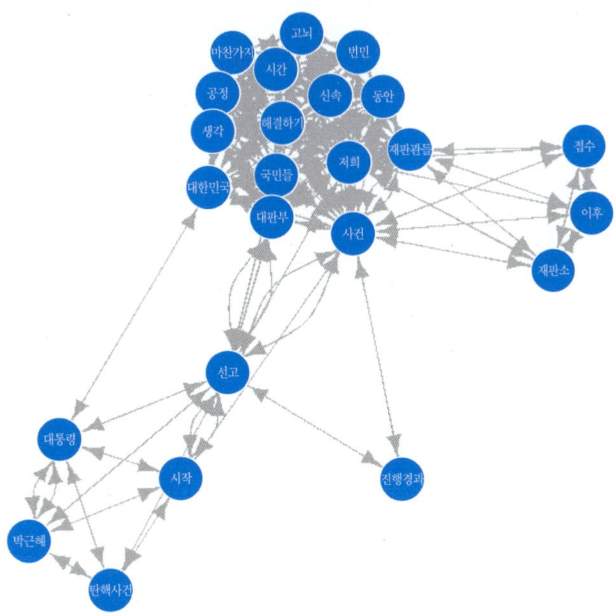

그림 15.15 탄핵문 네트워크 분석1

tidygraph 패키지와 ggraph 패키지를 이용하여 다른 형태로도 그릴 수 있다.

<코드 15.9> tidygraph 패키지 탄핵문 네트워크 그래프

```
library('tidygraph')
library('ggraph')

mg %>%as_tbl_graph() %>% ggraph()+
  geom_edge_link(aes(start_cap = label_rect(node1.name),
  end_cap = label_rect(node2.name))) + geom_node_text(aes(label=name))
```

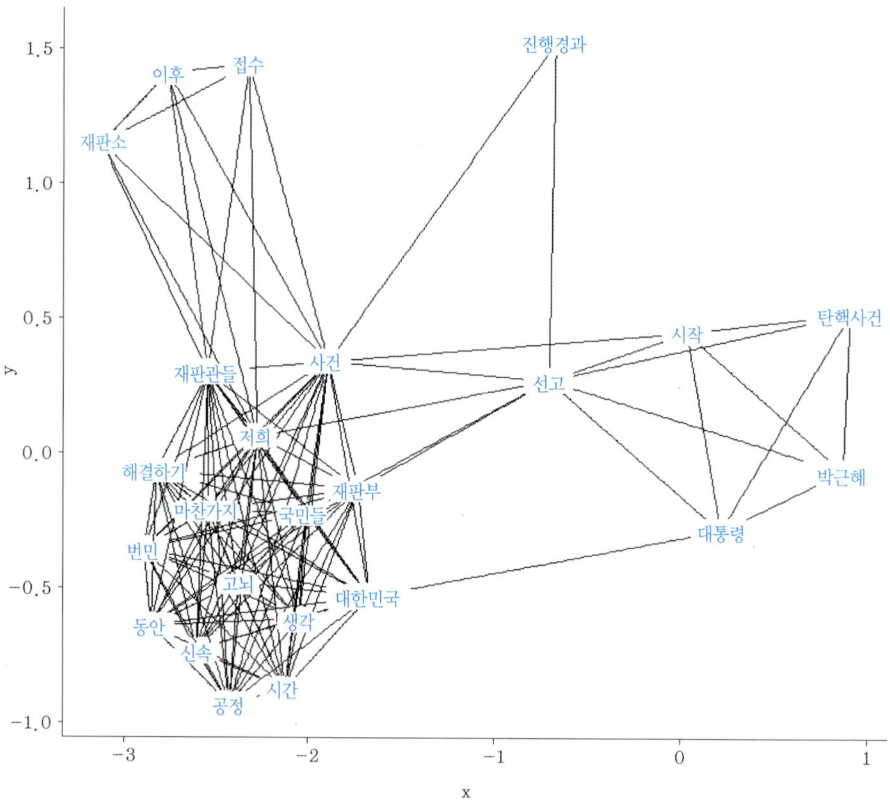

그림 15.16 탄핵문 네트워크 분석2

연습문제

1. 다음 행렬의 연결관계도를 그려보시오.

$$\begin{bmatrix} & A & B & C & D & E \\ A & 0 & 0 & 1 & 1 & 1 \\ B & 0 & 0 & 1 & 0 & 1 \\ C & 1 & 1 & 0 & 0 & 0 \\ D & 1 & 0 & 0 & 0 & 1 \\ E & 1 & 1 & 1 & 1 & 0 \end{bmatrix}$$

2. 연결중심성, 근접중심성이 가장 큰노드는 A-E중에 어떤 노드인가?

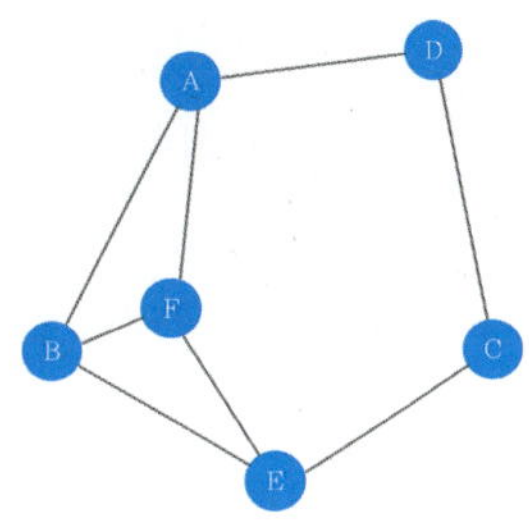

3. 1번 네트워크에 대해 연결중심성, 근접중심성을 구하시오.

4. 다음은 마이클 혼다 위원이 2016년 우리나라를 방문했을시 양국간 화합을 도모하기 위해 한 연설문 전문이다. 해당 연설문을 적절하게 네트워크 분석해보시오.
(첨부파일: mike.txt)

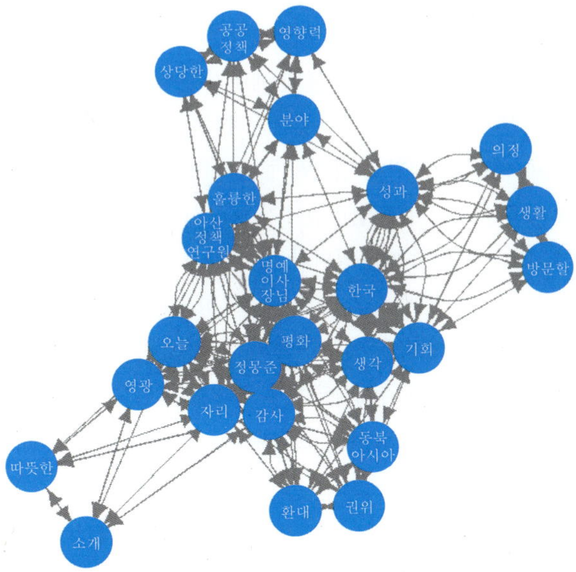

〈마이클 혼다 위원의 연설문〉

따뜻한 소개에 감사 드립니다. 오늘 이 자리에 서게 돼 영광입니다.

정몽준 명예이사장님의 환대에 감사 드립니다. 아울러 이처럼 권위 있는 자리에서 '동북아시아의 평화와 번영'에 대한 제 생각을 말씀드릴 기회를 주셔서 감사합니다.

아산정책연구원의 훌륭한 성과와 특히 공공정책 분야에서의 상당한 영향력은 정 명예이사장님을 통해 알게 됐습니다.

의정 생활을 하면서 한국을 방문할 기회가 여러 번 있었습니다만 이번 방문은 저와, 그리고 제가 대표하고 있는 캘리포니아 제17선거구 유권자들에게 특히 큰 의미가 있습니다. 이번에 비록 짧은 시간 동안이었지만 큰 성과를 낼 수 있었습니다. 이 굉장한 성과를 지역주민들과 나누어 한국과 실리콘밸리가 더 공고한 관계를 만들어나가기를 기대해 마지 않습니다.

서울은 날씨가 영하로 떨어져 춥네요. 캘리포니아 산호세는 지금 영상 15도로 따뜻하고 화창합니다. 그러니 언제라도 캘리포니아 제 지역구를 방문해주세요. 이 자리에 계신 모든 분들을 초청합니다. 한국에서는 이제 김장철이 막 끝났다고 들었는데 한국인의 부지런함에 감탄할 따름입니다. 혹시 남는 김치가 있으면 말해주세요. 제가 가지고 가게요!

정몽준 명예이사님, 함재봉 원장님, 아산정책연구원 직원 분들, 내빈 여러분, 저는 오늘 '동북아의 평화와 번영'에 대해서 이야기 하려고 합니다. 제게 매우 중요한 이 주제를 네 부분으로 나눠서 말씀 드려보겠습니다.

먼저 한미동맹에 대한 제 견해를 말씀 드리겠습니다. 다음으로는 아시아 태평양 지역관계, 그리고 이 지역의 화해와 번영을 위해서는 역사에 대한 책임 문제가 해결되어야만 하는 이유에 대해서 이야기하고 싶습니다. 세 번째로 남북통일, 그리고 한반도 긴장 완화를 위한 구체적인 구상이 필요한 이유를 짚어보겠습니다. 물론 북한의 인도적 상황에 대한 이야기도 빼놓을 수 없겠지요. 마지막으로는 제조업과 첨단기술 및 에너지 분야를 아우르는 한국과 캘리포니아, 두 선진 경제의 협력이 어떻게 지역 평화와 번영에 기여할 수 있는지 말씀 드리려고 합니다.

먼저 한미동맹에 대한 제 생각을 명확하게 밝히며 시작할까 합니다. 한미동맹은 미국의 對아시아 외교안보의 핵심축입니다. 한미관계가 성공적인 이유는 민주주의, 자유시장경제, 인권존중 같은 공동의 가치가 있기 때문입니다.

지난 60년간 한미동맹은 한반도의 안보를 수호하고 동북아시아와 주변지역의 안정에 기여했습니다. 미국의 경제적 지원과 투자는 전쟁의 여파로 다른 나라에게 의존해야만 하는 가난했던 한국이 세계적 경제강국이자 국제사회에 꼭 필요한 일원으로 성장할 수 있는 힘이 됐습니다.

1953년 휴전협정과 한미상호방위조약의 체결로 시작된 한미동맹은 지금까지 유지되고 있습니다.

당시 한국은 농업 중심의 경제를 근근이 꾸려가는 곤궁한 나라였습니다. 1960년 한국의

GDP는 20억 달러, 1인당 국민 소득은 79 달러에 불과했습니다. 35년간의 일제 식민 통치에서 겨우 벗어나자마자 닥친 한국전쟁은 한국을 폐허로 만들었습니다. 하지만 미국은 친구로서 한국의 곁을 굳게 지켰고, 그에 부응하듯 한국은 2차대전 이후 미국 외교의 가장 위대한 성공 사례 중 하나가 되었습니다.

오늘날 한국의 GDP는 1조 달러로 세계 15위의 경제 강국이고, 1인당 국민 소득은 2만 달러가 넘습니다. 이제 한국은 원조를 받는 나라에서 주는 나라가 되었습니다.

저는 1960년대에 엘살바도르에서 평화봉사활동을 했던 사람으로서 한국에 파견됐던 미국 평화봉사단의 활약에 큰 자부심을 느낍니다. 1966년부터 1981년까지 2천명이 넘는 미국인 평화봉사단원들이 한국인들과 함께 살면서 한국을 도왔습니다. 원조를 받던 한국이 이제는 한국국제협력단(KOICA)이란 대외원조기관을 가지고 있으니, 자랑스럽게 생각하셔도 될 것 같습니다.

한국은 OECD 회원국이고 2010년 G20 정상회의와 2012년 핵안보정상회의도 개최했습니다. 또 2018년에는 평창 동계올림픽을 개최할 예정입니다. 이제 한국이 세계 강국(world power)이라는 것은 누구도 부인할 수 없습니다. 한국에는 '강남스타일'도 있죠.

하지만 2차 대전 이후 미국의 주요 군사작전에 한국이 늘 함께했다는 사실만큼 한미동맹의 특별한 성격을 잘 보여주는 것은 없습니다. 또한 한국은 1993년 이후 레바논, 아이티, 동티모르 등 세계 각지에서 평화유지 및 인도적 구호 활동을 적극적으로 전개하고 있습니다.

한미동맹이 오바마 대통령이 아시아 재균형 정책의 기초가 되어야 하는 것은 이 때문입니다. 우리는 한미동맹에 투자를 계속하고 글로벌 파트너십을 강화하기 위해 노력해야 합니다. 그래야만이 동북아시아의 평화와 안정을 통한 직간접적 이익을 얻을 수 있습니다.

이를 위해 저는 다가오는 2015년 제114대 회기에서도 한국인들을 위한 단기 전문직 비자 확대안을 지지할 것입니다. 한국은 미국에 유학생을 세 번째로 많이 보내는 나라고, 한국에 여섯 번째로 많은 유학생을 보내는 나라가 미국입니다. 그렇기 때문에 한국인에 대해 1만5천여 개의 단기 전문직 비자를 할당하는 것이 합리적이고 경제적으로도 이득이 되는 것입니다. 저는 실리콘밸리를 대표하는 의원이자 한때 교편을 잡았던 경험이 있기 때문에 'STEM교육 (과학,기술,공학,수학,교육)'과 고급인력의 유치가 우리 경제에 매우 중요하다는 것을 잘 압니다. 미국 의회가 이제는 이민개혁안을 통과시켜야 합니다. 저는 동료 의원들과 협력해 이 중요한 경제구상을 실현할 것입니다.

2015년은 2차 세계대전 종전 70주년이자 한일 국교 정상화 50주년이 되는 해입니다. 이러한 역사적 사건들을 기념함으로써 동북아 동맹국들의 화해를 촉진하고 새로운 협력 패러다임을 조성하고자 하는 미 의회에 노력에 지지를 표합니다.

동맹의 미래를 생각하는 지금, 두 나라가 오늘날 누리고 있는 자유를 위해 목숨을 바친 이들을 잊지 말아야 합니다. 지난 3월 안호영 주미 한국대사가 제 지역구를 방문했습니다. 안 대사는 산타클라라 참전용사 기념비 앞에서 한국전쟁에 참전한 미군 용사들과 함께 하는 감동적인 행사를 열었습니다. 대사는 이들에게 비무장지대(DMZ) 철조망을 녹여 만든 보훈 메달을 수여했습니다.

안 대사가 요즘엔 한국전쟁을 '잊혀진 전쟁'이라고 하지 않고 '잊혀진 승리'라고 한다는 이야기를 했습니다. 제 지역구의 참전용사들은 아직도 그 행사 이야기를 하고, 한국전 참전과 희생이 '가치가 있었다'는 이야기를 합니다. 그들은 참전을 기억해준 것에 대해 고마움의 눈물을 흘렸습니다.

지난 60년 동안 한국이 이룬 성과를 생각해보면, 마치 기적과 같다는 생각이 듭니다.

두 명의 주한 미국 대사를 생각할 때면 저는 한국이 얼마나 발전했는지, 그리고 한미동맹이 얼마나 발전했는지를 돌이켜보게 되고 감동을 느낍니다. 캐서린 스티븐스 대사는 한국에 파견됐던 2천여 평화봉사단원 중 한 명이었습니다. 스티븐스 대사는 한국어를 배우며 2년 동안 한국에서 성심껏 봉사했고 후에 미국 대사로 다시 한국 땅을 밟았습니다. 스티븐스 대사의 후임인 성 김 대사는 바로 이곳 서울에서 태어났고, 첫 한국계 미국인 주한 미국대사가 되었습니다. 비슷한 삶의 반복 같은 이 둘의 인생은 한미간 지속적인 우정과 파트너십의 증거라고 생각합니다.

하지만 한미동맹은 동북아의 평화와 번영에 기여할 수 있는 진정한 글로벌 파트너십으로는 아직 진화하지 못했습니다.

이번에는 아시아 태평양 지역의 국제관계에 대해 이야기해보려고 합니다. 제 의견은 간단합니다. 일본 정부가 과거사에 대해 책임 있는 태도를 보이고 2차 세계대전 중의 '성노예' 문제를 해결하지 않는 한 아태지역의 평화와 번영이 실현될 수 없다는 것입니다.

앞서 언급했듯 저에게는 교육에 대한 열정이 있습니다. 교육은 우리가 아이들에게 줄 수 있는 가장 강력한 도구이자 투자라고 믿습니다. 또한 교육이란 잘못으로부터 교훈을 얻을 수 있도록 가르침으로써 사회를 번영시키는 것입니다. 조지 산타야나(George Santayana)는 '과거를 기억하지 못하는 이들은 그 과거를 되풀이하게 된다'고 했습니다. 과거를 돌아보지 못하고, 잘못으로부터 교훈을 얻지 못한다면 나라간의 신뢰 구축과 관계 발전은 아득한 일이 될 것입니다.

그래서 지난 20년간 저는 제 마음 깊은 곳에 자리하고 있는 역사 문제의 교육을 위해 노력해왔습니다. 바로 '위안부'라고 일컫는 2차 대전 성노예 문제입니다. 대다수가 조선인이었던 20만 명의 어린 희생자들은 성 노예가 되어 인간성을 말살 당했습니다. 어떤 이는 하루에 3~40명의 군인을 상대하도록 강요 받았다고 합니다. 이들은 끔찍한 육체적, 감정적, 심리적 고통에 시달려야 했습니다.

위안부 여성들에게는 극히 소박한 단 하나의 소망이 있습니다. 일본 정부가 이런 범죄 사실을 공식적으로 인정하고, 사과하며, 역사적 책임을 전적으로 받아들이는 것입니다. 하지만 오늘까지도 공식 사과는 받지 못했습니다. 그래서 제가 2007년에 하원 결의 121(일본군 위안부 결의)을 발의해 일본에 공식 사과를 요구하게 된 것입니다.

어린 시절을 포로수용소에서 보낸 적이 있는 저는 과거에 무지해서는 안 된다는 것, 그리고 정부가 잘못을 인정함으로써 얻어지는 화해만이 오래 지속된다는 것을 몸소 체험했습니다. 2차 대전이 한창이던 1942년 미국 정부는 일본계 미국인들을 수용소에 억류했습니다. 이들의 헌법상 권리는 아랑곳 없었습니다. 우리는 미국 시민이었지만 적과 비슷한 생김새를 가졌던 것입니다. 수십 년 뒤 일본계 미국인들은 정부의 사과를 받기 위한 싸움을 시작했습니다.

의회는 1988년 시민자유법(H.R. 442)을 통과시켰고 로날드 레이건 대통령이 여기 서명했습니다. 이 법은 2차 대전 중에 부당하게 수용된 일본계 미국인들에 대한 정부의 공식 사과였던 것입니다.

잘못을 저지른 미국 정부는 사과했고 그래서 상처는 치유됐습니다. 일본도 똑같이 해야 합니다. 일본 정부는 민주국가의 성숙함을 보여줘야 합니다. 잘못을 사과해야 하고 그렇게 함으로써 이웃 아시아 국가들의 신뢰를 얻어야 합니다.

아시아 태평양 지역의 피해자 중 생존자는 백 명도 채 되지 않는데 해가 지날수록 더 줄어들고 있습니다. 이 분들은 공식 사과를 기다리고 있고, 사과를 받을 자격이 있습니다.

일본군 위안부 결의가 제110대 미 의회에서 압도적인 지지를 받았을 때 제가 느낀 벅찬 감격은 이루 말로 표현할 수 없습니다. 이 결의를 통해 미 하원이 '미국은 체계적인 잔혹 행위, 성노예, 인신매매를 심각한 문제로 여긴다'는 엄중한 메시지를 일본 정부에 전달했기 때문입니다.

살아계신 할머니들의 존엄을 위해 정의를 바로 세우고자 하는 저의 인내심이 다해가고 있습니다.

생존자들이 나날이 세상을 뜨고 있습니다. 이 분들이 마땅히 누려야 할 정의를 되찾아주지 못한 채로 70년이나 지났습니다. 우리는 이 문제를 확실히 바로잡아야 합니다. 그래서 저는 일본 지도자들이 이 문제의 완전한 해결을 위해 먼저 나서서 책임감을 보여주기를 희망하고 기도합니다.

위안부 문제는 과거사 문제에 그치지 않습니다. 이것은 여성을 대상으로 한 폭력이고, 특히 분쟁상황에서의 여성폭력 문제로 볼 수 있습니다. 보스니아 헤르체고비나와 르완다 사례에서 드러나듯 성폭력은 삶과 순수성을 파괴합니다. 몇 달 전에는 이라크 레반트이슬람국가(ISIL)가 수백 명의 예지드 여성과 여아를 납치해 강간하고 노예로 팔았다는 유엔의 보고가 있었습니다. 여성에 대한 폭력이 지속되는 한 위안부 문제는 여전히 우리에게 중요한 문제입니다.

지난 11월 5일 저의 좋은 친구이자 하원 의원이었던 레인 에번스(Lane Evans)가 세상을 떠났습니다. 많은 분들께서 알고 계시듯 그는 위안부 문제를 미국 의회에 처음 제기했던 분입니다. 그의 용기와 기백 덕분에 미 의회에서 위안부 문제가 이슈화될 수 있었습니다. 고 에번스 의원이

남긴 유산을 제가 이어나갈 수 있어 영광입니다.

동북아의 평화와 번영에 있어 세 번째로 이야기하고 싶은 부분은 남북한의 통일입니다.

우리는 북한 비핵화 해법은 물론 북한의 인프라를 공동 개발하기 위한 방법을 모색하고 나아가 북한 인권의 향상과 이산가족 상봉 정례화를 위해 함께 노력해야 합니다.

저는 올해 초에 있었던 박근혜 대통령의 드레스덴 선언을 매우 관심 있게 읽었습니다. 박근혜 대통령은 제가 앞서 말씀 드린 목표를 달성하기 위한 몇 가지 구체적인 조치를 대담하게 제시했습니다. 특히 제게는 북한의 임산부와 영아들을 위한 인도적 지원 계획이 인상 깊었습니다. 나아가 '통일 한반도의 성장 동력이 될 미래세대를 가르치고 인재를 키우기 위한 교육프로그램'에 대해 국제 사회의 관심을 환기시켰다는 점을 높이 평가합니다.

하지만 통일을 현실로 만들기 위해서는, 불가피하다고 생각되는 것을 어떻게 달성할 수 있을지에 대해 관심을 기울여야 합니다. 이를 위해서는 인내심 그리고 신뢰 프로세스를 지속시키기 위한 노력 두 가지가 다 필요하다고 봅니다.

신뢰프로세스는 인적 교류부터 시작해야 합니다. 이산 가족 상봉을 정례화하는 것만큼 시급하고 중요한 문제는 없다고 생각합니다. 저는 미국에 살고 있는 이산 가족 몇 분을 만나 사랑하는 사람과 가족을 보고 싶어하는 가슴 아픈 사연을 들을 기회가 있었습니다. 이것은 인간의 기본적 권리입니다. 우리는 이산 가족들의 고통과 괴로움을 완화시켜주고 전쟁이 남긴 깊은 상처를 치유해줄 수 있는 조치를 취해야 합니다.

저는 새로 구성되는 의회의 동료 의원들이 한반도 통일 문제에 더 깊은 관심을 갖게 할 방법을 고민하겠습니다. 박근혜 대통령이 언급한 DMZ 평화 공원 조성이라든지 한반도 긴장 완화와 신뢰 구축을 위한 교육문화 교류 등 다양한 조치들로써 평화와 안정을 더 공고히 할 수 있을 것이라고 믿습니다.

한국의 미래는 국제사회에도 중요한 의미를 가집니다. 저는 통일한국이 한반도는 물론 한미동맹과 지구촌 전체에 번영을 가져다 줄 것이라는 큰 희망을 갖고 있습니다.

마지막으로, 잠시 주제를 바꿔서 한미간 상호 경제 발전에 대한 이야기를 해보려고 합니다. 1903년 첫 한국인 이민자들이 하와이에 정착한 이래 현재 2백만 명에 달하는 한국계 미국인들은 미국의 경제 발전에 중요한 역할을 해 왔습니다. 운송, 기술, 의학, 문화, 예술을 아우르는 각계각층에서 재미 한국인들은 미국의 경제와 사회구성에 많은 영향을 미쳤습니다.

실리콘밸리를 대표하는 의원으로서 저는 미국의 명문 교육기관에서 공부한 한인 학생들이 실리콘밸리 발전에 공헌하는 것을 직접 목격했습니다. 이들은 신기술을 개발하고, 신생 기업들을 세우고, 자본가나 벤처 투자자가 되었습니다. 소규모 가족 경영 사업을 시작하는 이들도 있습니다. 그들 중 상당수가 이민 1세대로 영어를 완벽하게 잘하지는 못할 수도 있습니다만 그들의 기업가로서의 꿈과 가족에 대한 헌신은 완벽합니다.

그런데 한미 양국간의 관계는 이러한 이야기로는 다 설명할 수는 없을 만큼 긴밀합니다.

한국과 미국의 경제는 아주 밀접하게 연결돼있습니다. 1960년대 이후 한국의 급격한 경제 성장과, 신흥경제시장에 등장한 상업 중심지, 그리고 이런 신흥경제국가에서 중산층이 부상하면서 미국산 제품에 대한 한국의 수요는 점점 더 증가할 것입니다.

오바마 미 대통령은 임기 중 최우선 국정 과제로, '수출 증가를 통한 일자리 창출'을 꼽은 바 있습니다. 수출이 10억 달러 증가할 때마다 대략 5,000개의 일자리가 창출됩니다. 즉, 우리의 수출이 배가 된다면 새로운 일자리 2백만개가 생기는 셈입니다.

대통령이 2010년 국정연설을 통해 수출 증대를 최우선 과제로 언급한 이후 미국의 수출은 전 부문에 걸쳐 약 33% 증가했습니다. 무역을 하고 있는 나라 대부분과의 무역량이 공산품은 33%, 농산품은 34%, 서비스 는 20% 가량 늘어난 것입니다. 미국 수출기업의 95%는 소규모 사업체입니다.

미국에게 한국 시장만큼 중요한 시장은 없습니다. 미국의 최우선 과제는 한국으로의 수출을 늘리는 것이며, 이를 위해서는 한미간에 균형잡히고 공정한 경제관계를 만들어야 합니다.

한국 수출을 통해 2012년 미국 전역에서 11만9000개 이상의 일자리가 부양되었는데, 지난 10년간 28% 증가한 수치입니다. 미국에게 한국은 7번째로 큰 무역 파트너이고, 미국은 한국의 세 번째로 큰 교역국입니다. 지난 10년 간 미국의 29개 주에서 수출은 두 배 이상 신장됐습니다. 사실 제 지역구는 2012년 기준 약 9억 달러로 미국에서 대 한국 수출액이 가장 큰 곳이라 제가 매우 자랑스럽게 생각합니다.

한미간에 강력한 경제 관계를 구축하고, 쌍방 투자를 통해 양국의 지속적이고 균형 잡힌 성장을 촉진하는 것은 한국과 미국의 공통 관심사일 것입니다. 그래서 저는 과학, 정보 그리고 통신 기술을 중시하는 한국의 창조 경제 추진에 감사와 지지를 표합니다.

실리콘밸리와 한국 모두 최고의 '게임 체인저(game changer)'는 기술이라는 점에 동의할 것입니다. 기술은 인간의 삶을 향상시키고 우리가 상상조차 할 수 없는 변화를 가져다 주는 힘을 가지고 있습니다.

실리콘밸리는 현재 나노기술, 반도체, 청정에너지, 통신, 클라우드 컴퓨팅, 디지털 미디어 그리고 그 외 여러 흥미로운 영역에서 최첨단을 달려왔습니다. 한국이 더 많은 투자 기회를 찾고 있고, 실리콘밸리와 한국의 기업간 시너지를 잘 활용하고 있으므로 한미 양국간 경제 관계는 더 더욱 공고해 질 것이라고 생각합니다.

이런 효과를 더욱 극대화하기 위해서는 미국이 이민 시스템을 개혁해야 합니다. 미국에서 공부를 마친 한국 학생들이 계속 미국에 머무르면서 미국 경제에 기여할 수 있도록 해야 합니다. 이민법 개혁을 통해 타국가 출신 기업가들이 미국에서 보다 수월하게 사업할 수 있도록 '비자 쿼터제'를 다듬어야 할 것입니다.

한미 양국은 기후 변화에 대처하기 위해 보다 깨끗한 에너지를 추구하고 있습니다. 청정기술 개발에 있어 협력할 수 있는 부분이 있다면 반드시 그 가능성을 논의해야 한다고 생각합니다.

미국, 특히 실리콘밸리는 양국 경제가 그러한 과제에 함께 대응하는 데에 핵심적인 도움을 줄 수 있습니다.

잘 이끌어주기만 한다면 한미 양국은 실리콘밸리에서 굉장히 많은 기회를 창출해 낼 수 있습니다. 변화의 한 가운데에서 우리는 지금까지 양국간 상호 이익에 크게 공헌했던 연결 고리들을 강화하는 한편 새로운 고리들도 만들어 나가야 할 것입니다.

오늘 우리가 직면한 진보와 도전을 외면해서는 안 됩니다. 저는 한국과 미국의 앞날에 더 밝은 내일이 있다는 것을 믿습니다. 또한 여기 계신 분들이 한미 양국으로 하여금 그러한 미래를 향해 나아가게 할 것이라고 믿습니다.

양국이 함께 더 밝은 미래로 나아갑시다.

끝으로 2013년 미국 상하 양원 합동 회의에서 박근혜 대통령이 했던 연설 내용을 되새겨 보고자 합니다. 당시 박 대통령은 '우리의 소중한 동맹은 보다 나은 미래를 향해 나아가고 있으며 공동의 가치와 신뢰를 바탕으로 지구촌 곳곳에서 협력의 벽돌을 쌓아가고 있다' 고 말했습니다.

정몽준 명예이사장님, 함재봉 원장님, 아산정책연구원 직원 여러분과 내외 귀빈 여러분, 오늘 이처럼 훌륭한 자리에서 서게 되어 영광입니다. 다시 한 번 감사 드립니다. 저는 의회에서 제가 할 수 있는 모든 것을 다하기 위해 노력하겠다고 약속 드립니다. 예컨대 한미 동맹을 강력히 지지하고, 남북 통일과 아시아 태평양 지역의 평화 및 안보가 실현되도록 도우며, 일본 정부가 위안부 문제를 해결하도록 촉구하는 한편 한국과 실리콘밸리 간의 역동적이며 포괄적인 경제 파트너십을 발전시키고 공고히 할 수 있도록 말입니다.

누군가 말했습니다. 우리는 두 국가지만, 하나의 동맹이다. 우리의 문화는 다르지만 같은 가치를 공유하고, 지나온 역사는 다르지만 같은 미래를 바라보고 있다.

찾아보기

김 재희 (金哉希, Jaehee Kim)

현) 덕성여자대학교 정보통계학과 교수

서울대학교 계산통계학 학사
서울대학교 통계학 석사
Texas A&M University 통계학 박사
Texas A&M University, Department of Statistics 방문교수
Columbia University, Department of Biostatistics 방문교수

R로 시작하는 코딩과 데이터분석

초판 발행 2021년 9월 1일
초판 2쇄 발행 2023년 6월 20일

지은이 김재희
펴낸이 오판근
펴낸곳 (주) 교우
주 소 서울시 동대문구 약령시로 8 교우빌딩 2층 (주)교우
전 화 02-925-2861 / **팩 스** 02-925-2860, **편집부** 02-925-2825
홈페이지&북스토어 www.kyowoo.co.kr / **이메일** kyowoo@kyowoo.co.kr

등 록 1994년 3월 24일 제1994-000013호
ISBN 979-11-251-0337-0 (93310)

Published by Kyowoo Co., Ltd. Printed in Korea

값 35,000원

교우미디어는 (주) 교우의 Imprint 사입니다.
수학정원·과학정원은 (주) 교우의 새로운 브랜드명입니다.